U0104128

哲學研究叢書・學術思想叢刊

人類大憲章：
孔子哲學傳統與康德哲學
下冊

盧雪崑　著

目次

上冊

下冊

第二部　天與上帝

第二部
上帝與天

第四章
上帝[*]

第一節　論宗教的超越的根源：道德不可避免地導致宗教

在《實踐的理性批判》，康德經由對理性的全部實踐的機能（Vermögen）作出批判，闡明有純粹的實踐理性。並且，康德在該批判的〈導言〉中明示：在理性的實踐使用中，「理性與意志的決定根據有關。」[1]（KpV 5:15）因此，要闡明純粹的實踐的理性能夠是實踐的，只要找到根據證明：「自由這特性事實上（in der Tat）歸於（zukomme）人的意志。」（KpV 5:15）此所以，吾人可說，《實踐的理性批判》之首出的工作就是證明自由概念的實在性，而自由概念作為「因果性概念」，其實在性經由「實踐的理性的一條無可爭辯的法則獲得證明」。（KpV 5:3）該批判的首章「純粹的實踐的原理」就是對客觀原則的實踐使用進行考察，批判地闡明「源於自由的因果性法則，也就是任何一個純粹的實踐的原理」，（KpV 5:16）也就是道德的法則。這就是康德說：「這部批判可以不受指責而必須從純粹的實踐的法則及其現實性（Wirklichkeit）開始。」（KpV 5:46）並表明：「批判不是以直觀作

---

* 該部份的論述可說是本人長期研究的一個簡要的總說。關此，見於拙著：《康德的自由學說》（臺北：里仁書局，2009年）、《物自身與智思物──康德的形而上學》（臺北：里仁書局，2010年）、《康德的批判哲學──理性啟蒙與哲學重建》（臺北：里仁書局，2014年）。為免累贅，以下行文中不作逐一說明。

1 康德說：「意志是產生那相應於理念的對象或決定我們自己去實現這對象的一種機能。」（KpV 5:15）

為這些法則的基礎，而是以這些法則在智性界（intelligibelen Welt）中存在之概念，也就是以自由之概念作為這些實踐法則的基礎。」（KpV 5:46）簡括地說，康德《實踐的理性批判》之首出的工作是經由對客觀原則的實踐使用進行考察，解釋「理性如何能夠決定意志的格準」，說明了理性此決定並非「僅僅能藉由經驗的表象作為決定根據而發生」，（KpV 5:45）而是「也有純粹的理性是實踐的」，（KpV 5:45）也就是以「一條根本不能經驗上認識的，可能的自然秩序的法則」，（KpV 5:45）此即道德的法則決定意志的格準。依據這個考察，康德就裁定：「一切把意欲機能的客體（材質）作為意志決定根據的前提條件的實踐原則，一概都是經驗的，並且不能給出實踐的法則。」（KpV 5:21）「一切材質的實踐規則都把意志之決定根據置於低級的意欲機能中，倘使沒有足以決定意志的純然的形式的意志法則，那麼，就會沒有高級的意欲機能可被承認。」（KpV 5:22）並且，康德論明：「純粹理性是就自身而言單獨地實踐的，以及給予（人）一條我們名之為德性法則的普遍法則。」（KpV 5:31）這是一個「理性藉以決定意志以致行動的德性的原理中之自律」（KpV 5:42）的事實。「這個自律的法則就是道德的法則。」（KpV 5:43）據此可見，「純粹的實踐的原理」那一章就是對道德的法則的推證，或者說是對道德的法則的解釋（Exposition）。因為如康德明示，「事關道德的法則之推證」（KpV 5:46）不能像範疇之超越的推證那樣進行。[2]因為道德的法則根本不像純粹知性原理那樣「與可能的經驗對象相關聯」，它的推證也「不關涉於外在地給予理性的任何對象之性狀的認識」，（KpV 5:46）而關涉於純粹的理性「能夠被看作一個直接地決定意志的機能」。（KpV

2　康德說：「因為純粹知性原理與可能的經驗對象相關聯，亦即與顯相相關聯；而且我們能夠證明，這些顯相是依照那些法則而被置於範疇下的，只有這樣，它們才能作為經驗的對象被認識，因而一切可能的經驗必須符合這些法則。」（KpV 5:46）

5:46）此即康德指出：「道德法則可以說是作為一個我們先驗地意識到而又必定的（apodiktisch）確鑿無疑的（gewiß）純粹的理性之事實。」（KpV 5:47）於此，「不允許用經驗的證明來代替出自先驗的認識源泉的推證。」（KpV 5:47）「並不通過理論的，思辨的理性，或經驗地支持的理性之一切努力而作的推證。」（KpV 5:47）依康德所論明，道德法則作為純粹的理性之事實，「道德的法則事實上就是出於自由的因果性法則。」（KpV 5:47）

道德法則把那「直接地決定意志」（經由格準的普遍立法形式之條件）這樣一個理性之概念增加到此前在思辨理性那裡僅僅被消極地思想的因果性（自由）上，這就是給這因果性補充了積極的決定，「道德法則就以這種方式證明自身的實在性。」（KpV 5:48）道德法則在「純粹的實踐的原理」那一章得到解釋，指明了它包含「與意欲機能相關的對人的意欲機能立法的形式」，以及「它完全先驗地和獨立於經驗的原則而為其身而存在（für sich bestehe）」（KpV 5:46）；並且，它以意志之「自律」與其他一切實踐的原理區別開。道德法則的實在性既得到闡明，康德就能夠以道德法則作為「自由機能」的推證原則（Princip der Deduction）。（KpV 5:47）既已論明「道德法則事實上就是出於自由的因果性法則」，（KpV 5:47）此即康德說：「自由和無條件的實踐法則是相互引導（weisen）也相互返回（zurück）的。」（KpV 5:29）以此能夠說：「道德法則不但證明了自由的可能性，而且證明自由現實地屬於那些承認道德法則對自己有強制作用的生物（Wesen）。」（KpV 5:47）

依以上簡述，《實踐的理性批判》通過對實踐的理性作批判考察，闡明了道德法則作為「出於自由的因果性法則」，而自由「經由道德法則呈現（offenbaret）自身」。（KpV 5:4）並且，人的超感觸的本性就是其依照道德法則的實存。道德法則「早已存在於一切人的理

性中，與人的本質（Wesen）融為一體。」（KpV 5:105）在實踐領域裡，一切東西中唯有人之主體作為物自身（睿智者）考量，在關涉其意志自由連同其因果性的法則（道德法則）中說，它決定地和確然地被認識到（bestimmt und assertorisch erkannt）。（KpV 5:105）此即為道德哲學奠基。

　　《實踐的理性批判》第一章為道德哲學奠基，闡明了「純粹的實踐的理性機能是自身足夠的。」（Rel 6:3）此即康德在《單在理性界限內的宗教》一書第一版〈序言〉中肯斷說：為了道德（Moralität）自身，「絕對不需要宗教。」（Rel 6:3）然則，康德為何提出：「道德不可避免地導致宗教」？（Rel 6:6）關此，《宗教》一書第一版〈序言〉，作出了扼要的論述。其論述理路是這樣的，首先，他指出，「道德學（Die Moral）[3]既然建立在作為自由的，正因為自由而通過自己的理性把自己束縛在無條件的法則上的人之概念上」，（Rel 6:3）因此，不需要另一個在他（案：指「人」）之上的本質者（Wesens）之理念」，（Rel 6:3）「純粹的實踐的理性機能是自身足夠的。」（Rel 6:3）「宗教」必定有一個「人之上的本質者」作為信仰及崇拜的對象，而道德絕不需要這種東西。並且，康德指明，如果問題只在於一個特殊的道德行動，亦即在具體履行一項義務，「完全能夠而且應當不考慮任何目的。」（Rel 6:4）「道德學為著它的特有的宗旨（Behuf）並不需要先行於意志決定的目的表象。」（Rel 6:4）

　　而且，義務概念的原則，即依據道德的法則採納的格準，是「普遍合法則性之純然的形式」，（Rel 6:3）因而，「為了正當地行動並不

3　»Moral«一詞一般中譯為「道德」，而»Moralität«中譯為「道德性」。本人考慮到「道德」一詞本身就指表「道德性」，吾人使用「道德性」一詞時並非意謂「道德」是經驗意義的，故並非就經驗意義的「道德」而說其本質性而名之為「道德性」。為避免產生這種誤解，本人中譯»Moral«為「道德學」（或可考慮譯為「倫理道德」），而»Moralität«中譯為「道德」。

需要目的。」（Rel 6:4）吾人知道，以上的肯斷是基於《實踐的理性批判》而作出的，通過那個批判，康德證明了純粹的理性自身是實踐的，他表明：「憑著純粹的實踐的理性機能，超越的自由從現在起也就牢固地確立起來，並且這裡是取其絕對的意義。」（KpV 5:3）並且，意志自由就證實作為人的超感觸的本性，亦即人的道德主體。前面相關章節已論，「神聖性」之概念是由人的道德主體連同其所立道德的法則所決定的，棄此，吾人無法認識何謂「神聖性」，更談不上對「上帝的神聖性」形成任何概念。

　　道德絕對不需要宗教。這種提醒是十分重要的，它提防人們將宗教必須建基於道德，誤解為道德之可能根源來自宗教。事實上，西方傳統的「神學的道德學」（theologische Moral）就是以「神學」為道德（恰切地說是倫理學）的基礎。在第一個批判（《純粹的理性批判》），康德就通過批判推翻「神學的道德學」，並提出「道德學神學」（Moraltheologie）。康德說：「神學的道德學包含的德性的法則預設一個最高的世界統治者的存在為前提。與此相反，道德神學是對一個最高者之存在的信念，而此信念建立在道德法則上。」（A632/B660）康德於第二個批判（《實踐的理性批判》）證明了道德法則是人自身純粹的實踐的理性（亦即自由的意志）頒布的，據此，以「上帝存在」為道德法則之前提的「神學的道德學」被判定為虛妄。「神學的道德學」把德性的法則建基於一個最高的世界統治者，它根本是他律的。而依康德所論明，意志之他律，敗壞了道德，而且破壞其全部的崇高性。（Gr 4:442）在《基礎》一書中，康德指出：「基於作為我們的意志之決定因的一個獨立的圓滿（上帝之意志）之概念」而引出的原則，是從他律的觀點所取用的原則。（Gr 4:442）

　　在《純粹的理性批判》之「超越的方法論」最後一章「純粹的理性的歷史」中，康德指出：「人們在哲學的童稚時代是從我們現在寧可結束的地方開始的，亦即首先研究關於上帝認識（Erkenntnis Gottes），

研究來世的希望乃至來世的性狀。」（A852/B880）在西方哲學傳統中，這種研究就名為「神學」，它長期代替了哲學，如康德說：「真正說來是神學把純然的思辨理性逐漸地納入到後來以形而上學的名義而著名的工作之中。」（A853/B881）康德《純粹的理性批判》其中一個工作就是破除一切神學中獨斷擬人觀所製造的虛幻。在這個批判第一版〈序〉中，康德就說：「我們的時代在特別程度上是一個批判的時代，一切都必須受到批判。宗教想憑藉它的神聖性和立法性，想憑藉它的尊嚴，企圖避免批判，可是，這樣一來，它們恰恰就引起別人對它們正當的懷疑，而不能要求人家真誠的尊敬了。」（Axi）康德以其極深刻的洞識與大膽的創闢性勇氣提出：「宗教只能是理性的一個對象。」（SF 7:38）因此，一切釋經原理「任何時候都必須是直接從理性產生的」，為了宗教而查明的一切東西，「也必須是直接從理性產生的。」（SF 7:38）

　　吾人清楚見到，康德藉以徹底顛覆西方哲學傳統的批判哲學，就是純粹理性要預先批判它自己的能力。「批判」就是「就我們的諸認識機能所能夠先驗地提供的東西而言對這些認識機能進行的批判。」（KU 5:176），「超越的批判是評判它們的機能本身。」（KU 5:286）事實上，貫穿康德三大批判的重要工作之一，就是要通過對人類心靈機能的批判考察，重建「宗教」，將其穩固地建立在理性的根基上。概括言之，如下：

　　首先，在《純粹的理性批判》，康德經由批判將「上帝之概念」歸於純粹理性理想。他提出：「僅僅在理性中的對象被名為元始者（Urwesen〔ens orginarium〕）、最高者（höchste Wesen〔ens summum〕）、一切本質者之本質者（Wesen aller Wesen〔ens entium〕）。（A578-579/B606-607）他指明：「我們對它的實存仍然完全無知（Unwissenheit）。」（A579/B607）所謂「上帝」是「元始者」、「最高者」等等，「不是指

表一現實對象對於其他物的客觀關係，而只是指表一個理念對於概念的客觀關係。」（A579/B607）康德說：「通過最高實在性（höchste Realität）這個純然概念來把元始者決定為唯一的、單純的、一切充足的，永恆的等等，一句話，它能夠由在其無條件的圓滿性中的一切謂詞決定。一個這樣的東西之概念在其超越的意義上被思想，就是上帝之概念。」（A580/B608）但是，人們進一步把這個「最高者」的理念實體化（hypostasieren），將純粹理性的這個理想轉成「一種超越的神學之對象」。（A580/B608）據此，康德逐一檢察了諸種從最高實在者之概念推演出關於上帝存在的證明，論證了「上帝存在的存有論證明之不可能性」，「上帝存在的宇宙論證明之不可能性」，以及「自然神學證明之不可能性」。由之揭露：上帝之理念作為最高實在者（ens realissimum）之理想，原本只是一個純然的表象，但是，在舊有形而上學中，它被實在化（realisiert），首先變成一個客體，然後又被實體化（hypostasiert），最後人格化（personifiziert）。（A583/B611）康德尖銳地指出：「這樣一個物是一純然的虛構。」（A580/B608）他說：「對於超越的理念這樣來使用，我們就越出了它的定分和有效性之界限。」（A580/B608）康德依據批判作出斷言：「理性在神學方面的一種純然思辨的使用的一切嘗試都是完全沒有結果的，就其內部性狀而言是毫無意義的，而它的自然使用的原則完全和根本不引致任何神學；因此，如果人們不把道德的原則作為根據或者用做導線，那麼，在任何地方都不可能有理性之神學（Theologie der Vernunft）。」（A636/B664）

經由第一批判，康德從根柢上將神學從思辨的領域清除出去；以便轉而進至實踐領域確立道德學神學。進至《實踐的理性批判》，康德論明：道德法則是具有自由意志的人所立，而不必預設上帝存在；倒是道德法則通過作為純粹實踐理性對象之圓善概念決定了作為至上

的元始者（即上帝）之概念，從而，「元始者的神學概念獲得了意義。」
（KpV 5:133）此即康德在《判斷力批判》中明示：「理性卻憑藉其道
德的原則首先產生出上帝的概念。」（KU 5:447）在這最後一個批判，
通過對反思判斷力之批判考察，提出「合目的性原則」，以此，為「自
由的合目的性」與「自然合目的性」的結合，亦即為「終極目的」的
可能性挖掘出其深層的根基。

　　可以指出，「上帝的概念」之得以確定，端賴「圓善概念」的提出
及論明。《宗教》一書第一版〈序言〉提出：「道德學（Moral）不可
避免地要導致宗教。」（Rel 6:6）其論據之關鍵點就在「圓善概念」
（終極目的）之提出。儘管康德首先強調「道德學為著它的特有的宗
旨（Behuf）並不需要先行於意志決定的目的表象。」（Rel 6:4）但此
並不妨礙他繼後又提出：「意志決定不可能沒有任何結果。」（Rel
6:4）在這裡，意志決定的結果，亦即「被法則決定為一個目的而產生
的結果」，它必然能夠被假定。因為若沒有這一目的，抉意就不會加
給有計劃的行動一個無論是客觀的還是主觀的確定的對象（它所具有
或應該具有的對象），藉以指示如何行動，因而在必須工作的地方，
抉意就不能滿足自身。（Rel 6:4）此所以康德說：「倘若沒有任何目的
聯繫（Zweckbeziehung），人就根本不能作出任何意志決定（Willens-
bestimmung），因為意志決定不可能沒有任何結果。」（Rel 6:4）他解
釋說：「道德學不是把這樣一種目的作為依照法則所採用的格準的根
據，而是把它作為它的必然的結果。」（Rel 6:4）此即是說，「目的」
並非法則及依照法則採用的格準的根據，恰恰相反，「目的」是法則
的結果。此如，康德提出，情感及目的不能作為道德法則的根據，而
道德法則本身產生尊敬法則之情感及終極目的。有學者誤以為兩種說
法前後矛盾，其實不然。

　　在《宗教》一書第一版〈序言〉，康德解釋：就道德來說，為了正

當地行動，並不需要一個目的，相反，從根本上來說，包含著運用自由的形式條件的法則對它來說就足夠了。（Rel 6:4-5）但是，「從道德學（Moral）中畢竟產生一種目的。」（Rel 6:5）眾多康德專家抱持一種成見，以為康德的道德哲學排除「目的」。無疑，康德道德哲學的洞見在：以道德法則為首出，道德法則本身絕不以任何目的或別的什麼東西為其根據；不過，此不妨礙康德提出：「對於道德學而言，它為自己構成一個所有事物的終極目的的概念。」（Rel 6:5）從個人由義務而行來說，並不需要一個目的，道德行為就是行其所當行；但是，每一個人為自己的所作所為在整體上設想一個可以由理性加以辯護的終極目的，這不可能是無關緊要的。（Rel 6:5）一個一切物之終極目的之概念，「造就一個把所有目的結合起來的特殊的關聯點」，「因為只有這樣，才能夠賦予出自自由的合目的性，與我們根本不能缺乏的自然之合目的性的結合以客觀的實踐的實在性。」（Rel 6:5）並且，康德提出：道德法則要求實現通過我們而可能的終極目的，在終極目的之關連中，一個人作為道德者不僅關心他自己個人的行為如何能成為德性的，也就是說不僅關心他自己個人的德行，還要關注他會在實踐的理性指導下為自己創造一個怎麼樣的世界，而他自己作為一個成員置於這一世界中。（Rel 6:5）

總而言之，康德提出，理性要回答：「從我們正當的行動為中究竟將產生什麼」這個問題，（Rel 6:5）也就是說，要回答：道德的行為會導致怎樣的結果。如此一來，他指出理性的一個「客體的理念」，它把「義務」與「與對義務的遵循相配稱的幸福」結合在一起並包含在自身中。這個客體的理念康德名之為在世界上的「一個圓善的理念」。因為「圓善」結合了兩種元素：德性與比例於德性的幸福。康德已一再論明，就德性而言，人的純粹的實踐的理性機能是自身足夠。道德產生自人自身和人的自由，假若人缺乏道德，沒有任何東西

能夠為之提供補償。（Rel 6:3）但如康德論明，人不能是缺乏道德的，因為若果人缺乏道德，那麼，他必定淪為動物了，不再屬於「人類」了。但是，就「與德性相配稱的幸福」而言，人類機能並不足夠。於《宗教》一書第一版〈序言〉，康德就據此說：「為使這種圓善可能，我們必須假定一個更高的、道德的、最神聖的和全能的本質者（ein höheres, moralisches, heiligstes und allvermögendes Wesen），唯有這樣才能夠把圓善的兩個要素結合起來。」（Rel 6:5）並指明：「道德學（Moral）不可避免地導致宗教，從而擴展至人之外的一個有權威的道德的立法者的理念，在其意志中，（世界創造〔der Weltschöpfung〕）的終極目的同時能夠並且應該是人的終極目的。」（Rel 6:6）

　　吾人見到，《宗教》一書第一版〈序言〉對「圓善」（終極目的）之提出，及據之論「道德學不可避免地導致宗教」作出扼要的說明。其實，康德在第一批判已提出「圓善」之理想的問題，並在第二批判第一卷第二章「純粹的實踐的理性對象的概念」提出：「實踐理性的對象之概念，是指通過自由所產生的可能結果的一個客體的表象。」（KpV 5:57）據此，於第二卷「純粹的實踐的理性的辯證」提出：「純粹實踐理性之對象的無條件的綜體」就名為「圓善」。（KpV 5:108）並論明：「通過意志自由產生圓善，這是先驗地（在道德上）必然的。」（KpV 5:113）「唯有道德法則必須被看作是使圓善及其實現或促進成為客體的根據。」（KpV 5:109）並且，在這個「辯證部」，康德論明：「道德法則通過作為純粹的實踐的理性的對象的圓善的概念，決定了作為最高者的原始者（Begriff des Urwesens als höchsten Wesens）之概念」，（KpV 5:140）此即決定了「上帝」之概念。此即康德說：「道德的法則通過圓善作為純粹的實踐的理性的客體和終極目的的概念導致了宗教。」（KpV 5:129）吾人可說，於這個批判，康德對「圓善」理念作出推證，最後又在第三批判通過反思批

判力的「合目的性原則」的提出而論明「人」（作為道德的實存）就是「世界創造的終極目的」，並且回答了「世界創造的終極目的」就是「人的終極目的」的問題。

　　依以上所論可見，康德的宗教哲學建基於其三大批判的工程，他在第一批判解答了「人能認識什麼」的問題，通過這個批判判定宗教對象不在人的認識機能所及範圍內；第二批判解答「人應當作什麼」的問題，通過這個批判判定「人應當作什麼」與實踐的理性機能相關，就其自身而言絕不需要宗教。而宗教哲學則解答，依循「人應當作什麼」而行之後，人可期望什麼。康德的回答是，每個人行其所當行，則可期望以一個「道德的，最神聖的和全能的本質者」為「元首」，以實現一個道德的世界（依基督宗教又可稱之為「上帝之國」），在道德的世界，每個人行其所當行，並且獲得相配稱的幸福。

　　顯然，康德的「宗教哲學」中「宗教」之涵義根本不同通俗所論的「宗教」。學者們在一般通行的林林總總的宗教史著作、宗教概論書，或宗教研究論文中，所論無非採用人類學的、社會學的，或精神現象學的，等等觀點，故其所謂「宗教」根本與道德不相干。康德在《宗教》一書就明示，從道德不可避免地擴充展至宗教，此所言「宗教」根本不是任何一種建基於「歷史性的信仰」上的規章性的教派性的「宗教」，儘管這樣一些形形色色的歷史性的信仰長久以來就占有了「宗教」之名。並且，自人類有「歷史性的信仰」出現至今，現實上，關於「宗教」，如康德說：「一般人在任何時候都把它理解為自己所明白的教會信仰」，（Rel 6:108）而根本不知道宗教「取決於道德的存心」。（Rel 6:108）人們信仰諸如此類的「宗教」，但是，他們根本不知道也不要求任何宗教。規章性的教會信仰就是他們對宗教這個詞所理解的一切。」（Rel 6:108）

　　事實上，在人類的歷史中，最初因為「恐懼」而造出許多鬼神

（諸守護神），（KU 5:447）人們為著各種意圖策劃出有關於世界原因的內部性狀的荒誕背理的說法。（KU 5:458）許多民族各自有其歷史性的信仰。形形色色的「偶像崇拜」：「一種迷信的妄想，以為能夠不通過道德的存心而通過別的手段來取悅於最高本質者」。」（KU 5:459）各種「迷失於接神學中（迷失於攪亂理性的越界的概念中）」的「神學」，或者各式各樣的「鬼神學」（對最高存在者的一種神人同形同性論的表象模式），以及花樣百出的「招魂術」（一種狂熱的妄想，以為能夠感覺到別的超感觸的東西並對之施加影響）。（KU 5:459）

　　儘管經歷了那場偉大的歐洲啟蒙運動，啟蒙運動的先驅者們宣告一切「宗教」為迷信，要求一勞永逸地棄絕「宗教」，但形形色色的歷史性的信仰從未斷絕。唯獨康德，以其對於「宗教」的深度理解，提出「宗教啟蒙」，要求將「宗教」與「歷史性的信仰」區別開。依康德「宗教啟蒙」的慧識，人類不能一勞永逸地棄絕「宗教」，關鍵在於通過一場理性啟蒙，將「宗教」建立於理性本性，亦即人的意志自由機能之上。此即康德提出的「純粹的理性宗教」，亦即「道德的宗教」。

　　康德說：「唯有純粹的道德信仰，才在每一種教會信仰中構成了在它裡面真正的宗教的東西。」（Rel 6:112）他提出：歷史性的信仰可能包含的一切，必須「完全與純粹的道德信仰的規則和動機聯繫起來。」（Rel 6:112）「純粹的理性宗教」必須作為信仰的核心。（Rel 6:12）他要求：「依據道德的概念檢察只作為歷史性的體系的啟示，「看一看這個體系是否能把人們引回到前面所說的純粹的宗教之理性體系。」（Rel 6:12）康德以其獨到的理性目光，穿透全部教會歷史分裂、損害人類的烏煙瘴氣，為人的真正的啟蒙（一種從道德的自由產生的法則性意識的喚醒）指明：「趨於道德的宗教的稟賦早就已經蘊藏在人的理性中了，雖然它的最初的粗糙的表現只不過是旨在事奉神明上的運用。」（Rel 6:111）

　　依康德「宗教啟蒙」的慧識，「趨於道德的宗教的稟賦」就是指人的理性在意欲機能中普遍立法的能力。據此提出的「道德的宗教」就不止於勸人為善的宗教，而是以理性本性包含的真正的「道德」（亦即意志之自由自律）為其根源的「宗教」。牟宗三先生曾提出：「現在，我們可把一切宗教分為兩類，一類是『求眷顧』的宗教（只是祈禱作禮拜），另一類是道德的宗教，即『一善的生命』之宗教。」[4]吾人可指出，先生此言「道德的宗教」以成就「善的生命」為「宗」而立「教」，可有多種，因對何謂「善的生命」（或用牟先生的詞語「純潔化的生命」）可有多種規定故也。譬如，佛教有其說法，道家也有其說法，等等。但依據康德提出的作為「純粹的理性宗教」的「道德的宗教」，那麼，只能有一種。人類理性只有一種，其立法也只有一種故也。此即康德明示：

　　　　只有一種（真正的）宗教；但卻可以有多種多樣的信仰。（Rel
　　　　6:107）

又說：

　　　　唯一真正的宗教所包含的無非是法則，即這樣一些實踐的原
　　　　則，我們能夠意識到它們的無條件的必然性，我們因此而承認
　　　　它們是由純粹理性啟示的（不是經驗性的）。（Rel 6:167-168）

　　唯一真正的宗教是從道德擴展至的，其基礎只能是人的意志自由連同其道德法則。此乃康德的宗教哲學之根源洞見。

4　牟宗三：《圓善論》，《全集》，卷22，頁51。

第二節　康德的圓善學說

　　上一節已論，依康德的洞見，唯一真正的宗教是從道德擴展至的。並且，關於道德何以不可避免地擴展至宗教，康德將此問題歸於「圓善」可能性問題之解答。吾人亦已指出：在《實踐的理性批判》，康德論明：道德法則是具有自由意志的人所立，道德法則通過作為純粹實踐理性對象之圓善概念決定了作為至上的元始者（即上帝）之概念。元始者之概念是康德關於「道德的宗教」包含的一個核心問題。吾人可以說，康德對圓善概念的超越的推證就是「道德的宗教」之確立及形成過程。

　　概括地說，《實踐的理性批判》通過對實踐的理性的批判考察，論明道德法則是意志自由的認識根據，並以道德法則為推證原則證實「意志自由」，進而提出「圓善通過意志自由而產生」。（KpV 5:113）圓善基於意志自由，也就是說，圓善之可能性不基於任何經驗的原則，（KpV 5:113）「其可能性之條件也必須只基於先驗的認識根據」，此即說明了「它是先驗的（道德的）必然的」。（KpV 5:113）這就是對圓善概念的形而上學的推證（Metaphysische Deduction），依康德，概念的形而上學的推證就是說明它是先驗地給予的。繼而需要說明此先驗概念作為使其他先驗綜和的認識所以可能的原則，此即此概念的超越的推證（transzendentale Deduction）。[5]

　　《實踐的理性批判》中，圓善之可能性之條件的說明，也可說是圓善概念的超越的推證，就是說明：「圓善」使幸福和德性兩種在種

5　吾人依照《純粹的理性批判》之「超越感性部」中，對於空間、時間作形而上學的解釋（Metaphysische Erörterung）和超越的解釋（transzendentale Erörterung），也可說：對圓善概念作形而上學的解釋和超越的解釋。在《純粹的理性批判》，「推證」用於「範疇」之證明。但一般來說，康德又常用「推證」一詞，並不作「推證」與「解釋」之區別。

類上完全不同的要素先驗地結合是如何可能的。在該批判第二章「純粹的實踐的理性的對象之概念」，康德論明：「善」是實踐的理性的客體，人們理解它為意欲機能的必然對象。（KpV 5:58）並且，他論明：「任何時候都由理性、因而由能夠普遍傳達的概念來判斷善和惡，而不是由局限於個別主體及其感受性上的純然感覺來判斷善和惡。」（KpV 5:58）「唯有理性有能力洞悉手段與其意圖的連接（以至於人們也能夠將意志定義為目的的機能，因為目的總是依照原則決定意欲機能的根據）。」（KpV 5:58-59）此即是說，意志（亦即實踐理性）可定義為目的的機能；實踐的理性不僅是立普遍法則之機能（這是於該批判第一章已論明的），還是產生對象以及目的的機能。據此，康德就能提出：純粹的實踐的理性能先驗地提供終極目的。他指出：「純粹的實踐的理性之對象的無條件的綜體」就名為「圓善」。（KpV 5:108）「圓善是純粹的實踐的理性的整全的對象，亦即純粹意志的整全的對象。」（KpV 5:109）他說：

> 作為純粹實踐理性，它同樣為實踐上有條件者（那些依賴於性好和自然需求的東西）尋求無條件者，雖然不是以其為意志的決定根據，而是在它已經（在道德法則之中）給予之後，以其為純粹實踐理性客體的無條件的綜體，而得有圓善之名。（KpV 5:108）

既已說明「圓善是純粹的實踐的理性的整全的對象，亦即純粹的意志的整全的對象」，（KpV 5:109）康德接著提醒，不能因此將圓善「作為純粹的意志的決定根據」。[6]（KpV 5:109）並明示：「唯獨道德

6　康德表明：「這個提醒在德性的原則的決定這樣一個微妙的場合茲事體大，甚至最細微的誤解就敗壞存心。因為人們從分析部已經看到，如果人們先於道德的法則就

法則必須作為圓善及其實現或促進成為客體的根據。」（KpV 5:109）
不過，康德又提出，「道德的法則作為至上的條件已經包含在圓善概
念裡面」，（KpV 5:109）並據之明示：「那麼，圓善不是純然的客體，
而且它的概念以及它通過我們的實踐的理性而可能的實存的表象同時
就是純粹的意志的決定根據」。（KpV 5:109-110）他給出的解釋是：
「因為在這種情況下，實際上正是已經包含在圓善這個概念裡面並且
被一同想到的道德法則，而不是任何別的對象，依照自律的原則決定
意志。」（KpV 5:110）也就是說，包含在圓善概念裡面的道德法則作
為自律的原則決定意志。

　　依照康德所論，如果圓善依照實踐的規則是不可能的，那麼，「包
含在圓善概念裡面的」，並且，「命令去促進圓善的道德法則」，「必定
流於幻想及指向空洞的想像的目的，從而本身是虛幻的。」（KpV
5:114）在這裡，處理德性與幸福之聯結時出現二律背反，康德稱之為
「純粹的實踐的理性的二律背反」：第一個命題主張「追求幸福產生了
有德行的存心的根據」；第二個命題主張「德行之存心必然產生幸福」。
康德指出，第一個命題是絕對虛妄的；至於第二個命題只是有條件地
虛妄的，理由是：只有把我們作為感觸界的實存方式視為唯一方式的
情形下，第二個命題才是虛妄的。（KpV 5:114）但是，「因為我不僅
有權把我的存在思量為一個知性界中的智思物（Nomenon），而且甚
至在道德法則上面具有我的因果性（在感觸界裡）的純粹理智的決定
根據，所以，存心之德性作為原因與作為結果的幸福有一種若非直接
也是間接（藉助於一個智性的自然之創造者〔intelligibelen Urhebers
der Natur〕）而必然的聯繫，這並非不可能。」（KpV 5:114-115）如此

以善之名認定隨意一個客體作為意志的決定根據，然後從其中推出最高的實踐的原
則，那麼這個原則總會帶來他律並毀壞道德的原則。」（KpV 5:109）

一來，康德就提出：「要在與智性界的連繫中尋找圓善的可能性。」
（KpV 5:115）

　　康德指出：古代和現代的哲學家都居然以為「能夠在今生（在感
觸界裡）已經找到了與德行相配稱的幸福，或者已經能夠讓自己相信
意識到了這種幸福」，（KpV 5:115）他們都是將圓善中「物自身與顯相
之間的連繫」誤作為「顯相之間的連繫」，（KpV 5:115）因而產生實
踐的理性的表面上的衝突。但是，只要認明：「我們是在與智性界的
連繫中尋求圓善的可能性，而圓善是一切理性的本質者（vernünftigen
Wesen）通過理性為他們的所有的道德的意願標定的目標」，（KpV
5:115）這種表面上的衝突就消失了。

　　純粹的實踐的理性的二律背反得以解決，康德指出，此背反之解
決帶來的結果：「至上的善（作為圓善的第一條件）是德性（Sitt-
lichkeit），反之，幸福雖然構成了圓善的第二要素，卻仍然是如此：
它是前者僅以道德的條件的（die moralisch bedingte），卻依舊必然的
結果。只有在這樣一種隸屬的次序下，圓善才是純粹的實踐的理性的
整全的客體，純粹的實踐的理性必須把這圓善表象為可能的，因為盡
一切可能促進圓善的實現，是純粹的實踐的理性的一個命令。」
（KpV 5:119）並且，既指出圓善之兩要素的聯結的可能性「完全屬於
物的超感觸的關係，而且不能按照感觸界的法則而被給予」，而「這
個理念的實踐的後果，也就是意在實踐圓善的那些行動是屬於感觸界
的」，（KpV 5:119）因此，康德提出：「我們將努力建立那聯結的可能
性之根據，首先就直接在我們的力量（Gewalt）中者而論，其次就那
不在我們的力量之中，但理性卻把它作為我們在圓善（按照實踐的原
則而必然的）可能性上的無力（Unvermögens）之補充。」（KpV
5:119）此中所言「直接在我們的力量中者」，就是「德性」，德性是
藉著純粹的實踐的理性機能而自身足夠的。而此中所言我們在圓善可

能性上的無力之補充，就是康德提出的「純粹的實踐的理性之設準」：心靈不朽（Die Unsterblichkeit der Seele）、上帝存在（Das Dasein Gottes）。康德明示，此二設準根據在「必然的實踐的法則」，即意志自由之法則，亦即道德的法則，他說：「純粹的實踐的理性之設準根據必然的實踐的法則設定了一個對象（上帝和心靈不朽）自身的可能性。」（KpV 5:11）「必然的實踐的法則」（道德的法則）根源自意志自由，屬道德領域；而上帝和心靈不朽是宗教的兩大要素，康德明確指出上帝和心靈不朽是基於道德法則而作出的設準，突顯出宗教對於道德之隸屬關係。在《實踐的理性的批判》之「序言」中，康德於一個註腳對該二設準作出說明：

> 純粹的實踐的理性之設準根據必然的實踐的法則設定（postulirt）了一個對象（上帝和心靈不朽）自身的可能性，僅僅為了實踐的理性的意圖；因為這種設定的可能性之確定性（Gewißheit）根本不是理論的，從而也不是必定的（apodiktisch），即，不是就客體而言被認識到的必然性（Nothwendigkeit），而是就主體遵守循其客觀的實踐的法則而言的一種必要的（nothwendige）認定，所以是純然必要的假設（Hypothesis）。對於這種主觀的，然而又是真正的和無條件的理性必然性，我以為沒有更好的說辭。（KpV 5:11）

依康德所論，純粹的實踐的理性之設準只是為了純粹的實踐的理性的客體（圓善）的條件（上帝和心靈不朽）[7]的可能性而設定的。在實踐領域，康德使用「設準」一詞是指一種理論上不可證實的命

7　康德說：「上帝和不朽不是道德法則的條件，而只是被這條法則所決定的意志的必然客體的條件。」（KpV 5:4）

題,(KpV 5:122)「但它不可分離地附屬於先驗無條件有效的實踐的法則。」(KpV 5:122)依據上述說明可知,上帝和心靈不朽作為圓善的條件,並不是就客體而言被認識到的。而毋寧說,我們設定其可能性,為著補充我們在圓善可能性上的無力。祈求一種對自身無力達至的東西之補足,此即一般而言「宗教」所包含者。此即康德說:「幸福的希望只是首先開始於宗教」,(KpV 5:130)又說:「唯有當宗教出現時,也才出現我們有朝一日按照我們曾關注不至於不配享幸福的程度來分享幸福的希望。」(KpV 5:130)並且說:「道德的法則通過圓善作為純粹實踐理性的客體和終極目的的概念導致了宗教。」(KpV 5:129)

依以上所述,吾人可說,康德的圓善學說奠基於意志自由連同其道德法則,並擴展至純粹的理性宗教(即道德的宗教),由此可說,康德三大批判通貫一體的、以意志自由為創造實體的形而上學擴展至包含道德的宗教的實踐的智慧學說。康德本人在《實踐的理性的批判》之「純粹的實踐的理性辯證論概論」那一章中就表示贊同古人將「實踐的智慧學說」理解為哲學,「即作為一種圓善的學說。」(KpV 5:108)他指出,圓善這個理念實踐上充分地決定,就是智慧學說(die Weisheitslehre),(KpV 5:108)「這種學說在古人理解這個詞的意義上就是哲學」,而哲學在古人那裡是「對放置圓善的概念以及通過圓善獲致的行為的指導。」(KpV 5:108)他說:「如果我們讓哲學這個詞保留它的古代意義,即作為一種圓善的學說,那就好了,只要理性致力於在其中使圓善成為科學。」(KpV 5:108)並且,康德有見及古人在「圓善」問題上發生辯證,產生二律背反,完全是因為「他們不讓德行與幸福作為圓善的兩個不同的要素」。(KpV 5:111)

事實上,吾人見到,康德一生的工作,三大批判工程,及至其宗教哲學,都在為建立圓善學說而努力。康德確立理性本性之學以為哲

學正名，也就是圓善學說大系統之建立，吾人可說，此乃承接古人提出的實踐理念之「智慧學說」的慧識，完滿完成古人未竟之事業。康德完成的圓善學說大系統無疑為人類通過致力於在世上實現圓善而行為作出指導，實現了康德本人所言「讓哲學這個詞保留它的古代意義，即作為一種圓善的學說」，「使圓善成為科學」。（KpV 5:108）

現在，吾人就康德所論圓善的條件（上帝和心靈不朽）作出簡述：

在討論「上帝和心靈不朽作為圓善的條件」之前，吾人回顧康德於《純粹的理性批判》關於「上帝和心靈不朽」只是純然的理念之論說，是十分必要的。關此，拙著《物自身與智思物——康德的形而上學新論》有詳論，茲摘錄其要點如下：

康德自始至終不厭其煩地表明：沒有人可以自稱知道有上帝和不朽。康德指出：將心靈思想為單純的，以便將之作為綜體理念來把一切心力（Gemütskräfte）的一個完備而必然的統一置於其上，這是完全可允許的，但是，如果把心靈假定為單純的本體（一個超離的概念），這就會是一個不僅是不可證明的，而且是完全任意和盲目冒險的命題。（A771-772/B799-800）上帝作為我們的理性的理想之對象，我們可以允許稱之為根源者、最高者、必然者、全能者、全知者、永恆遍在者等等，但是，這些詞語絕不指表一個現實的對象，我們對上帝的實存仍然完全無知。但人們把這個只是單純表象的理想製作成客體，接著又實體化，甚至人格化。（A583/B611）康德嚴厲指出：在使用一個純然的理念來解釋自然物的超越的假設中，那些超自然的假設，亦即訴諸人們為此目的而預設某個神聖的創造者，是最不能容忍的，因為那是一條懶惰的理性的原則。（A772-773/B800-801）[8]

康德依據批判作出斷言：「理性在神學方面的一種純然思辨的使

8　盧雪崑：《物自身與智思物——康德的形而上學》，頁330。相關論說又見前揭書，頁330-335。為免累贅，以下行文不再加註說明。

用的一切嘗試都是完全沒有結果的，就其內部性狀而言是毫無意義的，而它的自然使用的原則完全和根本不引致任何神學；因此，如果人們不把道德的原則作為根據或者用做導線，那麼，在任何地方都不可能有理性之神學（Theologie der Vernunft）。」（A636/B664）也就是說，康德經由第一批判，宣告了西方傳統神學從理性的思辨領域證明「上帝和心靈不朽」之為妄作。

　　既經《純粹的理性批判》論明：就理性的思辨使用而言，上帝和不朽作為超越的理念是沒有任何客觀的實在性的，我們甚至不能斷言認識和理解它們的可能性。康德就有理由另闢論證途徑。在這個批判，他就提出了圓善的兩個要素：德性和配得幸福。他說：「道德的最圓滿的意志與最高福祉聯結而為世界上一切幸福的原因，只要幸福與德性在正確的關聯中（即配得幸福），我稱之為圓善的理想。」（A810/B838）於此，就為日後《實踐的理性批判》論「上帝和心靈不朽」兩個設準作為圓善之條件寫下伏筆。在《實踐的理性批判》，康德正式說明道德法則作為理性事實並由之證明「意志自由」，並且把上帝概念和不朽概念依附於自由概念，使這兩個原來在思辨理性裡面是沒有支持的純然的理念「與自由概念一起並通過它得到持存（Bestand）和客觀實在性」。（KpV 5:4）也就是說，將「上帝和心靈不朽」之論證置於其圓善學說大系統中。

　　在《實踐的理性批判》，康德首先在第一卷之第一章「純粹的實踐的理性原理」論明純粹的實踐的理性基本法則是理性在意欲機能中普遍立法的事實，即說明了道德法則是意志自由的推證原則。他說：「道德法則可以說（gleichsam）作為一純粹理性的事實而被給出的，是我們先驗地意識到並且是無可爭辯的、確鑿無疑的。即使在經驗中不能找到精確遵從它的事例。」（KpV 5:47）「然而即使有人想根除它的必然的確定性，也不能通過經驗去證實，因而是不能後驗地證明

的，而它自身仍然自為地確定不移。」（KpV 5:47）並且明示：道德
的原則足以充作一不可探測的（unerforschlichen）機能（這機能就是
自由）之推證原則。（KpV 5:47）康德論明：「道德法則事實上就是出
於自由的因果性法則，並且也是超感觸的自然的可能性之法則。」
（KpV 5:47）此即：道德法則決定我們的意志，去把一個超感觸自然
的形式賦予作為有理性者之整體的感觸界。（KpV 5:43）「並不損害感
觸界的法則。」（KpV 5:43）他指明：「道德法則提供一個絕對不是可
以由感觸界的一切材料以及我們的理論的理性使用之全部範圍來說明
的事實，這一事實展示一個純粹的知性界，乃至積極地決定它。」
（KpV 5:43）並說：「因著某種能夠決定他在感觸界中的因果性的力
學法則；因為自由，當它歸屬於我們，就把我們置於一智性的事物之
秩序中。這是在別處已充分說明了的。（KpV 5:42）吾人可以說，康
德既論明意志自由以其道德法則使人「置於一智性的事物之秩序中」，
此即為圓善之可能奠定根據，因為圓善只能夠在「智性的事物之秩序
中」才是可能的。康德已論明：「德行的格準與個人幸福的格準就它
們的至上的實踐原則而論是完全不同，遠不一致的；儘管德行與幸福
同屬一個圓善而使之成為可能。」（KpV 5:112）並如實指出：通過嚴
格地遵守道德的法則以「幸福與德行之間必然的和足以達到圓善的連
繫」，在這個世界上是無法指望的。（KpV 5:114）「德行的格準必須是
幸福的有效原因」，這是不可能的。（KpV 5:113）

　　因此，可以說，如果不是康德在《實踐的理性批判》第一章論明：
道德的法則是意志自律的原則，「它早已存在於一切人的理性中，與
人的本質（Wesen）融為一體。」（KpV 5:105）它是人的實存之分定
的法則。我們人自己的主體「通過道德的法則將自己決定為智性的者
（有自由機能）（als intelligibeles Wesen〔vermöge der Freiheit〕」。
（KpV 5:105）那麼，圓善是根本不可能的。但康德提出：「如果圓善

依照實踐的規則是不可能的，那麼，命令去促進圓善的道德的法則也必定流於幻想，及指向空洞的想像的目的，從而本身是虛幻的。」（KpV 5:114）而依康德一再論明：道德的法則是無法否決的。

否決道德的法則，就等同否定人自身的道德的稟賦，也就是讓自己淪為動物了。因為當關涉到自由因果性法則（道德法則），自由，連同既屬於感觸界同時又屬於智性界者的我自己，「就決定地和確然地被認識（bestimmt und assertorisch erkannt）。（KpV 5:105）人作為世界中活動著的有理性者，他就不像其他不稟具理性機能的生物那樣，僅按照自然法則而活動。他能包含一種不受任何自然法則支配的自由法則，他就是「作為在他不受時間決定的存在中的純粹的睿智者（Intelligenz）」。（KpV 5:114）康德說：「如果行動著的人同時視自己為智思物（作為純粹的睿智者，在他不受按照時間來決定的存在中），他就會能夠包含那種按照自然法則的因果性的決定根據，而這決定根據本身是不受任何自然法則支配的。」（KpV 5:114）也就是說，唯獨人因著根源自其自身的道德的法則，圓善之可能及其促進與實現才能得到說明。據此，吾人可說，《實踐的理性批判》第一章對於道德的法則之闡明，為康德的圓善學說奠定根基。

《實踐的理性批判》第二章，探明「純粹的實踐的理性的對象之概念」。如上文已論，該章論明：實踐的理性（亦即意志）不僅是立普遍法則之機能，還是產生對象以及目的的機能。也就是說，純粹的實踐的理性能先驗地提供終極目的。純粹的實踐的理性的一個命令就是「為產生圓善而作出一切可能的貢獻」。（KpV 5:119）此即康德提出：「道德法則要求實現通過我們而可能的終極目的。」（Rel 6:5）此「終極目的」就是在世界上實現「圓善」。據此，吾人可說，《實踐的理性批判》第二章為圓善在世界上實現作出根源的說明。

經《實踐的理性批判》第一章、第二章，康德實在已說明「圓善」

（作為通過人類自身而可能的終極目的）是「實踐上必然的」（KpV 5:113）。圓善的客觀根據「首先就直接在我們的力量中」。（KpV 5:119）接下來，康德就要致力於闡明為了達到圓善但我們卻力有不逮者，理性給我們提供什麼以作彌補。這就是《實踐的理性批判》第二卷之第二章中論明的「純粹的實踐的理性之設準」：心靈不朽、上帝存在。

關於心靈不朽：

關於「心靈不朽」之論說，主要見於《實踐的理性的批判》第二卷第二章「純粹的理性在決定圓善概念時的辯證」之「四、純粹的實踐的理性之設準之一：心靈不朽」。扼要而言，「心靈不朽」之設定與圓善的至上的條件相關，此條件是：「存心（Gesinnungen）完全切合道德法則。」（KpV 5:122）這樣一種完滿性，「只有在一個向著那完全的切合性無窮地前進中才能夠見及。」（KpV 5:122）依此，康德說：「這種無窮地前進只有以延續的實存之無限和這同一有理性者之人格性（人們名之為心靈不朽）為前提條件才是可能的。」（KpV 5:122）吾人可說，「心靈不朽」無非是「實存之無限和這同一有理性者之人格性」。

依康德所論，這「心靈不朽」是不可分離地與道德法則相聯結的，它作為「純粹實踐理性的一個設準」，（KpV 5:122）並非意謂離開人的自由自律的道德主體而假定一個單純的本體叫作「心靈不朽」。恰切地理解，是通過「與道德法則的踐履的完整性相切合的」持續，（KpV 5:132）而把「持久性（Beharrlichkeit）之標誌」（KpV 5:133）給予道德主體（意志自由），以把它補足成一個「本體之實在的表象」（realen Vorstellung einer Substanz）。（KpV 5:133）康德表明：實踐的理性通過這種持續之設準建立了那個心靈之最後主體（letzten Subjekts）。（KpV 5:133）這「持續」（Dauer）是「在作為實踐的理性的整個目的的圓善

中與道德法則相切合所需要的」。（KpV 5:133）此中所言「有理性者之人格性」、「心靈的最後的主體」無非就是意志自由，就此言「不朽」，也無非就是意志自由之持續和持久性。

依以上所述可見，康德所論「為著補充我們在圓善可能性上的無力」，此言「無力」其意實指「比例於德性的幸福」方面，人的能力不足夠，此不足夠首先表現在人的「存心完全切合道德法則」（KpV 5:122）這樣一種完滿性，「是沒有一個感觸界的有理性者在其存在的某一個時刻能夠達到的一種完滿性。」（KpV 5:122）因此，「心靈不朽」被設定，也就是設定「與道德法則的踐履的完整性相切合的」持續，將道德主體（意志自由）補足成一個「本體之實在的表象」。

關於上帝存在：

依康德所論，「道德的法則導致無需任何感取的動力參與而僅僅由純粹的理性指定的實踐的任務，也就是圓善的第一和主要的部份之必然的完整性，亦即德性，並且，因為這個任務僅僅在一個永恆裡才能夠充分解決，因此導致不朽之設準。」（KpV 5:124）並且，康德指出，這同一法則也必引致我們去肯定圓善中第二個要素，即「比例於德性的幸福」之可能，這一要素之可能是單依據公正無偏的無私的理性為根據的。（KpV 5:124）也就是引致我們「必須設定上帝之實存為必然地繫屬於圓善之可能者」。（KpV 5:124）關於「必須設定上帝之實存」以補充「比例於德性的幸福」方面，人的能力不足夠，康德的論說極為複雜。

在《實踐的理性批判》第二卷第二章「純粹的理性在決定圓善概念時的辯證」之「五、純粹的實踐的理性之設準之二：上帝存在」，康德藉由「上帝存在」之設準，闡述「德性」與「比例於德性的幸福」之關連是如何可能的。「上帝存在」之設準的說明，較「不朽」

之設準的說明複雜，且在學界長久以來引發不少誤解與詰難。茲先就該第五段關於「上帝存在」之設準的說明，作扼要解說，如下：

首先，康德指明：「在道德的法則中沒有絲毫的根據說，一個作為部份屬於世界，因而依賴於世界的生物的德性和與之成比例的幸福之間有必然聯繫。」（KpV 5:124）因為道德的法則以之頒令的決定根據「完全獨立不依於自然以及自然與我們的意欲機能（作為動力）協調一致」，（KpV 5:124）並且，「在世界中行動的有理性者仍然不是世界和自然本身的原因。」（KpV 5:124）據此可知，事實上，我們人「不能通過自己的意志成為這自然的原因，也不能夠憑自己的力量使自然就與其幸福相關而言，與其實踐的原理徹底協調。」（KpV 5:124-125）但是，康德早前已論明，「我們應當力求促進圓善（所以它畢竟必然是可能的）」，（KpV 5:125）「在純粹的理性的實踐的任務裡，即對於圓善的必然的追求中，這樣一種結合是被設定為必然的。」（KpV 5:125）據此，康德說：「因此，整個自然的一個與自然有別的原因的存在就被公設了，這個原因包含著幸福與德性精確一致的根據。」（KpV 5:125）它是至上的原因。

如以上所述，康德說明了一個「至上的原因」（Diese oberste Ursache）為何應當被設定。接著，他指出，這個「至上的原因」不同於自然本身，它既是自然的原因，同時也包含「幸福與德性一致的根據」。（KpV 5:125）其可能是「單依據公正無偏的無私的理性」為根據的。（KpV 5:124）我們設定一個與自然有別的「至上的自然之原因」，它既不是依照自然法則（因為按照純然的自然進程，德福一致是不可指望的），也不是僅僅依循自由之法則（因為在自由之法則即道德法則中並沒有根據使道德與相配稱的幸福之間有一種必然的聯繫）；這個至上的原因「應當包含自然與有理性者之意志的法則的表象一致的根據」。（KpV 5:125）康德說：「至上的自然之原因，就其為圓善而必

須被預設而言，就是一個通過知性和意志成為自然之原因（因而是自然之創作者），亦即上帝。」（KpV 5:125）

康德既論明「圓善只有在上帝存在之條件下才發生」，（KpV 5:125）而且，設定圓善的可能性「是與作為需要的義務聯結在一起的必然性」，（KpV 5:125）據此，康德提出：「所以這就將上帝存在這個先決條件與義務不可分割地聯結在一起，即認定上帝存在，是道德的必然的。」（KpV 5:125）值得提醒，康德說：「這裡或應注意：這種道德的必然性是主觀的，即需要，而不是客觀的，即本身不能是義務。」（KpV 5:125）他指出：「唯有努力產生和促進世界上的圓善屬於義務，因此，這種圓善的可能性是可以設定的，而我們的理性發現，若非預設一個最高的睿智者，圓善的可能性是無法思想的；因此，假定一個最高的睿智者的存在與我們的義務的意識是結合在一起的。」（KpV 5:126）

康德在《實踐的理性批判》提出「上帝存在」之設準，有學者誤以為他否定前一個批判取得的成果，但其實他自始至終堅持：我們並不因著這個設準就能知道現實上有一個上帝存在。他在《實踐的理性批判》中依然堅持：「完全從純然的概念來認識一個東西的實存，這是絕對不可能的。」（KpV 5:139）為實現圓善之故而設定上帝存在也決不是要求思辨理性「假定一個逾越經驗的新客體」。（KpV 5:135）上帝之理念因著其作為圓善可能之條件而被賦予實在性，但這實在性「總是僅僅在與道德法則的踐履之聯繫中（而不是為思辨的任務）被給予」。（KpV 5:138）康德明示：「上帝存在」之假定「能夠稱之為信仰」，（KpV 5:126）他說：「在與一個確實由道德的法則提交給我們的客體（圓善）的聯繫中，因而在與一種實踐的意圖中的需要的聯繫中，這個假定就可以稱為信仰，更確切地說，是純粹的理性信仰。」（KpV 5:126）

　　「上帝存在」之假定乃是信仰之事，更確切地說，是道德的信仰之事，「總是僅僅在與道德的法則的踐履之聯繫中」有效。此即康德提出，在道德的信仰中，「道德的法則通過圓善作為純粹實踐理性的客體和終極目的的概念導致了宗教，亦即導致了一切義務作為上帝的命令（als göttlicher Gebote）之認識。」（KpV 5:129）為了避免人們誤解「一切義務作為上帝的命令」，他緊接著提醒，所言「上帝的命令」，「不是作為制裁，即隨意的，一個外在的意志的其自身是偶然的法令，而是作為每一個自由的意志自身的本質的法則」，（KpV 5:129）不過，他緊接著又強調：「但仍然必須視作為最高的本質者之命令，因為我們僅僅從一個道德的圓滿的（神聖的和仁慈的），同時也全能的意志那裡，從而通過與這個意志契合一致才能希望達到圓善，而把圓善設定為我們追求的對象，是道德的法則為我們造就的義務。」（KpV 5:129）總而言之，所謂「上帝的命令」無非是「每一個自由的意志自身的本質的法則」，即道德的法則。康德明示：「在這裡一切因此都是無私的以及純然基於義務」；（KpV 5:129）絕非「一個外在的意志」的令人畏懼或希望的法令，他說：「畏懼或希望作為動力不容許被立為基礎，它們如果成為原則，行為之整個道德的價值就被摧毀。」（KpV 5:129）

　　《實踐的理性批判》提出的「一切義務作為上帝的命令」，亦即在《宗教》一書之第一版「序言」，康德所指出：「道德學不可避免地要導致宗教。如此一來，也就擴展到人之外的一個有權威的道德的立法者的理念。」（Rel 6:6）依康德所論，宗教乃是道德之延伸。「人之外的一個有權威的道德的立法者」，就是從每一個人意志自由所立道德的法則擴展為「所有人的一個道德上的立法者之單純理念」。（Rel 6:6）絕不意謂康德主張「有一個上帝」為人立法，毋寧說，通過將道德的法則標舉為「上帝的命令」，以顯道德的法則本身的普遍必然

的、作為定言律令的權威。

　　既然論明道德的法則根源自每一個人普遍立法的自由的意志自身，而且，依康德所論，義務「必須出自道德法則而作成」。[9]（Gr 4:390）「從對實踐的法則的純粹尊敬而來的行為的必然性就是義務。」（Gr 4:403）那麼，他提出「一切義務作為上帝的命令」，有何依據？首先，必須注意，千萬不能誤以為所謂「上帝的命令」是不同於道德的法則的另類命令。恰切地理解，實在是將人的道德的法則視作為「上帝的命令」。康德能夠這樣做，因為他已經由批判論明，「道德的法則是神聖的（不寬容的），並要求德性之神聖性。」（KpV 5:128）如果不是神聖的道德法則根源自人的意志自由，絕無從產生對德性的完滿性之理想，也不能有圓善概念，亦無法認識到上帝的意志之完滿性，對於上帝的意志之最神聖也不能有任何概念。此如，在《純粹的理性批判》第二編「超越的辯證部」中，康德從理性之思辨的使用方面探究純粹的理性的概念，即超越的理念。在那裡，上帝作為純粹的理性的理想歸入超越的理念的第三類，[10]「包含思維的所有一般對象一般之條件的絕對統一」。（A334/B391）「它含有一個作為一切宇宙論序列之唯一而最充足的原因的東西的單純相對的假設」，（A685/B713）這個假設「只不過是理性的一條軌約的原則，為的是藉助那至上的世界原因之合目的性的因果性之理念，並且好像這個因果性作為最高的睿智體按照最智慧的意圖就是一切東西的原因，去達到最高的系統的統一性。」

9　康德在《基礎》一書經由道德概念的分析而確立義務概念及道德的最高原則 —— 意志自律。他說：「義務不僅是好的行為，還必須是道德地善的行為，而道德地善的行為必須出自道德的法則而作成。」（Gr 4:390）

10　一切超越的理念列入三類：（A334/B391）第一類包含思維主體的絕對的（無條件的）統一，心靈不朽的問題在這裡討論到。第二類包含顯相的諸條件系列的絕對統一，它處理的是宇宙論的理念，超越的自由歸入這裡討論。第三類包含思維的所有一般對象一般之條件的絕對統一，上帝作為純粹理性的理想歸入這裡討論。

（A688/B716）但是，如康德本人強調，儘管理性之思辨的使用可以產生「上帝之理性概念」，它被假設為「唯一而最充足的原因」、「最高的睿智體」、「一切東西的原因」，等。但我們對關於「上帝」的此種種假設完全無法達至認識。如康德指出：在理念中的對象，只有一種規模，對之沒有對象是直接地被給予的。（A670/B698）是一個純然的思想上的東西，（A566/B594）是只依據思辨理性的權威引出來的一些思想上的東西（Gedankenwesen），只是作為依照原則而來的連繫之系統之統一（理性之統一）而思之的一些智思物。智思物就是單純知性所思之物，是沒有對象的。

　　不過，在理性之實踐的使用方面，「上帝存在」之設準則完全不同。「上帝的命令」根本就是通過道德的法則之定言命令得到認識的。上帝的意志之最神聖也是依據屬人的神聖性提升到極限程度，取消了在人那裡的限制性而認識到的。[11]任何一種神聖的某物，上帝也不例外，「它必須是一種道德的，因此是理性的對象，並且必須在內部認作對於實踐的使用是充分的」。（Rel 6:137）康德明示：「我們人格中的人性對我們自身必定是神聖的，因為它是道德的法則之主體，從而是那些自身是神聖的東西的主體。」（KpV 5:131）上帝作為「神聖的立法者」，其神聖性與道德的法則之主體之神聖性一致，神聖的立法所立無非是道德的法則。

---

11 康德說：「由於人們將各種特性歸於上帝，這些特性也被認為適合於生物（Geschöpfen），只是這些特性在上帝那裡被提升到最高的等級，例如力量、知識、在場，善等等被冠以全能、全知、無所不在、全能等名稱，但有三個種特性完全歸於上帝，但沒有大小的修飾，它們全是道德的：他是唯一神聖，唯一永福，唯一智慧；因為這些概念已經帶有無限性。按照同樣的順序，他也是神聖的立法者（和創造者）、仁慈的統治者（和維持者）和公正的審判者：這三種特性包含了上帝成為宗教對象的一切，以及與這些特性相適合，種種形而上學的完滿性就自己添加到理性中。」（KpV 5:131）

　　康德本人提醒，假定「上帝」為「神聖的立法者」，絕非否定道德的法則的妥效性之為必要。如果一個人不能使自己確信上帝存在，他仍然能成為一個道德者，決不因為不信上帝就擺脫了道德的法則的責任。（KU 5:451）反之，如果一個人信有上帝存在，然而因此之故而視道德的法則為只是自負的、無效的和無約束力的，又或者他盡其義務只是由於恐懼上帝的懲罰和只是貪求回報，那麼，他畢竟是一個毫無價值的人。（KU 5:452）依康德所論，道德的法則命令：「每一個人都應該使塵世上可能的圓善成為自己的終極目的」，（Rel 6:6）「應該把最嚴格地遵循道德的法則設想為造成圓善（作為目的）的原因」。（Rel 6:7）康德說：

　　　　道德的法則命令我使世界上可能的圓善成為所有行為的最終的對象。但是，除了通過我的意志與一個神聖的和仁慈的世界創造者的意志一致之外，我無法指望實現它；以及儘管在作為整體的圓善之概念中，最大的幸福以最大程度德性的完滿（在生物中可能的）以最精確的比例聯繫在一起被表象，儘管我自己的幸福也包括在內：但那被指定去促進圓善的意志決定根據仍然不是幸福，而是道德法則（它嚴格地將我對幸福的無限欲望限制在條件中）。（KpV 5:129-130）

　　依以上引文所述，吾人可得知，康德明示，道德的法則作為「促進圓善的意志決定根據」，命令我們在世界上實現可能的圓善；而「一個神聖的和仁慈的世界創造者」（可名之為「上帝」）作為圓善的條件，只有在這個條件下，才能希望實現圓善。並且，在這段引文中，康德亦已表明，該處所言圓善的條件是指：「最大的幸福以最大程度德性的完滿」之相配稱。何以與德性相配稱的幸福需要設定「上帝」？在

《宗教》一書之第一版〈序言〉，康德有一個解說：「如果應該把最嚴格地遵循道德法則設想為造成圓善（作為目的）的原因，那麼由於人類機能不足夠（das Menschenvermögen dazu nicht hinreicht）帶來在世界上幸福與值得幸福的一致，因此必須假定一個全能的道德的者作為世界統治者（ein allvermögendes moralisches Wesen als Weltherrscher angenommen werden），在其事先預備下發生上述狀況，即道德學不可避免地導致宗教。」（Rel 6:7）在這裡，所謂「人類機能不足夠」而需要設定「上帝」，從而導致宗教，並不意謂有一個上帝在裁判每一個人是否配享幸福，更不用說有一個上帝在「賜福」以保障人的幸福了。究其實，人在道德踐履中對自己的行為作出裁判，他需要感到自己的判斷是公允的，「如同由一個局外人作出，但同時又會感到理性強迫他承認這一判斷是他自己的判斷。」（Rel 6:6）毋寧說，「上帝」作為公正性的原則，被設定為公正的法官。實質上，人執持道德的法則而自我裁判，而要確證道德本心之純正性，人感到需要一位好像在自己之外的法官的裁判。[12]此外，康德提出，我們設想一種與「在限制中實現並向無限前進的我們人自己」不同的「無限者」，「對於無限者來說，時間條件是無」，唯有在它的「一種理智的直觀」中才可以完全發現「與道德法則的那種適合性的整體」。（KpV 5:123）此「無限者」即「上帝」。在這裡，康德將一種人所不能有的假想的「理智的直觀」歸於作為設準的「上帝」。因為唯有在無限者的「一種理智

---

12 康德在《宗教》一書論明，人不知道也完全沒有必要知道上帝的協助在什麼地方，設定「上帝」作為「德福一致」之條件，並非意謂我們知道上帝為我們的幸福在做或已做了什麼。康德說：「知道上帝為他的永福在做或已做了什麼，並不是根本的，因而也不是對每個人都必要的。但是知道為了配得上這種援助，每個人自己必須做些什麼，倒是重要的，對每個人都必要的。」（Rel 6:52）並告誡說：「把幸福原則附會在上帝身上，說成是祂的誡命的最高條件」，那是不純正的宗教理念。（Rel 6:51）

的直觀」中才可以完全發現「他給每一個人決定的圓善份額上與它的公正相符」而要求的「神聖性」，而就人作為有限的生物而言，「就分享這份圓善的希望而言，唯一能夠歸於他的是對他那經過考驗的存心的意識。」（KpV 5:123）康德表明，這樣一種「無限者的理智的直觀」中的「與道德法則的那種適合性的整體」的設想，旨在：「根據他迄今為止從惡劣到道德良好的進步，以及根據他由此認知的始終不渝的決心，希望這種進步今後益發不間斷地持續下去，而不論他的實存能夠達到多久，甚至超出此生。」（KpV 5:123）完全只是為了希望「在他的存續的（唯有上帝能夠綜觀的）無限性中與上帝的意志（並不寬大或赦免，它們與公正不相稱）完全契合」。（KpV 5:123）

尤為重要的是，康德提出，道德學促進圓善，也就是：「將上帝之國（das Reich Gottes）帶給我們」，（KpV 5:130）並指明：這是一個「建立在法則基礎上的道德的願望」，它不能起源於「自私的心靈」。（KpV 5:130）於是，吾人見到，最初康德提出來只就個人而言為「與德性相適合的幸福之可能性」（KpV 5:124）而設定的「上帝存在」，就從公正原則之作用，進而作為一個「上帝之國」，即道德世界的「創造者」而被設定。在道德的法則的定言命令下，一切人聯結在一起，致力於在世界上實現圓善，即建立「上帝之國」，為此，「上帝」被設定為「世界創造者」，並且，「上帝在世界之創造中的終極目的」，（KpV 5:130）「必須名之為圓善」。也就是說，「上帝」之最終的目的是由人的終極目的（圓善）決定的。亦即是說，上帝創造世界的終極目的，也是「由道德法則自身引入的」。（Rel 6:7）

毫無疑問，如康德說：「在世界上純然的自然過程，與德性的價值完全匹配的幸福是不可期待的，也被認為是不可能的，因此，這一方面的圓善的可能性僅僅在設定一個道德的世界創造者（eines morali-schen Welturhebers）下才能夠得到承認。」（KpV 5:145）此言「道德

的世界創造者」顯然並非舊約《聖經・創世紀》中所說的「造物主」。假若人之外真有「造物主」主宰這個自然世界，如康德經由批判已如理如實指明，憑著人的認識力，關於它也絕無法有絲毫的認識。我們也絕不可能從「自然」得知此所謂「造物主」的終極目的是什麼。若不是人自身提出圓善，並被其意志自由之道德法則命令著要努力實現圓善作為終極目的，我們也無從說及「道德的世界創造者」之終極目的是什麼。此如康德指明，如果我們人沒有一個終極目的，那麼，我們沒有權力「隨意去把一個源初的知性之受限制的概念擴張至一個全能而無限的東西之理念」，「我們決不能推論出最高的原因之決定的概念」。（KU 5:441）他指出：如果我在理論上能夠這樣做的話，那就會預先假定在我裡面有了全知來使我們能夠看到自然之諸目的之全部關聯，（KU 5:441）但是，人的認識力不是全知的。此所以，康德說：「人們有理由抱怨：我們以一個偉大的對我們而言不可測度的知性作為自然中一切安排的根據，並讓它依照意圖（Absichten）來安排這個世界，那又有什麼用呢？如果自然對這個終極意圖什麼也沒有說，也任何時候都不能說什麼。」（KU 5:440）

此所以，康德強調，一個最高的原因之存在必須並且能夠被設定為圓善之條件，根本上取決於人的純粹實踐理性所具有的支配目的之能力。（MS 6:395）只有人具有向自己提出目的之能力，（MS 6:392）並被道德法則命令著要努力實現圓善作為終極目的，據之，人自己「才能夠配得上是一個創造的終極目的」。（KU 5:469）並且有根據去視世界為一個按照目的而連繫在一起的全體，並視之為一個目的因的系統。此即《判斷力批判》所論明的「道德的目的論」。這個批判論明的「目的因的系統」，康德又名之為「目的王國」。

一切目的在系統中連結的一個整體就是「一個目的王國」。（Gr 4:433）「王國」是指：「不同的有理性者因共同的法則而成的系統的

聯結。」（Gr 4:433）康德已論明，在「目的王國」中，道德立法由每一位成員之意志產生，他指明：「道德在一切行為對於立法的聯繫中，由之一個目的王國始可能，而這種立法必須在每一個有理性者自身中被見到，而且能由其意志產生出來。」（Gr 4:434）他明示：「有理性者必須總是在一個經由意志自由而為可能的目的王國中視其自己為立法者，不管他身為成員，抑或是元首。」（Gr 4:434）上帝被設定為「目的王國之元首」，我們可以設想「它是一個完全獨立無依待的東西（völlig unabhängiges Wesen），它無所需求，而且其相稱機能之意志並無限制。」（Gr 4:434）但並不意謂上帝之立法與人的意志自由立法有什麼不同，依照康德著名的自律原則：「每一個人的意志就是作為一個通過其一切格準普遍地立法的意志。」（Gr 4:432）康德說：

> 參與訂立普遍法則之特權是有理性者由於他自己在其自身即是一目的之本性而已經注定具有之的。正因為他在其自身即是一目的，他始在目的王國中是立法的，在一切自然法則方面是自由的，但只服從他為自己所立的法則。（Gr 4:435）

康德明示：「每個意志（jeder Wille），每一個人格（jeder Person）自身都將他自己的（eigener）、指向他自身的意志限制於這樣一個條件：與有理性者的自律相一致。」（KpV 5:87）並指出：「我們有理由甚至把這個條件賦予上帝的意志。」（KpV 5:87）此即是說：上帝的意志也與自律原則相一致。理由是：「在整個創造中，人所意願的和能夠支配的一切東西也可以純然作為一種手段；唯獨人，及與人一起每一個有理性的生物，是目的之在其自身。因為憑藉其自由的自律，他是道德的法則的主體。」（KpV 5:87）

依以上所論，吾人可說，康德所論圓善（終極目的）之實現，就

是要在世界上建立「目的秩序」，亦即致力第二自然之建立。康德說：
「道德是能使一個有理性者自身就是一目的之條件。因為僅經由道德
他才可能是目的王國中的一個立法的成員。」（Gr 4:435）又說：「在
目的的秩序中，人（以及每個有理性者）是目的本身，即絕不能為任
何人（甚至上帝）純然用作手段，若非他自身同時就是目的。」（KpV
5:131）早在《基礎》一書中，康德提出道德法則三程序，其中第三
程序說：「一切從自律的立法而生的格準，皆當與一可能的目的王國
相諧和，一如其與一自然王國相諧和」，「目的王國作為一實踐的理
念，用以去完成那尚未真實化，但可藉我們的行為而能被真實化
者。」（Gr 4:436）此即是說，依據道德法則之格準，必須結合「可能
的目的王國」與「自然王國」相諧和，而創造一個一切事物的「終極
目的」的「目的秩序」。

　　康德在《宗教》一書之第一版「序言」中對「圓善」（終極目的）
之作為理性本身的「客體」有扼要的說明。他首先肯斷，「道德學建
立在作為自由的，正因為自由而通過自己的理性把自己束縛在無條件
的法則上的人之概念上」，「純粹的實踐的理性機能是自身足夠的。」
（Rel 6:3）為了正當行動並不需要目的，（Rel 6:4）只要由道德法則
而行就是道德行為（即正當行動）。吾人知道，以上肯斷是康德經由三
大批判對人類心靈機能作考察而達致的。接下來，他轉而提出：理性
要回答：「從我們的正當的行動中得出來什麼」這個問題。（Rel 6:5）
由這個問題之解答產生一個「客體的理念」，把「義務」與「對義務
的那種遵循相適應的幸福」結合並包含在自身中。（Rel 6:5）康德說：
「這就是一個在世界上的圓善的理念。」（Rel 6:5）康德本人表明，
「此事並不會完全由我們掌握」，但是，「我們可以將我們自己的所作
所為導向一個目的，以便至少與它一致。」（Rel 6:5）此即見出，「圓
善」（終極目的）是由理性本身的需要提出的，並且，吾人注意到，康

德本人指出，理性本身產生的，道德行為所導向的「目的」（圓善）不會完全由我們人自身掌握，他就據此提出：「為使這種圓善可能，我們必須假定一個更高的、道德的、最神聖的和全能的本質者，唯有這樣才能夠把圓善的兩個要素結合起來。」（Rel 6:5）此即為「上帝存在」之設準提供一個說明。

在那個〈序言〉裡，康德扼要說明了「終極目的」是「可以由理性加以辯護的」，（Rel 6:5）它「努力取得一個所有目的之特殊的聯繫點」，（Rel 6:5）「賦予出自自由的合目的性，與我們根本不能缺乏的自然之合目的性的結合以客觀的實踐的實在性。」（Rel 6:5）並在一個長註腳中提出「客觀的目的」，以區別於「主觀的終極目的」。康德說明「目的」之概念，說：「目的任何時候都是一種傾心的對象，這就是一種直接意欲的對象，這種意欲要由自己的行動占有一個事物。」（Rel 6:6）「主觀的終極目的」就是有理性的世間本質者（vernünftiger Weltwesen）的「自己的幸福」[13]。（Rel 6:6）而「客觀的目的」是「我們應當具有的目的」，「包含了所有其他目的的」，「同時又是充分足的條件的目的就是終極目的。」（Rel 6:6）康德論明，純粹的實踐的理性不僅是在意欲機能中立法的機能，它還是目的的機能。在那個長註腳中，康德說：「實踐理性機能的不可避免的局限性之一，就是無論採取什麼行動，都要探尋行動所產生的結果，以便在這一結果中發見某種對自己來說可以當作目的，並且也能證明意圖的純粹性的東西。」（Rel 6:7）作為客觀的目的的「終極目的」就是純粹的實踐的理性在其中證明其意圖的純粹性的東西。據此，康德明示：「每一個人都應當使世界上可能的圓善成為自己的終極目的。」（Rel 6:6）並指出：「這是一個客觀的實踐的，通過純粹的理性提出的先驗綜和命題。」

---

13 康德說：「關於這種目的，說人們應該具有它，是無謂的。」（Rel 6:6）

（Rel 6:6）它「超出了在世界裡義務之概念，加上了其後果（一種效果）。」（Rel 6:6）此即意謂，「終極目的」（圓善）不僅關涉到現實世界裡的義務，並且指向道德行為之必然的效果。也就是說，道德法則要求實現通過我們而可能的終極目的，一個人作為道德者不僅關心他自己個人的德行，還要致力於創造一個道德的世界。這就是康德說：「他會在實踐的理性的指導下為自己創造一個怎麼樣的世界，而他自己作為一個成員置於這一世界中。」（Rel 6:5）此中所言實踐的理性的指導下創造的世界就是道德的世界，在《基礎》一書中，稱之為「目的王國」，在《宗教》一書中又名之為「上帝之國」。康德依基督教傳統而稱「上帝之國」，但值得注意，依康德，「上帝之概念」根本不同於作為歷史性的啟示信仰中的「上帝」。康德指明：「這裡所說的不是一個根據一種特殊盟約的上帝之國（不是彌賽亞的國），而是一個道德的（單憑理性便可以認識的）國。」（Rel 6:136）我們設定「上帝」為「目的王國」之元首，這元首不過就是道德法則之神聖性本身，此即康德說：「我們在上帝裡面所想的就是本體中的神聖性的理想。」（KpV 5:158）

在這個長註腳末尾，康德說：「如果應該把最嚴格地遵循道德法則設想為造成圓善（作為目的）的原因，那麼由於人的能力並不足以造成幸福與配享幸福的一致，因而必須假定一個全能的道德者來作為世界的統治者，使上述狀況在他的關懷下發生。這也就是說，道德必然導致宗教。」（Rel 6:7）實在說來，康德的理路是：人的自由意志連同其道德的法則產生圓善，並要求每一個人都應當使世界上可能的圓善成為自己的終極目的，也就是，每一個人因著遵循道德法則而結合在一起，致力於世界上實現終極目的（圓善），亦即實現目的王國。用《宗教》一書中的說法，就是：建立一個善的原則統治下的「倫理的共同體」。（Rel 6:153）這種共同體，康德又名之為「倫理

的一公民的社會」。也就是:「建立一個持久存在的、日益擴展的、純粹為了維護道德的、以聯合起來的力量抵制惡的社會。」(Rel 6:94)他說:「因為只有這樣,才能期望善的原則對惡的原則的勝利。在道德上立法的理性,除了它為每一個個人規定法則之外,還樹立起一面德行旗幟,作為所有熱愛善的人的集合地,以便他們都聚集在這面旗幟下,並且這樣才對不間斷地侵襲他們的惡獲得優勢。」(Rel 6:94)康德指明,如果找不到任何手段來建立這樣一個聯合體,「那麼,無論單個人想要如何致力於擺脫惡的統治,惡都要不停地把他滯留在返回到這種統治的危險之中。」(Rel 6:94)他說:「最高的德性的善並不能僅僅通過單個的人追求他自己的道德的圓滿來實現,而是要求單個的人,為了這同一個目的聯合成為一個整體,成為一個善的人們的系統(einem System wohlgesinnter Menschen)。」(Rel 6:97-98)我們設定上帝作為一個「善的人們的系統」的元首,在一個「道德的元首」之共同信仰下,人類得以結合為一個遵循德行法則的共同體,「並且在它對世界的統治下保證一種永恆的和平。」(Rel 6:124)並且,人「在善的原則與惡的原則爭奪對人類的統治權所進行的鬥爭中」,從這個道德的信仰「獲得不能停止的推動力」。(Rel 6:124)至此,吾人方能恰切而周全地理解康德何以提出:「必須假定一個全能的道德者來作為世界的統治者。」以此,吾人方能把握「道德學必然導致宗教」(Rel 6:7)之真旨實義。

康德學界長久以來一直對康德的圓善學說流行著諸多誤解,歸根究柢,是學者們總是曲解康德提出的「上帝存在」之設準,以為他肯定了「上帝存在」,並據此認定康德肯定「上帝存在」,是因為有一個「上帝」分派幸福,「德福一致」才可能。他們眼中,康德的圓善學說被貶為相應個人的德性而分派幸福的「幸福分配論」、「神恩論」之戲論。

　　著名康德專家貝克在其大作《〈實踐理性批判〉通釋》一書第十四章第五節「上帝存在」中，對康德關於上帝存在之設準的論證作了條列式的陳述，[14]這裡我們不花費篇幅引錄他的條列式陳述，只指出：他的結論並不切合康德原義，其錯誤要點在：他將「幸福」，甚至是「消受幸福」作為康德關於上帝存在之設準的論證的關鍵，並特別引用康德說：「需要幸福，也配享幸福，而非消受幸福，這是與一個全能的有理性者的完滿的意願不能共存的。」（KpV 5:110）隨後，他就批評說：「這似乎是足夠天真的。」[15]究其實，因為貝克自己誤以為康德提出「上帝存在」之設準乃是為著解決「配享幸福與實際幸福之間不成比例」的問題，從而製造出「上帝」作為幸福分派者的淺薄主張，並因為這種曲解而使康德變得「天真」。

　　阿利森跟隨貝克，以上帝分派幸福的「酬報論」、「神恩論」解說康德關於「上帝存在」之設準。並認為康德以此設準作為「道德法則自身的支柱」。他在《康德的自由理論》一書中說：「在《純粹的理性批判》中，上帝存在和心靈不朽的設準，乃是作為道德法則自身的支柱（props）而被引入的，並不僅僅只是作為獲得由道德法則所規定的某種目的的必要條件而被引入的。」[16]他摘引《純粹的理性批判》「超越的方法論」中的一個句子：「沒有一個上帝和一個我們現在看不見、但卻希望著的世界，德性的這些高尚理念雖然是讚許和驚嘆的對象，但不會是意圖和執行的動力。」（A813/B841）依照斷章取義的方法得出結論，他說：「畢竟，為什麼一個人就應當努力奮鬥，以爭取『配享幸福』──這就是康德在這裡刻劃德行存心的方式──呢？

14　L. W. Beck, *A Commentary on Kant's Critique of Practical Reason*, p. 274. 中譯頁340。

15　L. W. Beck, *A Commentary on Kant's Critique of Practical Reason*, p. 275. 中譯頁341。

16　H. E. Allison, *Kant's Theory of freedom*, p. 67. 中譯頁91。阿利森自己在註腳中表明他的這種見解參見貝克，見：H. E. Allison, *Kant's Theory of freedom*, p. 258. 中譯頁397。

除非他相信某一天，幸福會以某種方式與德行成比例的加以分配。」[17]
必須指出，阿利森在完全忽略上文下理的情況下利用那個句子。康德
明文說：「既然有絕對必然的實踐法則（道德法則），所以如果這些法
則必然地把某一種存在（Dasein）預設為其約束力的可能性的條件，
則這種存在必須被設定。」（A634/B662）又說：「恰恰是道德法則其
內在的實踐的必然性把我們引到一個獨立的原因或一個智慧的世界統
治者的預設，為的是賦予那些法則以效果（Effekt）。」（A818/B846）
如我們一再申論，康德從第一批判開始就一再強調道德法則為首出，
一再提醒，我們不能根據這種效果反過來又把道德法則視為派生自上
帝的意志。[18]很清楚，從第一批判開始，康德就以道德法則為前提：
由於道德法則本身是絕對必然的，我們就有正當理由設定這最高者。
（A634/B662）我們絕不能像阿利森、貝克他們那樣，認為康德將「上
帝存在」的設準作為道德法則自身的支柱。也完全沒有理由以為康德
主張：除非人「相信某一天，幸福會以某種方式與德行成比例的加以
分配」，否則他沒有理由「應當努力奮鬥，以爭取『配享幸福』」。

　　牟宗三先生也接受了阿利森、貝克他們的說法，在《圓善論》一
書中說：「因為人之德與有關於其『存在』（即物理的自然）的福既不
能相諧一，何以與人絕異的神智神意就能超越而外在地使之相諧一，
這是很難索解的。」[19]又說：「若說這是神的事，祂自能使你的德福相
配稱，你只要信祂祈禱祂就可以了。若如此，這等於未說明。」[20]顯

---

17 H. E. Allison, *Kant's Theory of freedom*, p. 67. 中譯頁91-92。

18 康德又說：「道德理念實現了關於神性的者（göttlichen Wesen）的一個概念，我們
　　如今把這個概念考量為正確的概念，並不是因為思辨理性使我們確信它的正確性，
　　而是因為它與種種道德的理性原則完全一致。」（A818/B846）又見：A589/B617、
　　A807/B835、A819/B847。

19 牟宗三：《圓善論》，《全集》，卷22，頁235。

20 牟宗三：《圓善論》，《全集》，卷22，頁236。

見，先生接受了西方權威康德專家所提出的上帝分派幸福的「酬報論」、「神恩論」。而我們有充足證據論明：西方權威康德專家們對學界的長期影響嚴重妨礙人們瞭解康德的「上帝存在」的設準說，並毀壞了康德的圓善學說。

康德本人嚴厲地斥責「神恩說」，他說：「勸人相信可以把神恩的作用與本性（德行）的作用區分開來，或者乾脆可以在自身中造成神恩的作用，這是一種狂熱。」（Rel 6:174）「要在自身中感知上天的影響，這是一種瘋狂。」（Rel 6:174）「狂熱的宗教妄想是理性在道德上的死亡，而沒有理性就沒有宗教。」（Rel 6:175）依康德所論，上帝之設準作為「德福一致」之條件並非意謂我們知道上帝為我們的幸福在做或已做了什麼。人完全沒有必要知道上帝的協助在什麼地方，康德說：「知道上帝為他的永福在做或已做了什麼，並不是根本的，因而也不是對每個人都必要的。但是知道為了配得上這種援助，每個人自己必須做些什麼，倒是重要的，對每個人都必要的。」（Rel 6:52）

吾人可指出，一眾康德專家在這個問題上誤解康德，其實歸咎於：他們把康德所論因著人自身的不足，可以「希望和祈求」一種補償，解讀為實有一個「上帝」在「造成神恩的作用」。究其實，依康德所論，上帝只是一種「主觀的、但卻真實而又無條件的」假設。（KpV 5:11）而他的批評者們卻以為他主張有一個「就客體而言被認識到的」擁有「理智的直觀」的上帝。事實上，康德提出「上帝存在」作為純粹的實踐的理性之設準，又論明「上帝」是信仰之事。所謂「設準」即含著說，「上帝」並不是「就客體而言被認識到的必然性」，（KpV 5:11）「只是就主體遵循其客觀的然而實踐的法則而言乃是必要的認定」。（KpV 5:11）康德所論「設準」根本與某物的存在或不存在毫不相關，決不是要藉「設準」對存在作肯斷。他提出理論的理性必須視「上帝存在」為「純粹實踐理性的設準」，他使用「設準」一詞是指

一種理論上不可證明的命題，（KpV 5:122）也就是說，其存在不可證明，我們對之無相應的直觀。而康德所論「上帝」是「信仰之事」（res fidei），（KU 5:469）即含著說，「上帝」不是事實物（Tatsache），（KU 5:468）只作為「純粹的理性之理想」。[21]康德在《純粹的理性批判》已論明：「理想是作為一種唯有通過理念才能決定或才被完全決定之個別東西的理念，理想比理念顯得還要更遠離客觀實在性。」（A568/B596）「理性達成其『表象事物之必然的完整決定』這目的中，它並不預設一相應於此理想的東西（Wesens）之實存，但只預設這樣一個東西之理念。」（A576-577/B605-606）他指明，從這樣一個理想出來的任何結果對於物的完整決定沒有任何關係，對它的任何方面亦無影響。（A580/B608）「上帝」作為理性的理想之對象，是「一種只在理性中的對象就稱為根源者（Urwesen）、最高者（höchste Wesen）、一切東西之東西（Wesen aller Wesen: ens entium）」，康德明示：「但是，這些名詞不是指表一現實對象對於其他物的客觀關係，而只是指表一個理念對於概念的客觀關係，我們對它的實存仍然完全無知（Unwissenheit）。」（A578-579/B606-607）上帝作為我們的理性的理想之對象，我們可以允許稱之為根源者、最高者、必然者、全能者、全知者、永恆遍在者等等，但是，這些詞語絕不指表一個現實的對象，我們對上帝的實存仍然完全無知。（A579/B607）

　　依以上所論，吾人可知，實在沒有理由認為康德主張有一個「就客體而言被認識到的」上帝，更遑論說，康德主張上帝分派幸福。吾人亦可論明，阿利森、貝克他們以為康德以「上帝存在」之設準作為「道德法則自身的支柱」，實在是對康德的曲解。這種曲解流行於漢語界的康德學，牟先生在《圓善論》一書中就說：「康德從純粹實踐

---

21 康德說：「在純粹的理性的所有理念中，唯有自由之理念其對象是事實物（Tatsache），並且必須被歸入可覺知的東西（scibilia）。」（KU 5:468）

理性上建立起圓善以為意志之一必然的對象，至於此圓善所以可能之根據，則依基督教的傳統，肯定『上帝存在』以充當之。」[22]先生以為康德肯定「上帝存在」以充當圓善所以可能之根據，此意同阿利森、貝克認為康德將「上帝存在」的設準作為道德法則自身的支柱。但吾人知道，康德本人明示：圓善作為「道德法則所決定的意志之必然的客體」，（KpV 5:4）「通過意志自由產生圓善是先驗的（道德的）必然的。」（KpV 5:113）上帝和不朽之理念只是「把道德上被決定的意志運用到其先驗地被給予的客體（圓善）之條件。」（KpV 5:4）依康德所論，「自由是道德法則的存在根據（ratio essendi）。」（KpV 5:4）「自由」是事實物，「它是我們知道的道德法則的條件。」（KpV 5:4）如果沒有人的意志自由，則無道德法則可言。可見，「道德法則自身的支柱」只能是意志自由，而不會如阿利森、貝克認為那樣，將「上帝存在」之設準視作「道德法則自身的支柱」。如果不是意志自由以其道德法則決定意志而產生「圓善」，則根本無所謂「圓善」，隨之亦無因著道德法則命令在世界上實現圓善無可避免地要面對源於人自身和外部世界兩方面的阻礙，而需要預設的「上帝和不朽」。（KpV 5:4）康德已經由對實踐的理性之批判考察論明：「在思辨理性的一切理念中，自由是唯一我們先驗地知道（a priori wissen）其可能性者。」（KpV 5:4）「因為它是我們知道的道德法則的條件。」（KpV 5:4）而上帝和不朽的理念，它們的可能性只能「經由自由是現實的這個事實得到證明」，而且「在實踐的關連裡，能夠和必須被認定」。（KpV 5:4）如果沒有人的意志自由，「上帝」根本只能作為在思辨理性裡面的「沒有支撐的」純然的理念，遑論說要作為「圓善所以可能之根據」。明乎此，即可知，依康德所論，圓善所以可能之根據置於意志自由連同其道德法則上。

---

22 牟宗三：《圓善論》，《全集》，卷22，頁234。

　　康德專家們何以會將「上帝存在」的設準視作「道德法則自身的支柱」，乃至將圓善所以可能之根據置於「上帝存在」呢？愚意以為，看來要歸因於他們將康德所論「上帝存在」之設準作為目的因起作用，混同於自由意志的有效因。康德在《判斷力批判》論明，有效因的因果連繫名之為「實在的原因之連繫」，（KU 5:372）而目的因的因果連繫則名之為「理想的原因之連繫」。（KU 5:372）

　　在道德的信仰中，「上帝」不能被視作為一個在經驗界中起作用的原因，它與世界的聯繫不是作用因（wirkenden Ursachen）的因果結合（效果的聯繫〔nexus effectivus〕），而是終成因（Endursachen）的因果連繫（目的的聯繫〔nexus finalis〕）。[23]（KU 5:448）儘管康德同時論明，意志自由產生終極目的，終極目的連同世界創造者之理念又反過來在一種目的的因果聯繫中決定意志。這就是康德說：「作用因的聯繫就能夠同時被評判為通過目的因而來的效果。」（KU 5:373）依康德所論，在實踐的領域（即道德領域），「上帝」現實上「在一種目的的因果聯繫中決定意志」。但絕不能混同甚至取代自由意志而作為一個在經驗界中起作用的原因。

　　阿利森摘引《純粹的理性批判》中康德說：「沒有一個上帝和一個我們現在看不見、但卻希望著的世界，德性的這些高尚理念雖然是讚許和驚嘆的對象，但不會是意圖和執行的動力。」（A813/B841）那裡所言「意圖和執行的動力」就是指「通過目的因而來的效果」而論，作為目的因而起作用，不能視作為起「實在的原因」之作用的「有效因」。牟先生就是將康德所論僅僅作為設準的「上帝存在」轉換為「肯定上帝之存在」，並且，進而將「上帝創造了自然——使自然存在，故能使自然與德相諧和」的觀點加諸康德。先生在《圓善

---

23 依康德所論，作用因的因果結合名之為「實在的原因之連繫」，而目的因的因果連繫則可名之為「理想的原因之連繫」。（KU 5:372-373）

論》一書中說：「圓善之所以可能，依康德之思路，必須肯定上帝之存在。上帝是圓善可能底根據，因為圓善中福一面有關於『存在』——我的存在以及一切自然底存在，而上帝是此存在之創造者。」[24]依愚見，康德經由第一批判已推翻所謂上帝作為自然界的物之經驗存在的創造者的說法，依康德所論，我們經由理性之思辨作用無疑可思想上帝作為世界的創造者，但它只能被設想為創造物自身，尤為要緊的是，康德已論明，人不能知物自身，只能知顯相，而自然不過是與人的認識力相關的顯相之綜集。吾人實在沒有理由以為康德主張「上帝創造了自然」，牟先生在《圓善論》一書中說：「上帝創造了自然——使自然存在，故能使自然與德相諧和，而保障了人在現實上所不能得的德福一致。」[25]這裡，先生將自己「上帝創造了自然」，「故能使自然與德相諧和」的想法加諸康德，然後又表明，這裡的「故能」有問題，「不能使人坦然明白。」[26]其實，在《純粹的理性批判》之「純粹的理性的理想」那一篇的「論超越的理想」一章中，康德經由批判將「上帝之概念」歸於純粹的理性理想。他提出：「僅僅在理性中的對象被名為元始者（Urwesen〔ens orginarium〕）、最高者（höchste Wesen〔ens summum〕）、一切東西之東西（Wesen aller Wesen〔ens entium〕）。但是，這些名詞不是指表一現實對象對於其他物的客觀關係，而只是指表一個理念對於概念的客觀關係。」（A578-579/B606-607）他指明：「我們對它的實存仍然完全無知（Unwissenheit）。」（A579/B607）顯見，吾人不能將康德批判哲學中所言「上帝」等同於舊約《聖經・創世紀》中所說的創造及主宰這個自然世界的「造物主」，也不能視之為與某個民族訂立特殊盟約而保障其子孫後代幸福

---

24 牟宗三：《圓善論》，《全集》，卷22，頁237。

25 牟宗三：《圓善論》，《全集》，卷22，頁237。

26 牟宗三：《圓善論》，《全集》，卷22，頁237。

的耶和華。明乎此，則沒有理由以為康德所論「圓善」其根據是「依基督教的傳統，肯定『上帝存在』以充當之」。[27]

　　事實上，康德逐一檢察了諸種從最高實在者之概念推演出關於上帝存在的證明，論證了「上帝存在的存有論證明之不可能性」，「上帝存在的宇宙論證明之不可能性」，以及「自然神學證明之不可能性」。由之揭露：上帝之理念作為最高實在者（ens realissimum）之理想，原本只是一個純然的表象，但是，在舊有形而上學中，它被實在化（realisiert），首先變成一個客體，然後又被實體化（hypostasiert），最後人格化（personifiziert）。（A583/B611）康德拆穿這種「超越的偷換」手法，他說：「對於超越的理念這樣來使用，我們就越出了它的定分和有效性之界限。」（A580/B608）他指出：理性只是把它當作「綜實在」之概念來使用，「並不要求這種綜實在是客觀地被給予了的並且其自身是一物。這樣一個物是一純然的虛構。」（A580/B608）其實，牟先生在《圓善論》一書中也引錄了康德「論超越的理想」（A580-581/B608-609），先生本人於引錄章節後加案，說：「此明示知解理性形成人格神的上帝之概念是純然的虛構，是經由許多滑轉而形成的。」[28]先生還引錄了康德對於西方哲學傳統中經由實在化、實體化、人格化製造「上帝之概念」之虛幻的批判，並說：「那根本的滑轉以及此三化之滑轉就是知解理性在形成人格神的上帝之概念中的虛幻性（辯證性）。」[29]那麼，牟先生何以仍認為康德將上帝「人格化而為一無限性的個體存有」[30]而作為「圓善可能底根據」呢？其實，先生只是依他自己的想法直接加於康德，吾人並不見有給出文獻上的

---

27 牟宗三語，見牟宗三：《圓善論》，《全集》，卷22，頁234。

28 牟宗三：《圓善論》，《全集》，卷22，頁242。

29 牟宗三：《圓善論》，《全集》，卷22，頁243。

30 牟宗三語，見牟宗三：《圓善論》，《全集》，卷22，頁237。

證據。吾人只見到牟先生就此詰問：既然康德於《純粹的理性批判》已論明「上帝」「光只個體化而為一個『理想』已不能對於事物之完整決定有任何關係，或表現絲毫影響力」，「此而無關係，則對於圓善中德福之諧一，便能有關係乎？」[31]然吾人可指出，看來先生將康德圓善學說中所論「上帝存在」之設準誤解為主張上帝現實地對自然事物有完整決定及影響，以致認為康德主張上帝現實地在我們人類之外掌管幸福的分配，乃至創造存在與幸福之諧一。但依吾人所見，這種說法根本違背康德圓善學說之宗旨。[32]

　　總括來說，康德圓善學說奠基於意志自由連同其道德法則。首出的事實是意志自律，即每一個人的理性在自己的意欲機能中立道德法則，並服從自己所立的法則。道德法則產生圓善理想並命令每一個人致力於在世界上實現圓善，「致力於在世界上實現圓善」根本就在人的能力中。圓善理想之產生，以及圓善理想之在世界上實現都是人類自身的事，絕非什麼超自然之事。但圓善理想之在世界上實現，並非

---

31 牟宗三：《圓善論》，《全集》，卷22，頁247。

32 看來，牟先生受到康德學界的權威專家所影響，康德學界長久以來流行一種說法，認為康德在《實踐的理性批判》中把他在《純粹的理性批判》中所批判地否定的東西重新復活。海涅讀《純粹的理性批判》之後曾驚呼：羅伯斯庇爾殺掉了法國國王，而康德則有膽量做更大的事情──反對上帝。他說：「康德扮演了一個鐵面無私的哲學家，他襲擊了天國，殺死了天國全體守備部隊，這個天國的最高主宰未經證明便倒在血泊之中。」（古留加著，賈澤林、侯鴻勛、王炳文譯：《康德傳》〔北京：商務印書館，1981年7月初版〕，頁128、131。）在《實踐的理性批判》出版之後，海涅嘲笑康德「用實踐理性，就像用魔杖一樣，使得那個被理論理性殺死了的自然神論的屍體重新復活。」（同前揭書，頁131。）學界甚至流行一種說法，以為康德本人是要去掉人格神的上帝的，只不過為著安撫他的僕人的不安之心，才又肯定祂。牟先生就說：「據說康德本想去掉這個人格神之上帝，只因可憐他的僕人之不安，遂終于又把祂肯定了。」（牟宗三：《圓善論》，《全集》，卷22，頁248。）康德這樣一位真誠、嚴肅的哲學家，「上帝存在」之設準在其圓善學說有著極為重要的位置，豈能採用傳記中的軼事作口實來作論據而取消康德本人周全、縝密之論證？！

輕而易舉、一蹴即就的事，人自身的限制，以及自然方面的限制，諸種因素造成重重困難與障礙。毋寧說，康德所論純粹的實踐的理性之設準（Postulate）作為導致圓善的可能性的條件，是為著克服圓善理想之在世界上實現的種種困難與障礙而提出的，我們不能誤以為康德主張有一種人之外的最高力量造就圓善，因而也沒有理由籠統地說「上帝是圓善可能底根據」。康德所論人的力量不足夠，絕不能理解為人根本沒有能力在世界上實現圓善，故要依賴「上帝存在」。

　　早在《基礎》一書，康德就自然王國與目的王國協合於一起的問題論及「人的能力不足夠」。在那裡，康德明示：一個目的王國將真正通過格準實現，此格準就是由定言律令頒發，適用於所有理性的者的規則，如果此格準被普遍遵循的話，目的王國就會現實地真實化。（Gr 4:438）但是，在我們人類中，即使人能夠意識到自立的道德法則，但並不是每一個人任何時候都遵循道德法則而行，即使一個人自己嚴格地依據道德法則作為其行為的格準，但他不能預計他人也必如此；並且，個人不能預期自然方面將有助於他對於幸福的期望。（Gr 4:438-439）因為這些困難與障礙，康德提出：「我們設想自然王國與目的王國在一個元首下（unter einem Oberhaupte）結合在一起，從而後者將不再是一個純然的理念，而是會得到真正的實在性。」（Gr 4:439）他並且指明：這個「元首」之設定固然是「一個強有力的動力的添加」，但實踐之事的本質並不因為這種假定的外在關係而有所變化，「道德是行為與意志自律的關係，亦即通過意志的格準與可能的普遍立法的關係」，（Gr 4:439）這決不會因為「一個道德的最高者」之設定而動搖。根源自人自身之意志自律的「道德」乃是：「獨自構成人的絕對價值的東西，也是任何人，甚至最高者（höchsten Wesen）對人作出判斷的依據。」（Gr 4:439）

　　吾人可指出，《基礎》一書所論目的王國與自然王國「統一在一

個元首之下」，（Gr 4:439）以使「目的王國」獲得其真正的實在性，我們可以此理解康德隨後在《實踐的理性批判》中提出：「圓善唯有在上帝存在的條件下才是成立的。」（KpV 5:125）這個批判中所論因著道德法則命令在世界上實現圓善，並以之為創造的終極目的，也就是《基礎》一書提出要「藉我們的行為」而真實化「目的王國的理念」。（Gr 4:436）儘管這個批判在「純粹的實踐的理性設準之二：上帝存在」那一節裡，首先並且主要論及的是：道德法則經由無偏私的理性導至圓善的第二個元素的可能性，這個元素也就是「與德性切合的幸福」，據之提出：「必須設定上帝的實存，作為必然屬於圓善（它是與純粹的理性立法必然聯結在一起的我們的意志之客體）的可能性。」（KpV 5:124）但事實上，即使在這這個批判裡，康德也並非停在「與德性切合的幸福」的問題論「上帝存在」之設準。在這裡，他論及「上帝之國」：「理性的者將自己全心全意奉獻給德性的法則的世界」。（KpV 5:128）還論及「將自然王國與德性王國之間之精確的協調設想為圓善之可能性之條件」。（KpV 5:145）並且，在這個批判，康德同樣強調，「上帝存在」之設準並不意謂肯定有一上帝在人之外存在。他本人指出：上帝之概念不能是一個「屬於物理學的概念」，也不能是一個「屬於形而上學的概念」，[33]而是一個「屬於道德學（Moral）的概念」。（KpV 5:138）上帝之理念因著其作為圓善可能之條件而被賦予實在性，「但這實在性只是與道德法則的施行相關（而不是為思辨的任務）時被賦予。」（KpV 5:138）

　　依以上所論可見，將「上帝存在」之設準僅僅講成是「與德性切

---

33 康德說：「上帝之概念沿著經驗的途徑（物理學的途徑）就依然總是關於第一者（ersten Wesens）的完善的一個不曾得到精確決定的概念，不能把它視作為與一個神性（Gottheit）之概念相適合（憑藉形而上學在其超越的部份中根本無任何建樹）。」（KpV 5:139）

合的幸福」的問題，甚而以此將康德的圓善學說視為「幸福分配論」是極為錯誤的。事實上，權威的康德專家們將康德一系列著作逐一分割處理，甚至將個別句子抽離康德本人的論證脈絡來解讀，把不同論域的問題攪混成一堆，然後指責康德到處自相矛盾。歸根究柢，他們遠未能契應康德首先在人的認識力，及至道德領域和宗教方面的慧識和洞見，康德高瞻遠矚的理性啟蒙仍未為人們理解。長久以來，甚至不乏對康德哲學懷著熱忱的學者都有意無意地、或從經驗論的立場或從唯理論的方向製造出數不清、理還亂的所謂「康德難題」。

今日，吾人要認明康德圓善學說之宗旨在論明：人類如何認識並發展自身的道德稟賦，以致力於「一個自由合目的性與自然合目的性結合的目的王國」在世界上實現。圓善之概念的決定及其可決定性通過三大批判得到說明，而通過三大批判展示的最後的大綜和必須在人類歷史進程中實現，人就需要一個純粹的道德的宗教，即標舉一個「最高的本質者」（名曰「上帝」，亦可依孔子哲學傳統名曰「天」），它是理性的理想。在純粹的道德的宗教裡，我們將「每一個自由的意志自身的本質的法則」，（KpV 5:129）「視作為最高的本質者之命令」，（KpV 5:129），並服從、崇敬之；無非是服從、崇敬「每一個自由的意志自身的本質的法則」（即道德法則），以此，我們人（並非能夠總是遵循自身所立的道德法則）藉著對一個「最高的本質者」之理性的信仰，得到一種效力。一切人結合在這個「最高的本質者」之下，無非就是結合在道德法則（善的原則）之下，以致力於將道德法則所命令的「圓善」（終極目的）實現於世界上，此乃人類的天職。

如康德指出，「在其餘一切自顧自的動物那裡，每個個體都實現著它的整全的定分，但在人這裡，只有類才能實現其整全的定分。所以，人類只有通過在許多世代的無窮盡系列中的進步，才能夠努力追求自己的定分。」（Anthro 7:324）在〈世界公民觀點之下的普遍歷史

理念〉一文中，康德說：「歷史學卻能使人希望：當它考察人類意志自由的作用的整體時，它可以揭示出它們有一種合乎規律的進程，並且就以這種方式而把從個別主體上看來顯得是雜亂無章的東西，在全體的物種上卻能夠認為是人類原始的秉賦之不斷前進的、雖則是漫長的發展。」（KGS 8:17）吾人可以指出，康德圓善學說大系統指示出一個根源自人類意志自由的預告性人類史之進程，[34] 並為其奠基。康德三大批判考察了人類心靈機能的每一部份並探明其通貫整體的活動，依據這項巨大的工程展示一個以意志自由為創造實體的形而上學，並以之為根基展示一個人類全體朝向圓善（終極目的）在世界上實現的圓善學說大系統。[35] 毫無疑問，康德的圓善學說並不是僅僅關注個人的德行和個人如何配享幸福，而是關聯到人類整體，它告訴我們人類基於意志之自由在朝向世界之終極目的的進程中將致力於創造什麼。此即康德在《重提這個問題：人類是在不斷朝著改善前進嗎？》一文中表明：哲學可對將要來臨的事件作先驗可能的陳述，這是因著揭示人類稟賦上的一種道德性而做到的，只要彰顯出人的稟賦中的「一種天生的、恆常不變的、儘管是有限的善的意志，人就能確切地預告他的種屬是朝著改善前進的，因為在這裡涉及的事件是他自己所能造成的。」（KGS 7:84）

　　吾人可說，康德的圓善學說大系統即康德哲學之整全體系，用康

---

34 在〈重提這個問題：人類是在不斷朝著改善前進嗎？〉一文中，康德說：「我們渴望有一部人類史，但確實並非一部有關已往的，而是一部有關未來的時代的歷史，因而是一部預告性的歷史；……如果要問：人類（整體）是否不斷地朝著改善前進；那麼它這裡所涉及的就不是人類的自然史（未來是否會出現什麼新的人種），而是道德史了；而且還確乎並非根據種屬概念，而是根據在大地上以社會相結合並劃分為各個民族的人類的全體。」（KGS 7:79）

35 康德說：「在原則上它必須是某種道德的東西，而這種東西被理性表現為某種純粹的，但同時又由於巨大的和劃時代的影響而被表現為某種公認是人類心靈的義務的東西；這種東西涉及人類結合的全體。」（KGS 7:87）

德的詞語說，哲學之為「理性本性之學」，也就是「在世界公民的意義上的哲學」。康德提出：「在世界公民的意義上的哲學之場地可以歸為以下問題：1. 我能夠知道什麼？2. 我應當作什麼？3. 我可以希望什麼？4. 人是什麼？」[36]（Logik 9:25）他指明：「形而上學回答第一個問題，道德學回答第二個問題，宗教回答第三個問題，人類學回答第四個問題。但根本說來，人們可以將所有這些都算作人類學，因為前三個問題都關聯到最後的這個問題上面。」（Logik 9:25）也就是說，《純粹的理性批判》（連同《導論》）以及歸於理論哲學的其餘著作回答第一個問題（我能夠知道什麼）；《實踐的理性批判》（連同《基礎》）以及歸於道德哲學的其餘著作回答第二個問題（我應當作什麼）；《單在理性界限內的宗教》以及歸於道德哲學的其餘著作回答第三個問題（我可以希望什麼）；頭兩個問題構成純粹哲學體系的兩大部份（理論哲學和實踐哲學），這兩大領域建基其上的純粹哲學之場地還包括溝通兩大領域的《判斷力批判》，這個批判與《宗教》都不是僅僅關涉知性及理性立法而論，而是關涉於「人」，以及人作為「動物性的、但畢竟有理性的生物」，（KU 5:210）與人作為道德的存有的關係。康德明示：「人們可以將所有這些都算作人類學，因為前三個問題都關聯到最後的這個問題上面。」（Logik 9:25）依此，吾人有理由說：康德哲學之整全體系，即其圓善學說大系統解答最後的問題（人是什麼）。[37]

---

36 此四問題之引文摘錄自《邏輯學》（*Logik. Ein Handbuch zu Vorlesung*, ed. Gottlob Benjamin Jäsche, 1800），同樣表述又見康德致卡爾・弗里德利希・司徒林（Carl Friedrich Staudlin）函（1793年5月4日）（KGS 11:429），早在《純粹的理性批判》，康德就提出前三個問題，他說：「我的理性的全部關切（既有思辨的關切，也有實踐的關切）滙合為三個問題：1. 我能夠知道什麼？2. 我應當作什麼？3. 我可以希望什麼？」（A804-805/B832-833）

37 康德明文指出，「人是什麼？」這個問題探究的對象是作為「世界公民」的「人」。有學者把這個作為哲學追問對象的「人」視為《實用觀點下的人類學》（*Anthropo-*

　　「我能夠知道什麼？」、「我應當作什麼？」、「我可以希望什麼？」三個問題關聯到最後的問題「人是什麼？」此言「人」顯然並非實然的「人類學」之對象，此言「人」並不局限在人的實然狀態而論，我們不能依據經驗性的以及總是不純粹的人類學而對「人」提出任何有必然性的發問。事實上，康德哲學之整全體系都在對人進行發問以及給出解答，它關聯到人在宇宙中（亦即在天地萬物中）的位置以及這個位置如何由人自身置定。「哲學」首先回到如理如實地對人自身的發問上，這不是西方傳統上的人類中心主義，而是關切於人自身與他人的關聯，人自身與社會的關聯，人自身與世界的關聯，乃致人自身與宇宙整體的關聯，並在這一切關聯中自我置定。並且，康德揭明人類主體立法（知法立法和理性立法）本身就包含主體機能在法則下的「能夠」並且「應該」／「應當」。主體立法下的「應該」／「應當」就包含著「能夠」轉變為「是」的實化進程，也就是解答：人如何能夠及怎樣實現自我置定。

---

logie in pragmatischer Hinsicht, 1798）一書中「現象意義的」人，那就大錯特錯了。鄧曉芒先生在其中譯本《實用人類學》之「中譯本再版序言」中提出這種見解，說：「由於他把人的本質歸結為不可知的『物自身』，他未能真正建立一個完整的先驗人類學體系。」「於是，康德意想中的『先驗的』人類學的最終歸宿，便不能不是僅僅具有現象意義的『實用的』人類學了。」（康德著，鄧曉芒譯：《實用人類學》〔上海：上海人民出版社，2002年〕，頁7。）事實上，《實用觀點下的人類學》作為一部由講演筆記編纂而成的書，早在一七七二至一七七三年上學期開始，康德每年都講授這門課，一直有二十多年之久。（見：康德致卡爾・弗里德利希・司徒林函〔1793年5月4日〕〔KGS 11:429〕）作為講課教程難免要一定程度受官式要求的限制，採用傳統教本，以學院秩序做引線；並且有適應學生理解水準的通俗性問題，總而言之，把這部書視作為康德解答「人是什麼」的人類學，那是不妥的。儘管我們並不否認這部書對理解康德的觀點依然十分重要而不可忽視。我們知道，在《基礎》一書，康德強調：要將純粹的哲學與經驗的哲學嚴格區別開，純粹的哲學不與任何經驗的成素相干，「而單從先驗原則出發闡明它的理論。」（Gr 4:388）他說：「在倫理學這裡，經驗的部份特別稱之為實用人類學，而理性的部份才可以稱之為道德學。」（Gr 4:388）

　　依康德哲學所展示，「人」的終極的自我置定就是置定自身為「終極目的」及世界創造的「終極目的」。此終極目的的自我置定之實化也就是「圓善」在世界的實現。此即康德指出：終極目的作為一個「只有理性才能思維、應當通過我們的行動在世界上依照道德法則予以實現的客體的概念」。（KU 5:453）並說：「應當由我們來實化的最高的終極目的，即我們唯獨因之才能夠甚至配得上是一個創造的終極目的者。」（KU 5:469）

　　依以上所論，吾人可說，圓善學說大系統堪稱是一個為人類理性大憲章奠基的哲學體系。儘管從人類現今的狀況來看，仍然如康德當日所言那樣，人們就連關於教育的理念也還在爭執不已，「人們甚至對人類的本性能夠達到的完善性根本沒有一個概念。」（KGS 9:445）應該教育他人的大人物往往自己仍「處在本性粗野狀態」，（Anthro 7:325）「大人物們往往多半總是只關心自己」。（KGS 9:444）「父母教育自己的孩子，通常只是讓他們適應當前的世界，哪怕它是墮落的世界。」（KGS 9:447）對於康德圓善學說大系統之真旨實義及其對創造的人類史的前瞻性的指示，人們看來仍然懵然無知。

　　最後，必須指出，康德圓善學說大系統不僅就人類而言堪稱為一個為人類理性大憲章奠基的哲學體系，因著康德在最後一個批判（《判斷力批判》）提出「超感觸的基體」，從我們之內的「超感觸的基體」伸展至我們之外的「超感觸的基體」，以及世界創造的終極目的就是人的終極目的（圓善）；康德圓善學說就伸展至以道德的存有論為奠基的道德的宇宙論。並且，據此吾人可說，康德以意志自由為奠基而展示的包含著上帝與不朽兩形而上學主要命題的普遍的形而上學，不僅包含道德的宗教在內，而且伸展至統天地萬物而言的道德的宇宙論。因此可說，康德的哲學體系是一個奠基於人類理性為創造實體而臻致的創造的本體宇宙論大系統。

　　在《判斷力批判》之〈導論〉中，康德論及「超感觸的基體」：康德對人類心靈機能的批判考察是一個通貫的有機整體的工程，這個整體工程曲折而縝密，究其實，吾人從諸種縱橫交錯的路線中看到指向一個「超感觸的基體」（übersinnliches Substrat）。康德本人有一說明：

> 知性因著其先驗地為自然供給法則之可能性而提供了一個證明，也就是證明自然只是被我們當作顯相來認識，因而也就指點到自然有一「超感觸的基體」（übersinnliches Substrat）；但知性讓這基體完全留在未決定之中。判斷力因著其依據自然之可能的特殊法則而成的自然之評估之先驗原則，而使超感觸的基體（不論在我們中還是在我們之外的）得到通過理智的機能而來的可決定性。但理性因著其實踐法則先驗地給這同一超感觸的基體以決定。這樣，判斷力就使從自然概念的領域過轉到自由概念的領域為可能。（KU 5:196）

　　每一部批判著作中，康德都處理一種純粹理性的背反。[38]康德指出：「這三種背反在以下一點上皆契合一致，那就是三者皆迫使理性放棄以感觸之對象為物自身這一十分自然的假定，並且迫使理性去置定一智性的基體作為感觸之對象的基礎。」（KU 5:344）而美學判斷的背反與實踐理性中的背反「兩者皆逼迫我們（不管我們願意與否）

38　一、對認識機能而言，在關於知性之理論的使用被帶至無條件中，有一種理性的背反，這是《純粹的理性批判》所處理的。二、對愉快或不愉快之情感而言，在關於判斷力之美學的使用中，有一種理性的背反，那是《判斷力批判》所處理的。三、對意欲機能而言，則在關於自我立法的理性之實踐使用中，有一種背反，這是《實踐的理性批判》所處理的。（KU 5:345）

去超出感觸界的視野之外，而要到超感觸界去尋求一切先驗機能的統一點。因為除此之外無法可以使理性與自身一致了」。（KU 5:341）

　　我們何以能夠思想「無限者」呢？如果人只有感觸的機能，那麼我們只能夠思想時空中的經驗的有限物。此所以康德指出：「甚至能夠去思那給予的無限而無矛盾，這也要求在人的心中有一種自身是超感觸的機能（Vermögen, das selbst übersinnlich ist, im menschlichen Gemüte），這種能力和它的某種智思物的理念（Idee eines Noumenons）其自身是不允許我們對之有直觀，但它卻被用作奠定純然現象的世界直觀（Weltanschauung）的基體。」（KU 5:254-255）他提出：「能夠去思那超感觸的直觀之無限作為是在其智性的基體（intelligibelen Substrat）中被給予的能力，這本身就超越了感性的一切標準。」（KU 5:255）康德指明，這種「智性的基體中被給予的能力」是「人心之擴展」，因著此擴展，「人心就能感覺到在實踐的意圖中其自身有能力去越過狹窄的感性之藩籬。」[39]（KU 5:255）

　　吾人可說，哲學如何能擺脫西方傳統哲學以獨斷的方式宣告擁有關於「無限者」（超感觸者）的認識，此乃是康德所以從事其批判工程要解決的核心問題。唯獨經由三大批判論明人類心靈中的理智的機能何以及如何決定「超感觸的基體」，它在我們之內，並擴展到我們之外；康德始能如理如實地論明一個既在我們之內同時擴展到我們之外的「超感觸的基體」，作為唯一的創生實體，以此創生實體為唯一可證明的本體論奠基，並包含一個唯一可證明的宇宙論。此即康德指明：純粹哲學中的真命題雖然不能證驗，卻無疑能依先驗的根據而證明（beweisen）。（KU 5:343）至此，吾人見到，三大批判通貫的有機

---

39 康德舉例：在崇高的評估中，我們把自然的概念帶到超感觸的基體上，「這超感觸的基體為自然同時也為我們的思想能力奠定根據，其為偉大是那越過一切感官之標準的偉大。」（KU 5:255-256）

整體的工程展示出一個唯一經證明的本體宇宙論，此亦即康德批判工程甫開始就向我們預告了的「作為科學出現的未來形而上學」。[40]

　　概略地說，《純粹的理性批判》探究知性立法管轄的自然概念之領域，在這個領域，「理性放棄以感觸之對象為物自身這一十分自然的假定，並且迫使理性去置定一智性的基體作為感觸之對象的基礎」。（KU 5:344）這就是康德說：「首先是一般性的超感觸物之理念，它除了作為自然的基體外並無進一步規定。」（KU 5:346）於《判斷力批判》，康德論明：「審美判斷基於一概念，然而這所基於的概念卻是一不決定的概念，也就是說，那是現象的超感觸的基體之概念。」（KU 5:340-341）「審美判斷基於自然對於判斷力的主觀合目的性的某種一般根據之概念，這概念在對象方面沒有什麼東西能夠被認識及被證明，〔……〕然而藉賴這概念，審美判斷卻亦同時獲得了對每一個人的有效性，〔……〕這審美判斷之決定根據也許就在那可被視為人性之超感觸的基體（übersinnliche Substrat der Menschheit）之概念中。」[41]（KU 5:340）這就是康德說：「其次是此同一超感觸物作為對我們的認識機能而言的自然之主觀的合目的性原則之理念。」（KU 5:346）「這個超感觸物作為自由的目的之原則以及作為自由與道德中的目的相諧和的原則之理念。」（KU 5:346）也就是說，判斷力因著其先驗原則，而使超感觸的基體得到可決定性。但唯獨理性因著其實踐法則先驗地給這同一超感觸的基體以決定，康德於《實踐的理性批判》闡明，此即我們自身的超感觸的機能——意志自由。以上

---

40 見康德著，龐景仁譯：《任何一種能夠作為科學出現的未來形而上學導論》（北京：商務印書館出版，1978年）（*Prolegomena zu einer jeden Künftigen Metaphysik die als Wissenschaft wird auftreten können*, 1783.）

41 康德說：「只有我們心內的這超感觸者之不決定的理念，始能夠被指表為是解開這個按照根源也對我們隱藏著的審美機能之謎的獨一無二的獨特鑰匙。」（KU 5:341）

所述即見，康德通貫三大批判作出的關於一個我們之內同時擴展到我們之外的「超感觸的基體」之證明的脈絡。

　　實在說來，如康德經由三大批判所論明，我們的理性經由其先驗的實踐法則所決定的我們之內的超感觸的基體（意志自由）要擴展到我們之外的「超感觸的基體」而作為統天地萬物而言的唯一可證明的本體宇宙論的創生實體，那麼，我們的理性要對物的實存作出目的論判斷，它先驗地需要這樣的原則：「世界由於其中的某些生物的道德的目的決定而與一個作為神的至上原因聯繫的原則。」（KU 5:444）也就是說，需要一個道德的目的論。在道德目的論下，自然不是那作為「現象之綜集」的自然，而是與實踐的合目的性一致的自然，它是理性在理念中擁有的自然之在其自身。（KU 5:268）這種道德的目的論，「涉及到我們自己的因果性與目的的關係，甚至涉及到我們在世界中必須企求的那終極目的，同時也涉及到這個世界與那德性的目的及其實施的外在可能性之交互關係（關於此事，沒有任何自然目的論能夠給我們任何指導）。」（KU 5:447-448）康德揭明：「只有人能把價值給予於世界中的每一其他東西之存在」，（KU 5:442）並且把天地萬物之存在關聯到終極目的上，其關涉點就在其意欲機能之自由中。（KU 5:443）

　　依康德所論，唯有有理性者在其自由中能為其自己獲得一種存在的絕對價值，如是在世界中才有絕對的目的，在自由中的人，也就是作為道德者的人因而有資格成為創造的終極目的，而且成為唯一有能力在世界上實現終極目的（圓善）的創造者。康德論明：「相對的目的性雖然在某種假定上是指向著自然的目的性，然而它並不保證能有任何絕對的目的論的判斷。」（KU 369）無論把自然目的論推到多遠，它關於創造的終極目的是永遠不能向我們顯示什麼，（KU 5:437）我們仍然不能先驗地認知自然秩序中的諸自然目的是什麼。

（KU 5:445）如果人把世俗目的變為人之全部目的，他就不能為自己的實存設定一個終極目的，並與之完全一致。（KU 5:431）康德說：「人就是創造的終極目的（Endzweck），因為若無人，則互相隸屬的目的之串列就不會完整地建立。只有在人中，而且只有在作為道德主體的人中，我們才找到關涉目的的無條件立法，唯有此立法使人有能力成為終極目的，而全部自然都要目的論地隸屬於這個終極目的。」（KU 5:435-436）如是我們有根據「把世界看作一個按照目的關聯著的整體和一個目的因的系統」。（KU 5:444）此即見出，康德在「道德的目的論」原則下揭示，人於自然世界之外開闢出絕對價值的世界，並且作為這個世界的「創造者」。

　　唯獨人的道德的目的決定開闢出絕對價值的世界，從而產生「與一個作為神的至上原因聯繫的原則」。（KU 5:444）「至上原因」始與世界及人相關連，而這種關連並非實在的原因之聯繫，而是理想的原因之聯繫。為了要說明符合於終極目的的那些事物之實存，我們有根據視這個「至上原因」作為一個道德的世界創造者看的上帝之理念。康德特地表明：我們從道德的目的論不能推到一個道德的世界創造者，而只能推到世界的一個終極目的。（KU 5:455）為了要說明符合於終極目的的那些事物之實存，我們才必須承認一個道德者作為世界的創造者，也就是說必須承認一個上帝。（KU 5:455）

　　我們設定一個與自然有別的「至上的自然之原因」，它既不是依照自然法則（因為按照純然的自然進程，德福一致是不可指望的），也不是僅僅依循自由之法則（因為在自由之法則即道德法則中並沒有根據使道德與相配稱的幸福之間有一種必然的聯繫）；而是依照一種目的之秩序的表象而採取行動。如此一來，我們之內的「睿智者」之理念就因著自身要求的圓善而把自己伸展至一個每一個有理性者乃至宇宙萬物皆隸屬於其下的至上的自然之原因，亦即「最高的睿智者」之理念。

　　我們設定一個至上的原因作為實現圓善的條件，這個至上的原因
「應當包含自然與有理性者之意志的法則的表象一致的根據」。（KpV
5:125）這至上的原因不同於自然本身，它既是自然的原因，同時也
包含幸福與德性兩者間之準確諧和之原則。（KpV　5:125）康德說：
「事實上，道德法則按照理念把我們置於這樣一個自然中。」（KpV
5:43）「我們把超感觸的自然之理念視為我們作為純粹的有理性者的
意志之客體。」（KpV　5:44）「這個理念猶如示範般現實地樹立了我們
的意志決定的模本。」（KpV　5:43）「好像通過我們的意志一個自然秩
序必定同時產生出來。」（KpV 5:44）

　　我們人的一切所作所為遵循道德法則，「把世界看作一個按照目
的關聯著的整體和一個目的因的系統」。（KU 5:444）就有根據假定一
個最高的道德者（如上帝）作為這樣一個目的因系統的世界的創造
者。把一個作為基礎的至上原因引介入這世界中，這一至上原因就是
那依照道德法則而統治世界者。（KU 5:446）這樣，康德就從每一有
理性者的「意志自由」充其極至一個「最高的自由意志」之理念。這
無非是「把一個依照道德法則發布命令的最高理性同時又作為自然的
原因而置於根據的位置上」，（A810/B838）我們人以這個「至上的自
然之原因」為原型，始有依據創造第二自然，亦即在世界上實現圓
善。此所以康德提出：「一種為了理性最高的實踐使用而充分地決
定」的上帝之概念，（KU 5:485）使理性就終極目的（圓善）而顯露
其自身為自然與自由結合的睿智者，不僅在人自身之內，而且擴展到
人之外而具有實踐的客觀實在性。他說：「如果我想把一個超感觸者
（上帝）設想為睿智者，那麼，這在我的理性使用的某種考慮中不僅
是允許的，而且也是不可避免的」；並強調：「但是，自詡能夠賦予它
以知性，並且把知性當作它的一個特性，由此來認識它，這是絕對不
允許的。」（KU 5:484）康德指出，「按照與一種知性的類比，我可

以，甚至必須在某種別的考慮中設想一個超感觸者。」（KU 5:484）
我們「純然按照類比」設想上帝的特性及其因果性的決定，由之可以
有「對上帝及其存在的一種認識」，「這種認識在實踐的關係中具有、
但也僅僅在考慮到這種關係時（考慮到道德的關係時）才具有一切所
要求的實在性。」（KU 5:485）實在說來，我們設想上帝為「最高的
自由意志」、「至上的自然之原因」、「我們之外的超感觸基體」，等等，
完全是「按照類比」。康德說：「在這裡，人依照與神性的類比來思想
自己。」（KGS 8:280）「一種由於純粹理性所提出的，把一切目的全都
置於一條原則之下的終極目的的需要（一個作為由於我們的參與而可
能的圓善的世界），是為產生一個客體（圓善）而擴展到對形式的法則
的遵循之外的無私的意志的需要。」（KGS 8:280）康德揭示：「當我
們從德性的統一之觀點的一條必然的宇宙法則（Weltgesetze）出發」，
就會產生「對我們有約束力的至上原因」。（A815/B843）我們必定有
「一個唯一的至上的意志，它自身包含一切這些法則」，我們依照自
身的道德法則就能認識它，並能依據它來考慮我們的道德實踐。

　　「道德是行為與意志自律的關係，亦即通過意志的格準與可能的
普遍立法的關係」，（Gr 4:439）這決不會因為「一個道德的最高者」
之設定而動搖。我們給人類自身創造的第二自然加上一個「至上的、
按照道德原則統治自然的原因」，（KU 5:446）「恰恰是道德法則其內
在的實踐的必然性把我們引到一個獨立的原因或一個智慧的世界統治
者的預設，為的是賦予那些法則以效果（Effekt）。」（A818/B846）我
們需要設定一個「至上的意志」，無非是「每個人各別不同的意志從德
性之統一的觀點需要一個對每一個人有約束力的原因」。（A815/B843）
明乎此，則可知，康德所論我們之內的「超感觸的基體」及我們之外
的「超感觸的基體」乃是同一超感觸的基體，也就是意志自由，它就
是道德的本體宇宙論的創生實體。

總而言之，康德的圓善論大系統也就是一個以意志自由為創生實體的道德的本體宇宙論體系。批判哲學完成其超越的大綜和並向我們展示出一個整全的哲學體系，這個哲學體系奠基於人類全體之存在的道德分定及一切人在道德法則命令下致力於實現其分定的圓善學說之上。

第三節　康德的圓善學說中「上帝存在」之設準的意指與作用概論

上一節已說明康德的圓善學說大系統之真旨實義，並已論明，一個在世界上的圓善的理念產生自人的自由意志，並且，道德的法則命令：「每一個人都應該使塵世上可能的圓善成為自己的終極目的。」（Rel 6:6）依康德所論，圓善的理念並非產生自「上帝」。上帝的理念是：「道德上被決定的意志運用到其先驗地被給予的客體（圓善）之條件。」（KpV 5:4）它的可能性「經由自由是現實的這個事實得到證明」，而且「在實踐的關連裡，能夠和必須被認定」。（KpV 5:4）康德明示：它是「我們的純粹的實踐的理性的純然實踐的使用的條件」。（KpV 5:4）但是，我們「並未從理論上認識」它，康德聲明：就實踐的意圖而言，只要這個理念「不包含任何內在的不可能性（矛盾）」，就足夠了。（KpV 5:4）對於實踐的理性而言，並不需要就「上帝」是否存在作肯斷，此所以康德提出「上帝存在」是純粹的實踐的理性之設準，此即是說，它是「一種理論的、但本身不可證明的命題，它不可分離地附屬於無條件有效的先驗實踐法則」。（KpV 5:122）它是「根據必然的實踐的法則」設定了一個對象自身的可能性，「這種設定的可能性之確定性根本不是理論的，從而也不是必定的。」（KpV 5:11）

　　在《純粹的理性批判》中，康德在「純粹理性之理想」的名下論及「上帝」，他說：「源始者的概念在其超越的意義上來理解就是上帝之概念」。（A580/B608）理性只是把它當作「綜實在」之概念來使用，「並不要求這種綜實在是客觀地被給予了的並且其自身是一物。這樣一個物是一純然的虛構。」（A580/B608）

　　康德既經由批判裁定「上帝」只是「純粹理性之理想」，它對於物的完整決定沒有任何關係，對它的任何方面亦無影響。（A580/B608）那麼，吾人應如何理解康德所論作為純粹的實踐的理性之設準的「上帝存在」之意指與作用呢？首要的是，務必注意，切忌以為康德在其圓善學說中提出「上帝存在」之設準，是要推翻其《純粹的理性批判》達至的結論，自始至終，於康德的哲學體系中，「上帝」只是「純粹理性之理想」，「僅僅在理性中的對象」。實在說來，康德所論「上帝之理念」作為「道德上被決定的意志運用到其先驗地被給予的客體（圓善）之條件」，（KpV 5:4）絕非意謂「上帝存在」取代道德上被決定的意志（自由意志）而作為有效因起作用。而是作為目的因起作用，在「理想的原因之連繫」，（KU 5:373）即「在一種目的的因果聯繫」中決定意志。（KU 5:372）

　　依康德的圓善學說，自由意志作為有效因，是「圓善」理想產生的根源，並且是在世界上實現圓善的動力；而「上帝」作為純粹理性之理想是道德的信仰之事，「總是僅僅在與道德的法則的踐履之聯繫中」有效。人們藉著這個道德的信仰，獲得不能停止的推動力。但並不意謂可以取代自由意志作為有效因的動力。[42]「上帝」作為「推動

---

42 值得注意，康德在《實踐的理性批判》之「六、概論純粹的實踐的理性設準」那一節中提出：「這些設準是不朽之設準，積極的考量的〔……〕自由之設準，上帝存在之設準。」（KpV 5:132）此中「積極的考量的〔……〕自由之設準」只就著「自由」不能有直觀中的理論認識而說其為「設準」，吾人不能誤以為「自由意志」（或意志自由）也是「設準」。康德在《純粹的理性批判》明示此中的不同，他說：「人

力」可說是「執行的動力」。（A813/B841）我們需要「上帝」的預
設，這個預設「恰恰是道德法則其內在的實踐的必然性」引致的，「為
的是賦予那些法則以效果（Effekt）」。（A818/B846）但並不意謂「上
帝」可以取代道德法則而另行頒令，不能以為「上帝」的命令可取代
道德法則的動力。康德經由《實踐的理性批判》已論明：「純粹的實
踐的理性的真正動力之本性不過就是純粹的道德法則本身。」（KpV
5:88）「真實純正的動力，即法則自身。」（KpV　5:117）康德所論上
帝之理念的預設「為的是賦予那些法則以效果」，此中所言「效果」
是指它作為「目的因」產生的作用而言。

　　在通貫康德整全的哲學體系而論的圓善學說大系統中，上帝之理
念作為實現終極目的（圓善）的條件，它不是道德可能的條件，也不
是道德的動力，但是，它對實現道德的終極目的有著不可或缺的推動
作用。人以其神聖的道德主體頒布神聖的道德法則而給予自身一個神
聖的任務（天職），但是，人現實上並不是神聖的，為著持續不懈地
顯發自身的道德主體之神聖性，致力於實現神聖的天職，理性有權將
最高的圓滿的神聖性（康德名之曰「上帝」）標舉為「純粹理性之理
想」，也就是立為「原型」。

　　在《實踐的理性批判》之「純粹的實踐的理性設準之二：上帝存
在」那一節裡，康德一開首就提出，「必須設定上帝的實存」，（KpV
5:124）他提出的依據是：道德法則經由無偏私的理性導至「與德性
切合的幸福的可能性」，（KpV　5:124）「與德性切合的幸福」是圓善的
第二個要素，而「上帝存在」是與這種結果相適合的原因，因此作為

的意志作為原因，它屬於在條件系列裡的物本身，只是它的因果性（自由）被思為
是智性的，但是，上帝作為必然者卻完全在感觸界的條件系列之外，作為世界之外
的東西而純然被思為智性的。」（A561/B589）意志自由是人的高層的意欲機能的特
種因果性。自由意志是人的心靈機能中高層的意欲機能，沒有理由視之為設準。

「先決條件」，（KpV 5:124）也就是說，「上帝存在」之設準作為「必然屬於圓善」的可能性之條件。（KpV 5:124）這裡必須注意兩點：一，「必須設定上帝的實存」，「與德性切合的幸福」才可能。這並非分析命題。[43] 二，「上帝存在」之設準作為「必然屬於圓善」的可能性，此言「可能性」之條件，而並非其實現之條件。依康德所論，「圓善」之產生及其實現之根源在人的道德主體，而非「上帝存在」。

　　康德論上帝之設準作為「德福一致」之條件，有學者因此以為康德主張我們知道上帝為我們的幸福在做或已做了什麼。這是一種於康德學界流行的誤解。究其實，康德本人強調，人自身不僅完全有能力使自己成為道德者，並且，人（有理性者）在道德原則引導下就會成為他們自己的，以及同時也是別人的持久福祉的創造者。（A809/B837）他在《基礎》一書就表示，如果依據道德法則之格準被普遍遵循的話，目的王國就會現實地真實化。（Gr 4:438）也就是說，如果每一個人都嚴格地依據道德法則作為其行為的格準，那麼，「德福一致」之圓善就能夠在世界上實現，也就沒有必要設定「上帝存在」作為圓善的條件。但是，在我們人類中，即使人能夠意識到自立的道德法則，但並不是每一個人任何時候都遵循道德法則而行，即使一個人自己嚴格地依據道德法則作為其行為的格準，但他不能預計他人也必如此；並且，個人不能預期自然方面將有助於他對於幸福的期望。（Gr 4:438-439）因為這些困難與障礙，康德提出：「我們設想自然王國與目的王國在一個元首下（unter einem Oberhaupte）結合在一起，從而後者將不再是一個純然的理念，而是會得到真正的實在性。」（Gr 4:439）他並且指明：這個「元首」之設定固然是「一個強有力的動力的添加」，

---

43 康德在《宗教》一書之第一版〈序言〉一個長註腳中表明，「有一個上帝，因而在世界上有一種圓善」這個命題應該純然從道德學產生，「是一個先驗綜和命題」，「不是分析的」。（Rel 6:6）此即表明不能以分析的方式從後者引申出前者。

但實踐之事的本質並不因為這種假定的外在關係而有所變化，「道德是行為與意志自律的關係，亦即通過意志的格準與可能的普遍立法的關係」，（Gr 4:439）這決不會因為「一個道德的最高者」之設定而動搖。根源自人自身之意志自律的「道德」乃是：「獨自構成人的絕對價值的東西，也是任何人，甚至最高者（höchsten Wesen）對人作出判斷的依據。」（Gr 4:439）理性要求設定「上帝存在」，此對「人」之完整決定沒有任何關係，而其對「與德性切合的幸福的可能性」有關係，完全是為著在人類實現圓善的不斷的努力中減少障礙和增長力量，這並非主張有一個上帝現實地對人的幸福有所作為。更不能像一些康德專家那樣，以為康德主張實現圓善靠「上帝」，而取消了人的道德動力。事實上，康德自始至終明示：「人們必須不尋求其他任何會拋卻道德法則的動力」，「甚至僅僅讓道德法則之外的少許其他動力（作為好處的動力）一起發揮作用，也是有危險的。」（KpV 5:72）

　　關於「上帝存在」之設準作為「與德性切合的幸福」的可能性之條件，條理及總結康德所論，可分三方面：首先，在圓善要求「德福一致」方面，康德設定上帝作為「配得幸福」的公正無私的裁判者，上帝在「德福一致」之促進中表象為公正原則。人從自身的理性就能認識到「公正原則」，並據之作出公正裁判，並非要從一個外在的「上帝」那裡得到公正原則和裁判，而毋寧說，這裡，理性依自己的「公正原則」立一個無偏私的「原型」。第二，上帝表象為道德法則的約束力，並非意謂康德主張一個外在的「上帝」給人頒布道德法則，而毋寧說，根源自人的意志自由的道德法則自身是絕對無條件的命令，它才被表象為一個道德的最高者（如上帝）的誡命。第三，上帝之理念表象為目的王國（倫理共同體）之元首。就人類的倫理共同體之理想而言，「倫理共同體的一個公共的（öffentlich）立法者」正就是「關於作為一個道德的世界統治者的上帝之概念」。（Rel 6:99）茲就此三方

面作論說如下[44]：

一　上帝作為「配得幸福」的公正無私的裁判者

康德設定上帝作為「配得幸福」的公正無私的裁判者。關此，他在諸種著作中有所論說，他提出的理由可歸結如下：

在《德性形而上學》題為「論人對自己的義務，作為天生的自我審判者（angebornen Richter über sich selbst）」。（MS 6:437）那一章裡，康德論及「設想一個（與一般的人，亦即）與自己不同的他者」作為公正的審判者。他說：「人的良心在一切義務裡都將必須設想一個（與一般的人，亦即）與自己不同的他者，作為他的行為的審判者。」（MS 6:438）關此，康德作出說明：「當行動已作成，在良心中的起訴人（Ankläer）首先到來，隨同到來的是辯護人（Anwalt）」，這時，「良心作出有法權效力的判決，即宣布他無罪或者譴責他，就此結束訴訟。」（MS 6:440）而問題是，這一切都是在「同一個人」的內部的良心法庭內發生的，「自我，既是起訴人但也是被告，是同一個人。」（MS 6:439）正因此，為了避免理性陷入自身矛盾，我們視自己的「立法的主體」為一個不同於我們作為感取者的他者。康德指明：這個「他者」無非是：「作為道德的、從自由概念出發的立法的主體，其中人服從於一種他自己為自己立的法則（作為智思物的人〔homo noumenon〕）。」（MS 6:439）他說：「這個他者可以是一個現實的人格，或者是理性為自己造就的純然理想的人格。」（MS 6:438-

---

44 關此，詳論見拙著《物自身與智思物——康德的形而上學》，第五章第二節〈上帝概念之決定的意指與作用〉，頁253-260。另，也可見拙著《康德的批判哲學——理性啟蒙與哲學重建》，第十章〈最後的大綜和：圓善在世間的實現及純粹理性宗教之確立〉，頁745-897。行文有相同處，不另作說明。

439）並且，他特別指明：「這種類屬的不同是人的能力（高級的能力和低級的能力）的不同，即其特性的不同。前者是原告。」（MS 6:439）他解釋，這種類屬的不同「只不過是在實踐方面考量」，「因為關於智性者與感取者之因果－關聯沒有任何理論。」（MS 6:439）他又說：「人通過他的良心而有責任把自身之外的這樣一個最高者當作現實的來接受。」（MS 6:439）「內部的審判者作為掌權的人格，作出幸福或者不幸的判決，來作為行為的道德後果。」（MS 6:439）「這樣一個理想的人格（已授權的良心的審判者）必須是一個知人心者」，「同時，他必須也是最能賦予義務的」，「在與他的關係中一切義務都應當被視為他的命令，因為良心對於一切自由行為來說就是內部的審判者。」（MS 6:439）這樣一個審判者的職務必然需要它是：「一個道德的者同時必須具有（天上和地上的）一切權力。」（MS 6:439）「這樣一個對一切都握有權力的道德的者就稱為上帝。」（MS 6:439）康德提醒：「這要說的無非是：人通過他的良心不可避免地把他引向理念而有資格。」（MS 6:439）這樣一個「上帝概念」，「任何時候都包含在那種道德的自我意識中。」（MS 6:439）信仰神的人，「把有良心想像成在一個與我們自己有別、但卻對我們來說最親密地在場的神聖的者（道德上立法的理性）面前負責，並且使自己的意志服從正義的規則。」（MS 6:440）顯見，依康德所論，在道德的宗教信仰中，「上帝」作為公正的審判者，無非是每一個人的「良心」作審判。在《倫理學演講錄》中，康德說：「良心是依據道德法則裁判自己的本能（Instinkt），它不僅是一種機能，而且是本能。」（Ethik 142）「我們的良心是依據道德法則的立法權威的一種直覺裁判。」（Ethik 144）又，在《宗教》一書中說：「我們也可以這樣定義良心：它是自己裁判自己的道德的判斷力。」（Rel 6:186）「良心在最複雜的道德裁決中作為指引。」（Rel 6:185）

在《宗教》一書中，康德也論及人需要感到自己的判斷是公允的，

「如同由一個局外人作出，但同時又會感到理性強迫他承認這一判斷是他自己的判斷。」（Rel 6:6）吾人可說，上文關於《德性形而上學》中所論「天生的自我審判者」正是這裡言「一個局外人」作為「公正無私的裁判者」的一個詳細說明。康德在該書中說：「與道德法則的嚴格命令加以對照，不斷地檢查自己，如同在一位法官面前被要求作出解釋，所有這些，都是理性、心靈和良心同時教導和推動的。要求更多的東西，乃是希望過分。」（Rel 6:144-145）究其實，人從自身的理性就能認識到「公正原則」，「只要人開始反思公正與不公正」，好人遭遇不幸，惡人卻得不到懲罰，這種事決不可能永遠是無所謂的。人們「就像在自身裡面聽到一個聲音：事情必定會有所不同。」（KU 5:458）康德之所以能設定上帝作為「配得幸福」的公正無私的裁判者，在「德福一致」之促進中表象上帝為公正原則，其根據在人自身的理性，即使站在無私的理性的立場看，一個人做了配得幸福的事情，他也可以希望由此而能夠享有幸福。

就「配享幸福」而言，我們人需要完全公允的判斷，這是康德提出來的其中一個根據，以說明我們需要設定「一個局外人」作為「配得幸福」的公正無私的裁判者。吾人或可問：何以既然是人自身理性作出的判斷，又要假設「一個局外人」上帝作為公正無私的裁判者呢？要領會康德這見解，必須把握其通過批判而確立的「兩個觀點考量人」的全新思維：「一個有理性者必須視自己作為一睿智者（因而並非從他的較低的力量一面來看），不是視作為屬於感觸界，而是視作為屬於知性界；因此，他有兩觀點（zwei Standpunkte）由之以考量其自己，並由之以認知其力量運用之法則，從而能認識一切他的行為。首先，只要他屬於感觸界，他服從自然法則（他律）；其次，就它屬於智性界而言，他又服從這樣一些法則，這些法則獨立不依於自然，並非經驗的，而只是建基於理性。」（Gr 4:452）也就是說，人作

為道德的主體，其理性依據「公正原則」對自身作裁判；但現實上，我們人會懷著虛偽的動機而行善。康德指出：「我們從未能完全測透我們的行動的秘密動力」；然而「只有行動的那些不為人看到的內部原則」才構成行動的真正道德價值。（Gr 4:407）因此，我們需要設定一位全知者（上帝），「它在一切可能的場合和在全部未來中認識我的行為，直至我最內在的存心。」（KpV 5:140）

　　在《實踐的理性批判》一書中，康德提出一種與「在限制中實現並向無限前進的我們人自己」不同的「無限者」的設想，此無限者即「上帝」。他說：「對於無限者來說，時間條件是無」，唯有在它的「一種理智的直觀」中才可以完全發現「與道德法則的那種適合性的整體」。（KpV 5:123）並提出，唯有在無限者的「一種理智的直觀」中才可以完全發現「他給每一個人決定的圓善份額上與它的公正相符」而要求的「神聖性」。他說：「就分享這份圓善的希望而言，唯一能夠歸於他的是對他那經過考驗的存心的意識。」（KpV 5:123）並表明，這樣一種「無限者的理智的直觀」中的「與道德法則的那種適合性的整體」的設想，旨在：「根據他迄今為止從惡劣到道德良好的進步，以及根據他由此認知的始於不渝的決心，希望這種進步今後益發不間斷地持續下去，而不論他的實存能夠達到多久，甚至超出此生。」（KpV 5:123）依康德所論，一個人能夠設想一種「無限者的理智的直觀」中的「與道德法則的適合性的整體」，完全只是為了希望「在他的存續的（唯有上帝能夠綜觀的）無限性中與上帝的意志（並不寬大或赦免，它們與公正不相稱）完全契合」。（KpV 5:123-124）但是，康德專家阿利森、伍德卻以為康德主張「神不僅通過理智的直觀把握了存心，而且允許該存心補償那些與人的有限狀態不可分割的道德缺陷。」[45]究

---

45 阿利森表述伍德的見解，見：H. E. Allison, *Kant's Theory of freedom*, p. 174. 中譯頁261。

其實，如吾人上文所論明，康德根本並沒有主張現實上真有一個以
「理智的直觀」察看人的「上帝」，康德一直強調：所謂理智的直觀
不是我們人所具有的，我們甚至不能看出它的可能性。（B307）在
《任何一種能夠作為科學出現的未來形而上學導論》中，他批評柏拉
圖狂熱的觀念論總是從我們的先驗的認識中推論出一種理智的直觀
（intellektuelle Anschauung）。（Proleg 4:375）在實踐的領域，在論及
圓善的條件時，康德設定「上帝」，設想其有一種「無限者的理智的
直觀」，但我們仍然對「上帝」離開與我們的道德及道德法則其自身
是什麼，一無所知，對其「理智的直觀」亦仍然完全不能理解，連其
可能性也不能說。實在說來，無非為了希望在存續的無限進程中，與
道德法則的「適合性」持續不斷，我們設想能夠綜觀我們的存心的
「上帝」，以便不間斷地持續地與之契合。事實上，依康德所論，上
帝之理念只存在於與我們在道德上的關聯中，他告誡說：「如果我們
超出了這個東西之理念與我們在道德上的關聯，關於它的本性之概
念，就總是會陷入神人同形同性論的（anthropomorphistisch）危險之
中，從而常常是以直接危害我們的德性的原理的方式來進行設想。」
（Rel 6:182）關於「上帝」，他明示：「它並不能自身存在於思辨的理
性本身當中，而是把自己的起源，甚至還有自己的力量，都完全建立
在與我們的以自身為根據的義務決定的聯繫上。」（Rel 6:183）

　　在《宗教》一書中，康德提出「有純粹的理智的直觀的知人心者」
的設想。他說：「可以設想由一位具有純粹的理智的直觀的知人心者，
把行為向著切合神聖的法則的永無止境的進步，根據派生這種進步的
那種超感觸的存心，在行為上也判斷為一個完成了的整體。」（Rel
6:67）在這裡，康德加上一個註腳，說明：「絕不可以忽視的是，這裡
並不是想說，存心應該用來補償合乎義務的東西的缺失，從而補償這
個無限的系列中的現實的惡。」（Rel 6:67）他指出，依循善的原則，

繼續在進步的軌道上前進，並且越來越迫近圓滿的目標，「把自己的存心看作是從根本上改善了的」，（Rel 6:68）這種對存心的信賴是極為重要的。康德說：「倘若沒有對自己在某個時候已經接納的存心的任何信賴，就幾乎不可能有一種在這一存心中繼續前進的堅定不移。」（Rel 6:68）

　　依康德所論，「根本沒有對存心的純真性的那種經驗的證明。」（Rel 6:71）一個善的人的存心「必須建立在依循道德法則對採納其所有格準的最高內在根據」中，不過，「人心深處（他的格準的主觀的最初的根據）對他來說本身是不可探測的。」（Rel 6:51）沒有人能夠宣稱他自己已經一勞永逸地保有一個不再改變的善的存心。因為格準的主觀的最初的根據對人來說本身是不可探測的，人才主觀上需要設想一個具有理智的直觀的上帝，以便向他表白在善的存心中繼續前進的堅定不移的決心。吾人沒有理由以為康德主張：人要在上帝眼中證明自己配享幸福，以便能從上帝手上分享到幸福。究其實，因為人能夠意識到自身的認識力及意欲機能之特性在道德踐履方面的限制，同時意識到自身有能力及有決心不斷克服限制而向圓滿性之原型無窮前進，他才會設想一種無限者及其理智的直觀，以便為「在限制中實現」的進程有一個「整體」之綜觀，如此，一方面比照那個理想的原型以樹立標準，另方面向那設想的無限者表白自己堅持道德存心之純粹性的決心。

　　在人的道德實踐中，重要的是，「自我改善的要求」，（Rel 6:51）在善的存心中「繼續前進的堅定不移」之信念，「他必須能夠希望，憑藉運用自己的力量來達到一條通向那裡的、由在根本上改善了的存心為他指明了的道路。」（Rel 6:51）而決不是要去固執於存心之純真性的經驗證明。康德所論無限者（上帝）可以設想為「一位具有理智的直觀的知人心者」，要旨在突出人在道德踐履方面的「進步的無限性」。

明乎此，則我們不會誤以為康德主張：人要向一個外在的權威者（上帝）辯白以邀功。而毋寧說，人要向在自身之內的神聖的道德主體表白向神聖性的原型無窮前進的決心，因此，根本不需要知道在我們之外是否果真有一個上帝。康德明示，在道德的宗教之信念中，人放棄辯白，根本不會去注意那些引起思辨理性關切的對於無限者（上帝）之玄想及由之產生的詭辯。無論人們如何通過思辨理性方面的詭辯否定上帝存在，根本不會動搖人在道德的宗教之信念中對上帝的信仰。在《實踐的理性批判》中，康德說：「既然已經承認純粹道德法則作為命令（不是作為明智的規則）毫不寬容地約束著每一個人，正直的人就完全可以說，我意願：有一個上帝，〔……〕。因為這是我的關切不可避免地決定我的判斷而無需在意詭辯的唯一情形。」（KpV 5:143）

二　上帝表象為道德法則的約束力

《基礎》一書經由道德概念的分析而確立道德的最高原則——意志自律，意志自律就是「意志對於其自身就是一法則」。（Gr 4:440）康德說：「道德就是行為之關聯於意志之自律，即是說，關聯於藉意志之格準而來的可能的普遍立法。」（Gr 4:439）又說：「人們只見到人由於其義務而被法則所約束，但沒有想到：他所服從的法則只是他自己訂立的，並且這立法是普遍的，而且他僅僅被責成依據就其自然的目的就是普遍立法的他自己的意志而行動。」（Gr 4:432）依照康德著名的意志自律學說，「道德法則直接決定意志。」（KpV 5:71）道德法則本身就是動力，若離開人自立的道德法則根本就不會有什麼源自上帝的命令能夠充當道德的動力。那麼，康德在其圓善學說中提出：「一切義務作為上帝的命令（als göttlicher Gebote）之認識。」（KpV 5:129）理據何在？

在《實踐的理性批判》中，康德說：「道德的法則通過圓善作為純粹實踐理性的客體和終極目的的概念導致了宗教，亦即導致了一切義務作為上帝的命令之認識。」（KpV 5:129）假若康德在這裡提出了不同於人自立的道德法則的「上帝的命令」，那麼，吾人有理由指責他在圓善學說中推翻了其意志自律學說，但是，康德本人接著聲明：「這些命令不是作為強迫命令，亦即不是一個外來意志的任意的、自身偶然的指令，而是每一個自由意志自身的本質的法則，儘管如此卻必須被看作為最高者的命令。」（KpV 5:129）也就是說，我們將「每一個自由意志自身的本質的法則」（即道德法則），看作為最高者（如上帝）的命令。我們有什麼根據這樣做呢？假若不是道德法則就是神聖的法則，我們就沒有理由將它看作為最高者的命令。

在《純粹的理性批判》，康德就提出：「恰恰是道德法則其內在的實踐的必然性把我們引到一個獨立的原因或一個智慧的世界統治者的預設，為的是賦予那些法則以效果（Effekt）。」（A818/B846）他明確地說：「就實踐理性有權引導我們而言，我們之所以把行動視為責成的，就不是因為它們是上帝的命令，相反，我們之所以把它們視為神的命令，那是因為我們內在地被道德法則所責成。」（A819/B847）「我們只有使理性出自行動本身的本性教給我們的那德性法則保持神聖，我們才相信自己是符合神的意志的。」（A819/B847）明乎此，我們就不會像一些康德專家那樣，以為康德在第一批判論及至上的意志「給道德法則以適當效力而對我們有約束力」，那是違反他本人主張的意志自律原則。

事實上，經由《實踐的理性批判》康德已通過批判論明，「道德法則是神聖的（不可侵犯的）。」（KpV 5:87）「人因著其自由之自律，他是道德法則之主體，是神聖的。」（KpV 5:87）正因著每一個自由意志自身的本質的法則（道德法則）的神聖性，我們才有充分理

由依據這種神聖性置定一個道德上圓滿的神聖的意志，如上帝的意志，將道德法則看作為他的命令，而我們每一個人的意志自由與這個最高意志一致。此即康德指出：「正是由於自由的緣故，每個意志（jeder Wille），每一位個人（jeder Person）自身都將他自己的（eigener）、指向他自身的意志限制於這樣一個條件：與有理性者的自律相一致。」（KpV 5:87）並且提出：「我們有理由甚至把這個條件賦予上帝的意志。」（KpV 5:87）因此，藉著我們人自身作為道德主體稟具的神聖性，我們取得關於「神聖的最高意志」之決定的概念。

　　上帝之意志不外是一個只能依據道德法則來形成其概念的意志，是我們把道德法則的絕對無條件的必然性表象為一個上帝的命令。也就是說，我們設定的「至上的意志」因其包含道德法則，它才據之而有約束力，絕非意謂一個外在的意志對我們有約束力。康德任何時候都沒有主張上帝可離開我們的意志自由所立的道德法則而自身對人有一種約束力。他在《基礎》一書中就指出，因著上帝的利誘和威脅而服從上帝的誡命，那是意志之他律，是對道德的敗壞。在《宗教》一書中，他也指出，道德法則是我們自己的理性「藉以強而有力地命令我們」，但卻「既不向我們許諾什麼也不威脅我們的那種法則」。（Rel 6:49）

　　不過，康德揭明道德法則不能建立在上帝的利誘和威脅上，這並不妨礙他提出，道德法則通過其產生的圓善而本身就帶有應許和威脅。

　　我們人作為不能不受感取條件限制的有理性者，我們的意志不是神聖的，因之，我們設定一個「神聖的意志」，它「不能有任何與道德法則相衝突的格準」，以之作為「原型」。（KpV 5:32）此即康德說：「意志的這種神聖性同時必須是一個必然作為原型（Urbilde）的實踐理念，不已地接近這個原型是一切有限的有理性者有權利去做的唯一事情，並且這種神聖性也就是把稱為神聖的純粹道德法則持續而

正確地置於眼前。」（KpV 5:32）就我們人作為受感取條件限制的有理性者而言，「確保他們的格準朝著道德法則無窮前進，以及持續不斷地進步的堅定不移，這就是德行。」（KpV 5:32-33）

在《純粹的理性批判》裡，康德論及「自得好報的道德體系」，說：「它的實現依據這樣的條件，即每一個人都做他應當作的。」（A810/B838）但是，現實上並非每一個人都行其所當行，因此，我們將一個「至上的意志」（obersten Willen）置於根據的位置上，「就是說，有理性者的一切行動都是這樣發生，好像它們是出自一個把一切私人抉意都包括在它裡面並使之從屬它的至上的意志似的。」（A810/B838）如此一來，「即使別人不遵循道德法則行事，出自這法則的責成對自由的每一種特殊的運用也依然有效。」（A810/B838）

我們為何要將根源自每一個人的意志自由之道德法則視作為上帝的命令呢？依康德所論，人作為受感取條件限制的有理性者，不是總是遵循道德法則而行，並且，不是每一個人任何時候都遵循道德法則。（Gr 4:438-439）因此，我們設定一個最高意志，每一個人的意志自由與這個最高意志一致，「通過與這個意志的一致才能希望達到圓善。」（KpV 5:129）並且，康德論明，人在與他自己的道德定分相關聯時，「必定只以崇敬來察看他自己的本質，以及以最高的尊敬來察看這種定分的法則。」（KpV 5:87）意志自由立道德法則，「這法則讓我們覺察到我們自己的超感觸的實存之崇高。」（KpV 5:88）「心靈看見神聖的道德法則高踞於自己及自己的脆弱本性之上。」（KpV 5:77）這就產生對我們自己的道德定分的尊敬。可以說，我們崇敬一個道德上圓滿的神聖的最高者，無非就是崇敬我們人自身的神聖的道德法則之主體。我們人意識到自己的脆弱本性，同時就產生對自己的道德法則之主體的崇敬，並以意志的神聖性為理想。此即康德在《宗教》中說：

　　當道德學（Moral）根據其法則的神聖性來認識極大的尊敬的
對象，如此它就在宗教的層次上根據最高的、執行那些法則的
原因來表象崇拜的對象，並在它的莊嚴性裡顯現（erscheint）。
（Rel 6:6-7）

　　依康德所論，人類為了達到實現圓善的希望務必要達致一切人的
意志的一致，這個一致絕不能是外力強加給人，也不能是為了私人利
益而產生的一致贊同，而是基於每一個人的意志自由而來的普遍立
法，也就是基於道德法則。而唯獨道德法則「把圓善設定為我們追求
的對象」，「使之成為我們的義務」。（KpV 5:129）康德提出「從德性
之統一的觀點需要一個對每一個人有約束力的原因」，（A815/B843）
也就是需要設定一個「至上的意志」，以道德法則約束每一個人。據
此，我們在致力於達到圓善之進程中需要一個道德的信仰，一個純粹
的道德的宗教亦正由之產生。

　　康德提出，真正構成真宗教的自身的東西是；每一個人自身的
「純粹道德的立法」。（Rel 6:104）而上帝的規章性法則「並不能從自
身出發就被認作是有約束力的」，一切憑藉啟示才可能的規章性立法，
因為以一種啟示為前提條件，「只能被看作是偶然的。並且作為這樣
一種並沒有也不能涉及每一個人的立法，它也不能被看作對人一般地
具有約束力的。」（Rel 6:104）康德還特別指出：「並不是那說『主啊
主啊』的人」，「因而並非通過讚頌上帝，即憑藉不是每一個人都能擁
有的啟示出來的概念來讚頌上帝（或者讚頌他那具有神性血統的使
者）」，（Rel 6:104）才是對上帝真崇敬。「而是通過善的生活模式——
在這方面，每一個人都知道上帝的意志——來試圖讓上帝喜悅的人，
才是對上帝作出上帝所要求的真崇敬的人。」（Rel 6:104-105）

　　按照純粹理性的信仰，「上帝的意志」僅僅按照純粹道德法則來

規定，而並非什麼外在客體的意志。上帝的一種立法意志無非是：
「通過純粹道德上的法則頒布命令的。」（Rel 6:104）也就是說，「每
一個人都能夠從自身出發，憑藉他自己的理性認識作為他的宗教的基
礎的上帝意志。」（Rel 6:104）康德解釋說：「因為神性之概念本來就
只是出自對這些法則的意識和理性要假定一種力量的需求，這種力量
能夠為這些法則帶來在一個世界上可能的而又與道德上的終極目的一
致的全部效果。」（Rel 6:104）並因之提出：「一種僅僅按照純粹道德
的法則來決定的上帝的意志的概念，使我們如同只能設想一個神一
樣，也只能設想一種宗教，這種宗教就是純粹道德的。」（Rel 6:104）

　　依康德所論，真正的宗教必須是普遍性的，「它是一種可以告知
每一個人使他確信的純然理性之信仰。」（Rel 6:103）在純然理性之
信仰中，上帝值得崇敬，「取決於人們使自己的義務隸屬於它」作為
一個最高者。康德說：

> 在德行概念的純粹性中，在對那種意識──意識到一種我們通
> 常從未猜測到的、能夠制伏我們裡面的最大障礙的機能──的
> 喚醒中，在人的尊嚴──人在自己的人格以及那種為了使人格
> 決定性中必須尊敬這種尊嚴──中，蘊藏著某種昇華心靈、並
> 導向神性本身的東西，這種神性只有憑藉其神聖性和作為德行
> 的立法者，才是值得崇拜的。（Rel 6:183）

　　在道德的宗教中，「我們把上帝看作對我們所有義務而言普遍備受
崇敬的立法者。」（Rel 6:103）但我們不能設想：若不是這位公共的立
法者（上帝）「事先發布命令就會沒有約束力的法規」。（Rel 6:99）康
德指出：「倫理的法則不能被設想為源初地純然從這個至上者（Obern）
的意志出發。」（Rel 6:99）否則，「它們就會不是倫理的法則，與它

們相符合的義務也就會不是自由的德行，而是強制性的律法義務。」
（Rel 6:99）究其實，由於道德法則本身是絕對必然的，我們始有正
當理由基於道德法則而設定一個「最高者」，並設定它以道德法則約
束每一個人。

三　上帝之理念表象為倫理共同體（目的王國）之元首

　　康德的圓善學說不僅論及就個人而言符合「善德有福報」的公義
原則，實在說來，其根本關切在：每一個人都應該通過遵循道德法則
而行以致力於實現一個世界，在那個世界裡，德福一致得到公正的保
障。早在《純粹的理性批判》中，康德就論及「圓善」是與一個道德
的世界相關的，在一個道德的世界裡，「一個與道德相結合成正比的
幸福的系統也可以設想為必然的。」（A809/B837）就我們「抽掉了道
德在其中遭遇的一切障礙（人類本性的軟弱和不純正）」而言，「道德
的世界」是一個智性的世界，它「指向感觸界，而這個感觸界是作為
純粹理性在其實踐使用中的一個對象」。（A808/B836）它是：「與一切
德性的法則相符合的世界（就像它按照有理性者的自由而能夠是及按
照德性法則應當是那樣）。」（A808/B836）它作為「一個實踐的理
念」，「它能夠並且應當現實地有其影響於感觸界，以使感觸界盡可能
地符合這個理念。」（A808/B836）

　　全人類在「一個至上的原因」（上帝）之理性信仰的真實作用下
有希望聯結成「人類倫理共同體」，唯有在這樣一個「人類倫理共同
體之理想」下，「有德的人得到其配享之幸福」才能夠得以實現。「一
個至上的原因」，在純粹的理性宗教中，它就不僅意指一種就「德福
一致」可能的根據而言的「公正無偏的無私的理性」之設定，這種設
定在理性信仰中獲得實化；它作為一切有理性的道德者自身自由地尊

崇的「共同的立法者」而對每一個人起著一種真實的強制作用，它作為透視每一個人之存心的「知人心者」，起著一種真實的監察作用。這種強制作用和監察作用根源自每一個人自身的理性，因而是自由信仰產生的作用，也就是說，是一種自發自動的現實地起作用自我強制和自我監察。亦唯有在這樣一個「道德的元首」之共同信仰下，人獲得不斷向前的推動力，並且，人類得以結合為一個遵循德行法則的共同體。

康德說：「上帝的意志就是我們應當實現的倫理共同體的理性理念本身。」（Rel 6:105）康德提出：「對於一個倫理的共同體來說，能夠被稱得上是公共的（öffentlich）立法者的，必定是不同於人民的另一個人物。」（Rel 6:99）這個公共的立法者，「正是關於作為一個道德的世界統治者的上帝之概念。」（Rel 6:99）他說：「因此，只有這樣一個人物，才能被設想為一個倫理的共同體的至上的立法者，對他來說，所有真正的義務，因而也包括倫理的義務，必須同時表象為他的命令；因此，他也必須是一位知人心者，以便也能夠透視每一個人存心中最內在的東西；並且就像在任何共同體中必須那樣，使每一個人得到他的行為所配享的東西。」（Rel 6:99）在純粹的道德的宗教中，「我們把上帝看作對我們所有義務而言普遍備受崇敬的立法者。」（Rel 6:103）

康德創闢性地提出的唯一的宗教（即道德的宗教）其核心在人的意志之自律自由，並且據此指明宗教的終極關切在於：運用人自身的一切力量，以善的原則戰勝惡的原則，並依據善的原則（即自由之原則）在世上建立一個保障永久和平的人類倫理共同體。他指出：「由於德行義務關涉人的整個族類，所以，一個倫理共同體的概念總是關涉到一個所有人的整體的理想。」（Rel 6:96）

康德提出：「就像律法的自然狀態是一種每個人對每個人的戰爭

狀態一樣，倫理的自然狀態也是一種存在於每個人心中的善的原則不斷受到惡的侵襲的狀態。」（Rel 6:96-97）實情是，「即使每一個個別人的意志是善的，但由於缺乏一種把他們聯合起來的原則，他們就好像是惡的工具似的，由於他們不一致而遠離善的共同目的，彼此為對方造成重新落入惡的統治手中的危險。」（Rel 6:97）「人們相互之間彼此敗壞了道德稟賦。」（Rel 6:97）因此，康德提出：「倫理的自然狀態是對德行法則的一種公共的、相互的損害，是一種內在的無道德的狀態；自然的人應該勉勵自己盡可能快地走出這種狀態。」（Rel 6:97）事實上，要在世界上實現圓善，「並不能僅僅通過單個的人追求他自己的道德的圓滿來實現」，（Rel 6:97）而是要求一切人為了同一個終極目的「聯合成為一個整體」。（Rel 6:97-98）

在道德的宗教中，最高的道德者就名為「上帝」，上帝的「權柄」無非就是「倫理共同體的一個至上的立法者」。（Rel 6:99）用康德的話說：「我們把上帝看作對我們所有義務而言普遍備受崇敬的立法者。」（Rel 6:103）「倫理共同體的一個共同的立法者」也就是「關於作為一個道德的世界統治者的上帝之概念」。（Rel 6:99）上帝的「權柄」即是：「通過純粹的道德的法則頒布命令」，（Rel 6:104）「一個倫理共同體的概念是一個在倫理的法則下的上帝子民的概念。」（Rel 6:98）一切有理性者在上帝被標舉為「一個共同的立法者」的整體中，在《宗教》一書中就名為「人類倫理共同體」，亦即耶穌所言「上帝之國」。此亦即吾人於上文已詳論之「目的王國」。

「促進可能的圓善之實現」的問題，從每一個人作為道德主體的問題推進到一切人作為有理性的道德者如何能夠結合在一個道德上圓滿的最高意志之下，以致力於共同的終極目的之實現的問題。據此可見，圓善問題根本上關連到一個道德的世界之創造，落實到現實上說，就是關連到一個「倫理共同體」的實現。在這個基於純粹的道德

的宗教上的倫理共同體中，每一個人出自自身之意志自由而服從並崇
敬一個共同的最高的世界的道德統治者。康德亦稱之為全體有理性者
組成的一個目的王國（道德世界）的元首，它決不是在人之外的一個
神秘客體，也不意謂「它是法則的創造者」。（MS 6:227）

　　康德的批判哲學從一開始就標舉「理性的最重要的前景」，在《任
何一種能夠作為科學出現的未來形而上學導論》（以下簡稱《導論》）一
書中就說：「只有依照這些前景，理性才能給意志種植（ausstecken）
其一切努力之最高的目標。」（Proleg 4:258）這個最重要的前景，亦
即理性給意志種植的最高目標，究極說來就是「圓善」；就其在世上
實現而論，無非就是一個「道德的人類倫理共同體」。康德說：「我們
有理由設想，那上帝的意志就是我們應當實現的倫理共同體的理性理
念本身。」（Rel 6: 105）他強調，不能把一種「上帝的立法的意志」
視為「通過我們假定上帝的規章性法則頒布命令」，無論這種規章性
法則是來自傳統習俗還是《聖經》之啟示。（Rel 6:104）而毋寧說，
上帝之理念表象為倫理共同體（目的王國）之元首，一切人隸屬於這
個根源自每一個人的意志自由的「元首」之下，此即一個一切人自由
地信仰的唯一的純粹理性宗教，在其內，人類結合為一個遵循德性法
則的共同體。

第四節　純粹的理性宗教的人類學根源

　　本章第一節論「純粹的理性宗教之超越的根源」，也就是論明
「道德不可避免地導致宗教」。並且，第二節通過探究康德的「圓善
學說」以說明：道德向宗教之伸展，關鍵在「圓善」（終極目的）。依
康德所論明，德性是圓善的第一成素，而與德性相配稱的幸福構成了
圓善的第二成素，這兩種成素的一種聯結的可能性「完全屬於物的超

感觸的關聯」，「而且不能按照感觸界的法則而被給予。」（KpV 5:119）但是，人依循道德法則致力於在世界上實現「圓善」，實踐的後果就落在感觸界，此即康德說：「意在實踐圓善的那些行動是屬於感觸界的。」（KpV 5:119）

　　人有依照道德法則之實存性，由道德法則命令而致力於在世界上實現「圓善」，這出於人的道德稟賦，此即康德說：「純粹的實踐的理性必須把這圓善表象為可能的，因為盡一切可能促進圓善的實現，是純粹的實踐的理性的一個命令。」（KpV 5:119）並明示：此「直接在我們的力量（Gewalt）中」（KpV 5:119）。僅就此而論，亦即只就理性的宗教之超越根據（道德）而言，並不考慮人的本性的特殊決定（besondere Bestimmung der menschlichen Natur），（Gr 4:410）完全與任何人類學（Anthropologie）、神學（Theologie）、物理學（Physik）或上物理學（Hyperphysik）分離開來。（Gr 4:410）吾人知道，依康德所論明，「道德」乃是依據「人所稟具的超感觸的本性」，也就是「作為屬於純粹理性的自律的法則的實存」（KpV 5:43）而論。但人同時稟有「感觸的本性」，也就是「作為在以經驗為條件的法則之下的實存」。（KpV 5:43）人依其超感觸的本性，其意志自由必然產生圓善，（KpV 5:113）這也就是：「道德法則決定我們的意志，去把一個超感觸自然的形式賦予作為有理性者之整體的感觸界。」（KpV 5:43）人經由理性自立的道德法則真實地將自己提升到超感觸界，「這個超感觸界的複本實存於感觸界中」，作為人努力趨向的原型，「而同時並不中斷感觸界的法則。」（KpV 5:43）因此，圓善之實現於世界不僅關涉於人的道德主體之創造性，也必然關涉於人的感觸的本性，以及自然的條件，就此而言，康德如理如實地指出：人的能力不足夠。康德所論人的能力不足夠分兩方面，就人本身而論，此不足夠首先表現在人難以達至的「存心完全切合道德法則」這樣一種完滿性。（KpV 5:122）在

我們人類中，即使人能夠意識到自立的道德法則，但人可以不遵循道德法則而行，即使一個人自己嚴格地依據道德法則而行，但他不能預計他人也必如此；甚至，人事實上在「倫理的自然狀態」互相敗壞，人們相互之間彼此敗壞了道德稟賦。（Rel 6:97）其次，個人不能預期自然方面將有助於他對於幸福的期望。（Gr 4:438-439）正是人因著其意志自由必定要以在世界上實現終極目的（圓善），但人的能力不足夠，即導致宗教，這就是康德提出「道德學（Moral）不可避免地導致宗教」（Rel 6:6）之根據所在。為了探明純粹的理性宗教的根源，首出的一步固然是要探明人作為道德實存之本性，以確定圓善作為人以及世界創造的終極目的；但需要進一步說明，為何人致力於在世界上實現圓善需要宗教，此即需要對同時稟有「感觸的本性」的人作出考察。此所以康德不僅說明純粹的理性宗教之超越的根源（道德），並進一步論明其人類學根源。明乎此，即可理解，何以《宗教》一書共四篇皆圍繞「善的原則與惡的原則」的問題作討論，[46]且其第一篇就探究「人的本性」。吾人可說，該篇建立了康德關於人的本性的學說。

　　康德在《宗教》第一版〈序言〉結尾就表明：收入該書的四篇論文中，「為了使人們注意到宗教與人的，那部份帶有善部份帶有惡的稟賦的飽受折磨的本性的聯繫（Beziehung），把善的原則和惡的原則當作兩個獨立存在的、對人發生影響的原因，介紹了它們的關聯（Verhältniß）。」（Rel 6:11）可以指出，於道德的哲學，康德經由批判論人的道德行為之超越的根源，乃就人的善的稟賦而考論；至其宗教學說，建基於其道德的哲學所論明的道德主體及其法則（善的原

---

46 第一篇「論善的原則與惡的原則的共居或論人的本性中的根本的惡」、第二篇「論善的原則與惡的原則圍繞對人類的統治權所進行的鬥爭」、第三篇「論善的原則與惡的原則的勝利與上帝的國在地上的建立」、第四篇「論善的原則統治下的事奉和偽事奉，或論宗教與教權制」。

則）而考論人的本性中包含的動物性稟賦及人性稟賦因著各種惡習嫁接於其上而不僅帶有善並且帶有惡。人需要道德的宗教，為的是將一切人聚合在善的原則下，向惡的原則作鬥爭。依此，可以說，《宗教》一書的一個重要工作就是探究純粹的理性宗教之人類學根源。

　　《宗教》第一篇「論善的原則與惡的原則的共居或論人的本性中的根子上的惡」（Von der Einwohnung des bösen Princips neben dem guten: oder über das radicale Böse in der menschlichen Natur），康德首先說明：「在這裡，人之本性（Natur des Menschen）僅僅理解為一般地其自由（遵從客觀的道德法則）的使用之主觀的根據，它先行於一切落在感取（Sinne）中的行為。」（Rel 6:21）並提醒：不要像通常那樣，視本性（Natur）這詞「意指出自自由的行為之根據之對立面。」（Rel 6:20-21）他指明：「這種主觀根據必須始終是一種自由行為本身（否則，人的意志對道德法則的使用或濫用就不能歸咎於他，他的善或惡也不能稱為道德的）。」（Rel 6:21）此即明示：哲學上討論善或惡的問題，是就「人的意志對道德法則的使用或濫用」而論，亦即：「僅在抉意自身為其自由之使用而制定的規則中，即在一個格準中。」（Rel 6:21）

　　依以上引述可知，康德明確提出，善或惡的問題是道德問題，人首先有立道德法則的意志，以及有抉意自身的自由使用，始能將善或惡歸咎於他。縱然，如康德指出：人們從經驗來看，有人會認為：人是（天生）要麼德性的善，或德性的惡。有人不以為然，而斷言，人天生不是這兩者中的任何一個。而另有人斷言，人同時是此二者，也就是在某些方面是善的，另一些方面是惡的。經驗似乎確認介於兩個極端之間。（Rel 6:22）但康德表明：對於德性學說（Sittenlehre），承認任何道德的中間物（moralische Mitteldinge），「所有格準都有失去確定性和堅定性的風險。」（Rel 6:22）他明示：「人不能一方面是德

性的善的，同時另一方面是德性的惡的。」（Rel 6:24）明乎此，則不會以為康德「論善的原則與惡的原則的共居」就是主張善惡混，也不會誤以為康德論「人的本性中的根子上的惡」就是主張「性惡論」。

人的為善之根源及為惡之根源必須從人類這個物種的本性尋找，而並非從個人於經驗中的表現立論。此所以，康德於《宗教》第一篇第一章「論人的本性中為善的根源的稟賦」首先探明，就人類這個物種而言，其為善的根源的稟賦是什麼，而隨後第二章「論人的本性中為惡的傾向」，於前一章論明人的道德性的基礎上進一步探究人所以為惡的根源，揭明「惡之根據在於格準」。（Rel 6:21）康德指出，一個人之所以是惡的，在於他「把各種動力納入自己的格準時，顛倒了它們的德性的次序（sittliche Ordnung）」。（Rel 6:36）明乎此即可知，何以康德首先要論明人稟具為善的稟賦，而人所以有為惡的傾向，並不能歸咎於人沒有立道德法則的機能，而是人有一種顛倒格準之德性的次序的傾向。

在「論人的本性中為善的根源的稟賦」（Von der ursprünglichen Anlage zum Guten[47] in der menschlichen Natur）那一章，康德提出：1. 動物性稟賦；2. 人類稟賦；3. 人格性稟賦。（Rel 6:26）此三者都是人類這個物種所具有的為善的根源的稟賦。他說：

> 我們有理由把這種原初稟賦與其目的相聯繫分為以下三類，來作為人的分定的成素：1. 作為一種有生命的生物，人具有動物性稟賦（Anlage für die Tierheit des Menschen）；2. 作為一種有

---

47 通行中譯本中，»zum Guten«譯作「向善」，zum＝zu dem，»zum«固然有「向」的意思，不過，「向善」就先行以「什麼是善」為條件，因此其自身還不能視為一種根源的稟賦。考慮到»zum«亦可解作「為了」、「用於」，故譯»zum Guten«譯作「為善」，應較妥貼。

生命同時又有理性者，人具有人類（Menschheit）稟賦；3. 作
為一種有理性同時又有負責任（Zurechnung）能力的生物，人
具有人格性（Persönlichkeit）稟賦。」（Rel 6:26）

　　動物性稟賦、人類稟賦，以及人格性稟賦，此三者作為「人的分
定的成素」，是每一個人生而有的，沒有人作為這種特性的例外。聖人
如是，惡人亦不例外。不但動物性稟賦、人類稟賦是每一個人生而有
的，人格性稟賦同樣是每一個人生而稟具的。此即康德所論，動物性
稟賦、人類稟賦，以及人格性稟賦乃是「人的分定的成素」，此乃是依
據就人類這個物種「所必需的成分，以及它們要成為這樣的生物的結
合的形式。」（Rel 6:28）就此而言，「它們是源初的（ursprünglich）；
因為它們屬於人的本性之可能性。」（Rel 6:28）並且，康德特別說
明：「應該注意的是，除了那些直接與意欲機能和抉意之使用關聯的
稟賦之外，這裡沒有討論其他稟賦。」（Rel 6:28）此即表明，該處所
論三種稟賦直接與善惡問題相關聯，而並不涉及人類的其餘稟賦。

　　此即康德表明，要研究道德的善惡問題，其根源之探究，不能依
經驗事例立論，而必須考察人類這個物種所具有的直接與意欲機能和
抉意之使用關聯的稟賦。並且，首先要探明「人格性稟賦」，因為人類
這個物種若不具人格性稟賦，亦即不具道德實存的本性，就根本不能
對善有任何概念，從而也無所謂什麼是惡。此即康德首先通過對實踐
的理性作批判，闡明人類事實上稟具道德實存的本性，也就是說，人
具有「人格性」，依其所論明，「道德法則的理念，連同與它不可分離
的尊敬」，「就是人格性本身（完全理智地考量的人性理念）。」（Rel
6:28）。而「人格性」與「人格性的稟賦」有區別，康德說：「不能把
道德法則的理念，連同與它不可分離的尊敬名為一種人格性的稟賦，
它就是人格性本身（完全理智地考量的人性理念）。」（Rel 6:28）並提

出：「人格性的稟賦是對於作為抉意的一種其自身為足夠的動力的道德法則的尊敬的感受性（Empfänglichkeit）。這種對在我們內的道德法則的純然的尊敬的感受性，也就是道德的情感。」（Rel 6:27）

　　唯獨「人格性」（即自由）是道德的根源，通過《實踐的理性批判》論明此道德的根源，康德能據此於《宗教》進而提出作為「為善的根源的稟賦」之一的「人格性稟賦」。並說：「人格性稟賦以自身就是實踐的，即無條件立法的理性為根源。」（Rel 6:28）換言之，我們必須在確立人的「人格性」（意志自律之自由的根）的前提條件下，才能夠進一步探究人的本性中為善的根源的稟賦，並隨後研究「人的本性中為惡的傾向」。

　　康德提醒，人格性稟賦作為一種道德的情感，它本身還不構成自然稟賦之目的，他說：「僅限於它是抉意之動力時，才構成自然稟賦之目的。」（Rel 6:27）依康德所論明，這種道德的情感「只有在自由的抉意將它採納於其格準中時才是可能的」，並指出：「這種自由的抉意的性狀就是善的性格，善的性格一般就像每一自由的抉意的性格一樣，都是某種只能獲得的東西。」（Rel 6:27）儘管它是只能獲得的，但康德提醒：「對於它的可能性，必須有我們本性中的一種稟賦，絕對沒有任何惡可以嫁接在其上。」（Rel 6:27）此即明示，沒有任何惡可以嫁接在人格性稟賦上。

　　各種惡習卻可以嫁接到人的動物性稟賦，以及人類稟賦上。然而不能將兩種稟賦根除。康德明示，儘管人確實可以違背目的（zweck-widrig）地使用其動物性稟賦及人類稟賦，「但不能根除（vertilgen）其中任何一個。」（Rel 6:28）康德說：「當它們必然屬於這種生物的可能性時，它們就是源初的」；假若人沒有這兩種稟賦也自身就是可能的，它們就會是偶然的。（Rel 6:28）儘管各種惡習卻可以嫁接到人的動物性稟賦、及人類稟賦上，但康德仍然將此二者歸入人的本性中

為善的根源的稟賦。

依康德所論明，「人之動物性稟賦可以歸為身體的（physischen）和單純機械的自愛的總稱，這樣的東西並不需要理性。」[48]（Rel 6:26）他指出：「各種惡習都可以嫁接到這種稟賦上（但這些惡習不是以這種稟賦為根〔Wurze〕自己滋生出來）。這些惡習可以稱之為粗魯的惡習，並且在最大程度上偏離了自然目的時，被名為暴食、淫慾和野蠻的不法（在與其他人的關聯上）等獸性的惡習。」（Rel 6:26-27）

關於人類稟賦，康德說：「對於人類的稟賦（Anlagen für die Menschheit）可以歸為身體的（physischen），但卻是比較而言的（為此需要理性）自愛的總稱，即，僅根據與他人的比較來判斷自己的幸福或不幸。」（Rel 6:27）如競爭，康德說：「嫁接在這種傾向上的惡習也可以稱為文化惡習（Laster der Cultur）。」（Rel 6:27）而嫉妒，忘恩負義、幸災樂禍等，「名為惡魔般的惡習（teuflische Laster）。」（Rel 6:27）

康德論明，各種惡習都可以嫁接到動物性稟賦、人類稟賦上，他指出，動物性稟賦「沒有理性」，人類稟賦「是實踐的，但僅僅為其他動力服務」，（Rel 6:27）唯獨人格性稟賦，其根（Wurzel）在理性，因而沒有任何惡可以嫁接在其上。儘管如此，康德指出，三種稟賦全都「不僅是（消極的）善（它們不違反道德的法則），而且也是為善的稟賦（它們促進對道德的法則的遵循）」。（Rel 6:28）依照通常的見解或經驗主義的人性論，總是因著現實上各種惡習都可以嫁接到動物性稟賦、人類稟賦上，就視此二者為人性惡的根源。康德以其敏銳的、根源的洞察力，推翻這一類流行的偏見。事實上，康德有見及動物性

---

48 依康德所論，人之動物性稟賦是三重的：首先是保護自己；其次，為了通過性衝動繁殖同類，並保存與它的性本能相結合產生的東西；第三，與他人共處，即社會本能。（Rel 6:26）

稟賦、人類稟賦皆必然屬於人類這種生物的可能性,「它們就是源初的」。(Rel 6:28)「不能根除。」(Rel 6:28)沒有人可以例外。假若此二者被視為人之為惡的根,那麼,既然人源初就是惡的,必然導致一個結論:人不必為其惡行負責。

依康德所論明,善的存心與惡的存心都是人自己造成的。(Rel 6:24)「並且,判斷一個行為的道德性必須依據的一個善的存心和一個惡的存心(格準的內在原則)之間,並不存在任何中間物。」(Rel 6:23)據之,人的行為可咎責,而不能推諉於動物性稟賦、人類稟賦使然。此即康德指明:假若人之本性作為「一般地其自由(遵從客觀的道德法則)的使用之主觀的根據」不是「一種自由行為本身」;如果惡之根據被歸咎於「通過性好來決定客體的抉意中」,以及「自然衝動(Naturtriebe)」中,而不是歸咎於「抉意自身為其自由之使用」的格準中,(Rel 6:21)那麼,我們沒有理由提出人必須為其為惡負責。

「存心」(Gesinnung)是抉意的一個特性,康德說:「這個特性是抉意天然地具有的(儘管它事實上是在自由中建立的)。」(Rel 6:25)在《基礎》一書,他明示:「行為的本質善(Wesentlich-Gute)在於存心(Gesinnung),而不管其結果如何。」(Gr 4:416)「德性的善的存心為有理性者爭得對普遍立法的參與權,這種存心還通過這種參與權使有理性者適合成為一個可能的目的王國的成員。」(Gr 4:435)《實踐的理性批判》進一步論明「存心」在理性立法活動中作為「意志因果性」的現實運用的具體表現:他說:「具有自由意志者的概念是一個智思物之原因的概念。」(KpV 5:55)對於這樣「一個不以經驗為條件的因果性概念」:「雖然沒有決定其理論的客觀實在性的直觀,但它仍然具有現實的運用,這種運用具體地表現在種種存心和格準中,也就是說,它具有能夠告知的(angegeben)實踐的實在性。」(KpV 5:56)

　　康德說：「正是在存心這裡，而不是單純在行為中，人類能夠並且應當通過行為給與其自己那種崇高的價值。」（KpV 5:71）假若像經驗主義者那樣「把存心中的德性根除」，那麼，「在主體中根本沒有任何對於道德的價值一般的情感。」（KpV 5:116）依康德所論明，「德性的存心（sittlichen Gesinnung）的動力卻必須是解脫一切感觸的條件之束縛的。」（KpV 5:75）德行就是奮鬥中的道德的存心（moralische Gesinnung）。（KpV 5:84）德行並不包含在合法性中，而包含在存心中。（Ethik 84）他說：

> 再沒有任何別的理念比純粹的道德的存心之理念更能提升人心並激發其熱情，這種存心尊崇義務於一切之上，與生命中的邪惡甚至其最具吸引力的誘惑鬥爭，而戰勝它們（正如我們有理由認為人能夠做到那樣）。人意識到：因為他應當這樣做，他就能夠做到；這在其身上開啟了一種神性的稟賦（göttlicher Anlagen）的深度，使他就如對其真正分定之偉大與崇高感受到一種神聖的（heiligen）敬畏。（KGS 8:287-288）

　　基於第一章「論明人的本性中為善的稟賦」，康德據此進一步探究人何以有為惡的傾向。此即表示，唯獨人的本性中有為善的稟賦，始能討論惡的問題。這就是康德如理如實指出：「我們早已承認一棵根源上（就其稟賦而言）是好的樹會結出壞的果子，而一棵壞的樹則無可能結出好果實。」（Rel 6:45）第一章論明人的本性中為善的稟賦中「人格性稟賦」，以「無條件立法的理性為根源」。（Rel 6:28）唯獨「人格性」（即自由）是道德的根源，理性所立道德的法則連同與它不可分割的尊敬，就是人格性本身。我們必須在確立人的「人格性」（意志自律之自由的根）的前提條件下，才能夠進一步討論「人的本

性中為惡的傾向」。此即康德明確指出：「這種惡必須存在於格準背離道德的法則的可能性的主觀根據中。」（Rel 6:29）假若人不具備為其意欲機能立道德的法則的機能，則不能論人之善惡。

　　於第二章「論人的本性中為惡的傾向」，康德對「傾向」（Hange）一詞作出說明，說：「我理解傾向（propensio）為一種性好（習慣性的欲望；concupiscentia）的可能性之主觀的原因（subjectiven Grund），因為它對人類（Menschheit）一般而言是偶然的（zufällig）。」（Rel 6:28）顯見，康德明確將其所論「為惡的傾向」與前一章所論「為善的稟賦」根本區分開。依此，可以提醒，唯獨「為善的稟賦」可視為人的實存性：依康德所論：「『本性』（Natur）從最一般意義上理解，就是物（Dinge）在法則下之實存（Existenz）。一般有理性者的感取的本性（sinnliche Natur）就是以經驗為條件的法則下的實存，〔……〕。另一方面，同一有理性者的超感取的本性（übersinnliche Natur）是指他們依照獨立於一切經驗條件因而屬於純粹理性的自律法則之實存。」（KpV 5:43）「人的本性中為惡的傾向」，此「為惡的傾向」並不能列為「人類稟賦」。康德明確指出：「傾向與一種稟賦的區別在：雖然它有可能是與生俱來的（angeboren），但它不能被表象為與生俱來的：而且（如果它是善的）能夠設想為獲得的，或者（如果它是惡的）能夠設想為是由人自己招致的。」（Rel 6:28-29）

　　康德表明「為惡的傾向」有可能是「生而具有的」，「被設想為屬於人的族類的特性」，據之稱之為「一種人為惡的自然的傾向」[49]。（Rel 6:29）但強調它是「由人自己招致的」。何以說「為惡的傾向」是人自己招致的呢？依康德所論明，善或惡必須以道德的法則為依

---

[49] 康德說：「如果可以把這種傾向設想為普遍地屬於人的（因而被設想為屬於人的族類的特性），那麼，這種惡就被名為一種人為惡的自然的傾向。」（Rel 6:29）

據，以道德的法則為其格準之根據並依此格準而行，則為善，反之則為惡。此即康德說：「將道德的法則採納或不採納於其格準中的抉意之能力或無能力，名為善的心或惡的心。」（Rel 6:29）康德分三個層面說明「為惡的傾向」：「第一，人心在遵循已被接受的格準方面的軟弱無力，或者說人的本性的脆弱；第二，把非道德的動力與道德的動力混為一談的傾向（即使這可能是以善的意圖並在善的格準之下發生的），即不純正；第三，接受惡的格準的傾向，即人的本性之惡劣或者人的心之惡劣。」（Rel 6:29）

　　康德論人的本性的脆弱，表現在：「我所意願的，我並不做。」（Rel 6:29）並且，人時常「並不是純粹由義務而行」，還有「其他動力」。（Rel 6:30）此即「不純正」。又，人的抉意不將道德的法則採納於其格準中，「將出自道德的法則的動力置於其他（不是道德的）動力之後」，此即「人心的惡劣（vitiositas, pravitas）」，康德也稱之為「人心的腐敗（corruptio）」。（Rel 6:30）他指出：「這種惡劣或者腐敗也可以稱為人的心之顛倒（perversitas），因為就一自由的抉意的動力而言，它把德性的秩序顛倒了。儘管總還可以有律法上善的（合法）行為，但思維模式由此從其根（就道德的存心〔moralische Gesinnung〕而言）腐敗，因此人被標明為惡的。」（Rel 6:30）

　　《宗教》一書第一篇第三章題為「人是天性惡的」（Der Mensch ist von Natur[50] böse）（Rel 6:32），這個標題引起學者們的誤解。康德專家阿利森就提出：「康德關於根本的惡的討論極為繁雜而令人費解。在最終提供自由和道德之間的聯繫這些勢所必須的論述的過程之中，他始終主張人的本性中有一種向惡的偏好，更簡單地說，即『人

---

50 在李秋零的中譯本中，»von Natur«及»menschlichen Natur«均譯作「人的本性」。為了區分此二詞，»von Natur«本人譯作「天性」。

之本性為惡』（Rel 6:32）。」[51]他指出：「麻煩在於，人是根本的惡或人從本性上是惡的這種學說與其道德哲學基本原則不能相容」，並詰問：「我們如何不僅是能夠出於對道德法則的尊敬而行動的行為者，而且也是根本惡的？又，如果我們『從本性上』就是惡的，那麼，這種惡究竟如何能夠被歸因於我們自身？」[52]

　　事實上，康德關於「根子上的惡」的討論確實複雜，他所論「根子上的惡」與一般理解有不同，且容易引人誤解。然只要落實到康德有關討論的上文下理的整體脈絡中，仍能見到康德的論說是如理如實的，恰好是與其道德哲學基本原則一致的。康德對於何謂「人是惡的」、「人是天性惡的」有清楚說明：

　　　　「人是惡的」（der Mensch ist böse），這命題無非意謂：人意識到道德的法則，但在他的格準中（偶爾的）背離它。「人是天性惡的」（Er ist von Natur böse），這無非意謂：這一點就其族類而言適用於人；並不是說這樣一種品性可以從他的類概念（Gattungsbegriffe；人一般的概念〔dem eines Menschen überhaupt〕）中推斷出來（因為那樣的話，這就會是必然的〔nothwendig〕），而是根據人們通過經驗對人的認識那樣，據此來評價人。（Rel 6:32）

　　依上引文可知，依康德，所論「惡」是根據「經驗」對人的認識來評價人，並不是從「人一般的概念」而說這樣一種品性。並且，尤為重要的是必須把握，在康德的「人的本性」學說中，他採取兩層觀點的思維方式：「同一主體亦即人既作為顯相，同時亦作為物自身」，

---

51 H. E. Allison, *Kant's Theory of freedom*, p. 146. 中譯頁215。

52 H. E. Allison, *Kant's Theory of freedom*, p. 146. 中譯頁215。

（KpV 5:6）此兩層觀點之結合建基於「通過道德法則而確立的自由之因果性」與「通過自然法則而確立的自然之因果性」二者的結合。並且，經由《實踐的理性批判》，康德已證明：「實踐理性獨自地、不與思辨理性相約，就使因果性範疇的一個超感觸的對象亦即自由獲得了實在性。」（KpV 5:6）據此也就證實：人，「既把自己作為自由的主體，使自己成為智思物，同時因自然的意圖又使自己成為自己經驗意識中的一個現象。」（KpV 5:6）明乎此，則不會像阿利森那樣，以為康德在《宗教》一書討論「人的本性中的根子上的惡」、「人是天性惡的」，就是主張一種「與其道德哲學基本原則不能相容」的學說。實質上，康德的「人的本性」學說不僅並不違背其道德哲學基本原則，而且根本上奠基於其道德哲學。唯獨經由《實踐的理性批判》論明道德的法則乃是純粹的實踐的法則，是「我們智性的實存的法則」。（KpV 5:99）人的純粹的理性自身「給予（人）一條我們名之為德性法則的普遍法則」。（KpV 5:31）據此證實：人，「既把自己作為自由的主體，使自己成為智思物，同時因自然的意圖又使自己成為自己經驗意識中的一個現象。」（KpV 5:6）此即康德說：

> 在同一主體（人）之內，通過德性法則確立自由的因果性，以及通過自然法則確立自然機械論的因果性，除非將與前者相聯繫的人表象為此生物之在其自身（Wesen an sich selbst），而將後者表象為顯相，否則此二者之統一是不可能的。（KpV 5:6）

「同一主體亦即人既作為顯相，同時亦作為物自身」這一命題在思辨批判那裡無法指望得到令人滿意的證實，唯獨進至實踐的理性批判才能夠達到完全的證實。（KpV 5:6）亦正是關於兩層觀點考量人的思維方式得到確立，康德始能夠如理如實地建立其「人的本性」學

說：既從超感觸的觀點而言，論明人的道德的實存性，即其作為立道德法則的主體，同時就人作為自己經驗意識中的一個現象，他並非自然而然地遵循其主體自立的道德法則。而康德討論何謂「人的本性中的根子上的惡」、「人是天性惡的」、「人的本性中為惡的傾向」，其依據就在兩層觀點考量人：首先，人自身是道德立法的主體，然後揭明，現實上人的抉意與法則之間實際的衝突。

前面已論，康德的「人的本性」學說首先說明在我們中的「道德的稟賦」。於「總的附釋」中再次作解釋，在那裡，他指出：道德法則是我們自己的理性「藉以強而有力地命令我們」，但卻「既不向我們許諾什麼也不威脅我們的那種法則」。（Rel 6:49）然後請每個人問自己：何以道德的法則對他有這種超出諸多自然需求之上力量。他說：

> 在我們的心靈中有一件事，當我們恰如其分地看它時，我們不能停止以最大的驚讚來考量它，而這種驚讚是理所當然的（rechtmäßig），同時也心靈振奮（seelenerhebend）。那就是在我們裡的一般的源初的道德的稟賦。在我們身上（人們可以問自己）是什麼把我們提升到遠遠超出諸多需求之上，我們這種由於如此多的需求而不斷地依賴自然的生物，同時卻在一種源初的稟賦（在我們中）的理念中遠遠超出諸多需求之上，以致我們認為這些需求都不值一提；而且如果我們違逆我們自己的理性藉以強有力地命令我們，而在這裡卻不承諾也不威脅任何事的那種法則，而沉迷於那些需求的享受中，我們就會認為自己不值得存在。每一個具有最普通能力的人，如果他們以前被教導過義務之理念中的神聖性，哪怕沒有深入研究首先從這個法則中出現的自由之概念，就都會感受到這個問題的分量。（Rel 6:49）

　　道德的法則對每一個人的命令之有效性是首出的，據之肯定人的源初的道德稟賦，在此基礎上，始能夠進一步探究人的本性中為惡的傾向。康德明確表示，其「人的本性」學說中所論「惡」，並非如人們通常認為那樣。他說：「這種惡的原因不能像人們普遍認為的那樣，置於人的感性和由此產生的自然的性好。」（Rel 6:34）理由在：「不僅這些與惡沒有直接的關聯（倒不如說，它們能夠為證明在其力量中的道德的存心，即為德行，提供機會），我們不能對它們的存在負責（我們也不能這樣做，因為它們被造成，我們並不是作者）。」（Rel 6:34-35）並且，康德特別提醒，其「人的本性」學說中所論「惡」，並不是指「惡意（Bosheit）」、「惡魔般的（teuflisch）惡」。他說：「人的本性的惡劣（Bösartigkeit），不能說是惡意，倒是心之顛倒（Verkehrtheit des Herzens），就其後果而言，稱之為惡的心（böses Herz）。」（Rel 6:37）「惡意這個詞就其嚴格的意義是指：一種把惡之為惡作為動力納入自己的格準（因此它是惡魔般的存心（格準之主觀的原則）。」（Rel 6:37）

　　康德「人的本性」學說中所論「惡」，是人「自我造成的」，因而是「能夠歸責的」，「它深深植根於抉意中。」（Rel 6:35）他表明：「我們要為為惡的傾向負責，這種傾向關於主體之道德（Moralität des Subjects），因此在他作為一個自由的行動的生物的主體中被發現，作為自己造成的，它必須是能夠歸責的：並且必須歸因於他是自我造成的：不管它深深植根於抉意中。因為這一點，人們必須說它是在人的天性中（in dem Menschen von Natur）發現的。」（Rel 6:35）很清楚，康德所論「惡」，是指「人的本性中」一種人自我造成的「為惡的傾向」，這種傾向植根於抉意中。康德說：「如果將感性之動力作為本身就獨立自足地決定抉意，以之納入自己的格準，而不把道德的法則（這是他在自身就擁有的）放在心上，那麼，他就會是在道德上惡

的。」（Rel 6:36）他明確指出：「這種惡必須存在於格準背離道德的法則的可能性的主觀根據中。」（Rel 6:29）

依康德所論明：「人同樣有其無邪的自然稟賦（schuldlosen Natur-anlage），畢竟也依賴於感性之動力（den Triebfedern der Sinnlichkeit）並將它們根據主觀的自愛之原則納入自己的格準。」（Rel 6:36）人除了主觀的自愛之原則（dem subjectiven Princip der Selbstliebe）之外，還把道德法則納入自己的格準，人是善的還是惡的，其區別在於這二者的主從關係；在把各種動力納入自己的格準時，必須把自愛的動力及其性好當作遵循道德法則的條件，這就是顛倒了它們的德性的次序（sittliche Ordnung）。（Rel 6:36）道德的自我主宰就表現於：人在把各種動力納入自己的格準時堅守著它們的德性的次序。在道德的自我主宰中，同一行為主體的感性與理性並不是如人們一般所想的那樣是對立的，相反，感性除了在這種德性的次序中取得與理性的諧和一致，我們別無他途能夠使感性與理性這兩種異質的能力並行不悖。

在道德踐履中，感性稟賦與道德稟賦並非對立的，而毋寧說，二者是在德性的次序中相結合的，一個人之所以是惡的，在於他「把各種動力納入自己的格準時，顛倒了它們的德性的次序（sittliche Ord-nung）」。（Rel 6:36）康德明文說：「人（即使是最邪惡的人）都不會以叛逆的方式廢棄道德的法則，道德的法則是出於人的道德的稟賦的。」（Rel 6:36）「道德的法則是由人的道德的稟賦不可抗拒地加諸人的，而且如果沒有別的相反的動力起作用，人就會把它當作抉意之充分的決定根據，納入自己的最高格準。即，他就會是在道德上善的。」（Rel 6:36）道德之事就是依據「行為格準符合於一普遍的法則」而行其所當行。

康德「人的本性」學說中所論「惡」是指道德上的惡，人要為為惡的傾向負責，因為「抉意是自由的」，（KpV 5:32）儘管人類的抉意

免不了要受感性衝力的影響。何以說「人類的決意是自由的」？依康德所論，其所以是自由的，在決意之究極格準是智性的，先於一切經驗而存在的。這究極格準就是與道德法則相符合的格準。康德說：「從這自由之理念的前提條件下就產生出一種行為法則的意識」，（Gr 4:449）這種意識也就是：我們採納行為的主觀原理（格準）總是也能夠作為普遍的原理而有效，從而能夠充當我們自己的普遍立法。（Gr 4:449）假若人類的決意不是自由的，那麼，就沒有理由說人要為其「惡」負責。

康德於其道德哲學中已論明意欲機能的活動在實踐中的三層：一、意志立法；二、決意依據意志立法訂格準；三、根據格準產生行動。[53]就第一層提出「意志之自律」，第二層提出「決意之自律」。一般中譯本中，»Wille«譯作「意志」而»Willkür«譯作「任意」、「自由選擇」、「意念」。如此一來，»Willkür«作為立格準之能的根本義就消失了，更嚴重的是，它選取道德法則以為訂立格準之根據的超越義也抹殺掉了。關於「決意自由」，康德說：

> 決意之自由（Freiheit der Willkür）之概念並不先於我們心中的道德法則之意識，而是僅僅由我們的決意能夠被作為一無條件的命令的道德法則所決定而得出這結論。這一層意思任何人都

---

53 康德在《德性形而上學》之「導論」章中指出：「一切立法（無論這立法是命令內部的行為或是外部的行為，以及無論單由理性先驗地發布命令或是由其他決意發布命令），皆歸於兩個環節（zwei Stücke）：第一是法則，此法則把應當履行的行為規定為客觀地必然的，也就是說，它使行為成為一項義務；第二環節是動力（Triebfeder），它主觀上把行為的決意之決定根據與法則的表象相聯繫。因此，第二環節是法則使義務成為動力。由於第一點，行動被表示為義務，這僅僅是決意的一個可能的決定（即實踐的規則）的理論認識；根據第二點，必須如此行動的責成與主體的決意之決定根據結合在一起。」（MS 6:218）

可因著問他自己以下問題而很容易地被說服而信其為不謬，
即：他是否直接地確定意識到有一機能（Vermögens），此一機
能能使他因著意向（Vorsatz）之堅定性而去克服那每一令他犯
罪之動力，不管這動力是如何之有力（雖然法拉利命令你做一
個虛偽的人，並把他的銅牛刑具擺出來而指使你作偽證）。每
一個人皆必須承認他並不知在這樣一種處境中他是否必不會在
其意向中有所動搖。但是，縱然如此，義務卻總是無條件地命
令著他，說：你應當忠誠於你的意向；而因此他很正當地終於
說：他必亦能夠去這樣作（即能夠忠於他的意向而不動搖），
並因而說：他的抉意是自由的。(Rel 6:49)

依上引文可知，「我們的抉意能夠被作為一無條件的命令的道德
法則所決定」，此即「抉意自由」。此「抉意自由」經由每一個人能夠
「直接地確定意識到」自身有一種「克服那每一令他犯罪之動力」的
機能而說明「其為不謬」。既說明人的抉意是自由的，也就是每一個
人能夠「直接地確定意識到」自身有避免落入「惡」的機能，那麼，
康德就說明了，「惡」是人「自我造成的」，因而是「能夠歸責的」，
人要為為惡的傾向負責。

依康德所論明，人意識到自愛之法則與道德的法則不能處於並列
位置，而是一個必須將另一個作為其最高的條件，「而事實上，後者
作為滿足前者的最高的條件應該被納入抉意之普遍的格準中，作為唯
一的動力」，但是，「他卻將自愛的之動力及其性好作為遵守道德的法
則之條件。」(Rel 6:36) 此即人「在把各種動力納入自己的格準時，
顛倒了它們的德性的次序」。(Rel 6:36) 由於人的格準的動力之顛倒，
違背了德性的次序，(Rel 6:36) 那麼，行為可以產生符合法則的結
果，就好像它們產生自真正的原則似的。這種情況下，經驗的性格是

善的，但智性的性格是惡的。（Rel 6:37）康德指明：「人的本性中有這種傾向，那就是在人中一種為惡的自然的傾向。」（Rel 6:37）並明示：「這種傾向自身歸根結柢必須在自由的抉意中尋找，從而能夠歸咎於人，所以是道德的惡的。」（Rel 6:37）尤為要緊的是：「這種惡敗壞了一切格準的根據。」（Rel 6:37）「同時，它作為自然的傾向不能被人的力量摧毀。」（Rel 6:37）康德指出：只有「善的格準」能摧毀這種道德的惡的自然的傾向。他說：「只有善的格準才能做到這一點，如果假設所有格準的最高的主觀的根據敗壞了，這就無法實現了。」（Rel 6:37）亦正據此，康德指明：「這種惡是根子上的（radical）。」

　　康德所論「為惡的自然的傾向」必須在「自由的抉意」中尋找，值得注意，此中「自由的」就「選擇」而言，須與超越之「自由」義區別開。康德所論「抉意自由」，此中「自由」是超越義，「抉意自由」意謂「我們的抉意能夠被作為一無條件的命令的道德法則所決定」。（Rel 6:49）另，康德說：「意志僅僅與法則相關，既不能被名為自由的也不能被名為不自由的，因為它不涉及行動，而是為行動的格準直接立法（因此是實踐理性自身），因此它是絕對地必要的，以及本身沒有任何的強制。因此，只有抉意才能被稱為自由的。」（MS 6:226）此文句中，「自由的」就是就「選擇」而言。

　　一般只注意康德言「意志立法」，而忽略康德所作「意志之自律」與「抉意之自律」的細分，並未注意「意志」（Wille）與「抉意」（Willkür）之區別。依康德所論明：「若一種意欲機能的內在決定根據來自主體的理性，便稱之為意志（Wille）。因此，意志是這樣一種意欲機能：它不像抉意般直接地與行動相關，而是關聯於行動的抉意之決定根據。」（MS 6:213）「意欲機能（Begehrungsvermögen）不依客體而依自己的概念作為行動的決定根據，此名之為因願意而行動或不行動的能力。當這種能力兼有藉著行動產生客體之能力的意識時，

名之為抉意（Willkür）。」（MS 6:213）這是康德在《德性形而上學》一書清楚說明的。又，他對「意志」與「抉意」（Willkür）作出區分，說：「法則產生自意志，而格準產生自抉意。」（MS 6:226）「意志是產生原則之能力，抉意是制定格準之能力。意志單單給出法則，它並不關聯到行動，而是為行動的格準直接立法。」（MS 6:226）並指出：就意志自由而言，無所謂選取自由。「只有抉意才能被稱為自由的。」（MS 6:226）他解釋說：「就意志自由而言，意志僅僅與法則相關，它為行動的格準直接立法（因此是實踐理性自身），因此它是絕對地必要的，以及本身沒有任何的強制，因而也無所謂選取自由。」（MS 6:226）

康德說：「只有抉意才能被稱為自由的。」（MS 6:226）此中言「自由的」就「選取自由」而論，必須與「抉意自由」一詞中「自由」義區分開。在《德性形而上學》中，康德對於「抉意自由」給出定義，抉意自由的積極的概念是：「純粹理性自身成為實踐的那種機能。這只有當每個行為的格準都遵循符合普遍法則的條件才是可能的。」（MS 6:214）「抉意自由（Freiheit der Willkür）是不依於感性的衝動而來的決定的獨立性，這是該詞的消極概念。」（MS 6:213）並說：「那個能夠由純粹理性決定的抉意，名之為自由的抉意。」（MS 6:213）他說：「道德法則首先使我們意識抉意自由。」（MS 6:225）此言「自由」是「關聯於理性內部立法的機能」。（MS 6:226）他明文表示：「抉意自由不能定義為遵從或違反法則而行動（無足輕重的任性自由〔libertas indifferentiae〕）的選擇機能。」（MS 6:226）「自由與理性的內在立法相關，根本是一種獨立的機能，而背離法則的種種可能性只能是無能力而已。」（MS 6:227）「我們通過道德法則最初認知（kennen）到自由是我們的一種消極的特性，也就是我們能不受任何感觸的決定根據的強制而去行動。」（MS 6:226）他解釋說：「人，作

為感觸者在經驗中不僅有選擇遵從法則的能力，而且有選擇違反法則的能力，但是，作為智性者之自由（Freiheit als intelligiblen Wesens）不能這樣定義，因為經驗永遠不能使我們理解超感觸的客體（如自由的抉意〔freie Willkür〕）。」（MS 6:226）。「有理性的主體能夠作出與自己立法理性相違背的選擇，經驗可以證明這種情況經常發生，但是我們不能將自由置於這種事實上。因為承認一個基於經驗的命題是一回事，而把它作為定義原則（Erklärungsprinzip）（在本例中即是自由的抉意之定義原則），並把它作為區別於支配獸性或奴性的原則之普遍的標誌，那卻是另一回事。」（MS 6:226）

依以上所述可知，康德何以從「抉意」探究在人中一種為惡的自然的傾向。簡括言之，在道德實踐中，意志自由立道德法則，抉意依據道德法則訂格準，也就是說，道德的法則應當作為滿足自愛之法則的最高的條件被納入抉意之普遍的格準中，作為唯一的動力。但現實中，人會不以道德法則為其格準的根據。此即：「在把各種動力納入自己的格準時，顛倒了它們的德性的次序」。（Rel 6:36）這就是「在人中一種為惡的自然的傾向」。（Rel 6:37）康德「人的本性」學說中所論「惡」，其討論何謂「人的本性中的根子上的惡」、「人是天性惡的」，必須依此義來理解。

康德本人清楚表明，其「人的本性」學說中所論「惡」並不是指「惡意」、「惡魔般的惡」，而毋寧說乃是在肯斷人的立道德法則之能力的基礎上，探明抉意於把各種動力納入自己的格準時的一種顛倒「德性的次序」的傾向。依此即可知，康德何以說「人的本性的惡劣」是「心之顛倒」，（Rel 6:37）並說：「這種惡的心，能夠與一個總的來說善的意志共存（zusammen bestehen）。」（Rel 6:37）明乎此，則不會以為康德主張善惡混。究其實，其所論的「惡」，產生自人「在遵循自己認定的原則時不夠堅定，而且與不純正性相結合」，此即人的本

性之脆弱和不純正；（Rel 6:37）此外，人的本性中有一種「阻礙在我們心中建立純正的道德的存心」的自我欺騙，康德稱之為「蓄意的過錯」。（Rel 6:38）

康德所論「蓄意的過錯」，區別於「無意的過錯」（脆弱和不純正）。前者在其性格上具有某種人心的惡意（dolus malus），因其自身的善的或惡的存心而欺騙自己，並且，只要行為不會導致惡，哪怕根據他們的格準，他們很可能擁有惡。他們並不擔心其存心，只要行為僥倖地避免惡，就心安理得了。（Rel 6:38）這種自我欺騙阻礙我們在心中建立真正的道德的存心，還向外擴張為虛偽和欺騙他人。（Rel 6:38）依照這種思維模式，「至多只注意到行為是否符合法則，並不注意從法則引出行為，即：道德的法則是唯一的動力。」（Rel 6:37）此即：「把沒有惡習解釋為存心與義務法則相符合（解釋為德行）。」（Rel 6:37）康德指出，這種思維模式「可以被名為人的心中的一種根本的傾倒」。（Rel 6:37）

依康德所論明，無論「蓄意的過錯」或「無意的過錯」，都是「與生俱來的」，他說：「這種與生俱來的過錯（負債〔reatus〕），之所以這樣名之，是因為它早在人類使用自由的時候就可以被感知到，但它肯定是從自由中產生的，因此可以歸因於人。」（Rel 6:38）並指出：「它構成我們物種的腐爛的污點（faulen Fleck）」，它可能會阻止善的萌芽發展。」（Rel 6:38）而更為重要的是，儘管它是與生俱來的，「然而，它必須是可以克服的，因為它畢竟是在人作為自由的行動的生物身上被遇到。」（Rel 6:37）

人既作為自由的行動的生物，其本性中惡之起源就必須在理性表象中尋找。此即在第四章「論人的本性中惡之起源」，康德指明：「人之道德的性狀，意指自由之使用之原因，它（就像一般自由的抉意之決定根據〔Bestimmungsgrund〕一樣）必須在理性表象中尋找。」

（Rel 6:40）並說：「為自由的行動尋找時間起源（Zeitursprung）（完全作為自然結果），這是一種矛盾。」[54]（Rel 6:40）對於惡的行為，我們不能追問時間起源，而必須純然追問其理性起源。（Rel 6:41）

　　通常對「出自可感觸的行為（sensibler That）」，亦即對「現實的所作所為」作善惡之判斷，只是「經驗的判斷」，也就是說：「僅僅是對在顯相中的人的道德之判斷。」（Rel 6:39）但是，如康德已論明，作為理智者的人始有真正的道德可言。他說：「經驗永遠無法揭示與法則有關的自由的抉意之最高的準則中的惡之根（Wurzel），惡之根作為一種理智的行為先於所有經驗。」（Rel 6:39）並指明：「如果結果與一個按照自由法則（Freiheitsgesetzen）與它結合的原因相聯繫，就像對道德的惡（moralisch Bösen）一樣，抉意之決定產生結果，並不是設想為與其在時間中的決定根據相結合，而是設想為純然在理性表象中的決定根據相結合，並且不得源自任何先行的條件。」（Rel 6:39）明乎此，即可知，康德所論「惡」不是指「惡的行為作為世界上的一個事件與其自然原因相聯繫」。（Rel 6:40）

　　關於「在人中道德的惡之起源」，康德列舉了幾種通常的講法：首先，康德指出：「在人中道德上的惡之起源不管是什麼，在關於惡由我們的族類的所有成員以及在所有繁衍活動中傳播和延續的各種表述方式中，最不恰當的方式，就是把惡設想為通過遺傳從始祖傳給我們。」（Rel 6:40）他引用詩人普托（puto）的話說：「族類、祖先以及那些不是我們自己創造的東西，我都不能把它算作我們自己的」。（Rel

---

54 「起源」區分為「理性起源」及「時間起源」，關此，康德說：「起源（首先）是指一個結果從其首先的原因產生，那個原因不再是另一個同類的原因的結果。他可以要麼作為理性起源要麼作為時間起源而被考量。在第一種意義僅僅考察結果的存在；在第二種意義考察結果的發生，因此它作為事件與其時間中的原因相聯繫。」（Rel 6:39）

6:40）此外，在註腳中，他又列舉：一、「醫學界會設想像條蟲一樣的遺傳性的惡」，「它必定是早就在始祖中存在。」（Rel 6:40）二、「法學界會視它為接受始祖遺留給我們的遺產的法律後果，〔……〕。」三、「神學認為這種惡是我們的始祖親自參與了一個墮落的叛逆者的叛教」，我們生而受那叛逆者支配。（Rel 6:40）

康德並不同意以上列舉的諸種說法。他提出：「每一種惡的行為，如果要尋找其理性起源（Vernunftursprung）都必須這樣考慮，就像人是直接來自純真的狀態而陷入它裡面。」（Rel 6:41）他所持的論據是：「人的行動是自由的。」他說：「無論那些影響他的自然原因可能是什麼」，「他的行動仍然是自由的，不受這些原因中的任何一個所決定，因此能夠而且必須始終被判定為他的抉意的源初的使用。在任何的時間狀況和聯繫中，他本來都應當放棄這種惡的行為，因為世界上任何原因都不能使他不再是一個自由的行動者。」（Rel 6:41）既已經承認自由行動，無論多麼邪惡，他都有義務變好，他仍有責任糾正自己，因此，他也必定能夠做到，如果他不這樣做，他就要被咎責。（Rel 6:41）據此，康德指出：人，「本來具有為善的自然的稟賦（這種稟賦是與自由不可分割的），卻從純真的狀態陷入惡。所以我們無法回到時間起源。」（Rel 6:41）

康德明確地說：「就我們的抉意過度抬高從屬的動力，將其採納入它的格準而言，這種模式，即為惡的傾向，對我們來說仍然是高深莫測的」，（Rel 6:43）「對我們來說，在我們中道德上的惡最初可能是從哪裡來的，沒有任何可理解的根據。」（Rel 6:41）但是，對於惡的行為，我們必須純然追問其理性起源。（Rel 6:41）以此決定並在可能的情況下解釋「為惡的傾向」，此傾向即：將越軌（Übertretung）納入自己的格準的主觀的普遍的根據。（Rel 6:41）

康德指出：「這種不可理解性（Unbegreiflichkeit）連同我們物種

的惡劣性（der Bösartigkeit unserer Gattung）的進一步規定，《聖經》以講故事的方式（in der Geschichtserzählung）表述。」（Rel 6:43）按照《聖經》的表述，惡並不是從作為根據的為惡的傾向開始的，「而是從罪（罪被理解為對作為神的命令的道德的法則之違反）開始。」（Rel 6:42）「最終感取的衝動壓過出自法則的動力而納入行為的格準，並因此犯罪（《創世紀》，第三章第六節）。」（Rel 6:42）在犯罪的第一個人那裡，「他的罪被直接表述為產生於天真無邪。」（Rel 6:43）康德指明，《聖經》並沒有把「惡」放在人裡面，「而是放在一個原本具更高貴的分定的精靈（Geiste）裡面。」（Rel 6:43）人是受精靈誘惑而陷於惡。康德說：「人只是通過誘惑而墮入惡，因而沒有從根底（Grund）敗壞（根據為善的最初的稟賦），而是仍然能夠改善的，與誘惑他的精靈完全不同。」（Rel 6:44）並據此肯斷：「對於腐敗的心卻總仍然有善的意志的人來說，還有希望回到他所迷失的善中。」（Rel 6:44）

最後，在題為「論修復（Wiederherstellung）為善的根源的稟賦的力量」的「總的附釋」中，康德作出結論：「善與惡必須是人的自由抉意的結果。因為若不然，他就不能為這二者負責，從而他在道德上就既不能是善的也不能是惡的。」（Rel 6:44）依其所論明，「人的根源的稟賦是善的。」（Rel 6:44）但是，此尚不能使人自己成為是善的，「而是在他把這種稟賦所包含的動力（案：即道德法則之動力）採用或不採用於自己的格準中（此全然由其自己之自由抉意來裁決）之後，他才使自己成為是善的或成為是惡的。」（Rel 6:44）

依康德所論，每一個人的意志在其一切格準中制定普遍法則，依此言「意志自律」（人格性），這是道德的首出根據；人有立道德法則的能力，但人在經驗中不僅有選擇遵從法則的能力，而且可能選擇違反法則。顯然，在康德的「人的本性」學說中，以道德為首出，此即

其表明：「一個自然而然（natürlicherweise）惡的人怎麼可能自己使自己成為善的人，這超出所有我們的概念。因為一棵壞的樹怎能結好果子呢？而根據我們前面所承認，一棵根源上（就其稟賦而言）是好的樹會結出壞的果子。」（Rel 6:44-45）據此，康德能夠指出：即使人有那種由於顛倒其格準的動力而違背「德性的次序」的墮落，但是，「『我們應該成為更善的人』，這一命令都在我們的心靈中響起；因此我們必須也能夠這樣做，即使我們自己能做的還不夠。」（Rel 6:45）

　　人現實上有違背善的原則之傾向，這種傾向康德稱之為「必然植根在人身上」的一種「敗壞了的傾向」。（Rel 6:32）也就是康德指出：「人的本性中有一種為惡的傾向（Hange zum Bösen）」，（Rel 6:28）他在人性中挖掘出這種所以造成「惡」的根，此亦即其所言人的本性的「根子上的惡」。

　　事實上，康德在《宗教》一書首先對於人的本性中的為惡的傾向的理性起源作出說明，是為的解釋人何以「使自己能夠接受一種對我們來說難以理解的更高的幫助」，（Rel 6:45）首先肯定人「應該成為更善的人」，而且「必須也能夠這樣做」，進而指出，人「自己能做的還不夠」，因而感到需要接受一種「更高的幫助」，儘管這種「更高的幫助」是人所難以理解的。此即是說，人在努力「成為更善的人」的持續的踐履中，「自己能做的還不夠」，因此感到需要接受「上帝」之信仰。康德聲明：「誠然，這裡必須假設，善種子保持所有的純粹性，不能被毀壞或敗壞。」（Rel 6:45）並指明：「這善種子當然不能是自愛，一旦自愛被接受為我們所有格準的原則，就是所有惡之源泉（Quelle）。」（Rel 6:45）假若人的本性中沒有造成「惡」的根，人就會是純然的道德的實存，因而也就根本不會有且亦不需要宗教。明乎此，即可知康德何以說：「人在道德上歸正，構成了所有理性宗教的真正目的。」（Rel 6:112）

　　耶穌宣教，要人成為一個「為上帝喜悅的人」，依康德所論，這無非是成為一個「道德上善的人」，「即依據智性的性格（智思物德性〔virtus noumenon〕）是有德行的」。（Rel 6:47）要成為一個道德上善的（為上帝喜悅的）人，關鍵在格準之基礎（Grundlage der Maximen），要以道德的法則為格準的根據。此即康德說：「只要格準之根據（Grundlage）仍然是不正當的（unlauter），就不能通過漸進式的改良，而是必須通過人的存心中的一場革命來實現（一種向存心的神聖性之格準的轉變）；他只有通過一種重生（Wiedergeburt），就好像通過一種新的創造（neue Schöpfung）（《約翰福音》第三章第五節；與《創世記》第一章第二節相比）以及通過心之轉變（Änderung des Herzens），才能成為一個新的人。」（Rel 6:47）

　　儘管康德注意到：同時，「一種漸進的改良」是需要的。他說：「對於人們的判斷，他們只能根據自己在時間上戰勝感性（Sinnlichkeit）的優勢來評價自己及其格準的力量，這僅僅是作為一種永不間斷的向更善的追求，因此是被視為對作為錯誤的思維模式的為惡的傾向的一種漸進的改良。」（Rel 6:48）並表明：

　　　　對於思維模式來說，革命必定是人所必需的，因此也是可能的；而對於感取模式（Sinnesart）來說，漸進式的改良必定是人所必需的（感取模式為革命設置了障礙），因此也是可能的。那就是：當他通過一次決定扭轉他曾作為惡的人的格準的至上的根據（obersten Grund）（並因此吸引了一個新的人），那麼，他是一個在原則和思維模式上接受善的主體；但只有在持續的踐履和轉變中成為一個善的人。即：他能够希望，憑藉他已將其視為他的抉意的最高的格準的那個原則的純潔性和堅定性，走上一條從惡到更善的穩步發展（beständigen Fortschreitens）的善的（雖然狹窄的）道路上。（Rel 6:47-48）

　　儘管「一種漸進的改良」是需要的，但康德提醒：「人的道德培訓（Bildung）必須不是從德性之改善（der Besserung der Sitten）開始，而是從思維模式的轉變和一種性格的塑造開始。」（Rel 6:48）並指出人們通常忽略思維模式的轉變，他說：「雖然一個人通常並不如此，而是單獨與各種惡作鬥爭，但不觸及它們的普遍的根（allgemeine Wurzel）。（Rel 6:48）事實上，人通常只注意其行為之合法性，而忽略其行為格準的純粹性。為此，康德提醒：「在我們中為善的根源的稟賦之修復（Wiederherstellung），並不是喪失了的為善的動力的獲得，因為在尊敬道德的法則中的動力，我們永遠不會失去，如果會失去，我們永遠不會重新獲得它。因此，這種修復僅僅是建立道德的法則作為我們的一切格準的最高的根據的純粹性。」（Rel 6:46）

　　修復為善的根源的稟賦，固然首先在人自身的力量中，但如康德指出，人「自己能做的還不夠」。前面相關章節已論，早在《實踐的理性批判》，康德論「為著補充我們在圓善可能性上的無力」，其意實指「比例於德性的幸福」方面，人的能力不足夠，據此引出兩個宗教的理念（心靈不朽、上帝存在）之設準。究其實，《宗教》一書關於人的本性中為惡的傾向之探究，可說是對於「人的能力不足夠」而引申至宗教（對「上帝」之信仰）的一種說明。

　　康德說：為著表白堅持「進步的無限性」的決心，人們可以設想上帝「能夠看透人心的（抉意的所有格準的）智性的根據」。（Rel 6:48）又，一個善的人的存心「必須建立在依循道德法則對採納其所有格準的最高內在根據」中，不過，「人心深處（他的格準的主觀的最初的根據）對他來說本身是不可探測的。」（Rel 6:51）人們可以設想上帝「能夠看透人心」，以表白自身的存心。於此，康德表明：沒有人能夠宣稱他自己已經一勞永逸地保有一個不再改變的善的存心，但重要的是，「他必須能夠希望，憑藉運用自己的力量來達到一條通向

那裡的、由在根本上改善了的存心為他指明了的道路。」（Rel 6:51）也就是說，重要的是「自我改善的要求」，（Rel 6:51）而並非妄想依賴「神恩」來取代人自身的「自我完善」（Selbstbesserung）。康德明文反對這樣一種不正當的宗教觀念，他說：「與這種自我完善的期望相反，那種從本性上對道德上的改進（moralischen Bearbeitung）厭倦了的理性現在以天生的無能（des natürlichen Unvermögens）為藉口提出了各種不正當的（unlautere）宗教觀念（其中就有：把幸福原則附會在上帝身上，說成是他的命令的最高條件）。」（Rel 6:51）

　　康德嚴厲指責祈求神恩的（純然崇拜的）宗教，他指出：在祈求神恩的純然崇拜的信仰中，「人或者諂媚上帝，認為上帝能夠（通過赦免他的罪責）使他永遠幸福，而他自己卻沒有必要成為一個更善的人。」（Rel 6:51）或者，「認為上帝能夠把他變成為更善的人，而他自己除了為此而祈禱之外，沒有必要為此再做什麼。」（Rel 6:51）他提出：道德的宗教，即「善的生活方式之宗教」（die Religion des guten Lebenswandels。（Rel 6:51）根據道德的宗教，「有一條原理：『每個人都必須盡其所能成為更好的人；〔……〕。』」（Rel 6:52）「以下原理也有效：『知道上帝為他的永福在做或已做了什麼，並不是根本的，因而也不是對每個人都必要的。』但是知道為了配得上這種援助，每個人自己必須做些什麼，倒是重要的，對每個人都必要的。」（Rel 6:52）

　　依康德所論明，神恩「並不屬於純粹理性界限之內」。（Rel 6:52）「在理論上說明這些神恩作用的根據何在（即為何它們是神恩的作用，而不是內在的作用），是不可能的事。」（Rel 6:53）「假若在實踐上運用這一理念，則是完全自相矛盾。」（Rel 6:53）他告誡說：「無論是為了理論的使用，還是為了實踐的使用，我們都不能把它接納入我們的格準。」（Rel 6:53）「這純粹是一種超出自己界限的理性的迷誤，而且

是出於自以為道德的（上帝喜悅的）意圖。」（Rel 6:53）並說：「當理性堅守其界線，神恩作用就不能被接受為理性的格準；正如理性不接受任何超自然的東西一樣，因為正是在這裡，一切的理性使用都終止了。」（Rel 6:53）康德揭明，「期待神恩的作用」就意味著：「善（道德的善）不是我們的行為，而是另一種存在物的行為（sondern die That eines andern Wesens sein werde），因而我們只能通過無所作為來獲得它；而這是自相矛盾的。」（Rel 6:53）

康德指明：當人們把諸如此類「超自然物」、「超絕的理念」引入宗教時，從它們產生的相應的弊端就是：「一、被認為的內部經驗（神恩的作用）的結果是狂熱；二、所謂外部的經驗（奇蹟）的結果是迷信；三、妄稱在超自然物方面（奧秘）有知性的頓悟，其結果是頓悟說，即術士們的幻覺；四、對超自然物施加影響的大膽試驗（邀恩手段）的結果是魔術。」（Rel 6:53）

依以上所述可見，康德於《宗教》首篇的工作乃是探究並論明純粹的理性宗教的人類學根源。依康德所論明，人類需要並且必然要有純粹的理性宗教，據其「人的本性」學說所論，此宗教根於人的道德的稟賦，卻因著實現其道德分定方面「自己能做的還不夠」，如康德所論明，「人的本性的惡劣」（心之顛倒），脆弱和不純正；（Rel 6:37）甚至有一種「阻礙在我們心中建立純正的道德的存心」的自我欺騙。（Rel 6:38）以此有理性上的需要，藉由人「自我完善」，在從本性上對道德上的改進之不懈進程中，無可避免要面對人自己招致的「為惡的自然的傾向」，取得「援助」。[55]康德本人一再強調，此所言「援助」，並非意謂「知道上帝為他的永福在做或已做了什麼」，不是通過祈禱諂媚上帝，祈求上帝赦罪，使他永遠幸福，把他變成為更善

---

55 康德此處所言「援助」，可通過前面「康德的圓善學說中『上帝存在』之設準的意指與作用概論」那一節來理解。

的人。（Rel 6:51）而毋寧說，人「自我完善」，在從本性上對道德上
的改進之不懈進程中，無可避免要面對人的本性中「為惡的自然的傾
向」而人自己招致的「惡」，為此，人信仰上帝，視上帝為命令一切
人為堅持「善的生活方式」而不懈努力的「道德的最高者」，也就是
信仰一種「善的生活方式之宗教」。在這種宗教信仰中，人堅固其排
除「自我完善」進程中面對任何阻礙與困難的信心。

第五節　純粹的理性宗教在歷史中：天意

　　人類是具有理性的物種，人既然稟具理性，理性的力量就必然要
使人類從原始野蠻發展至文明化，並且必定要使人類進展至道德化。
在〈世界公民的觀點下的普遍的歷史的理念〉（以下簡稱〈普遍的歷
史的理念〉）一文中，康德說：「一個生物（Geschöpfes）的全部自然
稟賦都註定了終究是要充分地並且合目的地發展出來的。」（命題一）
（KGS 8:18）但同時康德很清楚，當我們看到人類在龐大的世界舞臺
上表現出來的所作所為，我們就無法抑制某種怨恨；（KGS 8:17）事實
上，歷史經驗顯示，「儘管在個別人的身上隨處都閃爍著智慧，可是
我們卻發見，就其全體而論，一切歸根到柢都是由愚蠢、幼稚的虛榮、
甚至還往往是由幼稚的罪惡和毀滅欲所交織成的。」（KGS 8:17）人
類因為稟具理性而為優越於其他生物的物種，但人遠未成熟至自由地
使用自己的理性。如康德指出：從人類史來看，「對於整個物種來
說，是從壞到較好的進步。」（KGS 8:115）「理性剛開始作用時是那
麼軟弱，在與動物性之頑強性發生衝突時總是伴隨災難與罪惡」，以
致「人時常處於無知因而是無辜的狀態」，乃至「道德方面是一場墮
落」。（KGS 8:115）總之，對於人類，「進步的歷史課題是無法直接由
經驗就能解決的。」（KGS 7:83）若只從經驗的現象的觀點看，那

麼，就像大多數人同意的見解那樣，主張善與惡有進有退交互進行，就像西西佛斯被罰推巨石上山，而甫抵山頂，巨石又滾下來。（KGS 7:82）

　　人的道德性根源於人的理性的實踐使用，唯獨靠賴理性，「人完全提高到不與動物為伍」。（KGS 8:114）但是，如康德如實指出：「當理性剛開始自己的工作，並且無論怎樣軟弱也與動物性及其全部力量發生衝突時，就必定產生災難。」（KGS 8:115）「在德性的方面是一種墮落；在自然方面（auf der physischen），一大堆從來不知道的生命災難就是這種墮落的後果，因而是懲罰。」（KGS 8:115）人們據此產生一種誤解，以為理性造成人的異化並主張摒棄理性的實踐使用。

　　不必諱言，從人類活動的歷史來看，人類並沒有依照理性之目的而有有計劃的歷史。人類確實「並不像動物那樣僅僅是出於本能，同時又不像有理性的世界公民那樣是根據一種預定的計劃在行進」。（KGS 8:17）此所以康德說：「看起來他們也就不可能有任何（多少是像蜜蜂或者海狸那樣的）有計劃的歷史。」（KGS 8:17）蜜蜂、海狸，還有螞蟻、狼、獵狗等等，它們的群體性是本能的，是自然的產物。人類不能不是群體性的，而且於人類史發展進程中成為社會性的，實在說來，人的理性在社會性中顯示出其德性的一面。理性是創造之能，人據此使自己完全區別於動物，也就是說，人不僅是自然的產物，還是他自己的產物。儘管迄今為止，從人類活動的歷史來看，如康德說：「自由之歷史（die Geschichteder Freiheit）從壞（Bösen）開始，因為它是人的作品。」（KGS 8:115）人類歷史一直在發生的災難與罪行，根源於「每個人運用其自由時只從自身出發考慮」，（KGS 8:115）因此有理由說，「一切災難與罪行都歸咎於人自己。」（KGS 8:116）經由三大批判，康德已論明，理性作為在意欲機能中立普遍法則的能力，它就是人的道德的稟賦，並且，如前面相關章節已論

明，純粹的實踐的理性（意志自由）產生圓善（終極目的），理性頒發的普遍法則命令人致力於在世界上實現圓善，而且，世界創造（Weltschöpfung）的終極目的同時能夠並且應該是人之終極目的。也就是說，依人的理性之稟賦而言，亦即在整體中就人類的意志自由的創造來看，實在已標示出一條有理性的世界公民根據圓善（終極目的）的預定的計劃行進的預告性人類史之線索。

　　但是，人類於致力實現「圓善」理想之歷史行程中「能力不足夠」，為此，康德論及要「加上幸運（Glück）」。在〈永久的和平論〉一文中，他說：「因為如果加上幸運：一個強大而已啟蒙的民族能夠組成一個共和國（根據其本性質必須傾向於永久的和平），這個共和國就為其他國家提供一個聯盟統一的中心。」（KGS 8:356）所謂「加上幸運」無非意謂並非人力所能決定。康德在其歷史哲學之論文中有論及此「命運」之意。他論及「自然這位偉大的藝術家」，說：「從自然的機械進程中明顯地顯示出合目的性，即通過人們的不和乃至違反人們的意志而讓和諧產生。而且因此，就好像把自然當作一個其作用法則不為我們所知的原因的強制，名之為命運（Schicksal）」，（KGS 8:360-361）並提出：「但考慮到自然在世界進程之中的合目的性，則作為一種更高級的，以人類客觀的終極目的為方向並且預先就決定了這一世界進程的原因的深沉智慧而言，我們名之為天意（Vorsehung）。」（KGS 8:361）在〈美和崇高的情感之考察〉一文中，康德論及「天意」，他說：「就人性的弱點和普遍的道德情感對絕大多數人心所能施加的微薄力量而言，天意在我們身上置入了輔助性的衝力，作為德行的補充。」（KGS 2:217）尤為值得注意的是，康德表明，使用「自然」這個詞也比一個我們無法認識的天意的表述更適合於人類的理性之界限，而且更謙遜。（KGS 8:362）

　　須知，康德批判地考察人類的道德主體之機能是採用抽離法，或

者說是對理性的機能自身的剖解（Zerbliederung）的方法，即擱置外在的條件，而直探其本源。類比地說，比如物理學的射程公式，是抽離空氣阻力、風速、重力等因素而得出的。也就是說，道德主體之機能的現實運用遠為複雜，人們不能以人在現實中的表現千差萬別為藉口否定人的道德主體機能的共同作用及其真實性。也不能因為人類歷史迄今為止並未有過依照理性之目的而有有計劃的歷史就否定圓善學說的真實性。

無疑，康德通過批判地考察人類的道德主體之機能，揭明人的理性之本性及其客體（圓善），自然既然將理性賦予人，人就必然要充分發展其理性，儘管與其他自然稟賦比較，理性之運用及成熟遠為困難。迄今為止，人們甚至不肯承認人類作為有理性的物種，或者以理智計量取代理性。用康德的話說，「人們甚至對人類的本性能夠達到的完善性根本沒有一個概念。」（KGS 9:445）但此不妨礙康德從人類理性本性而論人經由其意志自由產生圓善（終極目的）並由其所立道德法則命令致力於在世界上實現圓善，無論人類歷史的表現如何曲折，並不影響圓善學說的真實性。

以人的理性本性為首出，即人作為道德的實存奠定人類歷史朝向之原型，用康德的話說，以此原型為方向就決定了「天意」，即：「世界進程的原因的深沉智慧」。而此言「天意」，如康德表明，恰切的表述是「自然」。此既包含了理性之必然性，同時表示了人類的理性之限制。理性之必然性必須在克服限制中表現。用康德的話說，「人所可能要停止在其上的最高程度是什麼，而且在理念與其實現之間還可能有多大的距離要存留下來，這些都是沒有人能夠——或應該——解答的問題。」（A317/B374）因為人的理性之必然性就在於其有力量越過一切特定的限度，哪怕人的不成熟狀態的歷史多麼漫長。

在〈答覆「什麼是啟蒙？」的問題〉一文中，康德說：「啟蒙是

人脫離自己加之於自己的不成熟狀態。」（KGS 8:35）「啟蒙所需要的
不外乎是自由。」（KGS 8:36）通過不斷的啟蒙，人逐步擺脫本能之
主宰，擺脫他具有的要求自己單獨化（孤立化）的癖好，以及想要全
依己意擺布一切的非社會的特性。康德提出：「人類應當自己努力，
把人性的全部自然稟賦逐漸地從自身中發揮出來。一個世代教育另一
個世代。」（KGS 9:441）他說：「設想人的本性將通過教育而發展得
越來越好，而且人們能夠使教育有一合乎人性的形式，這是令人陶醉
的。這為我們展示了未來更加幸福的人類的前景。」（KGS 9:444）他
明示：「把人性從其胚芽展開，使得人達到其分定，這是我們的事
情。」（KGS 9:445）毫無疑問，首要工作是教育人發揮其全部自然稟
賦，特別是其道德的稟賦。但是正如康德所指出：「人們甚至對人類
的本性能夠達到的完善性根本沒有一個概念。」（KGS 9:445）直至今
天，我們的社會仍然缺乏「一種把人裡面的所有自然稟賦都發展出來
的教育的理念」（KGS 9:445）。甚至主流社會的教育理念五花八門，
紛爭不已。

　　康德在〈人類歷史起源臆測〉一文中論明：「一方面是人類在努
力追求其德性的分定，另一方面則是它始終不變地在遵循其本性中所
具備的野蠻的與動物性狀態的法則。」（KGS 8:117）並指出：「人應
該努力擺脫其自然稟賦的野蠻性，但在越過它們時，要小心不要違背
它們；這種技巧，他只能在晚期和多次失敗的嘗試之後才能期待，在
此期間，人類因缺乏經驗而對自己造成的罪惡而嘆息。」（KGS
8:118）「自然要使人類完完全全由其自己本身就創造出來超乎其動物
生存的機械安排之上的一切東西」，（KGS 8:19）但人無法預知這個過
程要經歷多少個世代。

　　在《德性形而上學的基礎》一書中，康德說：「每一個自然之物
皆依照法則運作。唯獨一個有理性者有依照法則之表象，即依照原則

而行動的機能，或者說具有一個意志。」（Gr 4：412）人依照原則而行動，此並不意謂人可違抗自然。儘管康德論明：自由就是「能夠獨立不依於外來的決定原因而起作用」的那種意志因果性之特性。（Gr 4:446）人的意志自由就是獨立不依於自然的因果性，但其作用落在經驗界，就必須遵循自然規律。毋寧說，人類僅憑以理性為基礎的意志自由產生一個目的王國，「如同與一個自然王國（Reiche der Natur）和諧一致。」（Gr 4:436）康德說：「即使自然整全被視為一台機器，只要它與有理性者作為其目的相聯繫，則因此之故得名曰一個自然王國。」（Gr 4:438）在《基礎》一書中康德提出道德律令的三程式，其自然法則的程式也是關連於自然法則而論：「必須這樣來選擇格準，就像它們應當像普遍的自然法則而有效。」（Gr 4:436）而這樣一個「自然」是一個實踐的理念，依據這個理念來「實現並不是既存的，而是通過我們的所作所為就能夠成為現實的東西」。（Gr 4:436）

無疑，康德經由批判論明，自然概念之領域與自由概念之領域在它們的立法中截然區分開，互不干擾，猶如隔著一道不可逾越的鴻溝。但康德絕非主張截然二分的世界。康德在最後一個批判（《判斷力批判》）就指明：兩種不同的立法是在一個而且是同一個經驗基地上起作用，（KU 5:175）而且兩種立法及其立法機能在同一個主體內並存著。（KU 5:175）「而自由概念應該把它的法則所賦予的目的在感觸界裡實現出來。」（KU 5:176）也就是說，人類意志自由之創造史就是以自身的力量創造第二自然。稟具自由意志的人，作為一個德性的物種的人類之一分子，依其分定即應當致力於這個創造史，此創造史之方向就是：「使作為一個德性的物種的人類的稟賦得到與其定分相應的發展，從而使它不再與作為一個自然物種的人類相衝突。」（KGS 8:116）

自然稟賦就其自身而言是好的，是合目的的，「但這些稟賦卻表

現為純然的自然狀態，所以就受到進展著的文化所損害，並反過來也損害著文化。」（KGS 8:117）不必置疑，迄今為止，支配人類社會的主流勢力根本不承認人有道德的稟賦，更不會有理性的目標，如康德所說：「如果人認不出有任何理性的目標，一切行為的動力都是個人自私的欲望，每個人運用其自由時只從自身出發考慮，一切災難與罪行都歸咎於人自己。」（KGS 8:116）近世以來，主流意識形態標舉「自我主義」，現實上，人類歷史表現為「文化與人類之本性不可避免的衝突」。（KGS 8:117）

在《實用人類學》「論自我主義」（Anthro 7:128）那一節中，康德就指出：「從人開始通過『我』說話的那一天起，他在任何可能的地方都帶出他心愛的自我（Selbst），並且自我主義勢不可擋。」（Anthro 7:128）人的自私自利在他們相互間釀成損害與災難，人要擺脫「所有人反對所有人的狀態」，除了通過啟蒙讓每一個人自覺地使自己成為道德的人，恐怕別無他法。此即康德說：「通過人類自己的活動有朝一日實現從壞到好的發展」這樣一種前景「是能夠以道德上的確定性」來期待的。（Anthro 7:329）

在人類歷史中，依我們所見，人遠遠未成熟至自由地使用自己的理性，當人第一次嘗試擺脫自然本能的束縛而運用自己的自由，他就意識到：「理性是一種能夠把自己擴展到一切動物拘禁於其中的限制之外的機能。」（KGS 8:112）「也就是為自己選擇一種生活模式。」（KGS 8:112）但是，人並不知道「應該如何用自己這種新發現的機能行事」，「他可以說站在一個深淵的邊緣。」（KGS 8:112）此所以康德在〈普遍的歷史的理念〉一文之「命題四」提出：「自然（Natur）使人類的全部稟賦得以發展所採用的手段就是人類在社會中的對抗性，但僅以這種對抗性終將成為人類合法秩序的原因為限。」（KGS 8:20）

既然人由其理性決定為與人們一起在一個社會中，人類的社會性

根本區別於動物本能的群體性，那麼，無論其動物性傾向是多麼巨大、頑強，但如康德說：「人卻更積極地與將他束縛於其本性之野蠻中的障礙作鬥爭，以使自己成為尊嚴的（würdig）人類。」（Anthro 7:325）他指明：

> 因為正是人，亦即雖然敗壞了，但畢竟賦有創造才能、同時也賦有一種道德的稟賦的有理性者，隨著文化的增進只會越來越強烈地感受到在他們相互之間自私自利造成的災難，而且，他們在自己面前看不到克服這些災難的別的任何手段，只除非他把私人（單個）感覺服從共通感（使所有人結合），哪怕是不情願地服從一種（公民的約束的）紀律，而對這些紀律的服從又只是根據他們自己所立的法則，所以他們通過這種意識使自己高尚，感受到自己屬於適合於人的分定的類，就像理性在理想中把這分定表象給人那樣。（Anthro 7:329-330）

誠然，人類歷史至今，我們仍未見到人類向道德化發展之曙光。但無論如何，如康德告誡：「不能對人類向著更好的進步絕望，而是（每一個人，只要輪到他的頭上）以一切聰明和道德的光芒來促進向這個目標的逼近。」（Anthro 7:329）明乎此，即可知康德論「天意」之深刻意義。人的道德意識越強，其使命感越重，則其敬畏「天意」之宗教感越濃烈。康德曾在《判斷力批判》表達這樣的心情。一個有道德者（康德舉斯賓諾沙〔Spinoza〕為例）只想無私地促成善，「但是，他的努力是有局限的。」（KU 5:452）在這個世界上，「欺詐、暴行和嫉妒總是在他周圍橫行」，他遇到那些誠實的人，無論他們怎樣配享幸福，「仍然遭受貧困、疾病和夭亡這一切不幸，而且就一直這樣下去。直到一個遼闊的墓穴把他們全部吞噬掉（在這裡，正直還是

不正直都是一回事）。」（KU 5:452）康德坦言這種事情的發生不可能
不損害道德的存心，面對這種殘酷的現實，「這個善良的人」（如斯賓
諾莎這樣的人）會因此視終極目的為「不可能而放棄掉」，為了不至
於懷疑道德法則提交給我們的終極目的無效，康德說：「這樣，他就
必須在實踐方面，亦即至少為了對在道德上給他決定的終極目的的可
能性形成一個概念，而假定一個道德的創世主的存在，亦即假定上帝
的存在。」（KU 5:453）並且解釋說：「他盡可以作出這種假定，因為
這種假定至少自身是不自相矛盾的。」（KU 5:453）為了使我們不致
把為達到終極目的而作的努力視為完全無濟於事而使之鬆懈，我們
「就有了實踐理性的一個純粹的道德的根據來假定這個原因（因為這
樣做不會有矛盾），即使沒有更多的根據」。（KU 5:446）康德一再論
明「上帝」是一個設準，「設準是一個先驗地被給予的，在對其可能
性方面沒有能力作出說明（因而也沒有證明）的實踐律令。因此人們
不是設定事物，或一般而言設定一個對象的存在，而只是設定一個主
體行動的格準（規則）。」（KGS 8:418）

　　康德在晚年的論文〈論哲學中一種新近升高的口吻〉中指責一些
「高貴人士」的哲學思考，他們以為哲學不需要辛勞，僅僅藉助「神
喻」，或者「在心中苦思冥想一個他既不能讓自己理解也不能傳達給
別人的理念」，（KGS 8:393）就可以「顯擺高貴」。（KGS 8:394）他明
示：「在道德實踐上相信這個世界統治者，並不就是事先在理論上假
定他的現實性為真。」（KGS 8:397）「超自然的傳達（神秘主義的頓
悟）——就是一切哲學的死亡。」（KGS 8:398）道德的宗教的「支
點」既不在「今世」，也不在「來世」，康德說：「這裡就是阿基米德
所需要卻沒有找到的東西：一個穩固的支點，理性可以把自己的槓桿
支在上面，確切地說，既不把它支在今世，也不把它支在來世，而是
把它僅僅支在其通過不可動搖的道德法則而表現為可靠基礎的內在的

自由理念上，以便即使有整個自然的阻抗也通過其原理來推動人的意志。」（KGS 8:403）

康德已論明：既然人類是具有理性的物種，「這個物種就永不死亡，而且終將達到他們的稟賦之圓滿發展。」（KGS 8:20）「理性是一種要把它的全部力量的使用規律和目標都遠遠突出到自然本能之外的能力，並且它不知道自己的規劃有任何的界限。〔……〕理性需要有一系列也許是無法估計的世代，每一個世代都得把自己的啟蒙留傳給後一個世代，才能使它在我們人類身上的萌芽，最後發揮到充分與它的目標相稱的那種發展階段。」（KGS 8:18-19）依此，他提出：「通過不斷的啟蒙，開始奠定一種思維模式，這種思想模維式能使道德辨別的粗糙的自然稟賦隨著時間推移而轉變為確定的實踐原則，從而使那種受感性逼迫的社會整合終於轉變成一個道德的整體。」（KGS 8:21）

究其實，人出自其道德的稟賦，其意志自由總是要以圓善（終極目的）為目標，自然的阻抗越大，這個目標越遙遠，人對於世界進程的原因的深沉智慧（天意）就越是心存敬畏。以其說作為道德實存的人相信「上帝存在」，不如說，他們實在說來是懷著對「以人類客觀的終極目的為方向並且預先就決定了這一世界進程的原因的深沉智慧」的堅定信念，此乃一個激勵人堅守人類必定要進展至道德化而成為「一個道德的整體」的信念。

第五章
天*

第一節　論孔子哲學傳統的道德的形而上學

　　牟宗三先生契應康德形而上學之慧識，提出：「儒家之道德哲學必承認其涵有一『道德的形上學』，始能將『天』收進內，始能充其智慧方向之極而圓滿。」[1]並依據孔子「踐仁知天」，孟子「盡心知性知天」提出一個道德的形而上學。先生說：

> 你先瞭解什麼是「仁」，就是把仁道實現出來，實現出來就是體現出來。這就是我所說的「踐仁知天」。你能實現仁道，你就能知天。「知天」這個「知」是在你的實踐過程中知。這個是最高的智慧。康德最後就是走這條路，經過批判，費那麼大勁，就是往這條路走。
>
> 要通過實踐仁來知天，不能憑空，憑空不能知天的。這就開我所說的 moral metaphysics（道德的形而上學）。因為講到「天」就講到存在，講到存在就是形而上學嘛。但這個講形而

---

* 該部份的論述可說是本人長期研究的一個簡要的總說。關此，見於：拙著《孔子哲學傳統——理性文明與基礎哲學》、《常道：回到孔子》、《孟子哲學：孔子哲學之傳承與道德的形上學之奠定》、《試通過康德的宗教理論說明孔子哲學傳統包含純粹的理性宗教》（2012年9月，於臺灣中央大學主辦「當代儒學國際學術會議」宣讀），為免累贅，以下行文中不作逐一說明。

1　牟宗三：《心體與性體（一）》，《全集》，卷5，頁38。

上的問題是從實踐的路往裡進。這就叫作道德的形而上學，孔子就開這個門，就指出這條路來。[2]

　　儘管不必諱言，牟先生對康德批判哲學有所批評，先生說：「可惜他一間未達，（自由為一隔絕之預定、設準，其本身之必然性不可理解，是一本質的關鍵），『道德的形上學』不能出現，而只完成了一個『道德的神學』。」[3]又認為康德的「目的論判斷」僅僅是「通過美的判斷作媒介而與自然系統相接合」，只是一種「湊泊的方式」。[4]其中最嚴重的指責就是以為康德所論「自由」只是「設準」，究其實，這種指責出於片面理解康德自由學說所致，康德學界長久以來以割截的方式，斷章取義的解讀方法，僅注目於第一批判論「自由」作為理論理性之概念（理念）不可理解，只是純然的「設準」，甚至其可能性也不可證明，並且，當關注第二批判時，也只是注視「純粹的實踐的理性辯證」中論及積極的考量的「自由之設準」，（KpV 5:132）僅留意康德所論「自由」不在任何直觀中，而完全忽略康德於《實踐的理性批判》經由批判考察已經證明「自由」作為人的意志的特種因果性。「自由意志」就是人類心靈的高層的意欲機能，「自由」是人的高層的意欲機能的特種因果性。豈有將人的機能講成是「設準」之理？！其實，康德在《純粹的理性批判》明示：人的意志作為原因，它屬於在條件系列裡的物本身，只是它的因果性（自由）被思為是智性的。（A561/B589）並在這第一批判中就預告：「在適當時候，也就是將來不是在經驗中，而是在純粹理性使用的某些（不是純然的邏輯規律，

───────────

2　牟宗三演講，盧雪崑記錄整理：〈原始的型範第三部份　先秦儒學大義（三）〉，《鵝湖月刊》33卷1期（總385期）（2007年7月），頁11

3　牟宗三：《心體與性體（一）》，《全集》，卷5，頁187。

4　牟宗三：《心體與性體（一）》，《全集》，卷5，頁187。

而是）先驗地確立的，與我們的實存相關的法則中，可以發見有根據把我們自己視為在關於我們自己的存在中是先驗地立法的，以及是自身決定此實存者，那麼，〔……〕我們覺察到，在我的存在之意識中含有某種先驗的東西，可以用來決定我們的實存。」（B430-431）並說：「道德法則之意識首次對我呈露（offenbart）那種不平凡的機能，在這不平凡的機能裡面，有一個我的實存之定分的原則，誠然它是一個純粹理智的原則。」（B431）此中言「不平凡的機能」，就是康德在《實踐的理性批判》稱「自由」為「不可探測的（unerforschlichen Vermögens）機能」。（KpV 5:47）

　　吾人於前面相關章節中一再論明，「自由」是人類心靈機能的一種真實地起作用的意志因果性之特性，它是一種在關聯於人自身的存在中完全先驗地為行動立法的機能，這個機能就是「人的實存」之分定，人因稟具這個機能而使自身成為道德創造的主體，並擴展至創造道德世界之實體。並且，亦已論明，「意志自由」為圓善學說大系統奠基，它就擴展至作為純粹的理性的宗教，乃至人類未來的道德史之基石。若學者們肯通貫地研究康德哲學整體，應不難見到「意志自由」於康德哲學中的首腦地位與奠基作用。

　　現在，吾人破除康德學界長久以來對康德的誤解，非但無礙於我們把握牟先生以康德會通中國儒家道德哲學之慧識，甚至可以說，藉著誤解之消除，牟先生提出並籌劃的，通過康德會通中西哲學的工作將移除一個重大的障礙，而愈見先生於世界哲學之創闢性貢獻。

　　事實上，牟先生指出「自由意志」就是「本心仁體」，不僅讓儒學研究中泛論的「本心」、「仁」上升至哲學維度，而獲得確定的意義；並且，為康德經由步步批判考察而確立與證明的「自由意志」經由孔子哲學傳統「本心仁體」得到直透本源的說明。先生提出：「康德說法

中的自由意志必須看成是本心仁體底心能。」[5]又說：「當本心仁體或視為本心仁體之本質作用（功能良能；essential function）的自由意志發布無條件的定然命令時，即它自給其自己一道德法則時，乃是它自身之不容已，此即為『心即理』義。」[6]牟先生揭明，孔子傳統的根基（本心仁體）及核心命題（心即理）其義與康德道德哲學的基石（自由意志）及核心命題（意志自律）相通。依據此理性本性之學的根源的最高的洞見，先生規劃出儒家的道德的形而上學。

　　吾人見到，牟先生說明：「本心仁體之明覺活動反而自知自證其自己。」[7]此義同於康德所論純粹的實踐理性（即意志自由）通過自身的立普遍法則的活動證明自己、認識自己；又，先生論明：「本心仁體連同其定然命令之不斷地表現為德行，……性體不容已地發布命令，亦不容已地見諸行事，不是空懸的一個命令。此即孟子所謂良知良能，亦即本心仁體之創造性。」[8]此義同於康德依據自由意志連同其定言律令（道德法則）所論道德主體之創造性，以及據此論人的道德分定，即人的真正自我。進而，先生申論：由仁心感通之無外說「一切存在皆在此感潤中而生化，而有其存在。」[9]本心仁體「不但特顯於道德行為之成就，它亦遍潤一切存在而為其體。」[10]此義同於康德以意志自由為奠基擴展至道德目的論下統天地萬物而言的道德的本體宇宙論。

　　牟先生說：「在自由意志處，則見人的創造性與無限性。」[11]吾人理解，此言「創造性」與「無限性」，完全可證於孔子哲學傳統所論

5　牟宗三：《智的直覺與中國哲學》，《全集》卷20，頁258。

6　牟宗三：《智的直覺與中國哲學》，《全集》卷20，頁251。

7　牟宗三：《智的直覺與中國哲學》，《全集》卷20，頁252。

8　牟宗三：《智的直覺與中國哲學》，《全集》卷20，頁254。

9　牟宗三：《智的直覺與中國哲學》，《全集》卷20，頁256。

10　牟宗三：《智的直覺與中國哲學》，《全集》卷20，頁256。

11　牟宗三：《智的直覺與中國哲學》，《全集》卷20，頁458。

「本心仁體」。先生正是以「本心仁體」為奠基規劃出「儒家的道德的形而上學」，其綱要借用「雲門三句」標出：首先，「截斷眾流」，這是「關于道德理性底第一義」。[12]牟先生說：「必須把一切外在對象的牽連斬斷，始能顯出意志底自律，照儒家說，始顯出性體心體底主宰性。」[13]其次，「涵蓋乾坤」，「是道德理性底第二義。」[14]此即：「定然地真實的性體心體不只是人的性，不只是成就嚴整而純正的道德行為，而且直透至其形而上的宇宙論的意義，而為天地之性，而為宇宙萬物底實體本體，為寂感真幾、生化之理。」[15]最後，「隨波逐流」，此即：「這道德性的性體心體不只是在截斷眾流上只顯為定然命令之純形式義，只顯為道德法則之普遍性與必然性，而且還要在具體生活上通過實踐的體現工夫，所謂『盡性』，作具體而真實的表現。」[16]此見牟先生依孔子哲學傳統言「本心仁體」之充其極而規劃出「最完整的一個圓融的整體」。[17]吾人若能消除康德學界長久以來流行的錯誤見解，必定能見到先生規劃的儒家的道德的形而上學與康德批判地建立的形而上學若合符節。[18]

現在，吾人可比照康德批判地展開的形而上學之根本義及其脈絡，對孔子哲學傳統的道德的形上學作出說明：

首要之務就是必須指明：如康德批判所示範，一切建基於理性本性的學說，其為具普遍性的真理，都不能獨斷地宣稱其為真，而必須

---

12 牟宗三：《心體與性體（一）》，《全集》，卷5，頁143。
13 牟宗三：《心體與性體（一）》，《全集》，卷5，頁143。
14 牟宗三：《心體與性體（一）》，《全集》，卷5，頁143。
15 牟宗三：《心體與性體（一）》，《全集》，卷5，頁143。
16 牟宗三：《心體與性體（一）》，《全集》，卷5，頁143。
17 牟宗三：《心體與性體（一）》，《全集》，卷5，頁143。
18 關此，詳論請參見盧雪崑：《牟宗三哲學：二十一世紀啟蒙哲學之先河》（臺北：萬卷樓圖書公司，2021年），第一章第三節〈論牟宗三確立的儒家道德的形上學與康德實踐的形而上學通而為一〉，頁51-95。

通過對相應的人類心靈機能作批判考察而作肯斷。此即是說，若要宣稱孔子哲學傳統乃是一個「道德的形而上學」的系統，則需要考察：孔子哲學傳統的核心概念及主要命題於人類心靈機能有怎樣的根源與關連，以及依怎樣的理路獲得其真實性的說明。吾人可指出：孔子之學直透本源，這種「原創性的思想」，經由孔子創闢的心靈彰顯生命中內在而真實的普遍性、無限性、神聖性，其深刻洞見不是思辨的，無可爭辯。如牟先生說，「它們是天地玄黃，首闢洪濛中的靈光、智慧」，「這靈光是純一的，是直接呈現的，沒有問題可言，亦不容置辯」，它們是「創造的靈魂」，直下是生命的實感，是「直接的靈感的」，「簡易明白、精誠肯斷」[19]。

　　此如德國哲學家雅斯培說：「康德一步一步地使他苦心經營的發展能符合科學的方法。測試、駁斥、再測試，這種有系統的工作對那些已提出且已完成的完創性思想概念並不需要，但是要將此種原創性思想轉換成清晰的思想則需要此種工作。」[20]吾人可以指出，要保住與發展聖人創闢心靈之智慧，實需要學問的骨幹以「十字打開」，孟子就是為孔子直透本源之學作「十字打開」的工作，此即哲學的工作。牟先生引陸象山語，說：「象山說：『夫子以仁發明斯道，其言渾無罅縫。孟子十字打開，更無隱遁。』所謂『十字打開』者即是將此『成德之教』之宏規全部展開也。」[21]

　　何以說「孟子十字打開，更無隱遁」？總的來說，就是孟子以「盡心知性知天」說明孔子的「踐仁知天」，用康德的詞語說，就是對孔子言「仁」作批判考察，以揭明其於人類心靈機能的根源，此即

19 牟先生：《五十自述》，《全集》，卷32，頁73。

20 Karl Jaspers, *Die grossen Philosophen* (München: R.Piper & Co. Verlag, 1957), p. 591. 中譯見：雅斯培著，賴顯邦譯：《康德》（臺北：久大文化公司，1992年），頁288-289。

21 牟宗三：《心體與性體（一）》，《全集》，卷5，頁9。

孟子揭明:「仁,人心也。」(《孟子・告子章句上》)依孔子言「仁」包含的普遍法則義、萬物一體義、創生不已義,孟子對「心」、「性」、「天」作出超越的分解,逐一立義,論明「本心」(仁)之為成就人自身為道德者之「良能」,以及作為創造世界為道德世界的動源,據此言「萬物皆備於我」、「上下與天地同流」,即展開一個以每一個人自身稟具的本心(仁)為真實無妄之根源,而上升至絕對必然義之「天」的形上學。也就是依「盡其心者,知其性也,知其性,則知天矣」(《孟子・盡心章句上》)之脈絡而展示的心、性、天一體的形而上學。此即牟先生稱之為「道德的形上學」。

　　無疑,孟子把握孔子言「仁」之大旨,周全而明確地展示了孔子哲學之宏規,以此確立了孔子哲學之傳統。此傳統根於本心仁體之普遍立法及創造之能而擴展至天地萬物為一體的道德目的論下的宇宙整全,故堪稱為道德創造的形而上學。孟子乃繼承孔子哲學而確立孔子哲學傳統之規模的第一人。此後宋明儒復興儒學,回歸到孔子哲學傳統,也以孟子所立宏規為準。扼要而言,可概述如下[22]:

　　首先,孟子依據孔子直透人心之根本言「仁」,提出:「仁,人心也。」(《孟子・告子章句上》)此即將孔子言「仁」本身包含一切道德行為的根據之義,歸到「人心」之「良知」、「良能」,謂之「本心」。孔子從居喪「不安」(《論語・陽貨第十七》[23])指點「仁」,亦正顯此

---

22 詳論見盧雪崑:《孟子哲學:孔子哲學之傳承與道德的形上學之奠定》,第一章〈孟子以「心」釋孔子言「仁」〉。

23 《論語・陽貨第十七》記載:「宰我問:『三年之喪,期已久矣!君子三年不為禮,禮必壞;三年不為樂,樂必崩。舊穀既沒,新穀既升,鑽燧改火,期可已矣!』子曰:『食夫稻,衣夫錦,於女安乎?』曰:『安。』『女安,則為之!夫君子之居喪,食旨不甘,聞樂不樂,居處不安,故不為也。今女安,則為之。』宰我出。子曰:『予之不仁也!子生三年,然後免於父母之懷。夫三年之喪,天下之通喪也。予也有三年之愛於其父母乎?」

「人心」之「良知」、「良能」義。孟子以「本心」說「仁」，稱之為「大體」，與「小體」（「耳目之欲」、「物交物則引之而已矣」[24]）區別開。孟子依據孔子言「仁」包含的理性在高層的意欲中絕對需要的普遍性，直下「從心說仁」，此「心」（仁體）就是康德經由批判論明的「高層的意欲機能」，「高層的意欲機能」作主宰，「低層的意欲機能」隸屬於其下。此即孟子說：「先立其大者，則其小者不能奪也，此為大人而已矣。」（《孟子・告子章句上》）又說：「君子所以異於人者，以其存心也。君子以仁存心，以禮存心。」（《孟子・離婁章句下》）孟子依孔子言「仁」而論「心」，用康德的話說，就是心靈的獨立性與心靈偉大，它是我們心的特質，是心靈對道德興趣的接受性，同時是德行的動力。（KpV 5:153）

　　孟子從人的「高層的意欲機能」理解「仁」。孔子言「我欲仁，斯仁至矣。」（《論語・述而第七》）「欲仁而得仁。」（《論語・堯曰第二十》）「夫仁者，己欲立而立人，己欲達而達人。」（《論語・雍也第六》）可見孔子言「仁」與「我欲」關連，此明「仁」與人的意欲機能相關，其言「我欲仁」、「己欲」，「我」、「己」並非私我、私己；「欲」並非一己私欲，而是「欲立」、「欲達」，亦即「我欲仁」之高層的意欲。孟子契應孔子此義，正式論人的「高層的意欲機能」，而與依於外來的決定的原因而起作用的經驗性的意欲區分開。孟子說：

> 魚，我所欲也；熊掌，亦我所欲也，二者不可得兼，舍魚而取熊掌者也。生，亦我所欲也；義，亦我所欲也，二者不可得兼，舍生而取義者也。生亦我所欲，所欲有甚于生者，故不為苟得也；死亦我所惡，所惡有甚于死者，故患有所不辟也。如

---

24 孟子曰：「耳目之官不思而蔽於物，物交物則引之而已矣。」（《孟子・告子章句上》）此乃「小體」。

使人之所欲莫甚于生，則凡可以得生者，何不用也？使人之所
惡莫甚于死者，則凡可以辟患者，何不為也？由是則生而有不
用也，由是則可以辟患而有不為也。是故所欲有甚于生者，所
惡有甚于死者，非獨賢者有是心也，人皆有之，賢者能勿喪
耳。（《孟子・告子章句上》）

　　依上引文可見，孟子根本區別開「本心」作為人自身具有的一種
真正的高層的意欲機能與「耳目之欲」、「趨利避害」、「懷生畏死」等
自然欲望。並且指明：「非獨賢者有是心也，人皆有之，賢者能勿喪
耳。」（《孟子・告子章句上》）此即康德所論，意欲機能，當它作為
一個按照自由概念而活動的高層的機能，[25]僅僅理性先驗地立法。
（KU 5:178）我們也可以指出，「仁」作為一切實踐活動的最高原則
所從出之機能，關涉於人的高層意欲，獨立不依於自然因果性之拘
限，而具普遍必然性。

　　以上所論孔孟言「欲」區別於一般所謂「意欲」，它「有甚於生
者」，與「耳目之欲」、「趨利避害」、「懷生畏死」等自然欲望根本區
別開。如康德指出，一般所謂「意欲」，不過是「考察意願一般以及
在這種一般意義上屬於它的一切行動和條件」，而一般而言的意欲
「大多數汲取自心理學」。（Gr 4:390）漢學界流行的觀點，也是將
「欲」只理解為心理學意義的，而忽略孔孟言「欲」與人心之仁、本
心良知之天理相關連。孔子說：「夫仁者，己欲立而立人，己欲達而
達人。」（《論語・雍也第六》）孟子說：「理義之悅我心」、「義，亦我

---

25 關於「高層的機能」（oberes Vermögen）一詞，所言「高層的」並非意在作出「價
　值判斷」，而在於揭明諸心靈機能中包含的立法能力。康德在《判斷力批判》中指
　明：就一般的心靈機能來說，把它們作為高層的機能，也就是包含自律的機能來考
　量。（KU 5:196）

所欲也。」(《孟子・告子章句上》) 用康德的詞語表達，孔孟言「欲仁」、「欲義」之「欲」，意指「純粹的意志」，乃是人自身具有的一種真實的道德的根源，也就是「無須任何經驗的動機而完全從先驗原則出發被決定的」意志。(Gr 4:390) 康德言「具有純粹性和本真性（在實踐的領域裡重視的恰恰是這一點）的德性法則」，也就是孟子所言「理也義也」，(《孟子・告子章句上》) 就是「根於心」的「仁義禮智」。(《孟子・盡心章句上》) 而「欲仁」、「欲」義之「欲」，就是完全從人心之仁、本心良知之天理出發被決定的意欲機能。孟子言「仁義內在」，(《孟子・告子章句上》)「仁義禮智，非由外鑠我也，我固有之也。」(《孟子・告子章句上》)「君子所性，仁義禮智根於心。」(《孟子・盡心章句上》)「仁義禮智」根於心、我固有之，透過康德的話來理解，就是本心為我們的一切行為格準立普遍法則。

　　孟子既揭明本心（人心之仁）乃是立普遍法則的高層意欲機能，宋明儒即契應孟子此義而提出「心即理」。[26]「心即理」之實義就在於：本心作為立普遍法則的意欲機能，依康德所論，就是「道德法則」（理）由理性在其中立法的意志（心）而發。此亦即牟先生以本心自給道德法則而論「心即理」，先生說：「當本心仁體或視為本心仁體之本質作用（功能良能；essential function）的自由意志發布無條件的定然命令時，即它自給其自己一道德法則時，乃是它自身之不容已，此即為『心即理』義。」[27]「心即理」這個命題意指：心之本質

26　陸九淵（1139-1193），字子靜，學者稱象山先生。王守仁（1472-1528），字伯安，世稱陽明先生。象山、陽明依孟子本心天理義揭明「心即理」，標示出儒家之道德的形上學的義理核心。象山說：「心，一心也；理，一理也；至當歸一，精義無二。此心此理，實不容有二。」(《象山全集》卷一，〈與曾宅之書〉) 又說：「人皆有是心，心皆具是理，心即理也。」(《象山全集》卷一一，〈與李宰書〉之二) 陽明說：「心即理也。天下又有心外之事，心外之理乎？」(《傳習錄》上，第3條)

27　牟宗三：《智的直覺與中國哲學》，《全集》，卷20，頁251。

作用之普遍立法就是理。「即」表達超越的肯斷。[28]

　　儘管就文字上我們並找不到孔子明文說及「仁」之普遍立法，然吾人於上文已論明，本心（仁）作為一種「能夠獨立不依於外來的決定原因而起作用」的自由因果性，就包含著法則之概念。我們有文獻的根據說明，孔子言「仁」之為高層的意欲機能，它是人的道德行為的超感觸的根源，人的行為的超越的標準由之而出。孔子說：「夫仁者，己欲立而立人，己欲達而達人。」（《論語・雍也第六》）「己欲立而立人，己欲達而達人」乃是人的一切實踐活動的超越的標準，即堪稱為最高的道德原則；又，孔子說：「克己復禮為仁，一日克己復禮，天下歸仁焉。為仁由己，而由人乎哉。」（《論語・顏淵第十二》）「克己復禮」乃是依於最高的道德原則為決定行為的根據的最高格準。[29]

　　仁（本心）以其自身之天理，顯示出適用於一切人的那種普遍性，它對一切人具有一種「無條件的實踐的必然性」。仁（本心）包含「無條件的實踐的必然性」之標準，此即孔子曰：「富與貴，是人之所欲也；不以其道得之，不處也。貧與賤，是人之所惡也；不以其道得之，不去也。君子去仁，惡乎成名？君子無終食之間違仁；造次必於是，顛沛必於是。」（《論語・里仁第四》）「志士仁人，無求生以害仁，有殺身以成仁。」（《論語・衛靈公第十五》）孟子曰：「由是則生而有不用也，由是則可以辟患而有不為也，是故所欲有甚於生者，所惡有甚於死者。」（《孟子・告子上》）[30]

---

28 「心即理」這個命題中，「即」不是指邏輯的分析關係，不能理解為「心」等於「理」。

29 根於人心之「仁」的最高的道德原則及格準，如牟師宗三先生說：「這超越的標準，如展現為道德法則，其命於人而為人所必須依之以行，不是先驗的、普遍的，是什麼？這層意思，凡是正宗而透徹的儒者沒有不認識並斷然肯定的。」（牟宗三：《心體與性體（一）》，《全集》，卷5，頁123。）

30 牟先生說：「凡這些話俱表示在現實生命以上，種種外在的利害關係以外，有一超

　　根於「仁」的超越的標準就是「行為一般的普遍合法則性」，（Gr 4:402）據之而提出「心即理」，此即指明一個道德實踐上的事實，這個實踐的命題涵著說：本心就是立普遍法則（理）的能力。「理」字意指天理（道德法則），並非朱子所言「即物而窮其理」之於事事物物上求之「定理」。[31]既論明「本心」作為高層的意欲機能，即作為立普遍法則之能，吾人即可說，它就是康德所論理性在意欲中立法之能；人的意志因其是理性的實踐使用，因而具理性的立法義，而實踐理性因其是意志活動，因而即具心靈之活動義、動力義、創造義。吾人亦可說「心即理」之「心」（本心、仁心），就是「純粹的實踐的理性」，它不僅是「作為原則的機能」的理性，並且同時是「創造對象之自由因果性」的意志。此即孟子說：「凡有四端於我者，知皆擴而充之矣，若火之始然，泉之始達。苟能充之，足以保四海；苟不充之，不足以事父母。」（《孟子·公孫丑章句上》）又說：「親親，仁也；敬長，義也。無他，達之天下也。」（《孟子·盡心章句上》）「本心」（四端之心）以其自由因果性而創發種種道德的行為與事物，從「事父母」，擴充至「保四海」，乃至「萬物皆備於我」，皆為其創造的對象，皆從本心一根而發。此所以，「本心」充其極，故可稱為道德創造之主體也。

　　「心即理」其義與康德著名的意志自律原則相通，乃道德哲學之基本命題，以及由道德伸展至的包含圓善學亦即包含道德的宗教的「普遍的形而上學」的奠基石。此可謂前賢後哲其揆一也。

越的道德理性之標準，此即仁義、禮義、本心等字所示。人的道德行為、道德人格只有毫無雜念毫無歧出地直立於這超越的標準上始能是純粹的，始能是真正地站立起。」（牟宗三：《心體與性體（一）》，《全集》，卷5，頁123。）

31 如王陽明指出：「朱子所謂格物云者，在即物而窮其理也。即物窮理是就事事物物上求其所謂定理者也，是以吾心而求理於事事物物中，析心與理而為二矣。」（《傳習錄》中，〈答顧東橋書〉，第135條）

　　進而，基於本心（人心之仁）乃是立普遍法則的高層意欲機能，孟子創闢性地提出「性善說」。孟子以普遍立法的「本心」論仁，據此，即能夠以「本心」言人之分定之性，據之道「性善」。用康德批判哲學的理路來說，就是揭示出：「本心」乃人之為人的實存之真我，人作為在道德法則之下的實存，就是「我們自己的主體」，即：「通過道德法則將自己決定為智性的者（有自由能力）」，並且，「認識到自己是依照這種決定在感觸界中如同當下親眼所見的那樣活動的。」（KpV 5:105）

　　孟子論明本心（人心之仁）普遍立法，在這裡，「立法是從下面這個原則出發的：把每一個人的自由限制在這樣一個條件下，遵照這個條件，每一個人的自由都能同其他每一個人的自由按照一個普遍的法則共存。」（Rel 6:98）人依照天理（道德法則）而實存，此即人稟有的超感觸的本性，[32]與人具有的感觸的本性區別開。孟子的「性善說」是基於人的超感觸的本性立論。此即孔子說：「仁者，人也。」（見《中庸》第二十章〈哀公問政〉）孟子也說：「仁也者，人也。」（《孟子‧盡心章句下》）此即表明：「仁」（本心）乃人之為人的「真正的自我」。

　　天理是我們人的「實存之分定原則」，「先驗地用來決定我們的實存」，因之，本心堪稱人之「超感觸的本性」，乃因其為頒布天理之能。天理（如康德所論道德的最高原則）不是外來的「冷冰冰」的律法，不是冷酷的外來的無條件命令，而毋寧說，人通過自身本心之天理「對幸福的無限度追求嚴格地限制在一些條件上」，（KpV 5:130）

---

32 康德說：「『本性』（Natur）從最一般意義上理解，就是事物在法則下的實存。一般有理性者的感性之本性就是以經驗為條件的法則下的實存，因而這種感性本性對於理性而言是他律。另一方面，同一有理性者的超感觸本性是指他們依照獨立於一切經驗條件因而屬於純粹理性的自律法則之實存。」（KpV 5:43）

以達致「對於知性和感官的持久和平的管治」。（A465/B493）人以天理自我約束，以阻止人對自己的同類及其他物類濫用他個人的無法則的自由，從而達致每一個人的自由都能同其他每一個人的自由按照一個普遍的法則共存。此即孔子言「克己復禮」，孔子說：「克己復禮為仁，一日克己復禮，天下歸仁焉。為仁由己，而由人乎哉。」（《論語・顏淵第十二》）

　　天理根於每一個人的本心，用康德的詞語說，就是「作為一切目的之最高（本身是無條件的）條件的格準的普遍合法則性之純然的形式」。（Rel 6:3）它並無特定的內容，無非是每一個人行為之格準總是應當普遍合法則的道德思維。孟子言「仁義禮智根於心」，（《孟子・盡心章句上》）仁義禮智，理也，分言四，合言只一箇「天理」。此即陽明引孟子言「心之官則思，思則得之」（《孟子・告子上》）然後說：「良知是天理之昭明靈覺處，故良知即是天理，思是良知之發用。若是良知發用之思，則所思莫非天理矣。」（《傳習錄》中，〈答歐陽崇一書〉，第167條）

　　「天理」無非是每一個人作為有理性者，「思量他的格準作為實踐的普遍的法則」，（KpV 5:27）那就是：「他只能把這些格準思量為這樣一種原則，它們不是依照材質而是只依照形式包含著意志的決定根據。」（KpV 5:27）孔子說：「夫仁者，己欲立而立人，己欲達而達人。」（《論語・雍也第六》）孟子說：「親親，仁也；敬長，義也。無他，達之天下也。」（《孟子・盡心章句上》）就是「實踐的普遍的法則」，即「天理」。每一個人行為依據的主觀原則（格準），是否適合於普遍立法，人自身明白。[33]「天理」在每一個人心中，不必求教於

_____

33 此如康德說：「格準中的哪些形式適合於普遍立法，哪些不適合，這一點極其庸常的知性不經教導也能區別。」（KpV 5:27）「實踐的法則必須具有普遍立法的資格；這是一個同一性命題，因而是自明的。」（KpV 5:27）

他人，不需要被教成，它是「關聯於意志中理性的聲音（Stimme der Vernunft）」，（KpV 5:35）「如此明白，如此不可轉移，甚至最平庸的人都聽得如此清楚。」（KpV 5:35）即使十惡不赦的人，心中也有「天理」，他亦自知其惡行違背「天理」。最善於詭辯的人也無法將人心中的「天理」通過強詞奪理而扭奪掉。此即陽明說：「良知在人，隨你如何不能泯滅，雖盜賊亦自知不當為盜，喚他做賊，他還忸怩。」（《傳習錄》下，第185條）

「天理」拒絕一切感性的衝動，並且瓦解那可能與其牴觸的一切意欲，它針對任何主觀欲望的對抗，不過亦正因此取得尊敬。此如康德說：「我們見到：作為感觸的生物的我們的本性具有這樣的性質：意欲機能之材質（即性好之對象，不管希望還是恐懼）首先自己激起；並且，我們的官能地可決定的自我，雖然在它的格準方面它是完全不適於普遍的立法的，卻仍然好像是它構成我們的全部的自我，它力求把它的要求置於首位，並且使它們成為首要的和根源的要求。」（KpV 5:74）但是，「只要一個人把他的本性的感觸的癖好與道德法則相比照，道德法則就不可避免地使他蒙羞。」[34]（KpV 5:74）「要求這種尊敬而且鼓舞這種尊敬」的那法則顯然不過就是道德的法則，因為沒有其他法則能排除一切性好對意志的直接的影響。（KpV 5:80）

孟子從「四端之心」言「性」，其實義是從人在天理下之實存而言人之分定之性。如此理解孟子言「性」，才能夠理解孟子憑什麼「道性善」，何以「盡心」就是「知性」；並且可以理解何以「知性」就不僅知人自身之「性」，必定還包含知萬物之「性」。從而也能理解「萬物皆備於我矣」。（《孟子・盡心章句上》）所言萬物是在「本心之天理」下實存之物，非外在於人之本心的物備於我也。

---

34 康德說：「實踐理性展示給我們一條純粹的脫離一切利益的道德法則，以供我們遵守，而實踐理性的聲音甚至使膽大包天的惡人也恐懼戰慄。」（KpV 5:79-80）

　　「本心」（仁）乃人之為人的真正的實存之定分，據此言人的本性，此性之「善」是無限制地視為善的，因其非指善、惡相對的外在客體而言，而是指每個人稟具的人心之「仁」之為道德創造之機能而說，它作為人實存之定分，即為人之「性」，我們就能夠無限制地宣稱它是善的，也就是說，它就自身而言是善的。此義與康德所論「善的意志」相通。康德說：「在世界之內，一般而言甚至在世界之外，除了一個善的意志之外，不可能思想任何東西能夠被無限制地視為善的。」（Gr 4:393）「善的意志並不因它造成或者達成的東西而善，並不因它適宜於達到任何一個預定的目的而善，也就是說，它就自身而言是善的。」[35]（Gr 4:394）任何能稱為善者，「總是要以一個善的意志為前提條件。」（Gr 4: 393-394）

　　孟子「以心說性」，不能理解為邏輯上說的「A＝A」，並非是說「心」等同於「性」。從「四端之心」說「性善」，其實義是通過天理（仁義禮智）自本心出，揭明本心之為立普遍法則之能，即道德可能之根據，乃是人的真性，以此言「性善」。孟子從本心之立普遍法則及依循法則創發行為，以此「道德創造性」說人的真性。本心是實體，以此實體之創造之能為「性」，此「性」當然也是實體，二者相互說明，既是一，同時又各因言說分際之不同而得有各自的含義。孟子既由「盡心」說「知性」，就涵著「性」必須在「盡心」之不已進程中成就、實現；同理，「天」之為天也必須在「盡心」之不已進程中見。

---

35 何以唯獨善的意志能夠被無限制地視為善的，這個問題康德在《基礎》一書給出回答：知性、機智、判斷力，以及心靈的其他才能，甚至在情緒和激情方面的節制，以及冷靜的思慮，不但在許多方面都是好的，而且看來甚至構成人格的內在價值之一部份，這些質性甚至有助於這個善的意志本身，「但仍然不具有任何內在的無條件的價值，而是總要以一個善的意志為前提條件。」（Gr 4: 393-394）「它們遠遠不能無限制地被稱為善，縱使古人如何無條件地讚美之。因為如果沒有一個善的意志的根本法則，它們也可以變為極其惡的。」（Gr 4: 394）

　　人唯獨通過「本心」認識其自身之超感觸的本性,此乃孟子「以心言性」的義理根據。而「本心」唯獨經由本心之天理(獨立於一切經驗條件因而屬於純粹理性的自律的法則)而證實,在道德踐履中,人為自己的行為擬定了意志之格準,他就直接意識到作為這格準的根據之天理。吾人可說,孔孟所言本心(人心之仁)經由本心之普遍立法(天理)而呈露。我們不必也不能離本心天理而臆想一種理智的直觀,不可以為本心(仁)必定要借什麼特種的直觀才能呈現,[36]人亦不可以為此超感觸的「性」需要借什麼特種的直觀來認識。此即孟子強調必須於「盡心」之不已進程中「知性」。

　　本心(仁),乃是絕對的基礎機能(Grundvermögen),如康德說:「人類一切洞見就到了盡頭。」(KpV 5:47)我們無法對它有在直觀中的認識,不能說及它在其自身之性狀,不能猜測它是否是精神抑或是物質。用康德的話說,它是「某種在其自身肯定的東西(etwas an sich Positives)」,「也就是一種理智的因果性之形式,亦即自由之形式。」(KpV 5:73)人心中的「天理」,用康德的話說:「就其自身而言是確定無疑的」。(KpV 5:47)即使人們不是總是遵循它,甚或有學者意圖否決它的必定的確實性,也不能提出後天的經驗的證明。實在說來,每一個人,只要注意其內心的「天理」,承認「天理」對自己有強制作用,就認識到自己的本心。本心不在任何直觀中,它經由立法活動呈現自身,使人獨立不依於經驗的直觀之條件而有「我的實存」之分定,並堪稱為人的真正主體。

　　人意識到自己的真正主體(超感觸的本性、「性善」之「性」),是因著「天理」作為他在感觸界中的因果性的力學法則起作用,而不

---

36 我們不能以為離開天理,或在天理之先,先行地有理智的直觀,有學者主張本心(仁)在這種直觀中具體呈現,這樣一種以直觀先於道德法則的講法,必定會損害孔孟哲學包含的意志自律義。

是因著他自身有什麼特殊的直觀。本心作為人的道德主體並不是經驗對象，固然不能在感觸的直觀中呈現；它也不是作為認識機能的客體，故吾人也不必發明一種特殊的認識力以認識它。而毋寧說，本心（仁）在普遍立法的實踐活動之無限進程中具體呈現，人以此認識自己的「性」，此即孟子言「盡其心者，知其性也。」（《孟子・盡心章句上》）本心（道德創造之能）乃是人之實存的本性，此能力是人生而有的；但並不意謂，人不必於後天努力中不已地發揮這種能力，以成就自身本有的道德實存之本性。

最後，孟子言「盡心知性知天」確立一個道德的形而上學之宏規。

前面論孟子「以心釋孔子所言仁」及其包含「心即理」義，及「從本心言性以道性善」，此乃對於孟子哲學作為理性本性之學的一個首要的哲學說明。事實上，當我們論明孟子言「本心」作為人的道德實存之分定，包含著獨立於自然因果性的自由因果性的作用因，它堪稱為道德創造之機能；那麼，因著「本心」所包含的道德創造之義，其所具之普遍性必然性，吾人可稱之為「形而上學之實體」。以「本心」（道德的主體）為奠基展開的形而上學，牟宗三先生就名之為「道德的形上學」。先生說：「以由『道德性當身』所見的本源（心性）滲透至宇宙之本源，此就是由道德而進至形上學了，但卻是由『道德的進路』入，故曰『道德的形上學』。」[37] 又說：「『道德的形上學』云者，由道德意識所顯露的道德實體以說明萬物之存在也。」[38]

牟先生所言「道德實體」即孔子言「仁」，孟子言「心」、「性」，其所論由心性「滲透至宇宙之本源」，由「道德實體以說明萬物之存在」，其依據在孟子承孔子「踐仁知天」而言「盡心知性知天」。[39] 先

---

37 牟宗三：《心體與性體（一）》，《全集》，卷5，頁145。

38 牟宗三：《現象與物自身》，《全集》，卷21，頁96。

39 牟先生在〈原始的型範第三部份　先秦儒學大義〉第三講中說：「瞭解孔子是『踐仁知天』，這是我總起來說的一句話。瞭解孟子呢？也是一句話，『盡心知性知

生在《孟子》演講錄第三講引孟子語：「盡其心者，知其性也，知其性，則知天矣。」（《孟子‧盡心章句上》）接著解釋：「在儒家的系統裡，盡心知性知天，主觀地說是心、性，客觀地說是天道，天道就是絕對的普遍性。『絕對』就是不單單對著人，連天地萬物都在內。」此即先生在《心體與性體（一）》中說：「儒家之道德哲學必承認其函有一『道德的形上學』，始能將『天』收進內，始能充其智慧方向之極而至圓滿。」[40]

　　孟子言「心」、「性」、「天」是哲學的講法，也就是超越的講法，而不是人類學的、心理學的、經驗意義的講法。如前面相關章節已論，孟子言「心」是高層意欲機能，與康德言「自由意志」相通；「性」以「心」言，乃人之為道德的存在的存在性，與康德以「意志自由」論人的超感觸本性相通；「天」乃由「盡心知性」充其極，而伸展至絕對的、最高的存有，與康德所論從道德伸展至最高者（上帝）相通。據此，吾人指出，孟子言「心」、「性」、「天」正是康德所論的形而上學的三個對象、三個基本命題。[41]「盡心知性知天」展示出儒家的道德的形而上學之宏規。

　　天』。」（牟宗三主講，盧雪崑記錄整理：《鵝湖月刊》33卷1期〔總385期〕〔2007年7月〕，頁5）

40 牟宗三：《心體與性體（一）》，《全集》，卷5，頁38。

41 康德說：「形而上學研究的本來對象只有三個理念——上帝、自由和心靈不朽。〔……〕。形而上學這門科學此外所研究的一切都只是用作為它的手段，以作為達到這三個理念及證明其實在性之用。形而上學並不為了自然科學的緣故而需要這些理念，而是為『超越自然。」（B395）儘管康德首先從理性之思辨的超越使用來考論這三個形而上學的對象，而孟子並沒有那樣做，而是從實踐方面展示出一個形而上學。正如康德本人表明：「形而上學的三個基本命題對理論的認識來說絕不需要，但我們的理性卻鍥而不捨地追求之，其實恰當說來，它們的重要性必定只有關於實踐方面。所謂實踐，就是指通過自由而成為可能的一切東西。」（A799-800/B827-828）依此，吾人可專就實踐方面，藉助康德的理路來探討孟子哲學，以展示出「心」、「性」、「天」通貫一體的道德的形上學。

　　在孟子「盡心知性知天」展示的形而上學之宏規中，「本心」（仁體）為形而上學奠基，此即「意志自由」（純粹的實踐理性）為康德展示的形而上學之基石。「本心」（仁體）、「意志自由」不僅內在於人的一切實踐活動而為其超越根據與動源，並且必然充其極至而為統天地萬物於道德世界中的形上根據。

　　「本心」於自身擴充不已（盡心）之成己成物的無限進程中，顯示道德創造的普遍必然性和絕對性，亦即顯示自身的無限性；我們將這種「絕對性」和「無限性」獨立出來考量，以表明每一個稟具本心的現實的人不可避免地要在限制中表現「本心」的「絕對性」和「無限性」，並由之可稱「本心」的「絕對性」和「無限性」為「天」。並且，一個個體作為道德主體具有的無限性不能局限於個體，必擴展自己而致力於一個大同世界（即康德所論「目的王國」、「人類倫理共同體」）之實現，而每一個人是大同世界（道德世界）的成員。據此，受限制的個人將自身的本心之無限性升舉為此道德世界的元首，即一個道德創造的最高者，而顯道德創造不已的真實的無限性。

　　吾人依康德的批判考察已論，道德主體乃是人的心靈機能，它是自然能力，我們說此「心靈」具無限性，是就其因果性（自由）為一種「越過一切障礙」而起作用的能力而言，而並不意謂人具有一種現實上不受限制的能力。如康德說：「人所可能要停止在其上的最高程度是什麼，而且在理念與其實現之間還可能有多大的距離要存留下來，這些都是沒有人能夠──或應該──解答的問題。因為其結果是依靠於自由；而自由正是有力量來越過一切特定的限度的。」（A317/B374）實在說來，意志自由之無限性，「只應當在類中，但不是在個體中完全得到發展」。（KGS 8:18）

　　吾人可稱「本心」為「無限心」，乃是意指「本心之無限性」，每一個人的本心是一種「越過一切特定的限度的」能力。「無限心」不

必理解為「在智性直觀底觀照中」的「絕對我」，[42]它根源上就是人與聖人同具的「本心」，離開每一個人同具的「本心」，我們不知道什麼是「天之創造性」的無限。事實上，人依靠「本心之無限性」（自由）走出本能，也就有能力依靠自由越過一切障礙，向德性稟賦與自然稟賦和諧一致之實現前進。用康德的話說：「人所可能要停止在其上的最高程度是什麼，而且在理念與其實現之間還可能有多大的距離要存留下來，這些都是沒有人能夠——或應該——解答的問題。因為其結果是依靠於自由；而自由正是有力量來越過一切特定的限度的。」（A317/B374）實在說來，人認識到「限制」的同時就顯示出自身具有超越限制的能力，我們有理由說，若人不稟具無限性，他就根本無從知道「限制」。人有能力認識並規定「限制」，同時就顯示自身超越限制的能力。[43]故此，可以指出，所謂天、上帝的絕對的無限性

---

42 關於「在智性直觀底觀照中」、「絕對我」，見李明輝：《儒家與康德》（臺北：聯經出版事業公司，1980年），頁103。李教授援用費希特之「智性直觀」說來支持自己的觀點。但我們可以指出，費希特的說法已遭到批評。叔本華說：「近五十年來，德國的偽哲學正是在純粹幻想的產物，一種完全虛構的理性上建立起來。」他指出：所謂「絕對的自我」之隨意構造；對於絕對同一性或漠不相干性的理智的直觀；純粹的自我意識，絕對理念，概念自我運動；以及對於神性、真實性、完美性等「種種可以想到的『性』的直接把握」，這些只是為康德的嚴屬批判而困惑的哲學家教授們所上演的鬧劇。（Arthur Schopenhauer, *Über die vierfache Wurzel des Satzes vom zureichenden Grunde*, 1813, §34.中譯見：叔本華著、陳曉希譯：《充足理由律的四重根》〔北京：商務印書館，1996年〕，頁127。）

43 如康德的批判哲學，限制感性、知性於經驗領域，是要對顯理性的純粹自動性之無限作用；限制思辨理性於「消極的無限」，是要對顯純粹實踐理性自由自律的、創造的「積極的無限性」。但是，黑格爾、海德格爾，以及諸如此類的評論家對康德所論自由之無限性視而不見，而執意以一種已經被批判哲學否決的理論認識上的無限性來責難康德。學者們不理解康德對理論認識作出的限制，尤其不滿康德提出「自由不可理解」，並且錯誤地以為這完全歸咎於康德堅持主張「人的有限性」。黑格爾是這種曲解的始作俑者，他在《全書本邏輯》中責難康德主張「有限與無限有不可克服的對立的二元論」，他說：「有限在這邊，無限在那邊，前者屬於現界，後

只是理性的理想，而只有人在限制中顯其步步超越限制的能力，直至
其意志自由超越一切限制而顯人作為睿智者的無限性，此無限性才是
真實的無限性。事實上，人將自身的無限性標舉為「絕對的存有」、
「最高的存有」，[44]人亦只能依自身的無限性認識天、上帝。

　　「本心」創造之「無限」，乃是人自身於成己成物的道德實踐活
動的無限進程中證實的，並且不限於個體的人，而是必定在人類作為
整體中始能得到充分發展，故此，我們的理性有理由提升「本心」
（即意志自由）的創造之「無限性」至統人類全體而為言的一個自由
意志，[45]並且因著人類整體的自由意志必定統天地萬物而創造一個道

者屬於彼岸，於是，有限就與無限一樣都被賦予同等的永久性和獨立性的尊嚴了。
有限的存在（Sein des Endlichen）被這種二元論造成絕對的存在，而且得到固定和
獨立性。……但二元論決不使無限有接觸有限的機會，而認為兩者之間有一深淵，
有一無法渡越的鴻溝，無限堅持在那邊，有限堅持在這邊。」（G. W. F. Hegel,
Enzyklopädie der philosophischen Wissenschaften I, Die Wissenschaft der Logik, Werke 8
[Frankfurt am Main: Suhrkamp Verlag, 1970], p.201. 中譯見黑格爾著，賀麟譯：《小邏
輯》〔北京：商務印書館，1997年〕，頁209）海德格把康德的批判地「限定」曲解
為主張一種與「一個最高的完滿的存在的無限性」相對立的「有限存在的局限
性」。（關此見Martin Heidegger, *Kant und das Problem der Metaphysik* [Frankfurt am
Main:Vittorio Klostermann, 1951], pp. 216-217. 中譯見：孫興周選編：《海德格爾選
集》（上）〔上海：上海三聯書店，1996年〕，頁106-107。）詳論見盧雪崑：《康德的
自由學說》，頁457-459。

44 在《原始的型範第三部份　先秦儒學大義》牟先生說：「我們用哲學的詞語講，『性
　　與天道』的問題是存有（being）的問題。「天」是絕對的存有、最高的存有。這類
　　比上帝。」（牟宗三主講，盧雪崑記錄整理，《鵝湖月刊》33卷1期〔總385期〕
　　〔2007年7月〕，頁11。）

45 如康德在〈世界公民觀點下的普遍歷史理念〉（Idee zu einer allgemeinen Geschichte
　　in weltbürgerlicher Absicht）中說：「無論人們根據形而上學的觀點，對於意志自由
　　可以形成怎麼樣的一種概念，然而它那表現，即人類的行為，卻正如任何別的自然
　　事件一樣，總是為普遍的自然法則所決定的。歷史學是從事於敘述這些表現的；不
　　管它們的原因可能是多麼地隱蔽，但歷史學稟賦卻能使人希望：當它考察人類意志
　　自由的作用的整體時，它可以揭示出它們有一種合乎規律的進程，並且就以這種方

德的世界，我們的理性也有理由依據人類全體而為言的一個自由意志設定「最高的存有」，名之曰「天」、「上帝」。依據此言「最高的存有」，我們可使它「一方面必然地與自由之法理（Nomothetik der Freiheit）相連繫，一方面必然地與自然之法理相連繫」，（KU 5:448）因而以之作為自由與自然之結合的原型，人類全體隸屬於其下，以致力於實現道德世界的創造活動。

從孔子的「修道以仁」，孟子的「萬物皆備於我矣」，（《孟子·盡心章句上》）「上下與天地同流。」（同上）就展示出「心與天通貫一體」之形而上學慧識。宋明儒者承繼此孔子哲學傳統，橫渠說：「為天地立心。」（《語錄》）「大其心，則能體天下之物。」（《正蒙·大心篇》）「天體物不遺，猶仁體事無不在也。」（《正蒙·天道篇》）明道說：「學者須先識仁。仁者，渾然與物同體。」象山說：「宇宙便是吾心，吾心便是宇宙。」（《象山全集》卷二二，〈雜說〉）「萬物森然方寸之間，滿心而發，充塞宇宙無非此理。」（《語錄》）陽明說：「蓋天地萬物與人原是一體，其發竅之最精處，是人心一點靈明。」（《傳習錄》下，第252條）蕺山說：「人心大常而已矣。」（《劉子全書》卷七，〈原旨·原道下〉）「心與天通。」（〈學言上〉）其道一以貫之。依據孔子哲學傳統，「仁」通自然與自由，本心統天地萬物而普遍立法，在普遍立法中通貫一體、共同實現。

吾人不厭其煩，一再強調，離開每一個有理性者自身的立法，就無所謂最高的意志立法。只是作為有理性者的人在自然界中同時是有依待的，其意欲機能是受限制的，作為個體也是有差異的，因而必須撇開這種限制性而設想一個完全獨立無依待的「最高的存有」，每一個有理性者之無條件自我立法也就標舉為「最高的存有」之立法。這

式而把從個別主體上看來顯得是雜亂無章的東西，在全體的物種上卻能夠認為是人類原始的稟賦之不斷前進的、雖則是漫長的發展。」（KGS 8:17）

就是康德說：「經由我們自己的理性先驗地無條件地約束我們的法則，也可以表達為出自最高的立法者之意志，即一個只有權利而無義務的意志（因而是上帝的意志）。它僅僅指表道德者之理念，它的意志對一切人是法則，但並不設想它是法則的創造者。」（MS 6:227）「世界由於在其中的人的道德的目的分定而與作為神性（Gottheit）的一個至上原因發生連繫。」（KU 5:444）

　　以上概論孟子為孔子直透本源之學所作「十字打開」的工作，並論明此工作依「盡其心者，知其性也，知其性，則知天矣」（《孟子·盡心章句上》）之脈絡而展示出一個心、性、天一體的形而上學。孟子本身的工作就是哲學的工作。此外，吾人依康德批判地展示的奠基於「意志自由」的普遍的形而上學與孟子的工作相比觀，以見前賢後賢，其揆一也。吾人所從事的研究工作實在是承接牟先生所開闢的事業前進。牟先生開對於孔子傳統作哲學說明之先河，經由客觀瞭解，確定孔子哲學傳統之道德的形而上學之規模，及其傳法之統系。但學界流行一種說法，以為牟先生的工作將儒家傳統智慧「知識化」。

　　大陸學者鄭家棟教授在其大作《當代新儒學論衡》一書的〈沒有聖賢的時代──代序論〉中說：「知識化的儒學所關注的是本體而非工夫，是系統的整全而非實踐的篤實，『工夫』反成為了可有可無的東西。知識化將使儒學偏離其作為聖學的整體精神。」[46]臺灣教授袁保新在〈一九一二年──兼序《從海德格、老子、孟子到當代新儒家》〉一文中提出：自從一九一二年中國學制改革，近現代中國哲學就處於「『知識化』的轉型期」。[47]學界之所以流行所謂儒家傳統智慧「知識化」的說法，歸根究柢，由於漢學界表期以來只以文化史、思

---

46 鄭家棟：《當代新儒學論衡》（臺北：桂冠圖書公司，1995年），頁5。

47 袁保新：〈一九一二年──兼序《從海德格、老子、孟子到當代新儒家》〉，《鵝湖月刊》33卷12期（總396期）（2008年6月）。

想史的層面解說儒家學問，以為儒家只是一種人文主義，或充其量是一種精神人文主義，[48]而不及哲學領域。又，如鄭家棟教授一類的學者以為孔子傳統只不過是一般泛論的儒學，他們根本看不到孔子哲學傳統有關於道德主體（一般學者所謂「本體」）的根源洞識，更無知於孟子承孔子「踐仁知天」而言「盡心知性知天」所確立的一個道德的形而上學之宏規。經牟先生所論明，孔子哲學傳統本身就包含道德主體之義，孟子本身就展示一個奠基於「本心」的形而上學（牟先生名之為「道德的形上學」）之規模。先生打破漢學界儒學研究之局限，將孔子傳統提到其本有的哲學維度作研究，以區別於心靈學、精神學、性情修養學等等之說法。吾人可說，至牟先生之創闢性見解出，孔子哲學傳統之大根大本始得彰明於學界。

　　牟先生論明孔子哲學傳統本有的「實踐的認識」，闡明其本具的系統性，何來「知識化」之有？又，漢學界儒學研究流行所謂儒學所關注的只是「工夫」，他們理解的「實踐」完全等同「工夫」，「實踐

---

48 從美國返中國大陸，長年弘揚儒學的杜維明先生提倡「精神人文主義」，以區別於漢學界流行已久的「儒家人文主義」。所謂「儒家人文主義」，用杜先生的話說就是：「太注重人際關係，太注重儒家的社會效應、政治作用，沒想到在儒家的心靈哲學裡有其非常內在的、向我自己追問的強烈意識。」（杜維明：〈8000人報名參加的世界哲學大會討論的竟是這麼兩個字：做人〉，《光明日報》，2018年8月11日。見：https://mp.weixin.qq.com/s/eXqoza8VbFH9zZ4fCkt_9g）該文中，杜先生表明其主張的儒家精神人文主義，他說：「儒家的心靈哲學裡有其非常內在的、向我自己追問的強烈意識，正如曾子所說『吾日三省吾身』，這個省就是反省並覺悟到我是靠我來塑造的。『為己之學』就是儒家的『身心性命之學』，這恰恰是儒家傳統資源中在我看來最有精神價值，也最能夠普及的思想。」吾人並不懷疑杜先生旨在弘揚儒學，然深一層考量，吾人難免要問：如果吾人所論儒家是依孔子哲學傳統為根本而言，而非泛論形形色色所謂「儒家」，那麼，能將儒家視為諸種「心靈哲學」，「身心性命之學」，「為己之學」其中的一種嗎？吾人並不反對有學者個人喜歡討論儒家思想中「心靈哲學」、「為己之學」、「身心性命之學」的一面，然不能接受以此一面作為儒家「最有精神價值，也最能夠普及」的一面。此乃「以紫亂朱」故也。孔子曰：「惡紫之奪朱也。」（《論語・陽貨第十七》）

的認識」與「知識化」混為一談。他們既無哲學心靈，欠缺理性的視野，又完全缺乏哲學訓練，故而空談「工夫」，以為「聖學」就只是「工夫」。此類學者又喜談「體悟」。豈知，若「聖學」（孔子哲學傳統）之大根大本（道德主體）掉丟，「實踐的認識」不明，「工夫」只能是無根的行為修養，所謂「體悟」又能悟到個什麼？！人人以為憑一己之意「體悟」，恐怕只類於皇帝的新衣，自說悟到了，其實所悟空無一物。

　　「體證」屬個人踐履之事，而一個形上學之為「學」，仍需要有學理方面的說明。無疑，「體證」於實踐哲學是不可或缺的，但不能像一些學者那樣以為實踐哲學只能由個人體證，而不得有學理上的證明，甚至把學理方面的說明一概視為是邏輯的、思辨性的推理。如何從每個人自身稟具的本心（仁）之充盡致天地萬物為一體以說明本心（仁）具有「形上的實在之義」，實在需要有義理開展之種種曲折，不能說只憑聖人之「原始智慧」即可取消掉「十字打開」的工作。

　　牟先生在《孟子》演講錄（一）中提出：「學問的現代化就是在道的傳統以外補充上學的傳統。」先生說：「中國人只有道的傳統，而沒有希臘式的學的傳統，中國人所謂學就是道。中國人也有學，但現代意義的學是從希臘開，分門別類地研究，這才開出科學。」儘管吾人前面已論，孟子所作「十字打開」的工作已經展示出一個「盡心知性知天」的形而上學之宏規，此不只是一個「道的傳統」，而且是對「心」、「性」、「天」作出超越的闡明，此即哲學的說明；基於對每一個詞作出超越的客觀的定義，「心」、「性」、「天」一體的形而上學義亦是客觀的、確定的；此即宋明儒能有宏規可循，而發展出孔子哲學之傳法系統。且至牟先生出，通過康德而正式為儒學的道的傳統補充上「學的傳統」。此即中國學問的現代化之路，豈可輕率地詆毀為「知識化」？！

　　事實上，孟子契應孔子的創闢性心靈，把握住孔子理性本性之學的根源智慧，其「十字打開」的工作，對關鍵詞及核心命題均給出超越的客觀的意義，關此，吾人前面已論。據此，實在可說，孟子建立了孔子哲學之「學統」。儘管如牟先生說：「我們說孟子思想的連貫性，不是從學的立場上說的，而是從道統的立場說的連貫性。」「孟子沒有告訴你一個系統，他那是應機對答，馬上就說出來。那不是關起門來做學究。」[49]但孔子哲學傳統經孟子確立一個「心」、「性」、「天」一體的形而上學的宏規，則我們實可依一個系統之脈絡條理孟子於「應機對答」而作出的論說，建立一個學問的系統。此即牟先生所提出為「道的傳統」補充上「學的傳統」的工作。

　　牟先生所論「儒家的共識」是依據對經典作出客觀瞭解而確立的，先生致力於扎根於中國的「道的傳統」，而發展出「學的傳統」。吾人可說，牟先生依據中國哲學而創立了「實踐的認識學」，其貢獻無人能出其右。固然，並非每一個人都需要對牟宗三哲學作專家式的研究，但對於先生之貢獻的客觀肯認，並非可有可無之事。孟子曰：「賢者以其昭昭，使人昭昭；今以其昏昏，使人昭昭。」(《孟子·盡心章句下》) 學者若自命以哲學為本務，則為「道的傳統」補充上「學的傳統」，實在責無旁貸。

---

49 又，牟先生說：「孟子不是一個哲學家，他不是研究哲學，有頭有尾地造一個系統。《孟子》七篇，這裡講講，那裡講講，沒有系統。但〈告子章句上〉一氣呵成，有系統。但是，這個有系統也不是像康德那樣造一個系統，有頭有尾，系統地擺開。」(牟宗三演講，盧雪崑記錄整理：〈《孟子》演講錄（一）〉，《鵝湖月刊》29卷11期〔總347期〕〔2004年5月〕。)

第二節　論孔子哲學傳統包含道德的宗教及其所依據的「人的本性」論說

　　孔子上承夏商周三代智慧，開闢一個理性本性之學的理性文明傳統。那麼，孔子哲學傳統是否包含宗教？假若吾人依據關於「宗教」一詞之流行定義，又或者將立論依據置於猶太──基督教信仰的有神論，具體的裁定標準就是：一部神的（而不是人的）話語的經書，教會組織（教權制和教階制：規章性的誡命、教規、戒律和教士階層、神職人員）。以此為準來看，孔子哲傳統顯見並不包含這樣的「宗教」。又或者，有學者以「天」為「最高的精神實體」（the supreme spiritual reality），[50]故認為孔子哲學傳統言「天」包含宗教性。但假若持這種見解，則顯見主張孔子哲學包含「人格神」之義，然依愚見，此義有違孔子哲學的理性本性之特質。實在說來，學界關於「宗教」一詞之定義並未達成一致，孔子哲學傳統是否包含宗教，學者們各持己見，可說眾說紛紜。學界中，有學者以為孔子傳統不過是一種人文主義，根本無超絕的精神，誠然，孔子傳統並無超絕的外在一元神之崇拜，但其言「天」無疑包含對絕對的普遍必然的最高者之崇敬的宗教性，

---

50 陳榮捷先生就主張「天」乃「最高的精神實體」（the supreme spiritual reality），他在《中國哲學文獻選編》一書中提出：殷商時期「上帝」作為人格神的信仰「延續到西周初葉，但最後卻逐漸由超越的精神實體──『天』──之概念所取代。」（陳先生原著以英文撰寫，見：Wing-tsit Chan, *A Source Book in Chinese Philosophy* [Princeton, NJ: Princeton University Press, 1963], p.4. 中譯見：陳榮捷編著，楊儒賓、吳有能、朱榮貴、萬先法譯：《中國哲學文獻選編》〔臺北：巨流圖書有限公司，1993年〕，頁30。）又，唐君毅先生說：「即孔子之天非一人格神，亦仍可為人所敬畏之一真實之精神的生命的無限的存在。以人物有其生命與精神，則生人物之天，不得為一無生命非精神之在。」唐先生之持論見：唐君毅：《中國哲學原論（原道篇）》（臺北：臺灣學生書局，1986年），卷一，頁130-133。

　　吾人可名之曰超越義的最高者，而區別於超絕的人格神[51]；也有學者以西方傳統哲學中構造的外在實體來比附「天」，或賦予神秘主義意味，甚至以基督教教會信仰的「上帝」視之，以致牴觸於孔子傳統的理性本性之特質。

51　牟宗三先生在《中國哲學的特質》一書中說：「孔子所說的天比較含有宗教上『人格神』（Personal God）的意味。而因宗教意識屬於超越的意識，我們可以稱這種遙契為『超越的』（transcendent）遙契。」（《全集》，卷28，頁34-35。）牟先生在後來的中譯本《純粹理性之批判》中，»transcendent«一詞譯作「超離的」，「超絕的」。可見，把宗教和「人格神」（超離的東西）看成是一回事和同義語，在學界是十分流行的。如康德專家康蒲·史密斯（Norman Kemp Smith）指出："transcendentia"與"transcendentalia"這兩詞初見於經院哲學時期，在那個時期，這兩個拉丁詞是同義詞，而"transcendentia"一詞比較更常用。（Norman Kemp Smith, *A Commentary to Kant's 'Critique of Pure Reason'* [London: Macmillan, 1918]. 中譯見：康蒲·斯密著，韋卓民譯：《康德〈純粹理性批判〉解義》〔上海：華中師範大學出版社，2000年〕，頁114。）拉丁文"transcendentia"一詞英譯"transcendent"，德譯»transzendent«；而其同義詞"transcenddentalia"，英譯"transcendental"，德譯»transzendental«。在漢語學界，該二詞長久以來譯作「超越的」，而英文"Transcendence"一詞中譯作「超越者」（或超越界），幾成慣例。如我們所知，漢語界學者鮮有依照康德嚴格區分»transzendental«與»transzendent«的理路來使用該二詞，他們大多按照自己的思路使用「超越」一詞。在基督教哲學、士林哲學之思路中寫作的學者自然是遵照經院哲學涵義來使用「超越的」（transcendentia）一詞的，除此之外，學者們使用「超越」一詞根本不遵循其嚴格的經院哲學的意義。事實上，若依照經院哲學涵義使用「超越的」（transcendentia）或「超越者」（Transcendence），那麼，這種意義的詞語是根本不適用於儒家哲學的，因為我們有足夠的理由指明儒家哲學乃是理性本性之學，而區別於不必依據理性而只依據「超越者」的意志與啟示的任何學理和教義。究其實，康德通過《純粹的理性批判》建立的理性自身的法庭就宣判了「超離的一元神」為非法。他通過批判結束"transcendentia"一詞一直以來被錯誤使用的混亂狀態，首次嚴格區分»transzendental«與»transzendent«，他明文指出：「»transzendental«這個詞並不意味著超過一切經驗的什麼東西，而是指雖然是先驗的（a priori），然而卻僅僅是為了使經驗認識成為可能的東西說的。如果這些概念越出經驗範圍，它們的使用就叫作»transzendent«，要把這種使用同內在的使用，即限制在經驗範圍之內的使用，區別開來。」（Proleg 4:374）（詳論請參見盧雪崑：〈論»transzendental«一詞在康德哲學裡重新獲得上升的維度和哲學概念的明晰性〉，《新亞學報》32卷〔2015年5月〕。）

　　現在，吾人論孔子創發的理性文明包含道德的宗教，不採用以上所述諸流行觀點，而援用康德全新的宗教學說。我們依據康德的宗教理論，以根源於理性而確立的純粹的道德宗教學說來釐清孔子哲學傳統中所言「天」的涵意，以見其包含道德的宗教，其義與康德所論唯一的純粹的理性的宗教若合符節。

　　毫無疑問，康德的宗教學說是創闢性的，顛覆了一切依形形色色歷史性的信仰而產生的諸種歷史性的宗教。依康德的洞見，唯一真正的宗教是從道德擴展至的。經由康德的批判，不僅有神論的根基徹底坍塌，一切彼岸的超自然的東西（包括人格神）都被宣判為人為的臆測妄作。康德的批判經由對理性作出通盤考察，指出歷史性的教會宗教的局限，並如理揭明宗教之真正本質，藉此，我們能夠依循康德的革新性洞見，有望走出長久以來受制於西方傳統舊思維模式之困局，而以理性地決定的宗教之本義來如實論明孔子哲學傳統中包含一個道德的宗教，它不是人類史上出現的各種歷史信仰之一種。它根本不同任何「權威的宗教」、「救贖的宗教」、「教義的宗教」、「神父的宗教」、「擴張式的宗教」。[52]並且，依據康德全新的宗教學說，我們能夠確立一個普遍有效的「宗教」之定義，並據之說明孔子哲學傳統包含的正是康德所論唯一的真正的宗教。

　　前面相關章節已論明，我們並不是在直觀中認識我們的本心、性，也不是直觀地「知天」。「知天」是在「盡心」、「成性」之不已進程中「知」，「知天」就是認識本心擴充之無限性、普遍必然性、絕對性。我們並不要求在直觀中知心、性，也不必妄測心、性是否獨立於

---

52 關於中世紀基督宗教的五個特性詳論參見：John Rawls, *Lectures on The History of Moral Philosophy* (Cambridge, MA: Harvard University Press, 2000), p. 6. 中譯見：羅爾斯（John Rowls）著，張國清譯：《道德哲學史講演錄》（臺北：左岸文化事業公司，2004年），頁60。

形軀之外的「客體」（獨立實體）；也不必妄測是否有一超離的潛存自存的「天」。而是通過每一個人自身稟具的本心，及天理自本心立（即意志之特種因果性——自由），人藉遵循天理而有的創造性來認識自己的本心、性，並由「盡心」之無限性、普遍必然性、絕對性以「知天」，即以天理與我們自身的必然關連（定言命令的普遍必然性、絕對性）來認識「天」。此即孟子言「盡心知性知天」包含的形而上學之「天」的涵義，此可說是道德充其極而至的最高者「天」，並未含宗教義；然正如康德所論，道德充其極必定伸展至宗教，孟子由「本心」充盡而言之「知天」的「天」，於現實的道德踐履進程中，因著種種主觀的限制和阻礙，必定要成為尊崇的對象。此即孟子言「存心養性事天」，即宗教所由生也。總而言之，人在向道德的終極目的（天地萬物為一體的道德世界之實現）而趨的無限進程中，現實上力量不足，即必定需要宗教。

前面已論明，孟子言「盡其心者，知其性也，知其性，則知天矣」，（《孟子・盡心章句上》）乃是一個對道德形而上學之實體作說明的語句。這是〈盡心章句上〉首段的第一聯。孟子進而於第二聯說：「存其心，養其性，所以事天也。」（《孟子・盡心章句上》）「事天」表示道德踐履之現實進程中，人必須在存心，養性的道德踐履中事奉「天」；此句言「天」作為人所事奉和崇敬的對象，但並非如一些歷史性的啟示的宗教那樣，意謂對一個外在的「神」的物質事奉和崇拜，而是通過操存「本心」以保養「性」來表達「事天」。[53]

孟子言「事天」之「天」，可視之為如同人之外的「他者」，在這裡，用康德的話理解，這個「他者」無非是：「作為道德的、從自由概念出發的立法的主體，其中人服從於一種他自己為自己立的法則

53　關此，詳論見拙著《孟子哲學：孔子哲學之傳承與道德的形上學之奠定》，第四章〈孟子言『存心養性事天』包含的實踐智慧學及向道德宗教之伸展〉。

（作為智思物的人〔homo noumenon〕）」（MS 6:439）這樣一個人所事奉的對象，「任何時候都包含在那道德的自我意識中」。（MS 6:439）絕不意謂事奉一個外在的自存潛存的「天」。

　　「天」成為我們經由存心、養性之道德踐履而事奉的對象。用康德的話說，「人想像成在一個與我們自己有別、但卻對我們來說最親密地在場的神聖的者（道德上立法的理性）面前負責，並且使自己的意志服從正義的規則。」（MS 6:440）用儒者的話說，就是存心、養性以「對越在天」，表達「誠可鑒天」之意。此即孔子言「知我者其天乎」所表達之真實意義。[54]現實世界中，每一個人實現自身之道德性，總是在限制中表現，無可避免有種種艱難挫折，乃至莫須有的毀譽，此即孔子言「不怨天，不尤人」。孟子言「事天」亦含此「對越在天」之意。宋明儒者多有契應此意，程明道說：「君子當終日對越在天也。」（《二程全書・遺書第一》。見《宋元學案・明道學案》）蕺山說：「直是時時與天命對越也。」（《〈學言上〉》）

　　無疑，依孔子哲學傳統，本心（人心之仁）是首出的、奠基的，若離開人的道德主體及其立法之神聖性，絕無「天」的神聖性可言，亦即無道德的宗教可言。此即康德於《宗教》一書第一版〈序言〉論明純粹的理性的宗教建基於道德，而道德本身絕不需要宗教。也是說，宗教的超越的根源在人的道德主體及其法則的神聖性。如前面相關章節已論，人的道德主體及其法則的神聖性已經由三大批判論明，而整部《宗教》可以說於此基礎上討論宗教的人類學起源。

---

54 我們不能像一些教授那樣，以為孔子相信有一外在的人格神的「天」與他相知、瞭解他。傅佩榮教授就認為孔子言「下學而上達，知我者其天乎」（《論語・憲問第十四》），證明孔子相信：「唯有『天』真正瞭解他。」（傅佩榮：《儒道天論發微》〔北京：中華書局，2010年〕，頁93。）傅教授甚至說：「在此我想起耶穌說過的一句話：『除了父之外，沒有人知道子是誰。』（《路加福音》，10:22）」愚意以為，此真是推想太過了。

前面相關章節已論，康德《宗教》一書考論人的本性與宗教的聯繫，探明純粹的理性宗教之人類學根源。吾人亦可指出，孟子關於人的本性的論說包含兩部份，「性善說」固然是其核心部份，首先論明人作為道德者，亦即論明人所以能有道德行為及道德創造之能力的根據。此外，孟子還論及人現實上放失本心的情況：「放其心而不知求」（《孟子・告子章句上》）、「違禽獸不遠矣」（同前）《孟子・離婁章句下》、「人之所以異於禽獸者幾希，庶民去之」（《孟子・離婁章句下》）、「終身由之而不知其道者，眾也」（《孟子・盡心章句上》）。等等。

孟子言「存心」、「養性」，此即論教化和培養，也就是落實於第二序言實踐工夫。於實踐工夫而論，也就必須加入從人類學觀點考量人的動物性稟賦及人類稟賦，即考慮人的感觸的本性於道德實踐活動中的作用、影響，及其應當隸屬於「大體」（本心）的道德關係，以及「放其心而不知求」的傾向。依此可說，孟子如同康德，不僅首先論明人的道德本性並據之言「性善」，並且周全地考論人的本性中惡習嫁接到「小體」（動物性及稟賦及人類稟賦）的種種情況，並據此提出「存心養性事天」。由之可見，孟子哲學包含的道德宗教以其關於人的本性論說為根據。學界討論孟子「性善說」，一般名之為孟子的「人性論」，此流行見解看來欠周全。因孟子言「性善」並非就一般所謂「人性」而論。恰當地說，孟子關於人的本性論說既包括論人的道德實存性（即「性善」之性），亦曰「大體」；也包括「小體」（用康德的詞語說，就是人的感觸的本性）；以及「小體」隸屬於大體的道德關係。

孟子從「大體」、「小體」兩種不同層面的觀點考察人。一方面依超越的觀點，以「仁者人也」視人作為道德者而立「性善說」，另一方面依經驗的觀點、人類學觀點以「小體」視人作為感觸界的存在，而強調「兼所養」，「求其放心」（《孟子・告子章句上》）。孟子說：

> 人之於身也，兼所愛。兼所愛，則兼所養也。無尺寸之膚不愛
> 焉，則無尺寸之膚不養也。所以考其善不善者，豈有他哉？於
> 己取之而已矣。體有貴賤，有小大。無以小害大，無以賤害貴。
> 養其小者為小人，養其大者為大人。（《孟子·告子章句上》）

　　此如同康德，首先論明人的超感觸的本性（自由意志），於此，
單以「有理性者」考量人，而不將人類學觀點而言的感觸的本性考慮
入內，此超越層而言「自由意志」是絕對的善，以此言人的超感觸的
本性也是絕對的善。在《德性形而上學的基礎》一書，康德說：「在
世界之內，一般而言甚至在世界之外，除了一個善的意志之外，不可
能思想任何東西能夠被無限制地視為善的。」（Gr 4:393）他說明：
「善的意志並不因它造成或者達成的東西而善，並不因它適宜於達到
任何一個預定的目的而善，也就是說，它就自身而言是善的。」（Gr
4:394）「它像一顆寶石那樣，作為在自身就具有其全部價值的東西，
獨自就閃耀光芒。有用還是無效果，既不能給這價值增添什麼，也不
能對它有所減損。」（Gr 4:394）吾人可說，孟子以「本心」（人心之
仁）言「性善」，此言「心」、「性」之為「善」，正是康德所論「它就
自身而言是善的」，它自身是一種「純然意志的絕對價值」（Gr 4:394）。
又，康德說：「理性的真正的分定必是產生一個並非在其他意圖中作
為手段，而是在其自身就是善的意志。」（Gr 4:396）此即孟子說：
「君子所性，雖大行不加焉，雖窮居不損焉。分定故也。」（《孟子·
盡心章句下》）吾人可說，孟子以「仁義禮智根於心」（《孟子·盡心
章句下》）所言之「性」，乃是「理性的真正的分定」，用康德的詞
語，就是「其自身就是善的意志」。

　　天理發自本心，為人作為有理性者的一切行為奠立根據。當人以
「仁者人也」視其自身之實存（理性的真正的分定），他意識到本心

之純粹至善，本心就為他的「小體」頒布法則，同時作為感觸界的一分子而考量的人，就意識到道德的應當。這就是天理頒令下「大體」與「小體」的道德關係。此即依孟子所論，失德之人其過不在養小體，而在「以小害大」。前面相關章節已論，康德《宗教》一書提出人的分定的三成素：一、作為一種有生命的生物，人具有動物性稟賦；二、作為一種有生命同時又有理性者，人具有人性稟賦；三、作為一種有理性同時又有負責任能力的生物，人具有人格性稟賦。（Rel 6:26）由此可見，從人類學的觀點論人的本性，人不僅具有人格性稟賦，同時人作為一種有生命的生物具有動物性稟賦，以及人性稟賦。此即孟子所論「大體」與「小體」，都是人的原初稟賦。

　　孟子說：「乃若其情，則可以為善矣，乃所謂善也。若夫為不善，非才之罪也。」（《孟子‧告子章句上》）此即孟子從人所以有道德行為（可以為善）的機能言「性善」；並表明，人所以為不善，並不能歸咎於人的原初稟賦。在《宗教》一書第一篇「論人的本性中為善的根源的稟賦」有三類：一、動物性稟賦；二、人類稟賦；三、人格性稟賦。（Rel 6:26）可以說，依孟子所言「大體」與「小體」就等同康德所論「人的本性中為善的根源的稟賦」。人之為不善，並非根於人的「大體」，亦並非根於人的「小體」，而在顛倒了「大體」與「小體」的道德次序。此即康德指明：人有其自然稟賦，畢竟也依賴於感性的動力並把它們納入自己的格準。（Rel 6:36）關鍵在於人採納格準的主從關係，「即他把二者中的哪一個作為另一個的條件」。（Rel 6:36）用孟子的話說，就是「先立其大者，則其小者不能奪也，此為大人而已矣。」（《孟子‧告子章句上》）在道德踐履中，感性稟賦與道德稟賦並非對立的，而毋寧說，二者是在道德次序中相結合的，一個人之所以是惡的，在於他「把各種動力納入自己的格準時，顛倒了它們的道德次序」。（Rel 6:36）孟子說：

口之於味也，目之於色也，耳之於聲也，鼻之於臭也，四肢之
於安佚也，性也，有命焉，君子不謂性也。仁之於父子也，義
之於君臣也，禮之於賓主也，智之於賢者也，聖人之於天道
也，命也，有性焉，君子不謂命也。(《孟子·盡心章句下》)

依上引文可見，孟子的人性論包括從「口之於味也，目之於色
也，耳之於聲也，鼻之於臭也，四肢之於安佚也」而言的「性」。不
過，君子（即視自己為道德者）並不以此為「性」作藉口而放縱無
度，在這裡，君子強調有限制。「仁之於父子也，義之於君臣也，禮
之於賓主也，智之於賢者也，聖人之於天道也」，總是在限制中表
現，此就現實中表現的限制而言「命」，但在這裡，君子強調「分定
固也」(有性焉)，並不言「命」。

康德所說及的植根在人身上的「敗壞了的傾向」，孟子也多有論
及。孟子說：

雖存乎人者，豈無仁義之心哉？其所以放其良心者，亦猶斧斤
之於木也。旦旦而伐之，可以為美乎？其日夜之所息，平旦之
氣、其好惡與人相近也者，幾希？則其旦晝之所為，有梏亡之
矣。梏之反覆，則其夜氣不足以存。夜氣不足以存，則其違禽
獸不遠矣。人見其禽獸也，而以為未嘗有才焉者，是豈人之情
也哉？(《孟子·告子章句上》)

魚，我所欲也；熊掌，亦我所欲也，二者不可得兼，舍魚而取
熊掌者也。生，亦我所欲也；義，亦我所欲也，二者不可得
兼，舍生而取義者也。生亦我所欲，所欲有甚於生者，故不為
苟得也；死亦我所惡，所惡有甚於死者，故患有所不辟也。如

使人之所欲莫甚於生，則凡可以得生者，何不用也？使人之所
惡莫甚於死者，則凡可以辟患者，何不為也？由是則生而有不
用也，由是則可以辟患而有不為也。是故所欲有甚於生者，所
惡有甚於死者，非獨賢者有是心也，人皆有之，賢者能勿喪
耳。（《孟子‧告子章句上》）

仁，人心也；義，人路也。舍其路而弗由，放其心而不知求，
哀哉！人有雞犬放，則知求之；有放心，而不知求。（《孟子‧
告子章句上》）

孟子指出人「放其心而不知求」，論明「非獨賢者有是心」，而人
有是心，卻不能如賢者那樣「勿喪」之。又，《孟子‧告子章句上》
云：「夜氣不足以存，則其違禽獸不遠矣。」《孟子‧離婁章句下》
云：「人之所以異於禽獸者幾希，庶民去之，君子存之。」《孟子‧盡
心章句上》云：「行之而不著焉，習矣而不察焉，終身由之而不知其
道者，眾也。」此在在見出孟子於植根在人身上的「敗壞了的傾向」
之洞察鞭辟入裡。依此可見，學界流行一種說法，並不周全把握孟子
關於人的本性的論說，就以為孟子「性善說」是對人性採取樂觀主義
的觀點，實淺陋之見。

其實，只要學者們能夠周全把握孟子關於「人的本性」的論說，
則不會以為孟子言「性善」是以樂觀主義看待「人性」。同樣，只要
通貫理解康德的人的本性學說，就不會以為其論人的本性中有一種為
惡的傾向，就是主張「性惡論」。假若孟子，以及康德於論明本心、
意志自由為人的道德主體，乃人的道德實存之性之後並未論明「一種
敗壞了的傾向必然植根在人身上」，那麼，就是不顧人作為一種「有
生命的生物」，必定要在現實中體現其作為一種「有理性同時又有負

責任能力的生物」的人格性稟賦，也就必然有主觀的限制和阻礙。要真是那樣，道德就淪為無用的空談。可以說，若孟子、康德並未如理如實地正視人在實現其道德的稟賦之實踐活動中產生的種種限制和阻礙，也不會從其作為奠基的道德學說伸展至道德的宗教學說。

孟子道「性善」，不為時人所理解。《孟子・告子篇》記載公都子引告子語，說：「告子曰：『性無善無不善也。』或曰：『性可以為善，可以為不善；是故文武興，則民好善；幽厲興，則民好暴。』或曰：『有性善，有性不善；是故以堯為君而有象，以瞽瞍為父而有舜；以紂為兄之子且以為君，而有微子啟、王子比干。』」（《孟子・告子章句上》）依於告子的講法，公都子詰問孟子：「今曰『性善』，然則彼皆非與？」但孟子並不糾纏於告子的講法，而是擺明自己言「性善」之「性」與告子所言「性」根本不同。他說：「乃若其情，則可以為善矣，乃所謂善也。」（同前）「乃若」，發語詞。「情」，實也。也就是說：人「可以為善」之實，就是所謂性「善」。現實上，人有不善的行為，不能歸罪於人的能力，此即孟子對公都子指出：「若夫為不善，非才之罪也。」（同前）「才」，能力。事實上，即使一般的理解，也沒有理由將行不善或原罪視作人的機能；而毋寧說，人之所以行不善是人放失自身本有的良能所致。

前面相關章節已論明，「善」、「惡」問題與人固有的道德之能相關。道德之能就是一切道德行為所由生之根據，孟子承接孔子言「仁」之根源智慧，揭明「仁，人心也。」（《孟子・告子章句上》）以「仁」言「心」，此即「本心」，或分言四端而言「四端之心」。「四端之心」，「人皆有之」，「仁義禮智，非由外鑠我也，我固有之也，弗思耳矣。」（《孟子・告子章句上》）孟子恰切把握孔子言「仁」包含的「仁心」之立法性及普遍有效性，曰：「心之所同然者何也，謂理也義也。」（《孟子・告子章句上》）「本心」（仁）乃理義（天理）所

由出者也。依「本心」言「性」，此「性」乃人的一切道德行為及其
根據之天理所以可能的超越根源，即人的道德的實存性也。孟子據此
言「性善」，此「善」為絕對的「善」，非「善」、「惡」相對而言也。

〈告子章句上〉一開首，孟子辯駁告子論性的三種觀點：一、
「性，猶杞柳也」；二、「性猶湍水也」；三、「生之謂性」、「食色性
也」。前兩點乃係告子舉例說明「性」之作為材料，以及「性」受環
境決定，第三點乃係告子標明其論「性」之原則：「生之謂性」、「食
色性也」。我們可以指出，告子論「性」依據「生之謂性」，「生之謂
性」乃是言「性」的老傳統，孟子與他辯論的要旨並不在於要推翻老
傳統論「性」的這個原則，而是揭示：依照老傳統「生之謂性」的原
則，不能只論及「生之自然之質」（包括自然本能：食色性也以及人
性，總括而言可名為「小體」）；更要論及每個人生而固有的「本
心」。孟子之所以反駁告子，因告子未能見及「本心」（仁）作為人的
「我固有之」的本性，也就是忽略了內在於人而為人的道德行為之根
源的仁義之本性。

無疑，孟子據人皆固有的「本心」言人的道德實存之本性，據之
言「性善」。此乃孟子論人的本性的首出的核心的一環。但不能如歷來
流傳的一種誤解說法那樣，誤以為孟子「性善說」是主張一種「人性
論」，並因而指責孟子忽略「人性」之惡的方面。並且，也有學者以為
孟子言「性善」是反對「生之謂性」，此說亦有嫌粗疏。究其實，「生
之謂性」，通過康德學說來理解，以「生」而言「性」也就是以實存而
言「性」。人之「生」既意指人「以經驗為條件的法則下的實存」，也
意指人「依照獨立於一切經驗條件因而屬於純粹理性的自律法則之實
存」。（KpV 5:43）前者名為「一般有理性者的感觸的本性（sinnliche
Natur）」而後者名為「超感觸的本性（übersinnliche Natur）」。（KpV
5:43）依康德所論明，「本性」有此兩種意義區分，理由是：「『本性』

（Natur）從最一般意義上理解，就是物在法則下之實存。」（KpV 5:43）而法則區分為自然法則與自由法則（純粹理性的自律法則）。依此，吾人亦可說，人的本性可區分「小體」與「大體」而論：「小體」為依「如其生之自然之質謂性」（董仲舒語）而言；「大體」依本心之天理下之實存而言。

事實上，孟子處處關聯著人的感觸本性與從仁義之心而言之本性兩方面而考量。孟子與康德一樣，「先立其大」，康德首先證明人的意志具有自律自由之特性，而孟子首先揭明仁義之心而確立「性善說」；二人同樣並不因此而忽略現實中的人時常有意無意地背離道德本性的實情。如康德指出：人所處的道德狀態並不是順著自己的自然喜好就會以道德本性作主宰，相反，「一種自然的辯證」隨時隨地產生。（Gr 4:405）因為人的本性中善的源初稟賦不僅僅有「人格性的稟賦」，即道德的本性，還包含有「動物性稟賦」和「人類稟賦」。（Rel 6:26）後兩者構成人在他自己內部的需要和性好，「他將這些需要和性好之完全滿足概括於幸福之名下」，（Gr 4:405）它們是人的生存依賴的東西，因此，我們不能視之為惡的根據，相反，人的道德本性必須在全部人性中表現。但現實中，人們時常把人自己內部的需要和性好視為一種與道德本性對抗的力量，並據之反對道德法則，懷疑其有效性，至少是懷疑其純粹性和嚴格性。這樣一種癖好，康德稱之為一種「自然的辯證」。（Gr 4:405）同樣，孟子言「性善」，並不忽略人現實中放失本心的情狀。孟子所處時代，「爭地以戰，殺人盈野；爭城以戰，殺人盈城。」（《孟子·離婁章句上》）孟子曰：「庖有肥肉，廄有肥馬，民有饑色，野有餓莩，此率獸而食人也。」（《孟子·梁惠王章句上》）「世衰道微，邪說暴行有作，臣弒其君者有之，子弒其父者有之。孔子懼，作春秋。」（《孟子·滕文公章句下》）「楊墨之道不息，孔子之道不著，是邪說誣民，充塞仁義也。仁義充塞，則率獸食

人，人將相食。吾為此懼。」(《孟子·滕文公章句下》) 由此可知，以為「性善說」出於樂觀主義是毫無根據的。

究其實，「生之謂性」是言「性」的老傳統。但吾人可問：孔孟之前已流行的「自生言性」是否只表示自「自然生命」之特徵而言「性」呢？換言之，可否說孟子扭轉「自生以言性」的老傳統而「自德以言性」呢？牟宗三先生在《心體與性體 (一)》之「綜論部」表達了這樣的想法：孟子「不順『生之謂性』(自生言性) 之老傳統言性，而創闢地自仁義內在以言超越的義理當然之性，內在道德性之性，或道德的創造性之性」。[55]依本人前面論明，恰切地說，孟子論人的本性並不停在「如其生之自然之質謂性」而言，進一步顯明人的「超越的義理當然之性」。但他並沒有取消前者，而只言後者。因此，恰切地說，孟子乃是承「自生以言性」的傳統，自覺地區分「大體」與「小體」兩層面而論人的本性者。

雖則「自生言性」之老傳統並未有如孟子那樣區分開自「自然生命」之特徵而言「性」(小體) 與自「超越的義理當然之性」而言「性」(大體)。但正如牟先生本人已論明，孟子言內在道德性之性(「性善」之「性」)，「是以上世道德總規為背景，以孔子之仁為關鍵」[56]，「正是本上世道德總規 (政規) 中道德意義之概念，如聰明、勇智、敬德之類，以及超越意義之概念，如帝、天、天命、天道之類，通過孔子之仁教而如此言之者。」[57]並指出：「至於『言命言仁言天』皆古人所已及，……。」[58]依此可見，古人也並非沒有言及道德意義之「性」，吾人即可說，「自生言性」之老傳統已有自德以言

---

55 牟宗三：《心體與性體 (一)》，《全集》，卷5，頁292。
56 牟宗三：《心體與性體 (一)》，《全集》，卷5，頁292。
57 牟宗三：《心體與性體 (一)》，《全集》，卷5，頁292。
58 牟宗三：《心體與性體 (一)》，《全集》，卷5，頁293。

「性」，而並非僅僅自「自然生命」之特徵而言「性」。據此，思考再三，決定提出：「自生言性」之傳統就其關於人的本性而論，包括「如其生之自然之質謂性」，以及自德以言「性」。[59] 儘管於古人文獻中所言兩種不同層面之「性」，是散列的，而至孟子出來始見一關於「人的本性」之系統的論說。

荀子（前313-238）較孟子（前372-289）晚出幾十年，他不能理解孟子言「性善」之真旨實義，誤以為孟子閉眼不看人性之「惡」。究其實，如上文已論，孟子本人對人之為不善有深刻的論說，已論明「若為不善，非才之罪也」。（《孟子‧告子章句上》）人之為不善，在放失其本心（即失其「性善」之「性」），只養其小體，「以小害大」，「以賤害貴」。（《孟子‧告子章句上》）孟子言「性善」本孔子所言「仁」，從「人心之仁」言人所以為善的根據，據此揭明人的本性中固有的道德性，此言「性」之為「善」是絕對的，無可反駁的。此無礙於同時論明人之為不善在於失其「性善」之「性」。

孟子關於人的本性有周全論說，清楚明白。荀子所以不能契應於孟子，根本在其缺乏道德意識，不知「道德」為何物，以是否遵從行為規範（即一般所言「德性」、「品行」、「良好行為」）混同「道德」。如前面相關章節已論，康德嚴格區分「道德」與「習俗德性」，他在《德性形而上學》一書中說：「Sitten 與拉丁語中 Mores 的意思是一樣的，

---

59 此前，本人於一系列的論文及專書中，皆認同牟先生所言孟子扭轉「自生以言性」的老傳統而「自德以言性」的講法。茲作更正。究其實，牟先生於《心體與性體（一）》，第四章〈道之本統與孔子對於本統之再建〉，已詳列古文獻中言「性」的文句並作解釋，此中除了表示「自然生命」之特徵的「自生言性」外，還有自德以言「性」。先生本人就指明：「惟《左傳》師曠及子產所言『天地之性』（就天地而言其性）則有超越的意義與道德價值的意義，此開後來就人言超越之性或義理當然之性之門。」（牟宗三：《心體與性體（一）》，《全集》，卷5，頁215。）又說：「《詩書》《左傳》中復有另一組超越意義與道德意義的觀念」，並詳列相關文句加以說明。（同前）

僅指規矩習慣（Manieren）和禮儀教養（Lebensart）。」（MS 6:216）
又，在《倫理學演講錄》中指出：一般倫理學沒有恰切的字彙表達道
德的本性，因而混淆了道德（Moralitä）與習俗德性（Sittlichkeit）。
德性（Sitten）是理解為禮節，意涵社會的善。如法國這樣的國家可
以有»Sitten«，一個禮儀的法典，而不關聯到德行。（Ethik 27:300）

　　康德論明習俗德性、禮儀規範必須以人的道德的本性為根據。否
則，習俗德性、禮儀規範根本與道德的善不相干。此即孔子說：「人而
不仁，如禮何？」（《論語・八佾第三》）又，依康德所論，「德行」不
在行為看來合乎法則，而「在於存心。」（Ethik 27:300）此即孟子說：
「仁義禮智根於心。」（《孟子・盡心章句上》）「君子所以異於人者，
以其存心也。君子以仁存心，以禮存心。」（《孟子・離婁章句下》）
「由仁義行，非行仁義也。」（《孟子・離婁章句下》）道德建立在「仁
者人也」的根據上，每一個人依照本心天理而「由仁義行」，此即孟
子言「性善」之「性」的根據。此「性」是每一個人內在而固有的立
理義之本心及「由仁義行」的道德創造之性能。此道德創造之性能本
身是無條件地善，若人無此性能，則根本無道德上的善或惡可言。

　　繼告子之後，荀子出來反對孟子言「性善」。荀子提出：「人之性
惡明矣，其善者偽也。」（《荀子・性惡篇》）依荀子，人表現善行，
必待人為。「人為」，偽也，非「性」也。當是時，有人問荀子：「人
之性惡，則禮義惡生？」荀子回答：

> 凡禮義者，是生於聖人之偽，非故生於人之性也。故陶人埏埴
> 而為器，然則器生於陶人之偽，非故生於人之性也。故工人斲
> 木而成器，然則器生於工人之偽，非故生於人之性也。聖人積
> 思慮，習偽故，以生禮義而起法度，然則禮義法度者，是生於
> 聖人之偽，非故生於人之性也。（《荀子・性惡篇》）

　　荀子說：「工人斲木而成器，然則器生於工人之偽，非故生於人之性也。」此說類似告子「杞柳之喻」，杞柳需要人為加工然後造成桮棬，「性」也需要後天教育而作成仁義。這是一種「性待教為善」的主張。這種主張見於各朝代。[60]清代俞樾直斥孟子「恃性而廢學」，說：「從孟子之說，將使天下恃性而廢學，釋氏之教得行其間矣。」[61]究其實，依「性待教為善」者所論，其所謂「性」指人的本性中「自然之質」，無所謂善、惡，所論未及人的本性中的「道德稟賦」。

　　前面相關章節已論，人的本性包括動物性稟賦、人類稟賦、道德稟賦（即人格性），此三者作為「人的分定的成素」，是每一個人生而有的。各種惡習可以嫁接到人的動物性稟賦及人類稟賦上，這是經驗中人們的行為所昭示的大量顯而易見的例證就可以證明的，但不能推論到動物性稟賦及人類稟賦為「惡」之根源。人的行為之所以為「惡」而可咎責，不能推諉於動物性稟賦及人類稟賦使然。如康德所論明，一個自然而然（natürlicherweise）惡的人怎麼可能自己使自己成為善的人，這超出所有我們的概念。（Rel 6:44-45）他說：「一棵壞的樹怎能結好果子呢？而我們有理由承認，一棵根源上（就其稟賦而言）是好的樹會結出壞的果實。」（Rel 6:45）就人來說，人的本性中有一種根源上「善」的道德機能，我們始能說明人何以有道德上善的行為，道德機能就是孟子所揭明「本心」（人心之仁），亦即康德所論「人格性」（道德稟賦）。如前面相關章節已論，人的本性中的道德性（人格

---

60 漢代，董仲舒倡言「王教在性外」，說：「性待漸於教訓而後能為善。善，教訓之所然也，非質樸之所能至也，故不謂性。」（董仲舒：《春秋繁露・實性》）揚雄曰：「學者所以修性也。視聽言貌思聽言貌思，性所有也，學則正，否則邪。」（揚雄：《揚子法言・學行篇》）及至清代，戴震說：「人之血氣心知，其天定者往往不齊，得養不得養，遂至於大異。」「然人與人較，其材質等差凡幾？古賢聖知人之材質有等差，是以重問學，貴擴充。」（戴震：《孟子字義疏證》）

61 俞樾：《春在堂全書・賓萌集》。

性）是絕對地善，此即孟子言「性善」之根據。而惡的行為歸咎於人放失其道德機能。唯獨論明人的本性中的道德性，始能說明，即使經驗中人們的行為有種種墮落，但是，人應該並且能夠成為善的人。

　　自先秦告子、荀子，至漢、清學者，倡「性待教為善」而反對孟子言「性善」者，其錯謬在未能見及「人的本性」之全部。此等學者雖然順「生之自然之質之謂性」的原則，亦能見到：「不可學，不可事，而在人者，謂之性。」（《荀子・性惡篇》）荀子明文說：「凡性者，天之就也，不可學，不可事。」（《荀子・性惡篇》）若依據荀子本人關於「性」之定義，實不能說「性惡」，因無理由視「惡」為「天之就也」故。荀子等學者也沒有理由以為人性是惡魔式的惡，根本上敗壞的，若當真持此種主張，根本就不能談「性待教為善」。究其實，倡「性待教為善」者，其所謂「性」僅意指嫁接到人的動物性稟賦，以及人類稟賦上的「習性」，所謂「教」就無非以社會規範治理人的「習性」。荀子倡「正名」，重認知心，何以對「本性」一詞不能有恰切周全的定義，對「人的本性」立論如此偏頗、不中肯？無道德意識故也。

　　荀子提出：「人之性惡明矣，其善者偽也。」（《荀子・性惡篇》）觀其所言，所謂「人之性惡」，其所論只是人的「習性」，其篇名為「性惡」，實在文不對題，觀全篇根本未見及「人的本性」，於人的本性中的動物性稟賦及人類稟賦無深究，更根本看不到人的道德實存性（人格性）。其就人的習性而言「待教為善」，所言「善」也只不過針對人現實上的「習性」之惡施教而令其有好行為，而根本未及道德上的「善」。由此可見，荀子等人只論及習俗德性、禮儀規範，所論禮節只不過意指社會的良好秩序。凡此等等，用荀子本人的話說，皆「偽」也。何「道德」之有？何「善」之有？

　　《荀子・性惡篇》明文提出：「今人之性，生而有好利焉，……；

生而有疾惡焉，……；生而有耳目之欲，有好聲色焉，……。」其所
言「好利」、「疾惡」、「耳目之欲」、「好聲色」等皆指「習性」言。針
對此等「習性」而論：「故必將有師法之化，禮義之道，然後出於辭
讓，合於文理，而歸於治。用此觀之，人之性惡明矣，其善者偽也。」
（《荀子・性惡篇》）顯然，該篇所言「善者偽也」，其所謂「偽」意
指「師法之化」。荀子該處言「善者偽也」，此「偽」字不必用作詐偽
之意，[62]而可訓「偽」為「為」，也就是用作「作為」之意。荀子使用
「偽」字，有用作「作為」之意，也有用作「詐偽」之意，以及「心
之思慮活動」之意。究竟作何解，須依原文句上文下理作決定。〈性
惡篇〉言「人之性惡明矣，其善者偽也」的意思很清楚，也就是說：
「人之性是惡的，而善是後天作為。」大陸學者梁濤先生於其大作
〈荀子人性論辨正──論荀子的性惡、心善說〉一文中提出，該篇中
「偽」字指「心之思慮活動、心之作為」。[63]依愚見，梁先生實在是主
張「性惡、心善說」，而不顧荀子《荀子・性惡篇》原意。

　　荀子以為禮義「生於聖人之偽，非故生於人之性也。」（《荀子・
性惡篇》）難道他未聞孔子曰：「人而不仁，如禮何？」（《論語・八佾
第三》）「君子義以為質，禮以行之，孫以出之，信以成之，君子
哉！」（《論語・衛靈公第十五》）禮，人倫之常也，天地之序也，序
即群物皆別也。依孔子傳統，禮根本不是習俗意見中一套套的外在的
社會規範。禮若非根於本心之誠敬而本於天地之序，承天之道，以治

---

62 「偽」字在《荀子》中用作詐偽之意者，如《荀子・不苟》曰：「端愨生通，詐偽
　　生塞」，《荀子・禮論》曰：「不可欺以詐偽」，《荀子・樂論》曰：「著誠去偽」，《荀
　　子・宥坐》曰：「言偽而辯」，等等。

63 梁濤：〈荀子人性論辨正──論荀子的性惡、心善說〉，《哲學研究》2015年第5
　　期，摘要。梁先生援引郭店竹簡而提出「偽」字指「心之思慮活動、心之作為」。
　　但依愚見，即使「偽」字可有「心之思慮活動、心之作為」之意，然《荀子・性惡
　　篇》中「偽」字當該作何解，必須依該篇原文作根據。

人之情，孔子如何能說「民之所由生，禮為大」？《禮記・樂記》記載，云：「故禮以道其志」，「禮者，天地之序也。」《禮記・禮運》記載，云：「是故夫禮，必本於天，殽於地，列於鬼神，達於喪祭、射御、冠昏、朝聘。故聖人以禮示之，故天下國家可得而正也。」此所以《中庸》云：「雖有其位，苟無其德，不敢作禮樂焉。」（第二十八章）此可見，禮義根於聖人本其德之仁，依於天地之序而作也。荀子反之，而以為：「古者聖王以人性惡，以為偏險而不正，悖亂而不治，是以為之起禮義，制法度」，「始皆出於治」，（《荀子・性惡篇》）而已矣。據此亦可證，荀子言「善者偽也」，其所謂「偽」意指「起禮義，制法度」，亦即「師法之化」是也。荀子之論實為「道之以政，齊之以刑，民免而無恥」（語出《論語・為政篇》）的法家刑政學之先導。

　　孔子言：「道之以德，齊之以禮，有恥且格。」（《論語・為政篇》）「禮」之所由出，基於「道德」，即根於每一個人的羞恥心（即人本有的人格尊嚴）。梁濤先生替荀子辯護，以為荀子言「心善」，其實又是概念混淆所致。其為一位國學院的教授，恐怕因缺乏哲學訓練之故，概念混淆的情況難以避免。上文已論明，荀子並未論及人的本性，而只從心理學、社會學層次言人的「習性」，以之反對孟子言「性善」，其論根本不相應。同樣，依文獻來看，荀子言「心」之分辨作用，不能混同孟子承孔子言「仁」以據道德本心而言的「是非之心」。孟子首先論明：「心之所同然者何也？謂理也義也。」（《孟子・告子章句上》）其「以心言性」，所言「性」是每一個人內在而固有的立理義之本心，亦即「由仁義行」的道德創造之性能。依孟子，「是非」是道德判斷，此判斷依據每一個人的本心之義理。

　　孟子以本心言人的本性中道德實存之性，此「性」，即「心」，「非外鑠我也，我固有之也」，（《孟子・告子章句上》）「此天之所與

我者。」（同上）這是根源的講法，即哲學的講法。但荀子析「性」與「心」為二，其言「性惡」之「性」，究其實並非就「人的本性」而論。其言「心」並非就人的本性中道德實存之性而論道德心，而只落於一種心理活動而論。《荀子·正名》為「心」下定義：「欲不待可得，所受乎天也；求者從所可，所受乎心也。」《荀子·榮辱》說：「心正其口腹」，又說：「故治亂在於心之所可，亡於情之所欲。」依荀子所論，「心」作為支配「情之所欲」，對治「口腹之欲」的能力，藉此能力以達「治亂」的目標。梁濤先生即據此主張：荀子言「心」以「治」為善，「亂」為惡，即可稱為「道德直覺心」、「道德智慮心」。竟以心之思慮活動的好「治」惡「亂」混同道德心依其內發之天理而言的好善惡惡。[64]梁先生未能見到荀子之弊害在抹殺掉人的道德本性，其錯謬所由生，在其概念混淆不清，以社會秩序之治亂，外在的行為規範冒充「道德」，而一反前賢已達成的共識，盲目為荀子辯護。為害甚矣！[65]

　　正式立論言「性善」者為孟子，然孟子「道性善」實上承孔子。孔子就說：「性相近也，習相遠也。」（《論語·陽貨》篇）「性相近也」，意即：人之本性相近，即孟子所言「故凡同類者，舉相似也」，

---

64 梁濤先生援引《荀子·強國》說：「人之所惡何也？曰：汙漫、爭奪、貪利是也。人之所好者何也？曰：禮義、辭讓、忠信是也。」以此為據說：「這裡雖然沒有點出心字，但所好所惡者顯然指心。」並妄下結論：「故在荀子看來，心好治惡亂，好善惡惡，具有道德判斷力，這是心的一個重要特點，也是荀子對於心的一個重要規定。」治、亂是好、壞，梁先生以社會秩序之「好、壞」混同道德心之「好善惡惡」。

65 梁濤先生提出「性惡心善論」，以為荀子此論「揭示了人生中以『性』為代表的向下墮失的力量、以『心』為代表的向上提升的力量，並通過善惡的對立對人性作出考察，實際是提出了性惡、心善說。荀子的心乃道德智慮心，心好善、知善、為善，具有明確的價值訴求，故心善是說心趨向於善、可以為善。」（氏著〈荀子人性論辨正——論荀子的性惡、心善說〉，《哲學研究》2015年第5期，摘要。）依愚所見，梁先生自以為有所創發，其實混淆視聽。

孟子曰：「何獨至於人而疑之？聖人與我同類者。」(《孟子‧告子章句上》) 又，孟子曰：「其好惡與人相近也者幾希。」(《孟子‧告子章句上》)「人之所以異於禽獸者幾希，庶民去之，君子存之。」(《孟子‧離婁章句下》) 據此，我們理解「性相近」即人禽之辨的「幾希」，亦即「同類者，舉相似」的「相似」，而用孟子的話說，這「幾希」、「相似」、「相近」，也正就是「人心之所同然也」[66]。孔子言「性相近」之「性」，用孔子本人的話說就是：「人之生也直。」(《論語‧雍也第六》)「性相近」與「習相遠」是言「性」的不同層面，前者指「心之所同然」，後者指人性因後天條件不同而差異。[67]何況孔子言「仁者，人也」，此明「仁」乃人之為人之實存的分定也。唯獨從兩個根本不同的層面來考察人的本性，才能夠揭明人的真正的實存分定，不致流於相對的善、惡之紛爭的通俗淺見。

以上不厭其煩，一再論明孟子的「人的本性」學說，以此彰顯人的道德本性，據此明「仁者人也」、「人能弘道」為人類大憲章，而同時講明人「放失其心」之實情，以顯「存心養性事天」之道德宗教之

---

66 朱熹：《四書集注‧孟子集注》，卷十一：「其好惡與人相近，言得人心之所同然也。」

67 朱熹在其著《四書集注‧論語集注》卷九中，將「性相近也，習相遠也」一句理解為孔子言氣質之性，他說：「此所謂性，兼氣質而言者也。氣質之性，固有美惡之不同矣。然以其初而言，則皆不甚相遠也。但習於善則善，習於惡則惡，於是始相遠耳。程子曰：『此言氣質之性。非言性之本也。若言其本，則性即是理，理無不善，孟子之言性善是也。何相近之有哉？』」倒是我們要問：若言氣質之性，又何相近之有哉？究其實，朱子和程子都把孔子言「性相近」中「相近」之意理解錯了，把「相近」解為「不同」，於是就把「性相近」誤解為「性互相不同」。如此一來，孔子言「性」之原義盡失。如果朱子能夠如他在注「其好惡與人相近」一句時那樣，理解「相近」為「心之所同然」(《四書集注‧孟子集注卷十一》)，恐怕他對孔子言「性」會有另一番理解。關此，詳論見拙著《孔子哲學傳統──理性文明與基礎哲學》，第一章〈論孔子哲學傳統包含的道德哲學及通過康德批判哲學作考量〉第四節〈試藉康德『本性新論』說明孔子哲學傳統之『以心言性』而道性善〉。

莊嚴。唯獨講明人的道德主體及其立法之神聖性，並以之為人的實存之本性，一種由道德而伸展致的宗教始能確立。

第三節　論孔孟之學與康德所論圓善學說之義若合符節及與牟先生對康德圓善學說的批評作商榷

康德說：「道德的法則通過圓善作為純粹實踐理性的客體和終極目的的概念導致了宗教。」（KpV 5:129）吾人既已經說明孟子言「存其心，養其性，所以事天也」，即從「盡其心者，知其性也，知其性，則知天矣」展示的形而上學伸展至包含「事天」在內的道德的宗教；並且，亦已論明康德的圓善學說，揭明：「道德的宗教」之確立與圓善概念的超越的推證及圓善作為終極目的在世界上實現相關。那麼，吾人可據此說明，孔子哲學傳統的道德的形上學同樣因其包含道德的宗教而同時就展示出一個圓善學說的大系統。

吾人既論明，「盡其心者，知其性也，知其性，則知天矣」展示一個形而上學，並且論明，此形而上學奠基於道德創造實體，那麼，此形而上學就並不僅僅於學理而論，而必定要涉及道德創造之實現於現實世界的問題；此即包含自由與自然之先驗綜和如何可能的問題。「存其心，養其性，所以事天也」就是實踐地先驗綜和的問題。孟子言存心養性事天，乃上承孔子言「下學而上達」，此即：「仁也者，人也，合而言之，道也。」（《孟子・盡心章句下》）據此，吾人可論明孔孟之學與康德所論圓善學說之義若合符節。

前面相關章節已論，康德的圓善學說奠基於意志自由連同其道德法則，並擴展至道德的宗教，並已論明，康德以意志自由為創造實體的形而上學擴展至包含道德的宗教的實踐的智慧學說大系統，即圓善

學說大系統，亦可說是康德哲學之整全體系。圓善這個理念實踐上充分地決定，就是智慧學說。（KpV 5:108）康德一生的工作完成的圓善學說大系統，實現了他本人所言「讓哲學這個詞保留它的古代意義，即作為一種圓善的學說」，「使圓善成為科學」（KpV 5:108）之宏願。

現在，吾人循康德的圓善學說之基本理路來展示孔子哲學傳統的圓善說，首先要說明，孔孟哲學本身就包含圓善說，此區別於牟宗三先生以天台圓教之獨特模式為準，通儒釋道三家而成立的中國式「圓善論」的宏大系統。[68]總的來說，牟先生的「圓善論」大系統，以天台圓教模式為準，由圓教解決「德福一致」的問題，其宗旨在：儒聖、真人、佛之圓境。亦即先生說：「指導人通過實踐以純潔化人之生命而至其極者為教。」[69]如此說來，「圓善」乃成就個人（儒聖、真人、佛）德福「詭譎相即」之圓滿。而如吾人前面相關章節已論，康德的圓善學說雖然以希臘各學派關於「德福一致」問題的爭論作引子開始的，但康德的「圓善」概念及由之展示的圓善學說顯然不同希臘原義，[70]他不再限於個人「德福一致」問題，而是視「圓善」為意志自由（純粹的實踐理性）的客體。意志自由經由其自立的道德法則產生圓善，人藉著自身稟具的自由意志而作為道德主體，並遵循道德法則的命令而致力於使世上可能的圓善成為自己的終極目的；人因此堪稱為世界創造的終極目的，而意志自由亦作為第二自然（目的秩序中的道德世界）的創造之動源，使「出自自由的合目的性，與我們根本

---

68 關此，詳論請參見拙文〈論孔子哲學傳統包含的圓善學說〉，《鵝湖月刊》43卷1期（總505期）（2017年7月），頁4-5。

69 牟宗三：《圓善論》，〈序言〉，《全集》，卷22，頁3。牟先生全句是：「凡足以啟發人之理性並指導人通過實踐以純潔化人之生命而至其極者為教。」愚意以為，佛家不必涉及「啟發人之理性」，而道家則不必涉及道德理性。故冒昧對先生語作刪減。

70 康德在《實踐的理性批判》明確指出：「希臘各學派從來未能解決它們關於圓善的實踐的可能性的問題。」（KpV 5:126）究其實，康德一開始就意識到，圓善的問題不能作為個人「德福一致」問題。

不能缺乏的自然合目的性結合」獲得「實踐的現實性」。(Rel 6:5) 並且，為著「圓善」在世界上實現的需要，人設定一個「最高的道德者」作為實現「圓善」的世界的創造者，也就是：「把一個作為基礎的至上原因引介入這世界中，這一至上原因就是那依照道德法則而統治世界者。」(KU 5:446)

現在，我們依據康德的這個論證理路來說明：孔子哲學傳統「心性天一」所闡發的義理，正是從人的道德主體（本心、仁），作為人的分定之性，因著「仁者以天地萬物為一體」，「仁」（本心）擴充至道德目的論下自由與自然結合的道德世界，人依其道德主體創造一個道德的世界，此即包含一個由道德的形而上學擴展至的實踐的智慧學說大系統，即圓善學說大系統。吾人可說，孔子哲學傳統即圓善學說大系統，此系統之宗旨在：凝聚每一個人本具的道德創造力，致力於「圓善」（終極目的）實現於世界上。此即：通過人類全體的努力創造保障「德福一致」的世界。而並不旨在個人修德以達至聖境的「詭譎相即」之圓滿。

不必諱言，牟先生依照個人「德福一致」問題的思路建構其「圓善論」大系統[71]，其關注的問題與康德不一樣，思路也根本不同於康

---

71 「圓善」問題作為關於個人「德福一致」問題的爭論，始於古希臘。如康德在《實踐的理性批判》的「純粹理性在決定圓善概念時的辯證論」那一章中指出：「希臘各學派從來未能解決它們關於圓善的實踐的可能性的問題。」(KpV 5:126) 原因在：「它們不承認德行和幸福是圓善的兩個不同的要素。」(KpV 5:111) 也就是說，它們都是採用了割棄其中一個要素的方法。康德說：「伊壁鳩魯學派說：意識到自己導向幸福的格準，這就是德行；斯多噶學派說：意識到自己的德行，這就是幸福。」(KpV 5:111)「斯多噶學派主張德行就是整個圓善，幸福只不過是對擁有德行的意識，屬於主體的狀態。伊壁鳩魯學派主張幸福就是整個圓善，德行只不過是謀求幸福這個格準的形式，〔……〕。」(KpV 5:112) 牟先生依照希臘以個人「德福一致」問題的思路建構其「圓善論」，而先生並沒有視幸福是圓善的兩個相同的要素，而是視二者為「詭譎相即」的關係。

德，並且也不是從孔孟哲學直接說明。依先生《圓善論》一書來看，吾人可概括先生的「圓善論」之理路：首先，先生明示：「我今講圓教與圓善則依據儒學傳統，直接從孟子講起。孟子的基本義理正好是自律道德，……。」[72]事實上，《圓善論》共六章，其中第二、三兩章專論孟子的基本義理。不過，先生接著表明：「圓滿的善，以前儒者不甚措意，孟子亦未積極考慮此問題而予以解答，此蓋由於先重德一面故。」[73]可見，牟先生《圓善論》雖從孟子的基本義理講起，但卻認為「圓滿的善」（圓善）問題的解決不在孟子。儘管先生表示：「天爵人爵亦是孟子所提出者，此示本有德福之兩面，此即可引至圓滿的善之考慮。」[74]然先生並非依「天爵人爵」考慮圓滿的善，而是轉至「就圓教說圓善」[75]。並且，先生表明圓教之所以為圓教，「必須首先見之於佛家天台宗之判別、圓。」[76]並以天台圓教模式為準。據此，牟先生指明：「儒聖之圓境卻首先見之於王弼之聖人體無以及向、郭之注莊。」[77]並提出：「依儒家義理而說儒家圓教必須順王學之致良知教而發展至王龍谿之『四無』，再由此而回歸於明道之『一本』與胡五峯之『天理人欲同體異用』，始正式顯出。」[78]吾人可見，先生依「圓教之途徑」說圓善，[79]並不依其《圓善論》一書論明的孟子的基本義理（自律道德）進一步論孔孟哲學本身就包含圓善學說，而是從宋明儒開始至王龍谿發展至之「四無」為儒家圓教，此即先生說：

72　牟宗三：《圓善論》，〈序言〉，《全集》，卷22，頁11。

73　牟宗三：《圓善論》，〈序言〉，《全集》，卷22，頁11。

74　牟宗三：《圓善論》，〈序言〉，《全集》，卷22，頁11。

75　牟宗三：《圓善論》，〈序言〉，《全集》，卷22，頁5。

76　牟宗三：《圓善論》，〈序言〉，《全集》，卷22，頁11。

77　牟宗三：《圓善論》，〈序言〉，《全集》，卷22，頁11。

78　牟宗三：《圓善論》，〈序言〉，《全集》，卷22，頁12。

79　牟先生說：「就無限智心以說明圓善可能之根據，這將是所剩下的唯一必然的途徑，這途徑即是圓教之途徑。」（牟宗三：《圓善論》，《全集》，卷22，頁248。）

「究竟圓教乃在王龍谿所提出之『四無』」[80]，又讚曰：「圓教有待龍谿揚」[81]。無疑，先生是以龍谿所提出之「四無」之「渾化神聖之境」說儒家圓教。[82]也就是說，先生的儒家圓教是就聖人個體之圓修達至圓滿之境而立論的。儒家圓善說也是就聖人個體而言，先生說：「圓教成則圓善明。圓聖者體現圓善於天下者也。」[83]

　　不必置疑，牟先生以其哲學家的創造力建立一個獨到的「圓善論」，無人能否認先生的重大貢獻。然此並不妨礙吾人與先生對康德「圓善論」的批評作商榷，並重新回到康德的圓善學說之根源洞見及論述途徑，以確立從孔孟哲學開始的圓善學說。上文已論明，孔子哲學傳統的道德的形上學因著孟子所論「存心養性事天」伸展至包含道德的宗教，並且，「本心」（人心之仁）必然擴充，「達之天下也。」（《孟子·盡心章句上》）此即「人能弘道」，也就是說，孔子哲學傳統的形而上學必定要涉及道德創造之實現於現實世界的問題，此即因著「仁者以天地萬物為一體」，「仁」（本心）擴充至道德目的論下自由與自然結合的道德世界，也就是人依其道德主體創造「大同」世界。於在世界上致力於「大同」世界之實現的歷程中，「存心養性事天」，此即標舉「天」為「最高者」而敬奉之，以輔助人於現實中克服必然遇到的困難險阻。用康德的話說，將「天」作為至上原因引介入世界中，「這一至上原因就是那依照道德法則而統治世界者。」（KU 5:446）並且，「仁者以天地萬物為一體」的「大同」世界（即康德所論「圓善」實現的世界）就是道德的目的論下的世界，在這個世界，「天」，「一方面必然地與自由之法理相連繫，一方面必然地與

80　牟宗三：《圓善論》，《全集》，卷22，頁307。
81　牟宗三：《圓善論》，《全集》，卷22，頁325。
82　牟宗三：《圓善論》，《全集》，卷22，頁307。
83　牟宗三：《圓善論》，《全集》，卷22，頁324。

自然之法理相連繫。」（KU 5:448）此即自由之合目的性與自由然之合目的性隸屬於「天」而實現二者之先驗綜和。以此，吾人可說，孔子哲學傳統即圓善學說大系統。

前面相關章節已論，孔子哲學傳統的圓善學說始於孔孟，根源於本心（人心之仁），通過「仁者，人也」，「人能弘道」而實現世界大同，也就是以創造道德世界為終極目的。此同於康德的圓善學說大系統，要在：首先論明，每一個人因其自身的意志自由自律，成就自身為道德者，以使圓善成為世界之終極目的，並且，人應當致力於圓善之實現於現實世界。此為康德的圓善學說之大根大本。進而要論明，人致力於圓善之實現於現實世界，此乃一無限的進程，「圓善」之探究就不限於個人成就「德福一致」的問題，而是人類作為一個道德的整體的無限創造的進程。關此，上文「康德的圓善學說」一節中已詳論。

總的說來，依康德所論，「圓善」奠基於意志自由連同其道德法則。意志自由經由其自立的道德法則產生圓善，若意志自由不是人的道德稟賦，因而人以遵循道德法則的命令而致力於使世上可能的圓善為自己的終極目的；則根本無所謂「圓善」問題。進而，因為人致力於圓善之實現於現實世界的進程中無可避免要遭遇困難與限制，故必定要設定「上帝」，若人只憑自身的能力就能夠達到「圓善」，則無理由要設定「上帝」，亦即無所謂道德的宗教。同樣，依孔子哲學傳統，若本心仁體不是人的道德稟賦，人心之仁必然擴充至「人能弘道」而人必定以實現「大同」（天地萬物為一體的道德世界）為終極目的，那麼，根本無所謂「圓善」問題。進而，若人只憑自身的能力就能夠達到「圓善」，沒有現實中的限制，亦即無所謂「命」，則無理由言「命」、「天」，也就不會有孔子傳統的道德的宗教，也不會有包含於道德的宗教中的圓善學說。

　　但是，如前面相關章節已論，學界對康德的圓善學說有著諸多的
詰難，康德圓善學說中的「上帝」概念遭到根本曲解。牟先生也跟隨
康德學界流行的講法，視康德圓善學說中所論「上帝」為基督教傳統
的「人格神」。認為康德主張「上帝」使人的德福相配稱，人只要信
祂祈禱祂就可以了。[84]但如前面相關章節已論明，以西方傳統中「上
帝創造自然——使自然存在」的觀點解釋康德所論「上帝創造」，明
顯是對康德所論「上帝」有誤解。先生認為康德未能真正解決圓善問
題，看來與此誤解有關。先生說：「若依天台判教底觀點說，康德的
解決並非圓教中的解決，而乃別教中的解決。因為教既非圓教，故其
中圓善之可能亦非真可能，而乃虛可能。」[85]因此之故，先生並不循
康德圓善學說的理路講儒家的圓善學說，而是轉而以天台圓教模式為
準，「就圓教說圓善」[86]。

　　不必置疑，牟先生依天台判教之觀點，依佛家圓教、道家圓教、
儒家圓教之義理模式而解決圓善問題，[87]乃先生之獨創性貢獻。但吾
人仍可提出，若講明康德圓善學說之系統，吾人可嘗試依循康德圓善
學說的理路說明，孔孟哲學包含一個圓善學說，此乃是依孔子「踐仁
知天」，孟子「盡心知性知天」確立的道德的形而上學所包含的。此
與先生就個人之生命的純潔化臻至圓境（即儒聖、真人、佛之圓境）
而論的「圓善論」區別開來。

---

84 牟先生以為康德將「德福相配稱」視為上帝的事，並批評：「若說這是神底事，祂
　　自能使你的德福相配稱，你只要信祂祈禱祂就可以了。若如此，這等于未說明。」
　　（牟宗三：《圓善論》，《全集》，卷22，頁236。）

85 牟宗三：《圓善論》，〈序言〉，《全集》，卷22，頁3。

86 牟宗三：《圓善論》，〈序言〉，《全集》，卷22，頁5。

87 牟先生說：「由圓教而想到康德哲學系統中最高善——圓滿的善（圓善）之問題。
　　圓教一觀念啟發了圓善問題之解決。這一解決是依佛家圓教、道家圓教、儒家圓教
　　之義理模式而解決的，這與康德之依基督教傳統而成的解決不同。」（牟宗三：《圓
　　善論》，〈序言〉，《全集》，卷22，頁3。）

　　事實上，牟先生依據儒聖、真人、佛之圓境而論的「圓善論」，人的限制並非其中主要考慮，故並無人的能力不足的問題，也就無「天」的問題。但是，依牟先生本人據孔子「踐仁知天」，孟子「盡心知性知天」確立的道德的形而上學，「天」有獨立的意義，並且，「人能弘道」，也就是要在世界上實現道德的世界，就必然面對限制，就必定涉及「命」與「天」的問題。此即孔子亦有嘆：「知我者其天乎！」(《論語·憲問第十四》) 孟子也言「命」、言「事天」。(《孟子·盡心章句上》) 其實，牟先生在《圓善論》一書第一章「基本的義理」就講《孟子·告子上》。先生自道：「我之講圓教與圓善是直接從《孟子》講起，我之這樣講起是取疏解經典之方式講。」[88]先生明示：「教之基本義理定在孟子。」[89]並指出：「孟子的基本義理正好是自律道德。」[90]《圓善論》第二章「心、性與天與命」，第三章「所欲、所樂與所性」，都是講《孟子·盡心上》。此可說，牟先生實在已為孔子哲學傳統包含的圓善學說奠基。但是，先生並沒有採取康德從道德伸展至宗教，即設定上帝，進而確立圓善學說的理路。而愚意以為，從孟子言「命」、「事天」，實可通過康德所論「上帝」而與康德圓善學說根本義相會通。

　　現在，吾人依循康德圓善學說的理路，考察人類在世界上致力於圓善的實現之進程中必然遭遇的困難與限制，會通康德圓善學說中所論人的限制及「上帝」之設準而討論「命」與「天」的問題，首先需要與牟先生對康德圓善學說中所論「上帝」的說法作商榷，以探討孔孟言「天」與康德所論「上帝」其義相通之處，以此，始可進一步說明孔子哲學傳統包含的圓善學說。

---

88 牟宗三：《圓善論》，〈序言〉，《全集》，卷22，頁12。
89 牟宗三：《圓善論》，〈序言〉，《全集》，卷22，頁12。
90 牟宗三：《圓善論》，〈序言〉，《全集》，卷22，頁11。

依循康德的理路，普遍的形而上學及至道德的宗教與圓善學說乃是從道德伸展所致的。依孔子「踐仁知天」，孟子「盡心知性知天」確立的形而上學伸展至道德的宗教與圓善學說，同樣是基於「道德」。依孔孟言「道德」，其義同康德言「意志自律」，此即牟先生說：「孟子的基本義理正好是自律道德。」[91]此言「道德」必須與統儒道而論的「德者得也」區分開。[92]依「德者得也」所籠統地言之「德」，並沒有包含創造性的道德主體義，故不能伸展至道德的宗教與康德義之圓善學說。「道德」何以必定且必然產生「圓善」從而伸展至宗教？關鍵在道德主體（康德言「意志自由」，孔孟言「本心」、「仁」）的創造性，必定以創造人為道德者以及創造世界為道德世界為終極目的。於此道德的創造之無限進程中，人必定遭遇種種限制，對於其神聖任務（圓善）之達成，有力所不足者，因此，人依其理性有權設定最高者（天、上帝）。現在，吾人要依循康德的理路，講明最高者（天、上帝）在圓善學說中的真實意義。首先要就牟先生在《圓善論》一書中對康德所論「上帝」所作評說作商榷。為行文方便，茲先將該書相關文句引錄如下：

引文一

案此明說圓善只能在智思世界相連繫中始可能，而圓善中「幸福之準確地比例於〔于〕道德」這種準確的比例或配稱亦只有

---

91 牟宗三：《圓善論》，〈序言〉，《全集》，卷22，頁11。

92 牟先生說：「『依理性通過實踐以純潔化一己之生命』，這是教中的一主要部份。這一部份，籠統地言之，就是成德的一部份，不管這所成之『德』是什麼意義的德，是儒家的，是道家的，抑或是佛家的。我們先獨立地把這德訓為『德者得也』。將某種東西通過實踐而實有諸己謂之『得』。如此得之而純潔化人之感性生命便是『德』。」（牟宗三：《圓善論》，《全集》，卷22，頁262-263。）

在智思世界肯定上帝（自然之創造者）之存在始能保證之——
保證其真實的可能。[93]

引文二

至於那「不存在於我們的力量之中」者當指肯定上帝之存在而
言。上帝存在不存在於我們的力量所能者中，但我們卻必須肯
定之——肯定之以保證圓善之真實的可能，以補「我們之無能
於圓善之實現」這種無能。〔……〕；就上帝存在之肯定而言，我
們期德福一致之保證，作為我們的無能於圓善之實現之補充。[94]

引文三

德福一致既是超感性的關係，不是感觸世界中所能有者，然則
誰能保障其可能？曰：只有上帝（自然之創造者）能保之。
〔……〕因此，唯人格神的上帝這一個體性的無限存有始能保
障德福一致。因此，在此問題上，我們必須肯定「上帝之存
在」。[95]

引文四

康德繼上肯定靈魂不滅進而復就德福一致（福之準確地比例於
德）肯定上帝存在云：
〔……〕現在，這同一道德法則亦必須引我們去肯定圓善中第

---

93 牟宗三：《圓善論》，《全集》，卷22，頁201。《全集》本將牟先生原初版本（牟宗
　三：《圓善論》，臺北：臺灣學生書局，1985年）所用「于」改為「於」。以下同，
　不另加註說明。

94 牟宗三：《圓善論》，《全集》，卷22，頁203。

95 牟宗三：《圓善論》，《全集》，卷22，頁207。

二個成分即「比例於道德性的」幸福這一成分之可能，而它之引我們去肯定這一成分之可能是依據這樣的一個根據，即其為公正無偏，這樣的根據，而然者，而且是單一無私的理性而然者；此即是說，這同一道德法則必引至一個「適合於這個結果即幸福之比例於道德性這個結果」的原因之存在之假設；換言之，它必須設定上帝之存在以為圓善底可能之必要條件（〔……〕）。〔……〕（康德的道德哲學三七一——三七二頁）

案〔……〕道德法則亦必須引我們去肯定圓善中幸福一成素之準確的比例於道德性為可能。〔……〕於「幸福之比例於德」一面又須肯定上帝之存在。[96]

引文五

最高原因只是形式地說，必須具體化而為人格神，因此，它不只是一「理神」，且須是智神。它是自然之創造者，因而它就是上帝。只有如此之智神始能含有如上所說之原則，即祂能使自然適合於道德法則並適合於道德行為之道德品質，因而祂始能保證德福間的必然連繫，即使圓善為可能，是圓善可能底根據。〔……〕因此，自然底最高原因（此必須被預設為圓善之條件）就是一個「經由睿智與意志而為自然之原因，因而也就是說，為自然之創造者」的存有，此即是上帝。〔……〕

〔……〕顯然上帝這一個最高而絕對的存有（無限的存有）之概念就是一個最高而絕對的（無限的）神智與神意之概念。這個概念是純粹理性之概念。它所示的無限存有被意許為人格意義的智神（不只是理神）。〔……〕祂憑藉祂的神智與神意，祂

---

96 牟宗三：《圓善論》，《全集》，卷22，頁221-223。

創造了「自然」，祂又能使「自然」與人或有限理性存有底意志之本質原則相諧和，因此，祂使德福一致（圓善）為可能。[97]

引文六

但是上帝是一人格化的智神，不只是純邏輯思辨之理神。原初只是一個無限而絕對的心體，即一個無限而絕對的智與意，一個無限而絕對的智心包括純粹而自由的意志之作用。只因依宗教的傳統，遂把這樣的智心人格化而為一有無限性的個體存有即神或上帝。顯然，這樣地人格化之是理性外的情識作用，或說是依附于理性的一種超越的情識。因此，就這樣的個體存有（神）擬人化而說神智神意，這同樣也是理性外的情識作用——超越的情識作用（雖說超越的，仍然還是情識，不是理性，不是智。）[98]

引文七

因為人之德與有關於其「存在」（即物理的自然）的福既不能相諧一，何以與人絕異的神智神意就能超越而外在地使之相諧一，這是很難索解的。〔……〕？上帝所創造的那個「自然」就是我原有的那個「自然」。安上個上帝只是為的說明之，並未重新調整之使其適合於吾人之德。〔……〕，若我本無那個自然，上帝重新創造一個異樣的自然來配稱之，此尤可說也。現在，既無重新調整，又未重新創造，則光說神智神意底因果性就能使那不諧和者成為諧和，這豈非難解？[99]

---

97 牟宗三：《圓善論》，《全集》，卷22，頁229-230。
98 牟宗三：《圓善論》，《全集》，卷22，頁234。
99 牟宗三：《圓善論》，《全集》，卷22，頁235。

引文八

單在此絕對而無限的智與意之人格化而為一絕對而無限的個體
存有——「能創造自然」的個體存有，離開了人而為一異于
「在人處呈現的道德心底創造性」的創造者。這一「說明圓善
所以可能」的說明模式完全是順習慣依宗教傳統而說者。其中
難解處，雖以康德之智亦習焉而不察也。[100]

引文九

因此，我們決不能以知解理性所虛構的人格神的上帝之概念來
充當圓善可能之根據。在實踐理性上，為實踐之目的，使圓善
為可理解，需要這樣的人格神而信仰之，這信仰，這需要，亦
是情識決定，非理性決定。（康德雖說這信仰是純粹理性的信
仰，〔……〕。但這說法並不足以使這信仰為理性決定，因為其
出現為虛構故，因而在實踐理性上需要之，信仰之，這需要這
信仰亦仍為情識決定，非理性決定。）情識地需要並信仰這樣
一個人格神之存在並不能說明自然與道德品質相諧和；以之為
這諧和之根據，說祂含有這諧和之原則，這並不能使人坦然明
白。[101]

引文十

因此，期望「德福一致」便是教之極致，即「自然存在與德間
之相應而諧一」是教之極致。但是「存在」不是我所能掌握
的，依基督教說，是上帝所創造的。但是上帝是一個體性的人

---

100 牟宗三：《圓善論》，《全集》，卷22，頁236。
101 牟宗三：《圓善論》，《全集》，卷22，頁247-248。

格化的無限存有，這不是東方宗教所取的途徑，因為其中有虛
幻故。因此，儒釋道三教捨上帝而言無限智心。此一無限智心
有所事事于「存在」，但這不是依上帝創造之途徑而說。[102]

引文十一

圓教下德福一致既是諦地必然地一致，故德與福兩者之關係既
非權教下之綜和關係，亦非如斯多噶與伊璧鳩魯說法中那樣的
分析關係。此則非康德之依「上帝創造自然」而說者所能至。
（上帝創造自然，自然不能在圓修中隨德而轉，故德福一致仍
無顯明可解之根據。上帝保證其可能只是硬說而已。徒說上帝
依其神智與神意創造自然，這並不能函著說「其所創造之自然
必與吾人之德相諧和」。）[103]

　　吾人見到，牟先生在《圓善論》一書翻譯了康德《實踐的理性批
判》關涉到「上帝存在」之設準作為「由道德法則所決定的意志的必
然客體」（圓善）的條件的段落，[104]並逐一加案，作出疏解及說明。
無疑，先生該項工作為後人對此問題之研究提供了幫助；然亦不必諱
言，牟先生關於康德所論作為設準之「上帝存在」作出的說明有若干
可商榷處。

　　首先，吾人見到，牟先生將康德所論「上帝存在」之設準轉換成
「肯定上帝之存在」。（見上引文一、二、三、四）引文一乃牟先生在
引康德原文（KpV 5:115）之後所作案語。然查看康德原文，並無牟

---

102 牟宗三：《圓善論》，《全集》，卷22，頁263。
103 牟宗三：《圓善論》，《全集》，卷22，頁272-273。
104 此等譯文亦見諸於牟宗三譯註：《康德的道德哲學》（臺北：臺灣學生書局，1982
　　年9月初版）。

先生所說「肯定上帝（自然之創造者）之存在」的意思。引文三說「我們必須肯定『上帝之存在』」是先生表達自己的意思，並無康德原文作支持。

　　引文二乃牟先生在引康德原文（KpV 5:119）之後所案語。然查看康德原文，「『不存在於我們的力量之中』者當指肯定上帝之存在而言。」看來只是牟先生以其本人的觀點而說「當指」，吾人並未能見到康德於該段文中提出「肯定上帝之存在」。事實上，康德那段文提出「首先就直接在我們的力量中者」作闡明；「其次，就理性為了彌補我們無能達到圓善（依照實踐原則而必然的）的可能性提供給我們，而作為我們的無能（Unvermögens）之補充的東西」作闡明（KpV 5:119）所言「直接在我們的力量中者」，就是作為一切我們的德行的根源的意志自由，對其作出闡明是在《實踐的理性批判》之「純粹的實踐的理性分析論」完成的工作；而「那不在我們的力量之中者」就是作為純粹實踐理性之設準的心靈不朽和上帝存在，這是接下來在「純粹的實踐的理性辯證」中闡明的。自始至終，吾人未見康德提出要「肯定上帝之存在」。

　　於「引文四」，吾人見到牟先生在翻譯康德文（KpV 5:124）時加多了「肯定」一詞。康德說：「這同一個法則必然也一如前面一樣無私地經由不偏不倚的理性就導致圓善的第二個要素的可能性，也就是與那德性相配稱的幸福的可能性，〔……〕。」（KpV 5:124）牟先生中譯為「這同一道德法則亦必須引我們去肯定圓善中第二個成分即『比例於道德性的』幸福這一成分之可能，〔……〕。」因著添加「肯定」一詞，先生就在其案語中說：「於『幸福之比例於德』一面又須肯定上帝之存在。」然而，「又須肯定上帝之存在」畢竟只能算是牟先生本人的觀點。

　　其實，吾人注意到，牟先生在翻譯康德文（KpV 5:125-126）之後

所加案語中也有說到：「但是這裡康德說『設定上帝存在』這設定之道
德的必然性不是客觀的，〔……〕。它只是實踐上的主觀需要。」[105]並
且，在這個案語中先生提到《實踐的理性批判》序文關於「設準」一
詞之註語：「該注云：『實踐理性底設準卻是依必然的實踐法則而設定
對象自身之可能性（即上帝與靈魂不滅之可能性），因而也就是說，只
為一實踐理性之目的而設定之。〔……〕。那就是說，它不是就「對象」
而說的一種已被知的必然性，但只是就「主體」而說的一種必然的設
定，即對此主體之服從或遵守其客觀而實踐的法則而為一必然的設定。
因此，它只是一必然的假設。』（康德的道德哲學一三八頁）。」[106]可
見，牟先生知道依康德所論，「上帝存在」只是實踐的理性之「設
準」，只是一必然的「假設」，那就是說，「它不是就『對象』而說的
一種已被知的必然性」。牟先生在這個案語末尾，恰當地說明，說：

> 從純粹理性之知解使用面可以使吾人去設定上帝存在以為說明
> 萬物存在之原則（根據），雖然這設定只是一假設，並無客觀
> 的必然性，即並不能知解地被證明。從純粹理性之實踐使用面
> 說，則可以使吾人去說那知解地所設定的上帝之存在有道德的
> 必然性，在這裡，那作為知解上之「假設」的設定變成一種實
> 踐上的「需要」，一種純粹理性性的信仰，這設定之道德的必
> 然性只是實踐地主觀的，不是知解地客觀的，其本身亦不是一
> 義務，因為不能有一義務去設定某某東西之存在。[107]

但是，牟先生接下來隨即又肯定地指康德在「圓善所以可能之根

105　牟宗三：《圓善論》，《全集》，卷22，頁233。
106　牟宗三：《圓善論》，《全集》，卷22，頁232。
107　牟宗三：《圓善論》，《全集》，卷22，頁233-234。

據」問題上「依基督教的傳統，肯定『上帝存在』以充當之。」[108]就好像那兩頁關於康德論「上帝存在」只是知解上之「假設」、「實踐理性底設準」、一種實踐上的「需要」、純粹理性的「信仰」，「只是實踐地主觀的」，等等說明，與其指康德「肯定上帝存在」相一致而無矛盾似的。但事實上，康德一再強調「上帝存在」只是「假設」、「設準」，是一種實踐上的「需要」、「信仰」，就是要表明我們不能肯定「上帝」存在。假若康德主張我們能肯定「上帝」存在，那麼，他就跟西方傳統上的「神學的道德學」沒有區別了。也就是說，假若他肯定一個具有神智與神意的最高的世界統治者（上帝）在我們之外存在，如此一來，他推翻「神學的道德學」而提出的「道德神學」也就沒有根據了，因為依康德所立「道德神學」，道德法則為首出，一個最高者之存在的信念建立在道德法則上。（A632/B660）若肯定一個最高者（上帝）之存在為前提，則無異於傳統的「神學的道德學」了。

　　究其實，康德本人一再強調，「上帝」之概念是純粹實踐理性迫使我們自己形成的。他在晚年的論文〈論哲學中一種新近升高的口吻〉中說：「從我們自己的理性以權威給我們的道德法則中，不是從物自身的本性的理論中，產生上帝的概念，是純粹實踐理性迫使我們自己形成這個概念的。」（KGS 8:401）在這篇論文中，他論及我們認識的超感觸的對象，「它們是上帝、自由和不朽。」（KGS 8:418）並明確表示，因著「自由」之實存，在其結果中自身就帶有上帝及不朽之理念。他說：「在這些理念中，中間的理念也就是自由之理念，由於其實存就包含在不容有任何懷疑的定言律令中，在其結果中自身就帶有其餘兩個理念；因為定言律令，即智慧的至上原則，因而也預設最圓滿的意志之終極目的（最高的與道德協調一致的幸福），所包含的純然是唯有在其下才能滿足這個意志的條件。」（KGS 8:418-419）

108　牟宗三：《圓善論》，《全集》，卷22，頁234。

二、就牟先生批評康德「以知解理性所虛構的人格神的上帝之概念來充當圓善可能之根據」（見引文九）的說法作商榷。

牟先生既以為康德肯定上帝存在，他就據此批評康德「虛妄地把它（上帝）推出去而成為一個對象」，[109]因此就有所謂「定須有『關於其存在以及存在之證明』的知解上的虛妄問題」[110]。但是，吾人於前面相關章節已論明，康德所論「上帝存在」只是一個設準，意即其存在或不存在不能亦不必證明，它只是「理念中的對象」而並不是「實在中的對象」（A688-699/B724-725）。我們無理據以為康德肯定上帝為一個我們之外的「實在中的對象」。

事實上，牟先生正是藉著將康德所論「上帝存在」之設準轉換成「肯定上帝之存在」，而以此為據認定康德把上帝「推出去而成為一個對象」，也就斷定康德「虛妄地把它（上帝）人格化而為一無限性的個體存有」。[111]但是，究其實，康德所論「上帝存在」之設準只是一種實踐上的「需要」，康德說：「在與一個確實由道德法則提交給我們的客體（圓善）的聯繫中，因而在與一種實踐的意圖中的需要的聯繫中，這個假定就可以稱為信仰，更確切地說，是純粹的理性信仰。」（KpV 5:126）若肯定其存在，又說它只是「信仰」、一種實踐上的「需要」、「假設」，豈不自相矛盾？可見，康德並沒有肯定有一個上帝在人之外實存。在《基礎》一書，康德明文指出：「由一個神性的，最完滿的意志推衍出德性的那個神學的概念」，那麼，「我們對於上帝的意志還能有的概念（出於榮耀狂和支配慾之特性，並且與權力和報復之恐怖的表象相結合）必定構成一個與道德正好相反的德性系統的基礎。」（Gr 4:443）其實，前面「康德的圓善學說」及「康德

---

109 牟宗三：《圓善論》，《全集》，卷22，頁239。

110 牟宗三：《圓善論》，《全集》，卷22，頁239。

111 牟宗三：《圓善論》，《全集》，卷22，頁239。

的圓善學說中『上帝存在』之設準的意指與作用概論」兩節已一再論明，康德的宗教學說中，「上帝之概念」根本不同於作為歷史性的啟示信仰中的「人格神的上帝」。

康德明確反對將純粹理性理念感性化、擬人化。他說：「倘若我們要以從我們自己本性中取來的謂詞規定上帝，智性界（上帝之國）和不朽的理念，那麼，我們既不應該把這種規定視為那些純粹理性理念的感性化（Versinnlichung jener reinen Vernunftideen）（擬人化〔Anthropomorphismen〕），也不應該把它視為對超感性對象的僭越的認識。」（KpV 5:137）「上帝」作為一個「純粹的知性東西」的概念，我們固然能夠思維它，不過如康德所明示：「對於我們用來思維一個純粹的知性東西的那些概念，所剩下的就無非是恰恰為了思維一條道德法則這種可能性所要求的東西了，因而雖然是對上帝的一種認識，但卻是僅僅在實踐的關係中。」（KpV 5:137）要緊記：「把自己的使用僅僅限制在道德法則的踐履。」（KpV 5:137）

究其實，牟先生既將康德所論「上帝存在」之設準轉換成「肯定上帝之存在」，那麼，接著將「上帝」肯定為「人格神的上帝」就順理成章了。依牟先生的思路，「上帝」不只是一「理神」，且須是「智神」。（見引文五）因為如康德所論明，「理神論」主張：「我們關於此根源存有之概念只是超越的而已矣」，也就是說，「『我們卻不能夠依任何較為更特殊的樣式而去決定之』這樣的存有之概念。」牟先生引用了康德《純粹的理性批判》辯證部第三章第七節關於「理神論」與「智神論」的兩段文，並表示同意：「康德明言吾人可否認理神論者有上帝之信仰。」[112]並且，先生注意到康德論「智神論者」：「智神論者，則信一活的上帝，有生命的上帝。」[113]依智神論者的理解，「上

---

112 牟宗三：《圓善論》，《全集》，卷22，頁246。
113 牟宗三：《圓善論》，《全集》，卷22，頁246。

帝」之為「一個最高的者」（ein höchstes Wesen），「通過知性與自由
而為一切事物之創造者；又因為只在如此理解之之意義下，上帝之概
念始使我們感興趣；〔……〕。」[114]（A632-633/B660-661）看來，牟
先生依據「智神論」去想康德所論「上帝」，此「上帝」就必定是人
格神了。此即先生說：「上帝是一人格化的智神，不只是純邏輯思辨
之理神。」（見引文六）

　　誠然，康德指明，理神論對「上帝」之概念並無特殊的決定，因
而無任何真實的使用，此即牟先生說：「『理神論』之神亦無多大意
義。」[115]而且，牟先生在翻譯康德文（KpV 5:124-125）時注意到康德
說：「圓善只有依據一『最高存有』之假設才在這個世界中是可能的，
此最高存有有一種『與道德品質（道德意向）相應和』的因果性。
〔……〕。因此，自然底最高原因（此必須預設為圓善之條件）就是
一個『經由睿智（案：德文»Verstand«中譯「知性」）與意志而為自然
之原因，因此也就是說，為自然之創作者』的存有，此即是上帝。」[116]
（KpV 5:125）在為該大段文所作案語中，牟先生說：「顯然上帝這一
個最高而絕對的存有（無限的存有）之概念就是一個最高而絕對的（無
限的）神智與神意之概念。……。祂憑藉祂的神智與神意，祂創造了
『自然』，祂又能使『自然』與人或有限理性存有底意志之本質原則相

---

114 此為牟先生譯文。見牟宗三：《圓善論》，《全集》，卷22，頁245。康德原文：».......,
　　sondern ein höchstes Wesen, das durch Verstand und Freiheit der Urheber der Dinge sein
　　soll, ...«（A632-633/B660-661）»sondern ein höchstes Wesen«本人譯為「一個最高
　　的者」；»der Urheber der Dinge sein soll«本人譯為「應該是物之創作者」。

115 牟宗三：《圓善論》，《全集》，卷22，頁244。

116 康德原文：»Also ist die oberste Ursache der Natur, sofern sie zum höchsten Gute
　　vorausgesetzt werden muß, ein Wesen, das durch Verstand und Willen die Ursache
　　(folglich der Urheber) der Natur ist, d. i. Gott.«本人中譯：「至上的自然之原因，就其
　　為圓善而必須被預設而言，就是一個通過知性和意志成為自然之原因（因而是自
　　然之創作者），即上帝。」（KpV 5:125）

諧和，因此，祂使德福一致（圓善）為可能。」（見上引文五）於上所述，吾人可看到牟先生將康德所論「上帝」視為智神論者之「上帝」的思路，如此一來，先生就斷定康德肯定一個人格神的上帝。

但吾人可指出，儘管康德表明不滿意理神論之「上帝」概念只是超越的，對於「上帝」並無任何決定，故是無多大作用的，因而提出，為著圓善，至上的自然之原因（上帝）必須被預設（vorausgesetzt werden muß），而且必須預設它是「通過知性和意志成為自然之原因（因而是自然之創作者）」。（KpV 5:125）顯然，要點在康德所言「上帝」之概念只是一個預設，所言「通過知性和意志成為自然之原因（因而是自然之創作者）」也是預設，絕非如智神論者那樣肯定「一活的上帝，有生命的上帝」，「祂憑藉祂的神智與神意」，創造「自然」。因此，吾人無理由以為康德「以知解理性所虛構的人格神的上帝之概念來充當圓善可能之根據」。（牟先生持此觀點，見上引文九）康德並非把「智心人格化而為一有無限性的個體存有即神或上帝」，而是預設「上帝」，並依照一種類比去思想它。康德說：「人們按照一種類比，也就是按照我們作為感性生物而言實踐上所使用的那種純粹理性關係來假定和預設超感觸的東西（如上帝）。」（KpV 5:57）我們沒有理由將通過這種假定和預設的「上帝」，混同於西方傳統中藉感性化、擬人化之手法虛構的「上帝」。康德明示，關於道德的世界創造者之特性只能依照一種類比而為我們所思想，而絕不能依理論的樣式去認知它或謂述它的諸特性。（KU 5:456）我們依類比使用這些特性也不是要去決定這世界創造者的本性，而是要以之決定我們自己之自我和我們的意志。（KU 5:456）此即康德提出：這是「一種為了理性最高的實踐使用而充分地決定」的上帝之概念。（KU 5:485）明乎此，則牟先生不必以為康德「以知解理性所虛構的人格神的上帝之概念來充當圓善可能之根據」（牟先生的說法見引文九）。

牟先生很清楚：康德「明示知解理性形成人格神的上帝之概念是純然的虛構，是經由許多滑轉而形成的」。[117]「康德明言超越的理念（綜實在之理念）被真實化（對象化）而為一個體的存有是虛構。『我們沒有權利去作這一步，甚至亦沒有權利去假定這樣一個假設之可能性。〔……〕。』（見前錄辯證部第三章第二節文）。」[118]康德清楚表明，人格神的上帝之概念是虛構，我們沒有權利去假設一個人格神的上帝，甚至沒有權利去假定這樣一個假設之可能性。然則，何以會以為康德提出「上帝存在」之設準是要肯定一個人格神的上帝存在呢？吾人有什麼理由以為康德拿知解理性所形成的純然虛構的人格神的上帝作為「純粹理性的信仰」中的「上帝」呢？若如此，康德豈不是自相矛盾，一個嚴肅的哲學家怎能犯如此低級的錯誤？吾人以為，這裡有誤解需要化除。

首先要講明，「純粹理性的信仰」中的「上帝」，亦可說是為引至「比例於德性的幸福之可能」而必須設定的「上帝」，絕不能與知解理性所形成的人格神的上帝之概念混為一談。康德圓善學說中的「上帝」是「一種為了理性最高的實踐使用而充分地決定」的上帝之概念。（KU 5:485）康德說：「在這裡，人依照與神性的類比來思想自己。」（KGS 8:280）而並非虛構一個人格神。實在說來，我們設想上帝為「至上的自然之原因」完全是「按照類比」。康德說：「如果我想把一個超感觸者（上帝）設想為睿智者，那麼，這在我的理性使用的某種考慮中不僅是允許的，而且也是不可避免的」；並強調：「但是，自詡能夠賦予它以知性，並且把知性當作它的一個特性，由此來認識它，這是絕對不允許的。」（KU 5:484）康德指出，「按照與一種知性的類比，我可以，甚至必須在某種別的考慮中設想一個超感觸者。」

117　牟宗三：《圓善論》，《全集》，卷22，頁242。
118　牟宗三：《圓善論》，《全集》，卷22，頁247。

（KU 5:484）我們「純然按照類比」設想上帝的特性及其因果性的決定，由之可以有「對上帝及其存在的一種認識」，「這種認識在實踐的關係中具有、但也僅僅在考慮到這種關係時（考慮到道德的關係時）才具有一切所要求的實在性。」（KU 5:485）

依康德所論，首先，人直接以其自身的力量致力於圓善，其次，因為在幸福與德性兩者間之諧和一致的可能性上，人的能力不足夠，理性設定「上帝存在」作為補充。在道德實踐中，我們不必像思辨理性那樣追問是否真有一個上帝在我們之外實存，而是認定它是「為了遵循道德法則」而必須設定的「理性的信仰」。我們尤其不能以為理性設定「上帝存在」作為補充，就是要肯定在人之外有一個上帝為人創造幸福、分派幸福。

康德強調：「一個最高的道德的－立法的－創造者的實在性只是對於我們理性的實踐使用來說才得到了充分的闡明，並沒有就這位創造者的存在理論地決定任何什麼東西。」（KU 5:456）康德經由《純粹的理性批判》已經證明我們不能認識物之在其自身。我們對某物的認識恰切來說只是處理「某物對我們（依據我們的表象力之主觀的性狀）如何能是認識的客體，那麼，在這種情況下並不是概念與客體關連在一起，而是單純概念與我們的認識機能及其使用能夠做成的給予的表象（在理論的或實踐的意圖）關連在一起。」（KU 5:467）據此，依康德所論，上帝之概念是與我們的認識機能（理論的或實踐的機能）及其使用能夠做成的給予的表象關連而言，而並非意謂對於在我們之外的「上帝存在」之在其自身的本性有任何認識。毋寧說，我們的實踐的機能表象上帝之概念，為了理性最高的實踐使用而充分地決定它，表象其為「一個道德的者」、「至上的自然之原因」、幸福與德性兩者間之諧和一致的條件，等等，在其中我們思想本體中的神聖之理想（wir uns in ihm das Ideal der Heiligkeit in Substanz denken），（KpV

5:158）「只是要以之決定我們自己和我們的意志。」（KU 5:457）

　　康德於《純粹的理性批判》否決了「上帝存在的存有論證明」之可能性，裁定關於上帝作為「完滿性之存有論的概念」是「空洞」、「不確定」的，此即明示：我們不知道是否有一個上帝存在於我們之外。康德論明：「理性卻憑藉其道德的原則首先產生出上帝的概念。」（KU 5:447）並提出「上帝存在之道德的證明」。康德明示，其所論「上帝存在之道德的證明」，僅僅在於說明：如果一個人「想在道德上始終如一地思考，他必須在他的實踐的理性的格準下接受」上帝存在這個命題。（KU 5:450）他表明：「上帝存在之道德的證明」並非要證明「上帝存在」，他說：「這個道德論證不是為了提供一個客觀的有效的上帝存在的證明（Beweis），不是為了向那些信念不堅定的人證明一個上帝存在；而是要向他證明，如果他想在道德上始終如一地思考，他就必須把這個命題的假定接受進他的實踐的理性的格準下。」（KU 5:450）他強調：「它是為了道德而必要的，因此，它是一個主觀的，為了道德的者（für moralische Wesen）而充分的論證。」（KU 5:450）總而言之，對於「上帝存在」這個命題的「道德的證明」是「主觀的」，僅僅「為了道德的者」才是充分的論證。（KU 5:450）

　　康德所論「上帝」作為純粹理性的理想。康德於《純粹的理性批判》已通過對認識機能的批判考察達到這樣的結論：在純粹思辨方面，「理念甚至比範疇更遠離客觀的實在性」；（A567/B595）「而理想更是遠離客觀的實在性。」（A568/B596）康德告誡：「在理念中的對象」不能當作「實在中的對象」。（A699/B725）唯獨轉到實踐的領域，自由概念之客觀實在性經由實踐理性的一條無可爭辯的法則（道德法則）獲得證明。（KpV 5:3）而隨後，圓善以及其條件上帝和不朽緊跟自由之概念，「與它一起並通過它獲得支持和客觀實在性。」（KpV 5:4）康德說：「因為上帝和不朽作為圓善的條件必須被設定，

但這兩個理念的可能性只有因著自由是現實的這個事實而得到證明。
（KpV 5:4）他特別明示：「這裡所想到的實在性根本沒有範疇之理論
的決定及向超感觸東西的認識之擴展」，（KpV 5:5）只是指出，在實踐
的使用中，這些概念「畢竟有一個客體」，「這些概念的使用與思辨的
理性使用不同。」（KpV 5:5）依康德所論，上帝之概念僅僅「與意志
決定之對象」，亦即圓善，「不可分割地聯結在一起」，（KpV 5:5）才
獲得實踐認識上的實在性。

　　在道德實踐的認識中，我們應該關注的是純粹實踐理性的對象如
何通過實踐獲得實在性，也就是在實踐中真實化，亦即現實地起作用，
而不是要認識一個我們之外的對象。因此，我們不必像思辨理性那樣
追問是否真有一個上帝在我們之外實存，不能亦不需要任何關於上帝
離開我們的認識力自身是什麼的知識。「上帝」只是「純粹理性之理
想」，「僅僅在理性中的對象」。此所以康德明示：我們認定上帝是「為
了遵循道德法則」而必須設定的「理性的需要」。「上帝存在」只是一
種為著「理性的需要」而必要的假定，「上帝存在」只是「信仰事物
（Glaubenssachen）（KU 5:468）」、信仰之事（res fidei）。（KU 5:469）

　　康德指出：自由之理念其對象是事實物（Tatsachen）；（KU 5:468）
而圓善、上帝存在和心靈不朽三者都是信仰事物（Glaubenssachen）。
（KU 5:469）「在這些信仰事物中的視之為真是純粹實踐方面的確信，
亦即一種道德的信仰。」（KU 5:470）關於它們的一種可能的知識，
「只是在實踐的，並且為了我們理性之道德的使用而要求如此的關聯
中的假定。」[119]（KU 5:470）

---

119 在《判斷力批判》§91「論經由實踐的信仰而產生的視之為真（Fürwahrhalten）之
　　模式」（Von der Art des Fürwahrhaltens durch einen praktischen Glauben）那一節中，
　　康德明確指出：「上帝的存在和心靈不朽，都是信仰之事。」（KU 5:469）「人們不
　　能理論地保證它們的客觀實在性。」（KU 5:469）

　　經由實踐的信仰而產生的視之為真（Fürwahrhalten）之模式，就是康德提出的「理性的道德的思維模式」。（KU 5:471）在我們的「道德信仰」中，我們致力於在世界上實現圓善，「好像」（Als Ob）有一位「上帝」命令我們不懈地努力。在純粹的理性的宗教，我們的思維依循「道德的思維模式」。如前面第四章之第三節「康德的圓善學說中『上帝存在』之設準的意指與作用概論」所論，我們設定「上帝存在」作為「與德性切合的幸福」的可能性之條件，無非是信仰上帝，好像它作為「配得幸福」的公正無私的裁判者，究其實，人從自身的理性就能認識到「公正原則」，並據之作出公正裁判，這裡，我們設定「上帝」無非是理性依自己的「公正原則」立一個無偏私的「原型」。我們假設一位「上帝」，好像它有一種理智的直觀，這就是康德所論「主觀上需要設想一個具有理智的直觀的上帝」，以便向他表白道德存心的純粹性、堅定性。[120]我們設想「上帝」為「一位具有理智的直觀的知人心者」，設想上帝為「能夠看透人心的（抉意的所有格準的）智性的根據」，（Rel 6:48）無非為著表白堅持「進步的無限性」的決心。[121]再者，人的意志自由的道德法則自身是絕對無條件的命令，我們設定一位「上帝」，好像我們自身發出的道德法則是一個道德的最高者向我們發出的誡命，以便督促一切入（雖然自身是立法者卻同時作為受感取條件限制的有理性者）遵循自身發出的道德法則。我們設

---

120 康德於《宗教》一書論明：正因為格準的主觀的最初的根據對人來說本身是不可探測的，人才主觀上需要設想一個具有理智的直觀的上帝，以便向祂表白在善的存心中繼續前進的堅定不移的決心，「為了信仰中的那種善放棄一切辯白。」（Rel 6:76）

121 在《宗教》一書中，康德也說：「與道德法則的嚴格命令加以對照，不斷地檢查自己，如同在一位法官面前被要求作出解釋，所有這些，都是理性、心靈和良心同時教導和推動的。要求更多的東西，乃是希望過分。」（Rel 6:144-145）並且，康德已經論明，我們「純然按照類比」設想上帝的特性，並指出，「把知性當作它的一個特性，由此來認識它，這是絕對不允許的。」（KU 5:484）

定一個最高意志，好像它的意志立法就是我們自身發出的道德法則，每一個人的意志自由與這個最高意志一致，「通過與這個意志的一致才能希望達到圓善。」（KpV 5:129）並且，道德法則命令我們致力於在世界上實現圓善，也就是致力於目的王國（倫理共同體）與自然王國的結合，為此，我們設定一位「上帝」，好像它是目的王國（倫理共同體）之元首，「倫理共同體的一個公共的（öffentlich）立法者」，在這裡，我們設想一個對一切人有約束力的「至上原因」，以便人類全體一致團聚在其下；並且，我們設想此至上原因「一方面必然地與自由之法理相連繫，一方面必然地與自然之法理相連繫」，（KU 5:448）因而以之作為自由與自然之結合的原型，以便我們依照此原型朝向在世界上實現圓善而努力。這也就是康德所論「關於作為一個道德的世界統治者的上帝之概念」。（Rel 6:99）

此所以，康德提出的道德的信仰，「是對於理論的認識來說無法達到的東西之視之為真中，理性的道德的思維模式。」（KU 5:471）在道德的信仰之事中，一個人並不在意關於上帝存在或不存在的理論上的詭辯。此即康德指出，我決不放棄這種信仰，「因為這是我的關切不可避免地決定我的判斷而無需在意詭辯的唯一情形。」（KpV 5:143）

依以上所論，吾人可知，道德的信仰，亦即純粹的實踐理性的信仰是「理性決定」，沒有理由視之為「情識決定」。信仰上帝是「為了遵循道德法則」並依道德法則的命令致力於在世界上實現圓善，而必須設定的「理性的需要」。

有學者提出：我們無權「從需要推論到該需要的對象的客觀實在性」。康德的同時代人威岑曼（Wizenmann）在《德意志博物館》刊登一篇論文，文中就提出這種說法。康德在《實踐的理性批判》一個註腳中回應這種說法，他說：「威岑曼否認有從需要推論到該需要的對象

的客觀實在性的權限，並用一個熱戀者的例子來闡釋他的觀點，這個
熱戀者由於迷戀於本來只是他的幻影的美的理念，就想推論這樣一個
客體是現實地在某個地方實存著。」（KpV 5:144）他指出威岑曼所犯
的錯誤，那就是將「基於性好的需要」與「基於產生自道德法則的理
性需要」混為一談。他說：「在需要基於性好的一切場合裡，我承認
他在這一點上是完全有道理的。」（KpV 5:144）在這種場合，性好是
「種種期望的一個主觀根據」。[122]（KpV 5:144）但是，「上帝存在」作
為「純粹實踐理性的需要」而導向的一個「設準」，（KpV 5:142）與
基於性好的需要根本不同，康德說：「在這裡，需要是一種產生自意
志的一個客觀的決定根據的，亦即產生自道德法則的理性需要，道德
法則必然地約束著每一個有理性者，因而先驗地有權利預設自然中與
它相適合的條件，並使得這些條件與理性的完全的實踐使用不可分
割。」（KpV 5:144）康德指明：「這個預設與道德法則一樣是必要的，
它也唯有與道德法則相關才是有效的。」（KpV 5:144）尤為重要的
是，為著在世界上實現圓善而設定「上帝」，這是「理性的需要」，此
「需要」並非意指要求有一個「上帝」作為我們之外的一個對象的客
觀實在性。而是意謂設定「上帝」這種「理性的需要」是「與理性的
完全的實踐使用不可分割」（KpV 5:144）而起作用的客觀有效性。

　　康德所論「理性的需要」不能與「實用主義」混同。「實用主義」
的「需要」是經驗決定的，主觀的，其所謂「實用」是工具論的。而
「理性的需要」是產生自道德法則的，故是理性決定的，不能視作為
達到主觀欲望的工具。

　　三、牟先生既將康德所論「上帝」斷定為「人格神的上帝」，就
有了理由依基督教傳統上的「上帝創造」說加諸康德。（見上引文

---

122 康德說：「性好就連對受到誘惑的人也不是必然能夠設定其客體的實存的，更不用
　　說包含對每一個人都有效的要求了。」（KpV 5:144）

二、三、五、七、十、十一）先生斷定康德所論圓善所以可能之根據在於肯定一個「『能創造自然』的個體存有」（見上引文八）。但吾人已論明，康德提出設定一個與自然有別的「最高的自然之原因」，就是設定「一個通過知性和意志成為自然之原因（因而是自然之創作者），亦即上帝。」（KpV 5:125）此中所言「自然之創作者」，「亦即上帝」是就「假設」而言，此言「上帝」是一個預設，是理想。明乎此，則可知，康德批判哲學及至其宗教學中所言「上帝」不能視為人之外主宰人及自然世界的「造物主」，我們無理由以舊約《聖經·創世紀》中所說的「創造」加諸康德。

　　我們於前面相關章節已論明，依康德，上帝的概念（作為圓善）「只有從德性的完滿性的理念中得到，而理性先驗地制定這個理念，且將它與一個自由意志之概念不可分離地聯結在一起。」（Gr 4:408-409）也就是說，康德明示：離開人自身的理性及其根於人自身的自由意志之德性的完滿性的理念，就根本無法對「上帝」形成一個概念。我們又有什麼理由以為康德肯定一個「離開了人而為一異于『在人處呈現的道德心底創造性』的創造者」呢？可見牟先生認為康德主張上帝是「一絕對而無限的個體存有──『能創造自然』的個體存有，離開了人而為一異于『在人處呈現的道德心底創造性』的創造者」（見引文八），有可商榷處。康德在《實踐的理性批判》之「序言」的一個註腳中表明：

　　　　但前者（純粹的實踐的理性之設準）從絕對的實踐法則設定（postulirt）對象（上帝和心靈之不朽）本身的可能性，因此僅僅出於實踐的理性的宗旨；因為這種設定的可能性之確定性根本不是理論的，因此也不是絕對的，即不是就客體而言已認識的必然性（Nothwendigkeit），而是就主體遵循其客觀然而實

踐的法則而言是必要的假定（nothwendige Annehmung），因此
純然是必要的假設（Hypothesis）。（KpV 5:11）

　　在這個註腳中，康德提醒：純粹的實踐的理性之設準根本不能像
純粹的數學之設準（die Postulate der reinen Mathematik）那樣，「設定
一個行為的可能性」，人們不能夠預先從理論上完全可靠地先驗地認
識到實踐的理性之設準的對象是可能的。（KpV 5:11）由此可知，依
康德所論，「上帝」作為從實踐法則設定的一個對象，其本身的可能
性並不是「就客體而言已認識的必然性」，因此，它是「就主體遵循
其客觀然而實踐的法則而言是必要的假定」，「純然是必要的假設」。
我們連「上帝」是否可能也不能作理論的肯定，遑論說要肯定有一個
上帝創造天造地設的自然，並肯定它必定以神恩助人實現圓善。
　　康德明示，「上帝存在之假定」是理性將其作為圓善的可能性的
「解釋根據」（Erklärungsgrund）而視為「假設」，「在與一個確實由
道德的法則提交給我們的客體（圓善）的聯繫中，因而在與一種實踐
的意圖中的需要的聯繫中，這個假設（Hypothese）就可以稱為信仰，
更確切地說，是純粹的理性信仰。」（KpV 5:126）可見，康德所論
「上帝存在之假定」，是純粹的理性信仰。它作為一種純粹的理性信
仰，「它也必須被視為自由的信仰。」（Rel 6:164）可見，康德關於
「圓善所以可能的說明之根據是：「由道德的法則提交給我們的客體
（圓善）的聯繫中」，因著「實踐的意圖中的需要」，理性作出的「假
設」。明乎此，則吾人不會以為依康德，「『說明圓善所以可能』的說
明模式完全是順習慣依宗教傳統而說者。」（引文八）
　　康德在《單在理性界限內的宗教》一書明確地將「純粹理性的信
仰」（道德的宗教）與「歷史性的信仰」、「規章性的教會信仰」區分
開。依康德所論，純粹的道德的宗教絕不包含任何超自然的東西。在

康德提出的道德的宗教裡，「超感觸的東西（Übersinnliche）（在一切稱為宗教的東西中都必須想到的東西）與理性的決定的概念（道德的概念就是這樣的東西）連繫起來。」（SF 7:46）康德明文指出：「每一個教會的憲章都是從一種歷史性的（啟示）信仰出發的，這種信仰可以名之為教會信仰。」（Rel 6:102）他說：「如果我們假定上帝的規章性法則，並且把宗教設定為我們對這些法則的遵循，那麼，對這種宗教的認識就不是單純憑藉我們自己的理性，而是只有憑藉啟示才是可能的。」（Rel 6:104）並說：「無論啟示為了通過傳統習俗，還是《聖經》在人們中間傳播，對於每一個單個的人來說，是秘密地還是公開地給予的，它都將是一種歷史性的信仰，而不是純粹理性的信仰。」（Rel 6:104）明乎此，則沒有理由以為康德依據基督教「祈福佑求眷顧」來說明「上帝保證圓善之可能」，也沒有根據拿《聖經》上「上帝創造」的說法來解釋康德圓善學說中所論設定「上帝」作為「自然之創作者」（KpV 5:125）。

　　牟先生以為康德以基督教的「上帝創造自然」來作為圓善的可能性的說明。先生說：「『存在』不是我所能掌握的，依基督教說，是上帝所創造的。」（見引文十）「上帝所創造的那個『自然』就是我原有的那個『自然』。安上個上帝只是為的說明之，並未重新調整之使其適合於吾人之德。」（見引文七）「上帝創造自然，自然不能在圓修中隨德而轉，故德福一致仍無顯明可解之根據。」（見引文十一）由以上牟先生所論可見，先生理解康德所論「自然之創作者」中所言「自然」是指天造地設的「我原有的那個『自然』」。但吾人可指出，依康德實意，其圓善學說中所論設定「上帝」作為「自然之創作者」，此中所言「自然」意指與「自由之合目的性」諧和一致的自然，亦即通過人的道德實踐而創造的第二自然。依照康德的批判哲學，人類的認識力根本不能認識「自然」之在其自身，所認識的無非是知性立法下

的「自然」之「顯相的綜集」。究其實，康德所論無非是假設一個「至上的自然之原因」，假定它是自然合目的性，同時結合自由合目的性之原型。

康德所言「創作（Schöpfung）」即：「物之實存與一個終極目的相適應」。（KU 5:455）他明文表示：終極目的（圓善）首先作為一個「通過我們的力量之運用於一個這樣的目的的實踐的必要性（Nothwendigkeit）的概念」，（KU 5:450）此外再論及：我們要在世界上實現圓善，必定涉及其實現的外部的可能性，因此必須設定「另一種因果性」，作為「一種方法」，（KU 5:450）以此將我們的自由的因果性與「自然的可能性」結合起來。重點在：我們人自己運用我們的力量致力於在世界上創造第二自然，此第二自然是一個自然合目的性與自由合目的性結合之自然的理念。設定「上帝」作為「自然之創作者」，此「自然」是一個自由與自然之結合的原型，以便我們依照此原型朝向在世界上實現圓善而努力。此「自然之創作者」無非是我們人自己，我們將一個出自於理性的第二自然之理念（原型）歸於我們自己設定的「上帝」，我們設想的世界創造（Weltschöpfung）的終極目的，「同時可以而且應該是人之終極目的。」（Rel 6:6）也就是說，我們將人之終極目的歸於自己設定的「上帝」。此即康德說：「事實上，道德法則按照理念把我們置於這樣一個自然中。」（KpV 5:43）「這個理念犹如示範般現實地樹立了我們的意志決定的模本。」（KpV 5:43）「好像通過我們的意志一個自然秩序必定同時產生出來。」（KpV 5:44）事實上，依康德所論，世界創造的終極目的出自人的意志自由連同其道德法則，依照終極目的創造世界的真實作用在人自身，而所論設定「上帝」作為「自然之創作者」，只是就其為目的因而言，也就是作為「理想的原因」。「上帝」作為「理想」，是「理性在自由概念中以及在基於其上的諸德性之理念中」，「找到實踐上足夠的根據來

設定」的。（KU 5:479）我們人憑著自身的理性及其道德法則產生圓善以及圓善在世界上實現的道德世界（自由與自然結合）之理念，藉以按照此理念致力於在世界上創造第二自然，若離開作為道德者的人，我們對於「上帝」根本不能有決定的根念，遑論說要知道「上帝創造」是什麼。

　　人作為道德的存有，其道德法則命令在世界上創造第二自然，此即康德說：「按照普遍的和必然的德性法則的目的之系統的統一必然導致按照普遍的自然法則的一切物的有意圖的統一，這造成一大的全體，從而把實踐的理性和思辨的理性結合起來。」（A815/B843）我們能夠設定「上帝」作為「自然之創作者」，以及能夠設想世界創造的終極目的（自然合目的性與自由合目的性結合）之理念，「根本上取決於人的純粹的實踐的理性所具有的支配目的之能力。」（MS 6:395）只有人具有向自己提出目的之能力，（MS 6:392）並被道德法則命令著要努力實現圓善作為終極目的，據之，人自己「才能夠配得上是一個創造的終極目的」。（KU 5:469）並且有根據去視世界為一個按照目的而連繫在一起的全體，並視之為一個目的因的系統。此即康德說：「人就是創造的終極目的（Endzweck），因為若無人，則互相隸屬的目的之串列就不會完整地建立。只有在人中，而且只有在作為道德主體的人中，我們才找到關涉目的的無條件立法，唯有此立法使人有能力成為終極目的，而全部自然都要目的論地隸屬於這個終極目的。」（KU 5:435-436）唯獨這個世界有作為道德主體的人，「把世界看作一個按照目的關聯著的整體和一個目的因的系統」，（KU 5:444）人始能夠於自然世界之外開闢出絕對價值的世界，並且作為這個世界的「創造者」。唯獨人自身有力量致力於創造一個與自由合目的性相諧和的「自然」，「為了把我們的力量用於實現這種終極目的」，我們始能夠有「一種根據來假定這種終極目的的可能性亦即可實現性。」（KU 5:455）為

此，我們始能夠有一種道德的根據來設定「上帝」及其作為「自然之創作者」。此即康德明示：「一個最高的道德的─立法的創作者的現實性（Die Wirklichkeit eines höchsten moralisch-gesetzgebenden Urhebers）純然是對於我們理性的實踐使用來說才得到了充分的闡明，並沒有就這位創作者的存在理論地決定任何什麼東西。」（KU 5:456）

　　依以上所論，吾人可以指明，認為康德停在就個人而言「與德性切合的幸福」的問題論「上帝存在」之設準，並不能得康德所論「上帝」作為圓善之可能性之條件的真旨實義。牟先生在《圓善論》一書說：「若死抱『上帝保證圓善之可能』之信念，則若想使圓善不落空，必歸於祈福祐求眷顧之宗教（只知祈禱作禮拜者）。」[123]儘管牟先生知道「祈福祐求眷顧之宗教乃是康德所放棄者」[124]，但先生認為康德既然「死抱『上帝保證圓善之可能』之信念」，那麼，他「必歸於祈福祐求眷顧之宗教」。先生之所以有這樣的推斷，看來是將康德所論設定「上帝」作為圓善之可能性之條件的說法理解為主張有一個「上帝」真實地起作用，給人分配幸福，以保證「德福一致」現實地發生。依據這種理解，牟先生批評：「上帝之眷顧不眷顧又不可得而必，是則上帝之保證圓善之可能終是一句空話，而圓善亦終于不可得其具體而真實的意義之可能。」[125]但是，吾人已一再論明，康德提出「德福一致」的問題，儘管是以希臘各學派關於「德福一致」問題的爭論作引子開始的，但康德一開始就很清楚，圓善的問題不能限於就個人而言「與道德相配稱的幸福」，並論明，按照純然的自然進程，德福一致是不可指望的。（KpV 5:145）此即表明，「德福一致」不是現實上如何按照人的德行分配幸福的問題。康德在《宗教》一書中論

123 牟宗三：《圓善論》，《全集》，卷22，頁322。
124 牟宗三：《圓善論》，《全集》，卷22，頁323。
125 牟宗三：《圓善論》，《全集》，卷22，頁322。

及，考慮一個人為善而努力時，就這種道德的善本身與上帝的善意（göttliche Gütigkeit）的聯繫而言，涉及道德的幸福（die moralische Glückseligkeit），他明示：「並不是把道德的幸福理解為保證永遠擁有作為自然的幸福的、對自己的自然狀況的滿足感（擺脫了災難並且享受著日益增長的樂趣），而是保證永遠擁有一種一直在善中向前進的（永不脫離善的）存心的現實性和堅定性；〔……〕。」（Rel 6:67）事實上，康德提出「圓善」為意志自由（純粹的實踐理性）的客體，其「圓善」概念及由之展示的圓善學說顯然不同希臘原義。

其實，牟先生理解康德的圓善問題為就個人如何能做到其德性得到相配稱的幸福的問題，並且，先生以基督教的規章性的教會信仰中的「上帝之信仰」理解康德所論「上帝之信仰」，因此以為康德靠信仰上帝來保證圓善之可能，終歸是依賴向上帝祈福祐求眷顧。究其實，如前面相關章節一再論明，康德所論「上帝之信仰」根本不同作為歷史性信仰的基督教教義中所論者。《宗教》一書明確作出「純粹的理性宗教」與「歷史性的宗教」的區分，並指出：任何歷史性的宗教實在說來並不佩稱為宗教。並且，康德於該書提出：「根據我們的意圖，我們現在要分兩個部份介紹基督教，首先是作為自然的（natürliche）宗教，然後是根據其內容和其中出現的原則作為博學的（gelehrte）宗教。」（Rel 6:157）

依康德所論，「自然的宗教作為道德學（Moral）（在與主體之自由的聯繫中），與可以為其最後的目的產生效果的東西之概念（上帝作為道德的世界創造作者的概念）相聯繫，並且與人與這整個目的相適合之持存（不朽）相聯繫，是一個純粹的實踐的理性概念。」（Rel 6:157）顯見，康德所論作為自然的宗教的基督教是「純粹的理性宗教」，亦即道德的宗教，必須作為基督信仰的核心。（Rel 6:12）它與作為博學的宗教的基督教教會信仰區別開，後者是寬泛的歷史性的信仰。

　　康德說：「根據道德的宗教（類似在所有曾經有的公眾的宗教中，僅僅基督教是這樣的）有一條原理：『每個人都必須盡其所能成為更好的人；〔……〕』」（Rel 6:52）並說：「以下原理也有效：『知道上帝為他的永福在做或已做了什麼，並不是根本的，因而也不是對每個人都必要的。』但是知道為了配得上這種援助，每個人自己必須做些什麼，倒是重要的，對每個人都必要的。」（Rel 6:52）他指出：「把幸福原則附會在上帝身上，說成是祂的誡命的最高條件」，那是「不純正的宗教理念。」（Rel 6:51）明乎此，即可知，康德這裡所論僅僅基督教是道德的宗教，是指「基督信仰的核心」，它作為自然的宗教，根據在耶穌本人宣導的普世宗教。康德說：「不管怎樣，基督教的道德學之原則（das christliche Princip der Moral）本身不是神學的（因此是他律），而是純粹的實踐的理性為自身之自律，因為它不以認識上帝及其意志為法則之基礎，而僅僅以它為遵循這法則的條件下達到圓善之基礎，並且，遵循這法則的真實的動力不置於期望遵循法則的結果中，而單獨置於義務之表象中，值得獲得這種結果在於忠實的遵循義務。」（KpV 5:129）此言「基督教的道德學之原則」包含在耶穌作為「德性圓滿的原型」中。

　　誠然，若吾人依照現實上的基督教教會信仰來看，難免對於康德所論僅僅基督教是道德的宗教，以及基督教的道德學之原則等觀點產生疑問。牟先生就說：「康德說『惟基督教是道德的宗教』，此語太過。基督教的道德不必是康德所說的道德。康德若根據其所想的道德而說基督教是道德的宗教，那是增益見。」[126]事實上，康德本人也很清楚：「每一個教會的憲章都是從一種歷史性的（啟示）信仰出發的，這種信仰可以名之為教會信仰。」（Rel 6:102）基督教的規章性的教

---

126 牟宗三：《圓善論》，《全集》，卷22，頁323。

會信仰不是由道德的原則，而是由規章性的誡命、教規、戒律構成了教會的基礎和本質。康德明文指出：「教權制是這樣一個教會制度，在它裡面，占統治地位的是一種物神崇拜。凡在不是由道德的原則，而是由規章性的誡命、教規、戒律構成了教會的基礎和本質的地方，都可以發現這種物神崇拜。」（Rel 6:179）[127]

在《宗教》一書中，康德指出：「規章性的信仰充其量局限於一個民族，不能包含普遍的世界宗教。」（Rel 6:168）只有為了一個教會的目的，「才可能有規章被看作神聖的規定，它們對於我們純粹的道德判斷來說，是任意的和偶然的。」（Rel 6:168）他毫不忌諱地指出：自「基督教從猶太教中突然、但並非毫無準備地興起」，「直到基督教為自己造就了一個有教養的公眾的時代，基督教的歷史是模糊不清的。於是，我們也就始終不知道，基督教的學說對它的教徒的道德造成了什麼樣的影響，最初的基督徒是否確實是道德上改善了的人（moralischgebesserte Menschen），還是依然為普普通通的人。」（Rel 6:130）並嚴厲地批評：「就人們有理由期待一種道德宗教可以發揮的行善的（wohltätige）作用而言，基督教的歷史對公眾來說決沒有什麼好印象。」（Rel 6:130）他明文指責教階制：「借助一種壓迫自由的人們的教階制，正統信仰的可怕聲音如此從自封的、唯一欽定的《聖

---

127 康德指出種種宗教妄想：「憑藉虔誠的娛樂行為或者無所事事來使上帝喜悅。」（Rel 6:173）「例如憑藉認信規章性的教義、遵循教會的戒律和禮儀等諸如此類的東西。」（Rel 6:174）「憑藉宗教上的崇拜活動，在面對上帝釋罪方面有所作為，這種妄想是宗教上的迷信。」（Rel 6:174）「勸人相信可以把神恩的作用與本性（德行）的作用區分開來，或者乾脆可以在自身中造成神恩的作用，這是一種狂熱。」（Rel 6:174）康德明示：「假如對上帝的崇敬是首要的，人們因而把德行隸屬於它，那麼，這個對象就是一個偶像，亦即它被設想為一個我們不是憑藉在世上德性的善行，而是憑藉祈禱和阿諛奉承就可以希望使它喜悅的東西。但在這種情況下，宗教也就是偶像崇拜。」（Rel 6:185）

經》詮釋者的口中發出，以及基督教世界如此由於信仰的意見（如果人們不把純粹的理性宣布為詮釋者，就絕不能給信仰的意見帶來任何普遍的一致）而分裂成激烈對抗的派別。」（Rel 6:130）又批評：「隱士生活和僧侶生活的神秘主義狂熱」，「對獨身階層的神聖性的歌功頌德」，以及「與此相聯繫的所謂奇蹟」，「如此用沉重的枷鎖把人民壓制在一種盲目的迷信之下。」（Rel 6:130）依康德所論，各種歷史性的（教會的信仰）懷著「作為一種關於事奉神靈義務的妄想」。（Rel 6:123）

　　事實上，如前面相關章節所論明，康德以耶穌本人宣道為基督宗教的核心，而與基督教的歷史中的教會信仰區別開。依康德所論，基督教的教會信仰必須回到耶穌宣道的核心。此即在《宗教》一書第二版〈序言〉中提出：依據道德的概念檢察只作為歷史性的體系的啟示，「看一看這個體系是否能把人們引回到前面所說的純粹的宗教之理性體系。」（Rel 6:12）也就是說，必須依據道德的概念對基督教的歷史性的體系作檢察，以把人們引回到耶穌的純粹的宗教。康德呼籲：「一種沒有奇蹟就根本不會有權威的宗教的結束」，期待「信徒們支持新的革命。」（Rel 6:84）毋寧說，康德從事的是一項宗教革命，呼籲基督信徒拋開千多年歷史宗教和教會信仰的包袱，回歸到耶穌原初的道德典範的純粹性。康德提出：「歷史性信仰作為教會信仰，需要一部《聖經》來當作人們的韌帶，但正因如此也妨礙了教會的統一和普遍性。這種歷史性信仰將自行終結並轉化為一種純粹的、對整個世界都明白易懂的宗教信仰。」（Rel 6:135）

　　康德論明，建基於耶穌原初的道德典範的基督宗教，對所有人有效。「對所有人的有效性（*universitas vel omnitudo distributiva*；無例外的普遍性或全體性），即普遍的一致性。」（Rel 6:157）他指明：「為了在這種意義上將其傳播和維持為世界宗教（Weltreligion），它當然

需要純然是無形的教會（unsichtbaren Kirche）的僕人（事工），而不是職員（官員），即教師但不是首領。（Rel 6:157）

　　總而言之，必須把握康德所論建基於耶穌原初的道德典範的基督宗教之真旨實義，始能理解其所論「道德學不可避免地導致宗教」，（Rel 6:6）此所言「宗教」指「世界宗教」，即道德的宗教。明乎此，則沒有理由將康德「圓善學說」中提出設定「上帝」作為德福一致的可能性的條件解說成肯定「上帝存在」來保障現實上有德者必定獲得分配相配稱的幸福，而人只需要祈福祐求眷顧。並且，學者們只要把握康德所論宗教其超越根據在道德，就道德自身而言，「純粹的實踐的理性機能是自身足夠的。」（Rel 6:3）那麼，當康德進而論「由於人類機能不足夠」（das Menschenvermögen dazu nicht hinreicht），因此，「道德學（Moral）不可避免地導致宗教。」（Rel 6:6）也不會誤解康德主張人的純粹的實踐的理性的能力不足夠。牟先生說：「依康德的道德哲學而于圓善問題上猶仍歸于上帝之信仰這乃是其道德哲學之不徹底，實踐理性之未充其極，此只可說是實踐理性之始教或別教。」[128]看來，先生就是認為康德提出「上帝之信仰」，就是因為在其道德哲學中實踐理性未充其極。但可以指出，這種說法值得商榷。

　　《宗教》第一版〈序言〉開宗明義：「道德學（Moral）為其自身，（無論是在客觀上就意願而言，還是就主觀上有能力而言）絕對不需要宗教。」（Rel 6:3）並明示：「純粹的實踐的理性機能是自身足夠的。」（Rel 6:3）他強調：道德建基於「作為自由的，正因為自由而通過自己的理性把自己束縛在無條件的法則上的人之概念」，（Rel 6:3）「不是產生自人自身和人的自由的東西，也就不能為人缺乏道德（Moralität）提供補償。」（Rel 6:3）究其實，康德所論「人類機能不

128　牟宗三：《圓善論》，《全集》，卷22，頁323。

足夠」，主要在於就人作為道德者致力於創造道德世界，即在世界上
實現圓善的無限進程而言，總括而言，用康德本人的話說，「並不是
每一個人任何時候都遵循道德法則而行，即使一個人自己嚴格地依據
道德法則作為其行為的格準，但他不能預計他人也必如此；並且，個
人不能預期自然方面將有助於他對於幸福的期望。」（Gr 4:438-439）
因此，為著遵從道德法則的命令，致力於在世界上實現圓善（德福一
致的道德世界），必須假定一個全能的道德的者作為世界統治者，每
一個人從自身的道德意識即認識到它，每一個人自身的道德的存心堅
守著道德的法則，如同忠誠於一位共同的世界統治者。此「世界統治
者」無非是我們依自身的道德純粹性所設想到的，並且，我們設想它
按照與自由合目的性和諧的自然合目的性創造第二自然，這無非是標
舉一個自由與自然結合的原型，全人類朝向此原型而致力於在世界上
創造一個道德世界。並非意謂在我們之外有一位「世界統治者」在真
實地起創造作用。

　　依康德所論，道德法則「把圓善設定為我們追求的對象」，要求
「與道德相配稱的幸福」，這不僅就個人而言符合「善德有福報」的公
義原則，也不僅在「善有善報」依據的公正原則符合「沒有任何私人
意圖的理性」之判斷，而更為根本的意旨在：「每一個人自身都應該使
世間上可能的圓善成為終極目的。」（Rel 6:7）我們人自己創造「圓善
的世界」，也就是「自然王國」與「德性王國」之間協調一致的世界，
此即第一批判中所說「自得好報的道德體系」、「一個道德的世界」，
它無非是：「與一切德性的法則相符合的世界（就像它按照有理性者
的自由而能夠是及按照德性法則應當是那樣）。」（A808/B836）「它的
實現依據這樣的條件，即每一個人都做他應當作的。」（A810/B838）
而圓善學說就是關聯到：人作為一個自己意願的「道德世界」的創造
者，他如何在宇宙整全中置定自己，以及如何置定自己與這個自己設

定的道德世界（致力於要實現的目的王國）的元首（可名為「上帝」）
之間的關係。[129]可以說，康德的圓善學說之旨義在研究：人類如何致
力於「自由合目的性與自然合目的性結合」之實踐的實在性。（Rel
6:7）此即第二批判所論「將自然王國與德性王國之間之精確的協調
設想為圓善之可能性之條件」。（KpV 5:145）人作為有理性的道德
者，「將自己全心全意奉獻給德性的法則的世界」。（KpV 5:128）此
「圓善學說」倡導人憑自身的道德理性而不假手於任何外在力量而創
造幸福世界、公義的社會。

　　康德在《基礎》一書提出德性之原則（Princip der Sittlichkeit）的
三個模式，其中「一切格準的一種完備的決定（vollständige Bestim-
mung aller Maximen）」模式：「一切格準都應當從自己的立法出發而
與一個可能的目的王國（Reiche der Zwecke）和諧一致，如同與一個
自然王國（Reiche der Natur）和諧一致。」（Gr 4:436）此即康德明
示：「目的王國作為一個實踐的理念，用以去完成那尚未真實化，但
可藉我們的行為而能被真實化者。」（Gr 4:436）也就是說，「目的王
國」[130]與「自然王國」[131]協調一致，乃是德性之原則的定言命令，此
亦即表明：「圓善」之根本點在人由自身之德性之原則命令致力於在
世界上實現「目的王國」與「自然王國」的結合。一些康德專家只注
目於個人如何獲得「德福一致」，故無法理解康德的圓善學說。

---

129 詳論可參閱拙著《康德的自由學說》、《物自身與智思物──康德的形而上學》、《康
　　德的批判哲學──理性啟蒙與哲學重建》。

130 康德說：「王國是指不同的有理性者通過共同的法則而成的系統的聯結。」（Gr
　　4:433）一個目的王國就是：「一切目的在系統中連結的一個整體。」（Gr 4:433）並
　　論明：「道德在一切行為對於立法的聯繫中，由之一個目的王國始可能，而這種立法
　　必須在每一個有理性者自身中被見到，而且能由其意志產生出來。」（Gr 4:434）

131 康德說：「即使自然整全被視為一台機器，只要它與有理性者作為其目的相聯繫，
　　則因此之故得名曰一個自然王國。」（Gr 4:438）

　　依以上所論，吾人可說，康德所論「德福一致」不是如牟先生依圓教所論自然在「圓修中隨德而轉」。實在說來，個人「圓修中」達至德福詭譎相即，乃是依據儒聖、真人、佛之圓境而論的「圓善論」，此「圓善論」就釋、道而言固然無「天」；即便就儒家言，孔孟哲學中原有「天」的意義也沒有了，「人能弘道」，即人作為道德者致力於創造道德世界的問題也沒有包含其中。吾人就牟先生對康德的圓善學說之解說提出商榷，即旨在講明康德圓善學說，以明其通孔孟哲學中包含的「圓善」之義，並與牟先生依圓教而建立的「圓善論」區別開。事實上，唯有講明牟先生關於康德「肯定上帝之存在」，「以知解理性所虛構的人格神的上帝之概念來充當圓善可能之根據」，以及依基督教傳統上的「上帝創造」加諸康德等問題何以並不合康德圓善學說之真旨實義，吾人始能夠討論孔孟哲學中包含「圓善說」及其中「天」的涵義與作用，並發見其與康德圓善學說所言「上帝」之義的相通之處。若不然，孔孟哲學所言「天」與康德言「上帝」就會成了兩套根本不同的學說。

第四節　依孔孟哲學包含的圓善學說論其中言「天」與「命」之涵義

　　康德的圓善學說一經講明，則吾人即可依其宗旨與要義來說明孔子哲學傳統包含的宗教即康德提出的道德的宗教，而道德的宗教必定包含圓善學說。二者若合符節。首先，康德圓善學說宗旨在：以創造道德世界為終極關懷。每一個人成就自身為道德者，並依道德法則的命令以圓善為世界之終極目的，致力於圓善之實現於現實世界。此即通於孔孟哲學所言「仁者，人也」，「人能弘道」而實現世界大同。第二，孔孟哲學所言本心仁體通康德所論「自由意志」，據此言「德」通

於康德所論「道德」之義。康德說：「道德就是行為之關聯於意志自律，也就是說，關聯於藉意志之格準而成為可能的普遍立法。」（Gr 4:439）此即孟子言「仁義禮智根於心」,（《孟子‧盡心章句上》）「由仁義行，非行仁義也」。（《孟子‧離婁章句上》）第三，依康德所論，「通過意志自由產生圓善，這是先驗地（在道德上）必然的。」（KpV 5:113）此即孔孟哲學所論本心之擴充不已而致力「天下平」之理想的道德世界之實現。依孔子哲學傳統，本心之天理為首出，每一個人依循根於本心之天理而行，成就自己為道德的實存，同時致力於「天下平」之實現於世界上。康德在〈論通常的說法：這在理論上可能是正確的，但在實踐上是行不通的〉一文中提出，「一種由於純粹理性所提出的，把一切目的全都置於一條原則之下的終極目的的需要」，也就是「一個作為由於我們的參與而可能的圓善的世界」。（KGS 8:280）此通孟子言本心之「擴充」，以致力「天下平」的道德世界，以及宋明儒論「仁者以天地萬物為一體」，皆表示人自身的道德創造力要求創造一個自由與自然結合的道德世界，道德世界即德福一致的世界。

　　康德的圓善學說與孔子哲學傳統包含的圓善說得以會通，則吾人可依據「圓善」之真旨實義論明孔子哲學傳統言「天」之含義與作用，以及言「命」之意義。扼要地說，吾人通過康德的圓善學說來說明孔孟哲學包含的道德的宗教同樣包含「圓善說」，其根本的共通點在：一方面肯定就道德自身，純粹的實踐的理性機能，即本心仁體是自身足夠的，其自身因著自我立法而為神聖的。人自身就完全有能力使自己成為道德者，德性地善的行為應歸功於我們自己，必定不是藉助外來的影響。（Rel 6:191）另一方面如實指出，人致力於在世界上實現道德的世界（大同、天下平）的歷史進程中，必定有限制，無可避免要經歷險阻。嚴肅的宗教感必定由此而生。也就是說，人的道德使命感之絕對性、無限性與人作為有限的生物無可避免要面對的命限

之間的張力，人類道德稟賦必然產生的終極目的（圓善）與人的動物性之頑強性之間的衝突，即是自由與自然之間的不協調。人無可避免要在此張力之無可止息的緊張中，不停息地克服此衝突，以向著自由與自然的結合而努力不已。此即孔子既言「仁者人也」（見《中庸》第二十章〈哀公問政〉）[132]、「求仁而得仁」，「仁遠乎哉？我欲仁，斯仁至矣！」（《論語・述而第七》）並說：「克己復禮為仁」。[133]此即表示：人作為具有道德稟賦者，其道德行為之根據在其自身；而人在現實中表現自身的道德稟賦需要自我約束。「克己復禮」[134]就是每一個人自我約束而依於普遍法則（天理）而行的最高格準。

　　天理根於仁（本心），這是意志自律的首出義；但意志自律不止於自立法則義，還包括自我約束義，也就是自我立法自我約束。孔子言「克己復禮」正表達意志自律包含的自我約束。現實上，本心之天理的運用於經驗，不可避免要克服主觀的限制和阻礙，就此而言，每一個人必須自己克服限制和阻礙，以回到依於普遍法則為根據的格準而指導自己的行為，這就是依於意志立法為根據的抉意自律，自我約束之義由此而論。依人的實情來看，人自立法則，卻不總是自我遵循，人並不是時常做到自我約束。此即孟子說：「君子所以異於人

---

132 孟子也說：「仁也者，人也。」（《孟子・盡心章句下》）

133 孔子說：「克己復禮為仁，一日克己復禮，天下歸仁焉。為仁由己，而由人乎哉。」（《論語・顏淵第十二》）

134 孔子言「克己復禮」，克，約束也；克己，自我約束；復禮，回到禮。在孔子哲學中，禮，以及分言之仁，及義、智，皆「仁」所內涵，此所以孔子說：「人而不仁，如禮何？」（《論語・八佾第三》）又說：「君子義以為質，禮以行之，孫以出之，信以成之，君子哉！」（《論語・衛靈公第十五》）禮，人倫之常也，天地之序也，序即群物皆別也。此即《禮記・樂記》云：「合父子之親，明長幼之序，以敬四海之內，天子如此，則禮行矣。」依孔子傳統，「禮」根本不是習俗意見中一套套的外在的社會規範。不能以社會制度史所記一套套禮儀、典章，乃至個人行為的禮節、禮貌來理解孔子所言「禮」。

者，以其存心也。君子以仁存心，以禮存心。」（《孟子・離婁章句下》）孟子言「事天」表示道德的宗教事奉，道德的事奉就是通過「存其心，養其性」來事奉「天」，在這裡，就表示一種向最高者（天）表達「存心」之純粹性的需要。又，孟子言「仰不愧於天。」（《孟子・盡心章句上》）此即儒者常說的「對越在天」。[135]孔子曰：「不怨天，不尤人，下學而上達，知我者其天乎！」（《論語・憲問第十四》）亦表達「誠可鑒天」之意。「下學」與「上達」關連，孔子所言「下學」就意指在現實世界中做存心、養性之道德實踐；現實世界中實現自身之道德性，總是在限制中表現，無可避免有種種艱難挫折，乃至莫須有的毀譽，聖人亦無例外，此所以言「不怨天，不尤人」。孔孟及宋明儒者所言包含的「誠可鑒天」之意，表達人以純粹的道德存心對越在天，人與「天」對越，用康德的話說，此即表示人設想一個「他者」，作為自己的行為的「審判者」。而事實上，此「他者」就是我們自身的道德主體，我們視之為一個不同於我們作為感取者的他者。此「他者」實在包含在「每一道德的自我意識存在者中」，「作為授以全權的（autorisierte）良心法官」，「因為法庭是建立在人內部。」（MS 6:439）它「必定是知人心者」。（MS 6:439）

傅佩榮教授認為孔子言「下學而上達，知我者其天乎」，證明孔子相信：「唯有『天』真正瞭解他。」[136]但吾人實在沒有根據以為孔子相信有一外在的人格神的「天」與他相知、瞭解他。因為對於誰也不可能知道的外在的實體作妄測，根本與我們所認識的理性的孔子不一致。孔子說：「知之為知之，不知為不知，是知也。」（《論語・為

---

135 明道說：「君子當終日對越在天也。」（《二程全書・遺書第一》。見《宋元學案・明道學案》）蕺山說：「故君子就所睹而戒慎乎其所不睹，就所聞而恐懼乎其所不聞。直是時時與天命對越也。」（《學言上》）「君子終日凜凜如對上帝。」（《學言上》）
136 傅佩榮：《儒道天論發微》，頁93。

政第二》）理性承認有所不知，故「六合之外存而不論」。孔子言「知我者其天乎」，此言「天」可援用康德的說法，理解為設想「一個與我們自己有別、但卻對我們來說最親密地在場的神聖的者（道德上立法的理性）面前負責，並且使自己的意志服從正義的規則。」（MS 6:440）這樣一個「天之概念」，「任何時候都包含在那種道德的自我意識中。」（MS 6:439）

孔子言「畏天命。」（《論語・季氏第十六》）意同孟子言「事天」，此言「天」作為崇拜對象，但此對象不能理解為一個外在的超絕的實體，[137]而毋寧說，人意識本心仁體頒發的天理之定言的無條件命令的必然性，以此設定「天」而視天理如同「天」所命令。此義通康德所言「人之外的一個有權威的道德立法者的理念」。（Rel 6:6）究其實，由於天理根於人自身的本心，人本身就能認識到其絕對必然性，我們始有正當理由設定「天」（最高者），它以天理約束每一個人。而我們人視天理為「天」之命令，此並不意謂「天」有不同於人自身的普遍立法的另類立法。用康德的話說：「這些命令不是作為強迫命令，即不是一個外來意志的任意的、自身偶然的指令，而是作為每一個自由的意志為自己的本質的法則，儘管如此卻必須被看作為最高的者之命令。」（KpV 5:129）天理作為每一個人的本心的「本質的法則」，其自身是普遍必然的，對每一個人頒發定言的無條件命令，因此，它始能被視為「最高者」（天）的命令。若然人的本心無頒發普遍法則的能力，人根本無法認識到「天」之命令是什麼。

---

137 康德指出：真正的批判哲學是工作（Arbeit），這區別於那些以超絕的東西（Transzendente）為前提的有如點金術（Alchimie）的神秘主義。（KGS 8:441）並論明：正是超感觸的東西才構成道德和宗教的基石。（A466/B494）孔孟哲學是理性本性之學，絕無神秘主義的成份，故無理由視孔孟言「天」為人之外的「超絕的東西」。

　　吾人沒有根據以為孔子、孟子妄作一個「客觀的自存潛存」的外在的「天」作為崇拜事奉的對象，而毋寧說，孔孟所言作為崇拜對象的「天」意指道德的宗教中的理性的理想，我們只在它與我們的道德關聯中設想它。而根本沒有離開人自身的道德去妄議「天」的本性。[138]也就是說，我們所關注的並不是知道「天」就其自身而言是什麼，並不是要知道離開人的本心天理「天」之在其自身具有什麼特性；而是關切「天」之理念只存在於與我們在道德上的關聯中，它的起源，甚至它的力量，都完全建立在與處於我們自身內的本心良知之天理的聯繫上。[139]

　　吾人可指出，孔子哲學傳統中，「天之尊」的根源在「心之尊」，而「心之尊」在於本心之為普遍地立法的能力，而人同時服從這種立法。[140]假若「天理」被設想為超離於人心之外而「自存自在」的「天」所頒令，則無「心之尊」可言。此即孟子言「良貴」。[141]也就是康德說：「人們感受自己的尊嚴時賦予人心一種甚至出乎其所料的

---

138 此如康德所論「上帝」作為道德的宗教中的理性的理想。康德說：「如果我們超出了這個東西之理念與我們在道德上的關聯，關於它的本性之概念，就總是會陷入神人同形同性論的（anthropomorphistisch）危險之中，從而常常是以直接危害我們的德性的原理的方式來進行設想。」（Rel 6:182）

139 康德說：「我們感興趣的並不是知道上帝就其自身而言（就其本性而言）是什麼，而是知道他對於作為有理性者的我們而言是什麼。」（Rel 6:139）「它在道德性之上還包含著一個超感觸者之概念」，不過，「它的理念並不能自身存在於思辨的理性本身當中，而是把自己的起源，甚至還有自己的力量，都完全建立在與我們的以自身為根據的義務決定的聯繫上。」（Rel 6:183）

140 康德說：「儘管我們在義務的概念下來設想對法則的一種服從，但我們卻由此同時設想履行自己一切義務的人有某種崇高和尊嚴。因為他之所以崇高，並不是就他服從道德法則而言，而是他同時是這法則的立法者，並且只是因此才服從這法則。」（Gr 4:439-440）

141 孟子曰：「欲貴者，人之同心也。人人有貴于己者，弗思耳。」（《孟子・告子章句上》）

力量，以掙脫一切想占支配地位的感性依賴性，並且在他的智性的本性之獨立性及心靈偉大裡面找到他所做出的犧牲的充分補償，而他看到自己是分定具有這種獨立性和心靈偉大的。」（KpV 5:152）「即使這種動物性的傾向如此巨大，但人卻更積極地與將他束縛於其本性之野蠻中的障礙作鬥爭，以使人自身有尊嚴。」（Anthro 7:325）「人的本性驅動他不斷追求極度幸福，而理性卻把幸福限制於尊嚴的條件之下，即建立在德性上。」（Anthro 7:326）

　　吾人可以說，唯獨人根於自身的本心仁體而顯自身的尊嚴，始有根據以設定「天」為至高無上的、道德的、最神聖的和全能的東西。[142]人唯獨藉著自身的本心仁體及其所立天理之神聖性，始能設定「最高者」（天）之神聖性及其所頒命令是什麼。此即孟子曰：「夫仁，天之尊爵也，人之安宅也。」（《孟子·公孫丑章句上》）天理發自人的本心良知，本心良知是每一個人自身內的機能，用康德的話說：「在這不平凡的機能裡面，有一個我的實存之分定的原則。」（B431）人的實存之分定的原則就是天理。人尊敬自身的道德實存之分定，始能設定以天理向人頒令的「天」，及產生對「天」之敬奉。此即孟子言「事天」，乃是道德的事奉，此意通康德所言「通過遵守自己的一般義務來事奉上帝」。（Rel 6:134）康德說：「真正的啟蒙是要將對上帝物神化的偽事奉轉變成一種自由的，從而也是道德的事奉。」（Rel 6:179）[143]

---

142 康德提出：為著自由與自然之結合，亦即為著終極目的（圓善）的可能，我們必須假定（annehmen）一個更高的，道德的，最神聖的和全能的東西（Wesen），唯有它才能夠把圓善的兩種成素結合起來。（Rel 6:5）

143 康德指出：人們有趨向於事奉神的強制性信仰的傾向，他們自發地趨向於給予這種信仰以先於道德信仰的最大重要性。（Rel 6:134）我們中國習俗之小傳統中亦不乏這種崇拜鬼神之事奉。而孟子言「事天」與習俗小傳統之鬼神的事奉根本區別開，它代表道德的宗教事奉的大傳統。

　　孔子說：「唯天為大，唯堯則之。」（《論語・泰伯第八》）此即以
「天」為「最高者」、「至上的原因」、「最高的原則」，而「堯」（聖
人）取法於「天」。援用康德的思路來說明：堯之盛德大業取法於
「天」，意謂聖人創造道德世界，以「最高者」（天）為準；這是一種
「道德的目的論」的思維，也就是從道德的目的論出發必然產生一個
問題：我們需要設定「最高者」（天），「它一方面必然與自由之法理
（Nomothetik）相聯繫，另一方面必然與自然之法理相聯繫。」（KU
5:448）此即是孔子哲學傳統之「內聖外王」的原型。「內聖外王」的
原型其義通康德所論「自得好報的道德體系」（A810/B838），亦即道
德的世界，也就是終極目的（圓善）在世界上實現。唯獨「內聖外
王」作為孔子哲學傳統之終極關心與目標，需要設定「最高者」（天），
此即孔子言「唯天為大」之涵義，聖人取法於「天」，此所以孔子言
「唯堯則之」。此言「堯」取法於「天」，必須依聖人之「內聖外王」
的盛德大業來理解。此即是說，在道德目的論下設定「天」，它表徵
自由之法理（Nomothetik）與自然之法理結合的原型，而為聖人取
法。此中所言「自由之法理」無非是本心之天理，一切人作為道德者
依循天理結合成「目的王國」[144]；自然之法理即是自然「與有理性者
作為其目的相聯繫」，此即康德說：「即使自然整全被視為一台機器，
只要它與有理性者作為其目的相聯繫，則因此之故得名曰一個自然王
國。」（Gr 4:438）取法於「最高者」（天），以達至自然王國與目的王
國之結合，這就是「內聖外王」的本旨。

　　除了在與人的道德主體（本心仁體）之聯繫中設定「唯天為大」，
我們根本不知道「為大」之「天」的任何事，孔子並無離開人的道德

---

144 康德說：「道德在一切行為對於立法的聯繫中，由之一個目的王國始可能，而這種立
　　法必須在每一個有理性者自身中被見到，而且能由其意志產生出來。」（Gr 4:434）

（人心之仁）妄測一個外在自存的「天」為堯取法。而毋寧說，如康德揭示：「當我們從德性的統一之觀點的一條必然的宇宙法則（Weltge-setze）出發」，就會產生「對我們有約束力的至上原因」。（A815/B843）堯取法於「天」，關此吾人可作這樣的理解：堯之「內聖外王」之大業，是依據「德性的統一之觀點」，遵循「必然的宇宙法則」，包括自由之法則與自然之法則，我們據此設定「至上原因」（天），它包含一切法則及自由之法則與自然之法則的和諧一致，此是人自身依照天理就能認識到，並能依據它來指導道德的實踐。事實上，「內聖外王」之原型出自人的本心（人心之仁），依照此原型創造世界的真實作用在人自身。

　　人何以需要以「天」的至上權威來表徵根於人自身之本心的天理呢？首先，前面相關章節已論明，人的道德主體（本心仁體）及其所立法則（天理）是神聖的，人出自對於天理之神聖性的敬畏，以「天」來表示這種至上權威。而且，儘管天理根於人自身的道德主體，但人現實上並不是神聖的，人儘管能夠意識到自身本心之天理，但也會感覺到內心有一種強大的抵制力量反對依天理而行，懷疑其純粹性、嚴格性和有效性。對於我們人的這樣的特性而言，以「天」來表示本心立法的「至上權威」，從而對人自身產生一種激勵和監督作用，並非是可有可無的。「人所處的德性的階段（sittliche Stufe）是對道德法則的尊敬。」（KpV 5:84）尊敬天理（道德法則）是「天之尊」的根源。並且，尤為重要者，「人能弘道」，也就是要將「內聖外王」的原型（作為極目的的大同世界）實現於世界上，為此，設定「天」為標舉「從德性的統一之觀點的一條必然的宇宙法則」，此即「天地萬物為一體」的自由與自然結合的法則，以此為人所取法。此乃本心（人心之仁）所必然要求者。

　　人對自身立法之神聖性的敬畏，就是孔子言「畏天命」，孟子言

「事天」。《中庸》首章云：「是故君子戒慎乎其所不睹，恐懼乎其所不聞。莫見乎隱，莫顯乎微，故君子慎其獨也。」《大學》第六章云：「小人閒居為不善，無所不至，見君子而后厭然，揜其不善，而著其善。人之視己，如見其肺肝然，則何益矣。此謂誠於中，形於外，故君子必慎其獨也。曾子曰：『十目所視，十手所指，其嚴乎！』」其義一也。

　　孟子說：「有不虞之譽，有求全之毀。」（《孟子・離婁章句上》）又說：「士憎茲多口。詩云：『憂心悄悄，慍于群小。』孔子也。」（《孟子・盡心章句下》）聖人如孔子，亦有「慍于群小」之憂心。陽明說：「昔者孔子之在當時，有議其為諂者，有譏其為佞者，有毀其未賢，詆其為不知禮，而侮之以為東家丘者，有嫉而沮之者，有惡而欲殺之者；晨門、荷蕢之徒，皆當時之賢士，且曰『是知其不可而為之者歟！鄙哉硜硜乎，莫己知也，斯已而已矣』。雖子路在升堂之列，尚不能無疑於其所見，不悅於其所欲往，而且以之為迂，則當時之不信夫子者，豈特十之二三而已乎？」（《傳習錄》中，〈答聶文蔚〉，第171條）故孔子說：「知我者其天乎！」道德之事，不必求知於人，但求知於天，此中即含著道德信念之莊嚴。

　　此外，「天」表徵每一個人本心之神聖性，它對於現實的人起到一種不可或缺的督察作用。我們人有時會懷著虛偽的動機，此即康德說：「我們從未能完全測透我們的行動的秘密動力」；然而「只有行動的那些不為人看到的內部原則」才構成行動的真正道德價值。（Gr 4:407）因此，人設定一位全知者（上帝），「它在一切可能的場合和在全部未來中認識我的行為，直至我最內在的存心。」（KpV 5:140）康德在這裡引入「知人心者」。（Rel 6:67）可以說，這是人要向設想的「公正無偏私者」證明自身行為的「意圖的純粹性」。用儒者的話說，此無非是一種「誠可鑒天」的需要，這種自我要求向天表示忠誠

的宗教信念，其根據不過是人對自身道德純粹性的要求。固然，天理是道德行為的唯一動力，人設定「天」作為督察者，無非是為加強對自身道德純粹性和持存性之堅守而希望一種輔助的動力。

　　就人現實的狀況而言，人的「格準之存心基於道德的強制（moralische Nöthigung）」。（KpV 5:84）康德說：「行為的本質善（Wesentlich-Gute）在於存心（Gesinnung），而不管其結果如何。」（Gr 4:416）「德性的存心（sittlichen Gesinnung）的動力卻必須是解脫一切感觸的條件之束縛的。」（KpV 5:75）但有誰敢自稱在有生之年就能夠一成永成地做到「存心之完美無缺」呢？即使是一個時常遵從天理而行的有德行者，他會自以為偏離天理對他已經是不可能的事嗎？有誰會自以為並無對天理之尊敬，即並不感到道德的強制，就會時刻遵循天理而行呢？假若一個人真的這樣自負，他就根本不是有德行者了。正是這種「道德的強制」是人認識「天之尊」的根源。此所以聖人孔子亦言「畏天命」。

　　我們將天理（道德法則）對人自身的強制視作為「天」對每一個人有約束力的原因。天理本身是絕對必然的，以此為根據，始能設定一個道德的最高者（天），它無非表徵我們自身之本心天理的無條件命令而對每一個人有約束力的原因。此言「約束」是「道德的強制」。此「約束」是人以自身立法自我約束，此「強制」不能與外來的強制混為一談。天理並非從設想的最高者（天）的意志源初地發出。否則，遵循天理而行就不是「自由的德行」，而是「強制性的律法義務」。[145]假若人自身沒有是絕對必然的天理，因此能夠按照天理來規定天的意志之概念，那麼，我們無法設想一個對一切人有約束力

145　此如康德指出：「倫理的法則不能被設想為純然從這個至上者（Obern）的意志源初地發出。」（Rel 6:99）否則，「它們就會不是倫理的法則，與它們相符合的義務也就會不是自由的德行，而是強制性的律法義務。」（Rel 6:99）

的「天」。事實上，「天命」對一切人有約束力，是通過每一個人的本心仁體頒布無條件的命令而發生的，每一個人憑藉自己的本心良知都能夠認識「天命」及其至上的權威。

有學者認為，我們設定天理（道德法則）作為「天」的命令以敬畏之，相悖於道德之意志自律義。究其實，他們將意志自律與道德強制對立起來。吾人依康德意志自律之根本義論明，「道德是行為與意志自律的關係，亦即通過意志的格準與可能的普遍立法的關係」，（Gr 4:439）意志自律「就是意志對於其自身就是一法則」。（Gr 4:440）「道德法則直接決定意志。」（KpV 5:71）道德法則本身就是動力。道德的法則是意志自律的原則，意志自律即每一個人的理性在自己的意欲機能中立道德法則，並服從自己所立的法則。這決不會因為「一個道德的最高者」之設定而有所改變。同樣，依孔孟哲學，天理發自每一個人的本心（人心之仁），而人自己遵循天理而行；我們設定「天」（一個「至上的意志」），因為「每個人各別不同的意志從德性之統一的觀點需要一個對每一個人有約束力的原因」。（A815/B843）但意志自律之義絲毫不會由於「天」之設定而改變，因為並無設想「天」是法則的創造者。[146]

不必諱言，孔子言「畏天命」，即包含「道德的強制」。毋寧說，現實上，人意識到自身之本心所頒發的天理之無上權威對自己有約束力，始有根據言「畏天命」。[147]「畏天命」包含的「強制」即涵於意志自律之義中，二者並不相悖逆。事實上，人在選取其行為的主觀原

---

146 此如康德說：「經由我們自己的理性先驗地無條件地約束我們的法則，也可以表達為出自最高的立法者之意志，即一個只有權利而無義務的意志（因而是上帝的意志）。它僅僅指表道德者之理念，它的意志對一切人是法則，但並不設想它是法則的創造者。」（MS 6:227）

147 此如康德指明：抉意之自律中的「理性的聲音」是最平庸的人也聽得清楚的。他稱這為「上天的聲音」。（KpV 5:35）

則時以天理為根據而擺脫一切經驗動力（此即康德所論抉意自律〔Autonomie der Willkür〕。）[148]也就必然意識到天理對自身有一種約束力。此即康德所論明：人的抉意雖然是自由的，但它們畢竟受官能刺激，「也就含有一個由主觀原因發生，因而可時常與純粹的客觀的決定根據相牴觸的願望（Wunsch），這樣就需要實踐的理性之抵抗，這抵抗能夠被名為一種內在的但理智的約束（ein innerer, aber intellectueller Zwang），作為道德的強制。」（KpV 5:32）此中法則對人的抉意有一種約束，此乃抉意之自律之義，而抉意自律就是抉意以道德法則為根據訂格準。[149]而義務之所以名為義務，也正是因為這種通過理性及其客觀的法則而來的強制。孔子所言「克己復禮」即包含「道德的強制」之意。本心（人心之仁）頒發天理，而人可能與自身所立天理相悖，因此，需要人自身的道德主體抵抗違背天理的格準，也就是需要道德的強制。

　　假若人的抉意不是自律的，那麼，道德判斷和譴責必不能發生。（KpV 5:100）而抉意自律即表示「道德的強制」。有學者將康德所論「道德的強制」與西方傳統上的律法主義的外來強制混為一談。大陸學者唐文明教授就援引黑格爾的觀點，說：「黑格爾非常明確地將康

---

148 道德法則定言地命令，是客觀必然的，「格準是意願的主觀原則」，（Gr 4:401）道德法則並未關涉到個體的行為，它作為個人行為的決定根據，也就是作為抉意訂格準以致生行為的根據是客觀的，在這裡無所謂抉擇；致生道德行為的格準是行為者的抉意抉擇以道德法則為根據而訂個人行為的主觀原則，在這裡就有一個抉意是否選擇道德法則作為個人行為的格準問題，而抉意自律就是抉意以道德法則為根據訂格準，亦即決定什麼行為為道德的應當。

149 意志之自律與抉意之自律就其統而為實踐主體之立法活動而言，是意欲機能之為行為而律——而立法。一般只注意康德言「意志立法」，而忽略康德所作「意志之自律」與「抉意之自律」的細分。分解地就實踐主體立法活動之層序而言，意志之自律是意志為抉意立法，而抉意之自律是抉意為行為立法。意志之自律我們可稱之為最高級立法，則抉意之自律可稱之為第二級立法。

德的道德哲學與基於摩西律法的猶太教精神相聯繫，並與耶穌的登山
寶訓相對比。」[150]黑格爾就是將「道德的強制」曲解為使人「成為自
身的奴隸」。[151]究其實，黑格爾抹煞了二者所論起強制作用的法則的
根源的不同。康德所論「道德的強制」中起強制作用的法則是人自身
的理性在意欲機能中所立的普遍法則，根本不同任何外來的立法。[152]

　　另外，有學者認為徹底的道德哲學不必言「強制」，康德言「道
德的強制」是實踐理性未充其極。牟先生批評：「在康德，道德與宗
教仍是兩截未通氣。」[153]其實，前面相關章節已論明，牟先生通儒釋
道三家而成立的「圓善論」不同康德及可依康德思路而論的直接從孔
孟哲學說明的圓善學說。前者之終極關切在：儒聖、真人、佛之圓
境。「就圓教說圓善」，「圓善」乃成就個人（儒聖、真人、佛）德福
「詭譎相即」之圓滿，也就是通過實踐達至無強制的圓滿之境。以此
立「圓善論」，若言「強制」，確實可說「實踐理性未充其極」。而後

---

150 唐文明：《隱秘的顛覆——牟宗三、康德與原始儒家》（北京：生活・讀書・新知三
　　聯書店，2012年），頁113。

151 黑格爾將「虔誠的教徒」與「康德式的自律道德踐行者」歸為一類，他說：「不是
　　在於：前者將自身變為奴隸，而後者是自由人；而在於：前者順從於外在於他們
　　的主人，而後者則把他的主人帶入自身之內，然而同時卻成為自身的奴隸。」
　　見：G. W. F. Hegel, *Der Geist des Christentums und sein Schicksal*, Werke 1 Frühe
　　Schriften (Frankfurt am Main: Suhrkamp Verlag, 1970). 中譯參見黑格爾著，魏慶徵
　　譯：《宗教哲學（下）》（北京：中國社會科學出版社，1999年），〈基督教的精神及
　　其命運〉，頁983-984。

152 依康德所論，端賴人的意志自由是一種自立普遍法則的能力，並且有能力依據自
　　立的普遍法則訂定格準以行動，人有能力使其依於感性之本性而來的一切格準隸
　　屬於道德法則而與之相一致。這就是康德所論意志自律之真義。明乎此，則不會
　　以為康德言「道德的強制」與其所論意志自律相矛盾。

153 牟先生說：「依康德的道德哲學而于圓善問題上猶仍歸于上帝之信仰這乃是其道德
　　哲學之不徹底，實踐理性之未充其極，此只可說是實踐理性之始教或別教。若實踐
　　理性充其極而至圓教，則人格神之上帝以及以之來保證圓善之可能必被拆穿，此當
　　是康德思路所必應有之歸宿。」（牟宗三：《圓善論》，《全集》，卷22，頁323。）

者的關切在：人藉著自身稟具的道德主體，並遵循道德法則的命令而致力於使世上可能的圓善成為自己的終極目的，也就是在世界上實現道德的世界。依前者，圓教就是指導人通過實踐破除個體生命的限制而至其極者為教。此為「教」不同「道德的宗教」。而後者是由道德無可避免地引至宗教，此名為「道德的宗教」，乃在於：根於人自身的道德主體的道德法則命令人在世界上實現圓善（終極目的），而人類機能不足夠而必然引至「最高者」之設定，亦即引至對「最高者」之崇敬。實在說來，若只考慮人的實踐理性充其極，而不考慮人類以實現圓善為終極目的，亦即不必考慮人類機能之不足夠，則無需要設定上帝、天，因而也就無道德的宗教可言。

因為道德的宗教的一個源起就在於將道德法則對人自身的強制視作為「一個對自己有約束力並且對『每個人各別不同的意志從德性之統一的觀點』對每一個人有約束力的原因」（A815/B843），我們設定「天」為「一個唯一的至上的意志」，它表徵我們自身之本心天理的無條件命令而對每一個人有約束力的原因。以此，言「畏天命」、「事天」。由此導致的宗教是道德的，因為「天」表徵「一個唯一的至上的意志」的命令，無非就是本心自身的命令。我們把「天」視為對我們一切道德行為而言普遍地敬畏和事奉的立法者，用康德的話說，在道德的宗教中，「我們把上帝看作對我們所有義務而言普遍備受崇敬的立法者。」（Rel 6:103）「它僅僅指表道德者之理念，它的意志對一切人是法則，但並不設想它是法則的創造者。」（MS 6:227）

實在說來，若無人的本心天理，「天」無從取得其決定的意義；而若人任何時候都遵循天理而行，無所謂天理對人的強制，則完全無需要設定「天」。孔子言「畏天命」，此即康德指出：人並不是由於對道德法則的「愛」（Liebe）而「自發地符合源泉與其迥然不同的道德法則」。（KpV 5:84）並說：人所立足的德性層次「乃是對於道德法則

的尊敬」。（KpV 5:84）「畏天命」即對天理之尊敬，而非喜愛天理。若喜愛天理，則無「畏天命」可言。或有學者會以為孟子言「理義之悅我心」，[154]就表示心「喜愛法則（天理）」，究其實，這是將「理義之悅我心」轉換成「心悅理義」，產生出對孟子的誤解。孟子原意應該是：理義令我心喜悅。[155]孟子以理義為首出，並無主張任何先於理義的「喜愛理義」作為道德的根據；孟子絕非主張先於理義而有一個悅理義之心去悅理義；人悅理義，因為它對我們人類有效，[156]因為它來自我們的本心，因而來自我們的道德分定之性。依孔孟義理，對天理之「尊敬」就是「畏天命」之敬畏之情。用康德的話說：「法則之直接決定意志及對此決定之意識就稱為尊敬。」（Gr 4:401）

康德以道德法則為首出，反對以「喜愛道德法則」作為道德的根據。此並不能推論到康德否定在道德實踐中情感的重要性。在〈萬物的終結〉一文中，康德就說：「在終極目的之選擇中的自由情感使人感到立法之可愛。」（KGS 8:338）「愛是作為自由地吸取別人的意見到自己的格準中，〔……〕以致於我們不大能指望以義務作為動力而沒有愛的參與。」（KGS 8:338）

孟子以本心言性而道性善，其所論「性」是從人的本心（人心之仁）稟具的道德立法而言，固此言「性善」是絕對必然的，並非經驗

---

154 孟子曰：「心之所同然者何也？謂理也，義也。聖人先得我心之所同然耳。故理義之悅我心，猶芻豢之悅我口。」（《孟子・告子章句上》）

155 此可依康德的思路理解：道德法則不基於任何目的，情感決不能作為道德原則的基礎，但是，道德法則自身產生終極目的（圓善），「終極目的」同時也伴隨之以純粹的理智的愉悅。（KU 5:197）

156 如康德所論明：「法則之所以對我們具有效力，並不是因為它引起興趣。」（Gr 4:460）「作為法則的格準的普遍性、從而道德」，所以引起興趣，「乃是因為它對我們人類有效，因為它來自我們的意志（作為睿智者），因而來自我們的真正的自我。」（Gr 4:461）

意義的相對而言的「善」。[157]本心之普遍立法（仁義禮智根於心）作為
人之道德實存的法則，它就是一種起因果作用的機能，也就是創造人
自身為道德者及世界之為道德世界的機能，因此堪稱為世間一切善的
前提條件。此乃以「心」之普遍立法之能言人的道德實存之「性」，此
言「心」、「性」並不涉及喜愛或不喜愛法則（天理）。孟子以本心言
性而道性善，恐怕不能理解為以「心之自發的善性」或「心之自動的
服從性」而稱之為善。[158]恰切地理解，孟子以本心立普遍法則之能為
人創生道德行為的實存之性，此「性」善是純粹至善。此即康德說：
「在世界之內，一般而言甚至在世界之外，除了一個善的意志（ein
guter Wille）之外，不可能思想任何東西能夠被無限制地視為善的。」
（Gr 4:393）

　　牟先生說：「但若自『本心即性』之性體說，則喜愛法則不只是
可達到的，且可是當下呈現的。」[159]然愚意以為，此需要有一簡別。
牟先生所言若就聖人經由道德踐履的工夫達至之圓境而論，固然是可
以的。[160]但不必以此反對康德提出：「人（按照我們的全部洞察）所

---

157 此義與康德言「善的意志」相通，善的意志是「一個通過自己的格準普遍地立法
　　的意志」，（Gr 4:432）它就是「能夠獨立不依於外來的決定的原因而起作用的」自
　　由的因果性，亦即自由意志。

158 康德在《實踐的理性批判》中批評道德的狂熱者「以其心之自動的服從性來取悅
　　自己（freiwilligen Gutartigkeit ihres Gemüts），這心不需要馬刺，也不需要馬韁，對
　　它而言沒有命令是需要的」（KpV 5:85）。牟先生針對這段話，批評說：「若如孟子
　　所說，〔……〕較高的本性則是『本心即性』，〔……〕如是，說『心之自發的善
　　性』並不是幻想，〔……〕康德於此一間未達，而反責斥言性善者何耶？」（康德
　　著，牟宗三譯註：《康德的道德哲學》，《全集》，卷15，頁305-306。）先生譯
　　»freiwilligen Gutartigkeit«為「自發的善性」，並以此等同於孟子所言「性善」，因而
　　誤解康德責斥性善。其實，依照文意，康德反對「心之自動的服從性」，是反對取
　　消道德法則之命令義。

159 康德著，牟宗三譯註：《康德的道德哲學》，《全集》，卷15，頁297。

160 康德也說：「敬畏轉成性好，尊敬轉成喜愛；至少這會是忠於法則的存心之完美無

處的德性階段（sittliche Stufe）是對道德法則的尊敬。」（KpV 5:84）
可以指出，牟先生在這方面的觀點與康德及至與其基本義理一致的孔
孟哲學不同的基本點在：牟先生所言就聖人之圓境而論，而康德及孔
孟哲學乃依「人作為有限制的有理性者」而論。牟先生就聖人之圓境
立論，固然可說「喜愛法則（天理）」，因此不必言「強制」，即不必
言「義務」，而只言「喜愛、自願、神聖」。[161]

　　就聖人經由道德踐履工夫而達至之圓境而言，牟先生不言「道德
的強制」，而言「喜愛、自願、神聖」，其實，此並不相佐於既就人依
道德法則而實存（即孟子言「大體」），同時就人依自然法則而實存
（即孟子言「小體」），而論「道德的強制」。康德論明：「義務概念本
身就已經含有自由的抉意（freie Willkür）受法則強制（約束）的含
義。」（MS 6:379）道德性是神聖的，此指一切有理性者而言，僅論
道德性，不及於道德法則對兼感性身份與超感觸身份於一身之「人」
的約束；然如康德所論，人以感觸的身份看人自己，作為自然存在的
人，就他為「完全滿足自己的狀況所需要的東西」，亦即幸福而言，
「它總是依待的」。（KpV 5:84）僅就道德性而論，「人因著其自由之
自律，他是道德法則之主體，是神聖的。因而，在其人格中的人
（Menschheit in seiner Person）對於他必定是神聖的。」（KpV 5:87）
「人按照自己的人格中的人考量自己」，他就「神聖得足以不願意違
背內在的法則」。（MS 6:379）但是，人同時以感觸的身份看人自己，

缺。（wenigstens würde es die Vollendung einer dem Gesetze gewidmeten Gesinnung
　　sein），如果一個生物在某個時候能達到這一點。」（KpV 5:84）。

161　牟先生說：「而較高的本性則是『本心即性』之性，自此性而言喜愛、自願、神
　　聖，……。以此，此較高本性實而不虛。」（康德著，牟宗三譯註：《康德的道德哲
　　學》，頁277。）究其實，依康德所論，「較高的本性」（即人作為道德實存之本性）
　　其為實而不虛，在其立普遍法則中呈露，而不在於「自此性而言喜愛、自願、神
　　聖」。

即作為自然存在的人，依此而論，人的道德狀態處於德行中，「德行不僅僅是一種自我強制，而且是一依據內在自由的原則之自我強制。」（MS 6:394）此即康德如實指出：「德行就是奮鬥中的道德的存心（moralische Gesinnung）。」（KpV 5:84）此言「奮鬥」，即表示「自我約束」。

　　康德的道德哲學首先論明「道德」，道德通一切理性的存有而論，甚至適用於上帝的概念。康德說：「一個完全善的意志同樣要服從客觀的法則（善之法則），但我們不能因此就表象它被強制去做合乎法則的行為，因為依其主觀的性狀而言，它只能為善之表象所決定。」（Gr 4:414）譬如說，上帝的意志。康德接著說：「所以，律令不適用於上帝的意志，而且，一般而言，不適用於一個神聖的意志（Daher gelten für den göttlichen und überhaupt für einen heiligen Willen keine Imperativen）；在這裡，『應當』是沒有位置的，因為『意願』（Wollen）憑自身已必然與法則一致。（Gr 4:414）但是，就兼感性身分與超感觸身份於一身之「人」而論，康德如實指出：人的道德的狀態（moralischer Zustand）處於德行中，也就是不僅處於立法意志之自律中，同時還處於訂格準的抉意之自律中。在抉意之自律中，亦即就德行而言，就包含道德法則對人自身的強制。此所以康德指出：人作為有限制的有理性者其格準並不是必然地與這個客觀原則一致的，因此，「依循這個原則的行為的必然性就稱為實踐的強制，亦即義務。」（Gr 4:434）「德行是一個人的意志在完成他的義務中的道德力量。」（MS 6:405）

　　康德說：「人所處的德性的階段（sittliche Stufe）是對道德法則的尊敬。」（KpV 5:84）也就是說，「那使人有責任遵循道德法則的存心就是：應當出自義務，而不是出自自願的好感（freiwilliger Zuneigung），也不是出自不經命令而自身喜歡（gern）作出的努力來遵循道

德法則。」（KpV 5:84）牟先生對於康德所論提出批評，先生不滿康德指出：人「不會自發地與源泉完全不同的道德法則一致。」（KpV 5:84）因之對康德不能言「喜愛法則」有微詞，說：「蓋亦於其所言之較高本性未能透徹故也。」[162]愚意以為，只要將「道德」與「德行」如理如實地區別開來，牟先生對於康德的相關質疑即可化解。從道德之純粹性而論聖人之圓境，牟先生言「喜愛法則」、「意志與法則完全一致」，康德也不必反對。只要講明，康德所論人「不會自發地與源泉完全不同的道德法則一致。」那是就道德必須在限制中表現，亦即就德行而言。

康德論明：「道德法則是神聖的（不可侵犯的）。」（KpV 5:87）「人因著其自由之自律，他是道德法則之主體，是神聖的。因而，在其人格中的人（Menschheit in seiner Person）對於他必定是神聖的。」（KpV 5:87）康德並不從立法意志處說法則對意志之強制，因康德主張意志自律就是提出意志自我立法，自我服從。康德說：

> 每個有理性者由於自身即是目的，就他所服從的任何法則而言，他必須能視他自己為普遍地立法的，因為正是他的格準之適合於普遍的立法彰顯他為在其自身即是目的。隨之，上說之立法之義涵蘊著他的尊嚴（特權）超乎一切純然的自然物，以及他必須總是從認他自己和同樣認每一其他有理性者皆為立法者（他們因此名為人格）的觀點來採用他的格準。（Gr 4:438）

就意志自律而論，也就是「根據人在其自己的人格中」考量，亦即是「客觀地考量他自己」，人「就發現自己作為道德的本質者

---

162 康德著，牟宗三譯註：《康德的道德哲學》，《全集》，卷15，頁306。

（moralisches Wesen）」，（MS 6:379）他就「神聖得足以不願意違背內在的法則」。（MS 6:379）此即是說：「他通過他的純粹的實踐的理性被決定成為道德的本質者。」（MS 6:379）但是現實上，人畢竟可不遵循甚至故意違反道德法則。理性之實踐之使用不像腳的使用那樣，憑借經常練習就自動發生。（KpV 5:162）人需要時常懷著對道德法則的尊敬，並不懈怠地激發遵循道德法則而行的決心，此即康德提出「道德的強制」之根據。依康德所論，只當抉意制訂其格準時才出現強制問題。因抉意可選取道德法則為格準之根據，亦可選取其他材質原則為格準之根據，在這個地方，道德法則作為定言律令，對抉意就有一種強制。當抉意以道德法則為決定根據，它是自由的，在自由的抉意處，自我責成與自願服從法則並不矛盾。「因為在這裡，我在強制自己，這與自由很好地並存。」（MS 6:381）這裡所講的是抉意自由。就抉意自律而論「強制」，是自我約束。

　　究其實，牟先生依儒家義理建立形而上學，以道德的純粹性為根基，乃是以本心仁體會通康德意志自律而論，[163] 而並未注意康德道德哲學中所論抉意自律。先生說：「必須把一切外在對象的牽連斬斷，始能顯出意志底自律，照儒家說，始顯出性體心體底主宰性。這是『截斷眾流』句，就是本開頭所說的關于道德理性底第一義。」無疑，若只就意志自律而論，也就是只就「道德性當身之嚴整而純粹的意義」立說，並未關涉到「道德的強制」的問題。牟先生本人就表明，「道德性當身之嚴整而純粹的意義」乃是研究康德的《德性形上

---

163 牟先生提出：宋明儒之大宗成就「道德的形上學」，由道德理性三義而見出。第一義：「把那道德性之當然滲透至充其極而達至具體清澈精誠惻怛之圓而神之境」，「或更具體一點說，都是對應一個聖者的生命或人格而一起頓時即接觸到道德性當身之嚴整而純粹的意義。」第二義：「同時亦充其極，因宇宙的情懷，而達至其形而上的意義。」第三義：「復同時即在踐仁盡性之工夫中而為具體的表現。」（牟宗三：《心體與性體（一）》，《全集》，卷5，頁121。）

學的基礎》（以下簡稱《基礎》）[164]以通儒家「踐仁盡性」所得。[165]無疑，牟先生提出從「道德的進路入」，以「道德性當身」為根基建立儒家的道德的形上學[166]實在是契應康德的《基礎》中所論「道德性當身之嚴整而純粹的意義」以及道德的最高原則（意志自律）而作出的。實在說來，若牟先生只意在建立儒家的道德的形上學，而不伸展至一個包含圓善學說並因之產生道德的宗教，那麼，論明「道德」及「心即理」包含的意志自律義也就足夠了。

---

164 *Grundlegung zur Metaphysik der Sitten* 本人譯為《德性形上學的基礎》。這本書的書名牟先生中譯：《道德底形上學之基本原理》，後來收入其譯註《康德的道德哲學》時又譯作：《道德底形上學之基本原則》。»Metaphysik der Sitten«中，»der Sitten«是第二格（屬格）名詞，不是帶»von«的介詞短語，中譯時不用所有格助語詞，以資識別。而形容詞及所有格代名詞詞尾用「的」。一般情況下，第二格名詞在詞意本身已能明辨其為所有格而無混同形容詞之虞者，可用「的」字作詞尾；僅在用「的」字作詞尾會出現所有格與形容詞兩可的情況下，用「之」字作為所有格助語詞，或不用任何詞尾；表示所有格的介詞短語之中譯亦遵此。德語中第二格（der Genetiv）表示事物的從屬關係、特徵和性質。英語中沒有這種語法構造，以帶of的短語譯之，有中譯據此英譯而以「底」字表示「前置詞表所有格者」。（見牟宗三先生譯註：《康德的道德哲學》，《全集》，卷15，「譯者之言」，頁11）愚意以為並無必要採用早已不通行的「底」字作為所有格助語詞。尤為重要者，»der Sitten«不可譯作「道德」，以免與»Moralität«混淆。»Metaphysik der Sitten«是《基礎》（1785）一書十二年之後的《德性形而上學》（1797）的書名，而康德本人表明：該書是為此後出版的《德性形而上學》而做的一個預備的（也就是打基礎的）工作。（Gr 4：391）他說：「我決意日後提供一部《德性形而上學》，如今先發表這本《基礎》，誠然，除了一種純粹的實踐理性之批判之外，德性形而上學終究沒有其他的基礎。」（Gr 4:391）

165 牟先生說：「以上我們說明了儒家根據踐仁盡性頓時接觸到了『道德當身之嚴整而純粹的意義』這第一義，並以為已融攝了康德的『道德底形上學之基本原理』中所說之一切。」（牟宗三：《心體與性體（一）》，《全集》，卷5，頁143。）

166 牟先生說：「而從『道德的進路』入，以由『道德性當身』所見的本源（心性）滲透至宇宙之本源，此就是由道德而進至形上學了，但卻是由『道德的進路』入，曰『道德的形上學』，亦猶之乎康德由實踐理性而接近上帝與靈魂不滅而建立其客觀妥實性，因而就神學言，即名曰『道德的神學』。」（牟宗三：《心體與性體（一）》，《全集》，卷5，頁145。）

　　但是，如前面相關章節已論明，依照康德的道德哲學，孔孟哲學亦如是，道德充其極必定伸展至宗教。此即康德說：「道德的法則通過圓善作為純粹實踐理性的客體和終極目的的概念導致了宗教。」（KpV 5:129）孟子言「存其心，養其性，所以事天也。」（《孟子‧盡心章句上》）關鍵在道德法則（天理）命令人在世界上實現終極目的（圓善），就此而言「人類的機能不足夠」，道德的最高者（上帝、天）被設定，以起一種目的因（即理想的原因）的作用，從而輔助人，使終極目的（圓善）在世界上實現成為可能。若僅就個人正當行為，並不需要目的，依循道德法則而行就足夠了。也就是說，就道德本身而論，人的道德主體（純粹的實踐的理性、本心仁體）是自身足夠的。但是，就終極目的（圓善）在世界上實現而論，則不止於個人依循道德法則而行其所當行。由此必定產生設定一個道德的最高者的要求，其作用總括來說如下：一、因著圓善中包含「德福一致」之要素，人設定道德的最高者（上帝、天），作為公正的判官，以裁決自己的人格是否值得幸福。儘管人感到自己的理性強迫他承認此設定的最高者的判斷就是他自己的理性的判斷。二、人類的現實狀況是：並非每一個人都任何時候都遵循道德法則而行，即使一個人自己嚴格地依據道德法則作為其行為的格準，但他不能預計他人也必如此。（Gr 4:438）設定道德的最高者，它就起到責成每一個人遵循道德法則而行的作用。此即康德說：「如果依據道德法則之格準被普遍遵循的話，目的王國就會現實地真實化。」（Gr 4:438）三、人不能預期自然方面將有助於他對於幸福的期望。（Gr 4:439）設定道德的最高者作為指導我們的實踐之原型，我們設定它作為至上原因「一方面必然地與自由之法理相連繫，一方面必然地與自然之法理相連繫」，（KU 5:448）因而以之作為自由與自然之結合的原型，以便我們依照此原型朝向在世界上實現圓善而努力。此即康德提出：「我們設想自然王國與目的王國在

一個元首下（unter einem Oberhaupte）結合在一起，從而後者將不再是一個純然的理念，而是會得到真正的實在性。」（Gr 4:439）

依以上設定一個「道德的最高者」之三義，吾人亦可提出孔孟哲學包含的圓善學說中言「天」之涵義，如下：

一　「天」表徵為一位人之外的公正無偏私的判官（道德的最高者）

「天」被表徵為道德的最高者，以表達人與「天」對越。人以純粹的道德存心對越在天，此即孔子言「畏天命。」（《論語・季氏第十六》）每一個人實現自身之道德性，總是在限制中表現，在道德的踐履中，人為了表明自己的存心之純正，時時刻刻心存戒慎，會感到如同有一位人之外的公正無偏私的判官（天）在每時每刻，哪怕是在人所不知而己獨知之時也在察看著每一個人。此即儒者言「慎獨」。[167]此同於康德所論人設定一位全知者（上帝），「它在一切可能的場合和在全部未來中認識我的行為，直至我最內在的存心。」（KpV 5:140）即康德說：「德行就是在奮鬥中的道德存心（moralische Gesinnung）。」（KpV 5:84）其實質是人自己以自己本心之天理約束自己。

如康德論明，人所立足的德性層次，並不是「純然地對法則的愛」，是尊敬道德法則，而不是愛道德法則。[168]其義即為孔子言「畏天

---

167 《中庸》首章云：「是故君子戒慎乎其所不睹，恐懼乎其所不聞。莫見乎隱，莫顯乎微，故君子慎其獨也。」《大學》第六章云：「此謂誠於中，形於外，故君子必慎其獨也。」

168 康德在《實踐的理性批判》中說：「純然地對法則的愛（那麼，此時命令就會停止〔aufhören würde〕，而主觀上轉到神聖性〔subjektiv in Heiligkeit überginge〕的道德性，就會停止是德行〔Tugend〕），成為他努力的恆常的目標，哪怕是達不到的目標。〔……〕敬畏就轉變成傾心（Zuneigung），尊敬就轉變成愛（Liebe），至少

命」所包含。人敬畏天理，而非「愛天理」。即便聖人如孔子，亦言「畏天命」。儘管孔子說：「七十而從心所欲，不踰矩。」（《論語‧為政第二》）此只意謂孔子自信經過經年長時間的道德踐履已做到「從心所欲，不踰矩」，但恐怕不能認為孔子自以為自此以後就不必「畏天命」。吾人實在也找不到文本根據說孔子純然地對天理的愛。用康德在《實踐的理性批判》中的話來說，若是「純然地對天理的愛（那麼，此時命令就會停止〔aufhören würde〕，而主觀上轉到神聖性〔subjektiv in Heiligkeit überginge〕的道德性，就會停止是德行〔Tugend〕）。」（KprV 5:84）也就是說，停止永遠持續的保存道德存心的努力。吾人不必反對孔子在有生之年經道德踐履而達到忠於天理的存心之完美無缺，即達至「神聖性的道德性」，但只要孔子是「人」（《孟子‧告子上》曰：「聖人與我同類者。」）就不能以此認為，孔子會自以為偏離道德法則對他已經是不可能的事，他自此就只會覺得愛天理，而完全不會對天理有所敬畏。假若一個人真的這樣自負，他就根本不是有德行者，更遑論說是聖人了。明乎此，則不必反對康德提出「人所處的德性的階段是對道德法則的尊敬」，而並非「喜愛法則」。（KpV 5:84）

　　事實上，若人「喜愛法則」，完全樂意依循天理而行，甚至連引誘他偏離天理的可能性也不存在，那麼，「天」表徵為一位人之外的公正無偏私的判官，以表達人與「天」對越，就根本沒有必要了。也不必言「畏天命」了。

這會是忠於法則的存心之完美無缺（Vollendung），如果一個被造物某個時候可以達到這種存心的話。」（KpV 5:84）

二　「天」表徵為一個「至上的意志」，作為一切人崇敬的對象，以每一個人本心之天理約束每一個人

　　為了實現「天下平」的道德世界之理想，不僅要求個人遵循天理而行，更需要達致一切人的意志的一致，這個一致絕不能是外力強加給人，也不能是為了私人利益而產生的一致贊同，而是每一個人都遵循其本心之普遍立法，也就是基於天理而行。但是，依照人類的狀況，人不一定任何時候都遵循天理而行，一個人依循天理而行其所當行，但不能預計他人也必如此。而實情是：經驗中，人們的行為所表現出來的大量顯而易見的例證表明：「一種敗壞了的傾向植根在人身上。」（Rel 6:32-33）此即康德如實指出：「即使每一個個別人的意志是善的，但由於缺乏一種把他們聯合起來的原則，他們就好像是惡的工具似的，由於他們不一致而遠離善的共同目的，彼此為對方造成重新落入惡的統治手中的危險。」（Rel 6:97）在「倫理的自然狀態」下，「人們相互之間彼此敗壞了道德稟賦。」（Rel 6:97）以此，他提出：「最高的德性的善並不能僅僅通過單個的人追求他自己的道德的圓滿來實現，而是要求單個的人，為了這同一個目的聯合成為一個整體，成為一個善的人們的系統（einem System wohlgesinnter Menschen）。」（Rel 6:97-98）同樣，孟子提出「事天」，也是表示：一切人於「存其心，養其性」之不已的踐履過程中，聯合成為一個整體，共同事奉道德的最高者——天。此言「天」起到責成每一個人遵循天理而行的作用。此「天」值得事奉、崇敬，取決於人們「畏天命」，視自己的本心立法之定言命令如同出自道德的最高者——天。並且，每一個人隸屬於它。從「存其心，養其性」必然引至「事天」，即引至一個每一個人自其本心即可認識到的宗教，它由道德所導致，此即康德所論純然理性之信仰。

　　孟子言「事天」，也就是設定一個「至上的意志」——天，以每一個人本心之天理約束每一個人。用康德的話說，就是「從德性之統一的觀點需要一個對每一個人有約束力的原因」。（A815/B843）「人的本性雖然高貴得足以給自己形成一個如此值得尊敬的理念來作為自己的規範，但同時卻太軟弱。」（Gr 4:406）因此，一個純粹的道德的宗教亦正由之產生。依此可以指出，人作為在限制中表現其道德實存的有理性者，必定要有宗教，而且必定會產生出道德的宗教。此即「事天」所包含的宗教，此宗教是一切人自由地信仰的純粹理性宗教。

　　我們見到，孟子關於人的軟弱和不純正一再提出警誡。孟子指出人「陷溺其心」之實情：「富歲，子弟多賴；凶歲，子弟多暴，非天之降才爾殊也，其所以陷溺其心者然也。」（《孟子·告子章句上》）「其所以放其良心者，亦猶斧斤之於木也，旦旦而伐之，可以為美乎？」（同前）「其日夜之所息，平旦之氣，其好惡與人相近也者幾希，則其旦晝之所為，有梏亡之矣。梏之反覆，則其夜氣不足以存；夜氣不足以存，則其違禽獸不遠矣。」（同前）「仁，人心也；義，人路也。舍其路而弗由，放其心而不知求，哀哉！人有雞犬放，則知求之；有放心，而不知求。」（同前）「一簞食，一豆羹，得之則生，弗得則死。呼爾而與之，行道之人弗受；蹴爾而與之，乞人不屑也。萬鐘則不辯禮義而受之。……。此之謂失其本心。」（同前）

　　人之「陷溺其心」、「放其良心」、「失其本心」的情況，即孟子說：「道在爾〔邇〕而求諸遠，事在易而求之難。」（《孟子·離婁章句上》）「曠安宅而弗居，舍正路而不由，哀哉！」（同前）「夫道若大路然，豈難知哉？人病不由耳！」（《孟子·告子章句下》）也就是康德所論：在實踐方面，通常理解的「可喜的單純性」，「無法被妥善維持，而且容易受到誘惑」。（Gr 4:405）「人在他自己內部的需要和性好（他將這些需要和性好之完全滿足概括於幸福之名下）中感覺到有一

種強大的抵制力量，反對義務的一切命令」。（Gr 4:405）儘管他自己
同時意識到他自身的「理性向他表示這些命令十分值得尊敬」。（Gr
4:405）人可以有一種「詭辯」的癖好，「以之反對那些義務法則，懷
疑其有效性，至少是懷疑其純粹性和嚴格性。」（Gr 4:405）康德稱之
為一種「自然的辯證」。（Gr 4:405）人能夠選擇背離天理而行，儘管
天理是出自他自身的本心，他亦知對天理心存敬畏。這是人的實情，
此即康德說：「有理性的主體能夠作出與自己立法理性相違背的選
擇，經驗可以證明這種情況經常發生。」（MS 6:226）康德在《德性
形而上學》一書引哈勒的名言：「有瑕疵的人，勝過一群無意志的天
使。」[169]（MS 6:397）假若人都成了小天使，沒有違背道德法則的可
能，也就沒有道德法則的強制，那麼，道德法則也無所謂尊嚴了。

　　事實上，人在選取其行為的主觀原則時以天理為根據而擺脫一切
經驗動力，也就必然意識到天理對自身有一種約束力。假若主張「喜
愛法則」，而忽略根於「對道德法則的尊敬」而產生的自我約束，那
麼，義務也必定被取消，道德法則之律令義亦失去。正如康德所論明：
「義務的概念本身就是通過法則強制（約束）自由的抉意的概念。道
德的律令通過它的定言的表述（無條件的應當）宣布了這種約束。」
（MS 6:379）並明示，道德的律令「適用於作為相當不神聖的有理性
的自然本質者的人」。（MS 6:379）但「它不適用於一般的有理性的本
質者（其中也可能有神聖的本質者）」。（MS 6:379）由此可說，沒有
「自我約束」就沒有道德的律令可言，人若不需要道德的強制就自我
「喜愛法則」，那麼，實在說來，他不是人類一份子，而是神聖的本
質者，或不具自然本質的有理性者。假若沒有義務，道德法則再不是
律令，實在說來，也就沒有理由設定上帝（天）作為「一個對每一個

169 Der Mensch mit seinen Mängelnist besser als das Heer von willenlosen Engeln. (Haller)

人有約束力的原因」。也可以說，人若不需要道德的強制，就是取消
「畏天命」，也就無從言「事天」，即不必標舉「天」為對一切人有約
束力的道德的最高者。

　　孟子言「理義悅我心」（《孟子‧告子章句上》）也就是：理義令我
心喜悅。此即康德指出：「人事實上感興趣於道德的法則」。（Gr
4:460）「人們自己承認它的威望」。（MS 6:379）但人有時會違反它，
「即使他們服從它，仍然不情願地去做（帶著他們的性好的抵抗）」，
（MS 6:379）不過，事實上，如康德指出：「沒有一個人如此邪惡，
他不覺得自己對違反法則的行為有一種抵抗力和一種他必須對自己施
加壓力的自我厭惡。」（MS 6:380）「人發現自己作為道德的本質者
（moralisches Wesen）」，（MS 6:379）「神聖得足以不願意違背內在的
法則。」（MS 6:380）道德的自我約束之根據即在於此。

　　從人的本心仁體看，人是神聖的，不願意違背天理，人在與他自
己的道德定分相關聯時，「必定只以崇敬來察看他自己的本質，以及
以最高的尊敬來察看這種定分的法則。」（KpV 5:87）此即康德指
出：意志自由立道德法則，「這法則讓我們覺察到我們自己的超感觸
的實存之崇高。」（KpV 5:88）究其實，本心頒發天理主宰人的感觸
的本性，這就產生對我們自己的道德分定的尊敬。可以說，「畏天
命」表示我們崇敬一個道德的神聖的最高者，無非就是崇敬我們人自
身的神聖的道德法則之主體。我們人意識到自己的本性不僅具神聖性
（就「大體」而言），同時具感觸的本性（就「小體」而言），就產生
對自己的道德主體及其立法的崇敬，並以意志的神聖性為理想，就有
根據標舉此理想為一切人崇敬的對象——天。究其實，若只論人之
「大體」的神聖性，而忽略主體立法對「小體」之道德強制；強調
「喜愛法則」，而不言「尊敬法則」，那麼，宗教之超越根據即被取
消。孟子所言「事天」也失去根據，其由「盡心知性知天」展示的道

德的形而上學必然伸展至「存心養性事天」，從而包含一個道德的宗
教的宏規，必會收窄為只是一個形而上學，並且也不會成為一個包含
圓善學說在內的實踐智慧學。[170]

　　依以上所述，吾人可說，若只論神聖性的道德性，而略去人的缺
陷不談，既不符合人的實情，並且，必由之而失去宗教所由之產生的
根據。實在說來，只論人的道德性，而忽略人的缺陷，則無需道德的
宗教，且亦無由產生宗教。

三　「天」表徵為「至上原因」，包含自由法則與自然法則及二者之和諧一致

　　孔子哲學傳統以「內聖外王」為原型，也就是以在世界上實現
「大同」（天下平）為終極目的。「內聖外王」之理想也就是康德所論
「圓善」的理想。

　　孟子言「萬物皆備於我矣」，（《孟子・盡心章句上》）「上下與天
地同流。」（同上）就展示出本心（仁）通自然與自由，其普遍立法
本是統天地萬物而言。此即孟子說：「詩曰，天生烝民，有物有則，
民之秉彝，好是懿德。孔子曰，為此詩者，其知道乎。」（《孟子・告
子章句上》）「有物有則」也就是自然法則，「民之秉彝」就是人執持
天則，即自由法則。自由法則與自然法則合而為「道」。

　　孔子「祖述堯舜，憲章文武」，標舉三代「內聖外王」為道德世
界的原型。孔子說：「唯天為大，唯堯則之。」（《論語・泰伯第八》）
「堯」取法於「天」，也就是設定「天」為「最高的原則」、「至上的

---

170 圓善這個理念實踐上充分地決定，就是智慧學說（die Weisheitslehre）。（KpV 5:108）
　　康德在《實踐的理性的批判》之「純粹的實踐的理性辯證概論」那一章中提出：古
　　人將「實踐的智慧學說」理解為哲學，「即作為一種圓善的學說。」（KpV 5:108）

原因」，它包含自由法則與自然法則及二者之和諧的「最高的原則」，因而作為自由與自然之結合的原型，人類在致力於實現道德世界的創造活動中，如同有一個「至上的原因」在起作用。此「至上的原因」作為一個理想的原因，無非是人朝向自由與自然結合的道德世界必然要設定的一個標舉自由法則與自然法則及二者之和諧的「最高者」，以指導人的創造活動。就是以實現「大同」的完美社會為人類終極目的，必然要設定「天」，以提示每一代人，要達到這個目的所要堅持的「最高的原則」，以及依循這「最高的原則」應當作些什麼。

實現施仁政行王道的大同世界，就是一個在其中，每一個人「由仁義行」，並依其德性而獲得相配稱之幸福的世界。儘管道德絕不以幸福為目的，天理也並不依據於幸福；但道德必定創造幸福，大同世界必定是「自得福報」的世界。若一個社會有德的人遭殃，那必定是一個缺德無道的社會。道德創造幸福，是一個先驗的實踐的綜和命題，不僅包含自由的原理，而且包含與自由原理相協調的自然原理。此所以標舉一個頒布天理（自由法則）同時又作為自然的原因的「最高者」。[171]

大同世界乃是因著「仁者以天地萬物為一體」，擴充至道德目的論下自由與自然結合的道德世界，此即康德所提出的「萬物的合目的性的統一」的目的秩序的系統。也就是人作為道德的實存，必定依道德目的而創造第二自然。[172] 人依其道德主體創造一個道德的世界，此

---

171 此即康德提出：獲得幸福之希望與使自己配得幸福的不懈努力之間的必然連結，「只有當我們把一個依照道德法則發布命令的最高理性同時又作為自然的原因而置於根據的位置上時，才可以有希望。」（A810/B838）

172 康德指出：「因為自然在整體上並沒有作為有機的（在這個詞上面援引的最嚴格的含義上）而被給予我們。」（KU 5:398）此所以，「萬物的合目的性的統一」的目的秩序的系統，是人類之道德創造產生的第二自然。康德經《判斷力之批判》揭明「自然的客觀合目的性的概念」，（KU 5:397）也就是：「反思判斷力的一條由理性托付給它的格準。」（KU 5:398）

即包含一個由道德的形而上學擴展至圓善學說的大系統，即實踐的智慧學說大系統。此系統之宗旨在：凝聚每一個人本具的道德創造力，致力於「圓善」（終極目的）實現於世界上。此即：通過人類全體的努力創造保障「自得福報」的世界。

總的來說，在人創造道德世界的歷史進程中，人需要設定「天」作為自身道德存心之持存的公正無偏私的監察者、判官；需要設定「天」以人的本心之天理約束一切人，以將一切人凝聚於天理之下，結合成道德的整體；並且，人類需要設定「天」以表徵結合自由與自然的最高原則，以便在人類創造活動旳整體歷程中為一切時代標舉一個不可移易的原則。康德說：「每一個人自身都應該使世間上可能的圓善成為終極目的。」（Rel 6:7）此即孔子說：「人能弘道。」「弘道」乃每一個人自身本心天理不容已的要求，依循每一個意識到自身為道德的實存者的人都能意識到本心天理之命令必然要求在世上實現「德福一致」的大同世界，此乃無條件地承擔的使命。道德的宗教感由之而生。在孔子哲學傳統中，「事天」絕不是通過理智臆測而妄作一個外在的客體為最高者、至上原因，更不是像西方傳統中以歷史性的啟示虛構一個外在的超絕的客體（上帝）創造和主宰人類和天地萬物。「天」是因著與本心所立普遍法則及其普遍立法產生之終極目的相關聯，而取得意義；並且，因著這種聯繫而得以作為目的原因而發生作用，從而獲得其實在性和持存。我們能夠稱「天」為創造的實體，其根源在本心之為創造的有效因，而「天」無非由「盡心知性知天」、「存心養性事天」取得其確定的內容，因著與本心之創造性連繫在一起而得名為「創造的實體」。

人於道德創造的進程中設定「天」，就實踐地認識它，並對「天」取得一個決定的概念，也就使「天」一詞的意義能夠普遍可傳達。以上所論乃孔孟哲學包含的圓善學說中所言「天」之三義，其義

可與康德圓善學說中所言「上帝」會通。此外，吾人探討孔孟哲學中與言「命」合而言之的「天」的涵義，此於孔子哲學傳統之宗教中有其不可忽略的作用。並且，其義可通上一章中「純粹的理性宗教在歷史中：天意」那一節所論「天意」。

僅就人的形而上學的自然稟賦而論，人可以設想一「根源者」（Urwesen），或稱之為最高者（höchste Wesen），並設想「一切其他的可能性都從這一根源者派生出來」。（A579/B607）「一切物的可能性都以作為一個根據的最高實在性（höchste Realität）為基礎。」（A579/B607）如康德論明，「形而上學，作為理性的自然稟賦，是現實的。」（Proleg 4:365）「世界上總是會有形而上學。不僅如此，每個人，尤其每個能夠反思的人，都會有形而上學。」（Proleg 4:367）在作為理性本性之學的孔孟哲學中，吾人可指出，其言「天」表達一種「擺脫經驗之桎梏和純然的自然考察之限制」[173]的意義，「天」既包含天地萬物之超越根源之義，也包含道德之超越根源之義，同時也指表宇宙秩序與道德法則。孟子引《詩・大雅・天生烝民》所言「天生烝民，有物有則，民之秉彝，好是懿德。」此中所言「天」就是指表人與萬物的共同根源，此共同根源顯於物則之常和人德之秉彝。無根據以為此言「天」是「造生者」。[174]孔子說：「天何言哉？四時行焉，百物生焉，天何言哉！」（《論語・陽貨第十七》）此言「天」表徵宇宙秩序之常道。又，《論語・述如第七》記載：「子曰：『天生德於予，桓魋其如予何！』」孔子此言「天生」，可說表達「德」之超越根源之絕對

173　康德說：「這種自然稟賦的目的乃是使我們的概念擺脫經驗的桎梏和純然的自然考察的限制，使它至少看到在自己面前展開了僅僅包含著感性不能達到那些純粹知性的對象。」（Proleg 4:362）

174　傅佩榮教授說：「就天是造生者來說，我們讀到：『天生烝民，有物有則，民之秉彝，好是懿德。』（《詩經・大雅》）」（傅佩榮：《儒家哲學新論》〔臺北：業強出版社，1993年〕，頁123。）

普遍性和必然性，故孔子堅信其「德」之不可撼動。恐怕沒有理由認為孔子自以為有一外在主宰者（天）賦予他一種異於常人的「德」，因此無懼於桓魋。[175]

　　孔子哲學傳統乃理性文明的傳統，絕無主張一個虛構的外在的超絕的客體創造和主宰人類及天地萬物。在這個傳統中，人自身能把握的宇宙秩序，以及道德秩序（人性之常道）就以「天」來表徵。總而言之，凡定然與當然者，亦即不受經驗限制而具絕對普遍性和必然性者，皆以「天」表達之。凡表正當性、必然性者亦冠之以「天」。[176]此外，孔孟哲學中與言「命」合而言之的「天」，在其包含的道德的宗教中有著重要的意義。總的來說，就是孟子說：

　　莫之為而為者，天也；莫之致而至者，命也。（《孟子・萬章章句上》）

---

175 傅佩榮教授將孔子所言「天生德於予」解讀為：孔子「相信他的『德』源自於天」。（傅佩榮：《儒道天論發微》，頁93。）同頁，傅教授又說：「這裡所謂的『德』應該是指孔子異於其他所有人的一種獨特性質，不然的話，孔子憑什麼宣稱『桓魋其如予何』？」又，《論語・述如第七》記載：「子畏於匡，曰：『文王既沒，文不在茲乎？天之將喪斯文也，後死者不得與於斯文也。天之未喪斯文也，匡人其如予何？』」傅教授以為：「孔子相信自己是天所揀選委派的那一位，負有使命要把『文』傳於後世。」（同前揭書，頁93。）究其實，「天之未喪斯文」表達：文王之「文」所具有的道德理性的絕對普遍性和必然性。以此，孔子說：「匡人其如予何？」表達一種源自道德普遍性和必然性的自信。豈可曲解為「孔子相信自己是天所揀選委派的那一位」？傅教授曲解孔子甚矣！在其眼中的孔子簡直成了自命不凡、迷信外在神秘力量者，若孔子真如傅教授所說那般，孔子不得為有德者，更遑論是聖人了。

176 如：「天爵」（《孟子・告子章句上》）「天吏」、「天位」、「天職」、「天祿」。「無敵於天下者，天吏也。」（《孟子・公孫丑章句上》）「為天吏，則可以伐之。」（《孟子・公孫丑章句上》）「弗與共天位也，弗與治天職也，弗與食天祿也，士之尊賢者也，非王公之尊賢也。」（《孟子・萬章章句下》）這些句子中「天」字皆表示治權（官、位、官職、俸祿）之正當。

　　孟子此言「命」含「命限」、「命運」的意思，而就「命限」、「命運」於人世間表現有不可測的無可避免性言「天」。非人力引致而發生者，謂之命。非人力能做到者，歸因於天。

　　孟子首先論明「仁義禮智根於心」，(《孟子‧盡心章句下》)「由仁義行」。(《孟子‧萬章章句上》)「先立其大者，則其小者不能奪也，……。」(《孟子‧告子章句上》) 但並不忽略人的道德性於現實中表現無可避免要受到限制。此即孟子說：「仁之於父子也，義之於君臣也，禮之於賓主也，智之於賢者也，聖人之於天道也，命也，有性焉，君子不謂命也。」(《孟子‧盡心章句下》) 此表明：父、義、禮、智、聖，總是在現實限制中表現，此就現實中表現的限制而言「命」，但君子並不藉詞「命」而放失其道德性，而是強調「分定固也」(有性焉)。

　　孔子既說：「我欲仁，斯仁至矣」，(《論語‧述而第七》) 也說：「君子之道四，丘未能一焉：所求乎子，以事父未能也；所求乎臣，以事君未能也；所求乎弟，以事兄未能也；所求乎朋友，先施之未能也。」(《中庸》第十三章) 此亦見孔子既強調道德性為人所固有，但也不忽略人現實上表現其道德性必有無可避免的限制。

　　孔子既說：「道不遠人。人之為道而遠人，不可以為道。」(語見《中庸》第十三章) 孟子亦說：「夫道若大路然，豈難知哉？」(《孟子‧告子章句下》)「道在爾〔邇〕」，(《孟子‧離婁章句上》) 但孔子、孟子都不忽略行道之艱難。孔子說：「道之將行也與，命也；道之將廢也與，命也。」(《論語‧憲問第十四》) 又說：「造次必於是，顛沛必於是。」(《論語‧里仁第四》) 孟子亦說：「求之有道，得之有命，……。」(《孟子‧盡心章句上》) 天下有道、無道，「斯二者天也」。(《孟子‧離婁章句上》)

　　天與命運關聯，即一般所謂「天意難違」是也。如，孟子說：

「吾之不遇魯侯，天也。臧氏之子焉能使予不遇哉？」[177]（《孟子·梁惠王章句下》）又說：「天下有道，小德役大德，小賢役大賢；天下無道，小役大，弱役強。斯二者天也。順天者存，逆天者亡。」（《孟子·離婁章句上》）此句論天下有道、無道，歸於「天」。此意一再見於孟子之言論中，如：「苟為善，后世子孫必有王者矣。君子創業垂統，為可繼也。若夫成功，則天也。君如彼何哉？強為善而已矣。」（《孟子·梁惠王章句下》）又引《詩·大雅·文王》言「天命靡常」，說：「詩云：『商之孫子，其麗不億。上帝既命，侯於周服。侯服於周，天命靡常。殷士膚敏，祼將於京。』」（《孟子·離婁章句上》）又云：「舜、禹、益相去久遠，其子之賢不肖，皆天也，非人之所能為也。」（《孟子·萬章章句上》）

孔孟哲學中，以命運義而言之「天」、「命」有不可忽略的意義，[178]其作用在正視道德實踐中無可避免要遭遇艱難險阻。此言命運不能視之為「命定論」、「宿命論」。「命定論」、「宿命論」是消極的，否棄人自身的努力，主張人任由外在力量擺布。而孔子、孟子論命運是以「人能弘道」、「修身以道，修道以仁」為前提。人一生致力踐仁，「造次必於是，顛沛必於是。」（《論語·里仁第四》）不以「命」為藉口貳其心，此即孟子言「立命」、「正命」。

孟子說：「殀壽不貳，修身以俟之，所以立命也。」（《孟子·盡心章句上》）「貳」，有貳心也。「俟」，等待、待機也。「修身」，《中庸》（第二十章）引孔子「答哀公問政」，語云：「修身以道，修道以

---

177 魯平公準備去拜訪孟子，他寵愛的小臣臧倉出言毀謗孟子，阻止了他與孟子相遇。孟子將此事歸因於天，說：「行或使之，止或尼之。行止，非人所能也。」（《孟子·梁惠王章句下》）既非人所能，故曰：「吾之不遇魯侯，天也。」（同前）

178 關此，詳論見拙著《孟子哲學：孔子哲學之傳承與道德的形上學之奠定》，第四章〈孟子言『存心養性事天』包含的實踐智慧學及向道德宗教之伸展〉第四節「關於孟子言『殀壽不貳，修身以俟之，所以立命也』之哲學說明」。

仁。」無論短命而死或長壽，都無有貳心，修身以等待命運之機遇，此所以立於命運之窮通而不動搖。孟子以此為「立命」。又言「俟命」，說：「君子行法，以俟命而已矣。」(《孟子‧盡心章句下》)又，孟子言「正命」，說：「莫非命也，順受其正；是故知命者，不立乎巖牆之下。盡其道而死者，正命也；桎梏死者，非正命也。」(《孟子‧盡心章句上》)殀壽窮通皆命運，「順受其正」就是「盡其道而死」。「盡其道而死」，即「天下無道，以身殉道」，(《孟子‧盡心章句上》)此為「正命」。

　　孔子、孟子言命運義之「命」、「天」，包含一種對於人類歷史發展規律及其曲折性的深度認識。並非一般所謂盲目的偶然性。道行、道廢「命也」。天下有道、無道，「斯二者天也」。(《孟子‧離婁章句上》)此即孔子說：「道之將行也與，命也；道之將廢也與，命也。」(《論語‧憲問第十四》)有道、無道，「天也」。不能據此誤以為孔孟主張命運盲目無常；究其實，孔孟之「命運說」根於一種道德的預告的人類史，一方面，「天」表徵道德的絕對必然性，普遍有效性，代表根於本心（理性）的公正、正義原則以及圓善理想，而堪稱為至高無尚的「最高者」；另一方面，「天」又表示預告的人類史中必然包含的一切正反力量角力的規律之總和，因此，「天」乃代表人類一代一代幾經挫折，然而必然向圓善（大同世界）之原型而趨的道德信念。

　　就人自身「修身以道，修道以仁」而言，是「求在我者也」。(《孟子‧盡心章句上》)但論及「人能弘道」，出自人的本心天理之無條件命令，人要致力於建立公正的、德福一致的大同世界，就無可避免要遭遇無數來自外部的困難和打擊。即使聖賢如孔子、孟子，週遊列國，倡導仁政王道，然未能竟王天下之大業。要致力於「塵世上可能的圓善」之實現，並不能靠一己之「修身」，而有賴全體人皆以圓善為終極目的，並且還得有自然方面的配合。此即康德所論於「圓

善」之在世界上實現而言，人類的機能不足夠。

在現實世界致力於圓善之實現，用孔孟的話說，就是「志於道」，（《論語・述而第七》）「行仁政而王」，（《孟子・梁惠王章句上》）「平治天下」。（《孟子・公孫丑章句下》）然孔子、孟子未能成功王天下之大業。此即孟子說：「匹夫而有天下者，德必若舜禹，而又有天子薦之者，故仲尼不有天下。」（《孟子・萬章章句上》）孔子之未能王天下，非其德不盛，亦非其不夠盡力，用孟子的話說：「夫天，未欲平治天下也。」（《孟子・公孫丑章句下》）此即「天」也，「命」也。即孟子說：「莫之為而為者，天也；莫之致而至者，命也。」（《孟子・萬章章句上》）

孔子自道：「鳥獸不可與同群！吾非斯人之徒與而誰與？天下有道，丘不與易也。」（《論語・微子第十八》）陽明說：「夫子汲汲遑遑，若求亡子於道路」，（《傳習錄》中，〈答聶文蔚〉，第171條）可見孔子倡導仁政王道之不容已。[179]孔子言「知天命」、「畏天命」，既認識及敬畏自身不容已之道德分定，同時意識到致力於王道之實現的進程中必然要面對的命限。此即孔子亦常言「命」：慨嘆道之將行、將廢，「命也」。又說：「道不行，乘桴浮於海。」（《論語・公冶長第五》）「鳳鳥不至，河不出圖，吾已矣夫！」（《論語・子罕第九》）

孟子自道：「乃所願，則學孔子也。」（《孟子・公孫丑章句上》）

---

179 孔子「三十而立」之後，「修詩、書、禮、樂，弟子彌眾」，（朱熹：《四書集注》，〈論語序說〉。）立平民教育之典範。孔子五十一歲時，「定公以孔子為中都宰，一年，四方則之，遂為司空，又為大司寇。」（同前）年五十六，「攝行相事」，「與聞國政。三月，魯國大治。」（同前）後因「齊人歸女樂以沮之，季桓子受之」，孔子遂離開魯國，周遊列國，以期施展施仁政行王道之抱負。經歷十四年，歷盡困厄。「適陳，過匡，匡人以為陽虎而拘之」，「適宋，司馬桓魋欲殺之」，又，衛靈公問陳，不對而行，復如陳，「在陳絕糧，從者病，莫能興。子路慍見曰：『君子亦有窮乎？』子曰：『君子固窮，小人窮，斯濫矣！』」（《論語・衛靈公第十五》）

「夫天，未欲平治天下也；如欲平治天下，當今之世，舍我其誰也？」(《孟子‧公孫丑章句下》)如其讚伊尹語：「思天下之民匹夫匹婦有不被堯舜之澤者，若己推而內之溝中。其自任以天下之重如此。」(《孟子‧萬章章句上》)然孟子亦未能實現「平治天下」之宏願，此亦「天」也，「命」也。

　　天下有道、無道，「斯二者天也」，(《孟子‧離婁章句上》)此表示歷史發展之軌跡有其不為人所左右的規律，此所以說：「莫之為而為者，天也。」(《孟子‧萬章章句上》)然並不意謂孟子以為「天」是一種外在的、與人不相干的盲目的力量。而毋寧說，孟子所論「莫之為而為者」的「天」表徵一種統合人之品類繁多的諸種力量及自然力量之綜體。人力包括善的力量與惡的勢力，即孟子引孔子語，說：「孔子曰：『道二：仁與不仁而已矣。』」(《孟子‧離婁章句上》)自然力量也包括生生的力量與毀壞的破壞力；其中此消彼長，不在任何人力的掌握中。但孟子不因此以「天」為盲目，否則，他就沒有理由提出通過「盡其心」、「知其性」，以「知天」。事實上，只有「罔之生」的人會以為天意是偶然的、盲目的，故不知「畏天命」，肆意妄為。而孔子、孟子堅信仁道之必然性，同時知弘道之艱難，依此言「畏天命」、「知命」、「立命」、「俟命」，顯其「志於道」之信念的崇高與莊嚴。孔子、孟子之強烈的宗教意識正扎根於此。

　　只要人作為有理性的物種這一點不會移易，無論本心可以如何被各種勢力肆意摧殘，以致隱而不彰了，即便天理如何被各種世俗意見任意扭曲，本心天理仍然萬古如一日。現實上，世間可以無道，但人自身之本心天理不會泯滅。此所以，無論現實上道行、道不行，不改「天」之為最高公義的表徵，「天」就代表道德之「最高者」、就堪稱為道德目的論下統天地萬物而為言的至高無尚者，人朝向道德世界之實現而標舉的自然與自由結合的最高原則及原型。

　　圓善作為人類的共同的理性的目的，經由本心（意志自由）產生，此乃稱理而論；人類於致力實現「圓善」理想之歷史行程中「能力不足夠」，此乃如實說。明乎此，即可理解，何以依本心之擴充必定產生終極目的（圓善），而據此，孔子哲學傳統必然從「成德之教」而導致道德的宗教。

　　吾人依孔子哲學傳統通康德哲學而論明唯一的道德的宗教，並由此論明「天」在孔子哲學傳統的宗教中的根源及其必然性，以及不可或缺的作用。「天」之被標舉為道德的最高者、「至上的原因」，以及自然法則與自由法則結合的「最高的原則」之原型，完全從人的道德稟賦（本心、人心之仁）的根據出發，根本不考慮一切外來影響，其表徵的必然性是必然的、不可移易的，根本區別於經驗上經由歸納而來的共同性及相對的普遍性。因此，它不考慮理論的證明，人們不能藉經驗肯定它或否定它。[180]但「天」之必然性作為理性的要求是絕對的，人依其「盡心知性」而認識之「天」之涵義與作用不以經驗上道不行而失效，故稱之為純粹理性的信仰。

　　但不必諱言，現實上，如康德如實指出：人類並沒有依照理性之目的而有有計劃的歷史。儘管孔子哲學傳統經由「仁者人也」、「人能弘道」已然將一個道德的預告性人類史標舉出來了。但是，中華民族仍遠未走上道德的預告性人類史之行程。孔子亦慨嘆：「道不行，乘桴浮於海。」（《論語·公冶長第五》）孟子也於此言「命」，說：「夫天，未欲平治天下也。」（《孟子·公孫丑章句下》）康德曾預期，這

---

180 就對「天」的認識而言，僅僅憑著理性沿理論的自然進路，亦即僅僅從依靠經驗的證明根據的自然目的，是無法達到其真實意義的，如康德說，必須由「一個先驗地由純粹實踐理性來決定而被給予的目的（在圓善的理念中）來彌補不充分的理論的缺陷」，此即「訴諸目的決定」。（KGS 8:159）因此可說，「天」作為目的因概念起作用，根本與對象之本性無涉。我們根本不必論及是否有一個「天」在我們之外自存及其本性是什麼。

樣一部人類史，要「留待自然本身去產生出一位有條件依據它來撰寫這部歷史的人物。」（KGS 8:18）此預期用孟子的話說就是：「若夫成功，則天也。」（《孟子・梁惠王章句下》）可視為含義相同的另一方式的表示。孔子備聖人之德，而未能王天下，是「天」之「未欲平治天下」，意謂並非人力所能決定。

依孔孟哲學，無論「天下滔滔」的人類歷史如何變幻莫測，「仁者人也」、「人能弘道」朝向的仁政王道之原型不能視為迂闊空談。但是，沒有人能預測在終極目的（圓善）與其在世界實現之間要經歷多少個世代，甚至至今為止仍沒有誰能規劃出一條具體落實的路徑；然孔子哲學傳統倡導以「仁者人也」、「人能弘道」化育人，此乃「常道」，人類必須通過繼續不斷的啟蒙而趨向之。

但是，一場將社會轉變成「一個道德的整體」的理性啟蒙運動仍未見絲毫曙光。儘管孔子哲學傳統及康德的哲學都已指明人類必須「從原始狀態向文明化進展，再向道德化進展的方向。」（KGS 8:26）如我們一再論明，孔子哲學傳統已經展示出人類社會發展成道德整體之宏規，並且形成一個以「仁者人也」、「人能弘道」化育人的文化傳統，但不必諱言，這個傳統在中華民族的歷史中時常被打斷，我們迄今仍未能預測它何時能成為將社會凝聚成一個道德整體的基石。

人類活動之複雜性，以及人類歷史的具體軌跡並非人可預測。此即孟子慨嘆：「若夫成功，則天也。」（《孟子・梁惠王章句下》）而康德在〈永久的和平論〉一文中也提及要「加上幸運（Glück）」。（KGS 8:356）

第五節　附識：就康德道德哲學之專詞的翻譯問題與牟先生所論作商榷

牟先生在《心體與性體（一）》之〈綜論〉中有「附識」表明：

> 在此我想乘機對於康德《道德底上學之基本原理》一書之題名
> 略加幾句注語。依此書之主文是「分析的」，再依《純理批判》
> 之用語而言，「道德底形上學」（metaphysics of morals）實即是
> 「道德之形上的解析」（metaphysical exposition of morals），或
> 曰「道德之形上的推述」（metaphysical deduction of morals）。
> 然則這整題名底確切意義實當是：「通過道德之形上的解析而
> 見的道德之基本原理。」……依《純理批判》中的規定，「形
> 而上的解析」就是對於一個概念底先驗本性之說明，……。依
> 是，這書名實只應簡單地題曰：「道德之形上的解析」，便甚確
> 切而亦足夠。……這在英文底語法構造裡本不成問題（想在德
> 文裡限制的必更顯明），但譯成中文，當「底」、「的」不分的
> 時候，則「道德底形上學」便與「道德的形上學」（moral
> metaphysics）簡直無法分別，尤其當「底」、「的」皆可省略
> 的時候，結果都成了「道德形上學」，這是很容易混同而失旨
> 的。[181]

　　牟先生指出《德性形而上學的基礎》一書之主文是「分析的」，
也就是：「通過道德之形上的解析而見的道德之基本原理。」此不
錯。又，牟先生說：「依《純理批判》中的規定，『形而上的解析』就

181　牟宗三：《心體與性體（一）》，《全集》，卷5，頁140-141。

是對於一個概念底先驗本性之說明，〔……〕。依是，這書名實只應簡單地題曰：『道德之形上的解析』，便甚確切而亦足夠。」此說法亦無問題。但問題在：該書書名 *Grundlegung zur Metaphysik der Sitten*，牟先生中譯為《道德底形上學之基本原理》，愚意以為有可商榷處。看來，先生並未區分»Moralität«與»Sitten«。»Metaphysik der Sitten«宜中譯為「德性形而上學」，[182]康德在該書〈序〉中表明，該書是為此後出版的《德性形而上學》而做的一個預備的（也就是打基礎的）工作。（Gr 4：391）

康德在《純粹的理性批判》指明：「形而上學劃分為純粹理性思辨使用的形而上學和純粹理性實踐使用的形而上學。因而，要麼是自然形而上學，要麼是德性形而上學。前者包含關於一切物的理論的認識的出自純然概念的一切純粹的理性原則（因而數學排除在外）；後者包含先驗地決定所為所棄並使之成為必然的那些原則。」（A841/B869）「德性形而上學」是講「形而上學」，「形而上學」是一個意思，「形而上的解析」卻是另一個意思，不可混淆。

依康德在《純粹的理性批判》所論，「形而上學就是那種應該把一切純粹的先驗認識在這種系統的統一性中表述的哲學。」（A845/B873）在《德性形而上學》一書，康德說：「對實踐的理性批判之後應該就是德性形而上學系統，它分為法權學說之形而上學的初始根據和德行學說之形而上學的初始根據（作為自然科學之形而上學的初始根據之對應物已經提供）。」（MS 6:205）依以上所述，可以明確指出：《德性形而上學的基礎》一書的書名的意思：該書（1785年出版）作為

---

182 究其實，牟先生中譯該書名是意譯，該書確實是講「道德」，而不是講「形而上學」，先生用「底」字以區分開「道德底形上學」與「道德的形上學」。然愚意認為，牟先生原意是想表達「道德之形上的解析」，而採用「道德底形上學」一詞是有問題的。

《德性形而上學》一書的基礎。後者出版於一七九七年，它提供一個德性形而上學系統，而《基礎》一書如康德本人明示：「目前的《基礎》不過是找出並確立道德的最高原則。單就這一點便構成一項就其意圖而言是完整的、且須與其他一切德性之研究分開的工作。」（Gr 4:392）此即《基礎》一書分析地確立的道德的最高原則作為十二年後出版的《德性形而上學》一書的基礎。

看來，牟先生僅注目於《基礎》一書，而並未注意到於康德的「道德哲學」（Moralphilosophie）之整全體系中，《基礎》一書是一部為《德性形而上學》而作的「先導論文」。並且康德已明示：「我決意日後提供一部《德性形而上學》，如今先發表這本《基礎》，誠然，除了一種純粹的實踐的理性之批判之外，德性形而上學終究沒有其他的基礎。」（Gr 4:391）實在說來，《基礎》一書是對道德的最高原則（連同道德概念）之先驗性作說明，亦即作形而上學的解釋；而《實踐的理性批判》則進一步作超越的解釋，亦即說明最高原則（連同道德概念）之客觀有效性，並以道德的法則為「自由」之推證原則，證明「自由」之客觀實在性。以此，《實踐的理性批判》連同《基礎》為《德性形而上學》打下基礎。

從牟先生《心體與性體》之「綜論部」所論見到，先生把握到《基礎》一書所論道德的純粹性，他說：「我們說明了儒家根據踐仁盡性頓時接觸到了『道德當身之嚴整而純粹的意義』這第一義，並以為已融攝了康德的『道德底形上學之基本原理』中所說之一切。」[183] 此無疑見出牟先生的創闢性洞悉，先生對於中西哲學會通之創建亦奠基於此。但不必違言，牟先生並未注意《實踐的理性批判》於康德的「道德哲學」之整全體系中的重要作用，而認為該書只是建立了「道

---

183 牟宗三：《心體與性體（一）》，《全集》，卷5，頁143。

德的神學」，先生說：「他（康德）只有《道德底形上學之基本原理》
（*Fundamental Principles of the Metaphysic of Morals*）與《實踐的理性
批判》所建立的『道德的神學』（moral theology），而卻無（至少未充分
實現）根據其分解建立的道德理性所先驗供給的客觀的道德法則再進
一步展現出一個具體而圓熟的『道德的形上學』（moral metaphysics）。」
愚意以為，此說有可商榷處。事實上，《實踐的理性批判》的首要工作
是：批判地證成意志自由。經由《實踐的理性批判》對「全部實踐的
機能」進行批判考察，闡明：「有純粹的實踐的理性。」（KpV 5:3）
康德說：「憑著純粹的實踐的理性機能，超越的自由從現在起也就牢
固地確立起來，並且這裡是取其絕對的意義。」（KpV 5:3）唯獨「自
由之理念經由道德法則呈露（offenbaret）自身」，（KpV 5:4）隨後，
圓善以及其條件上帝和不朽緊跟自由之概念，「與它一起並通過它獲
得支持和客觀實在性。」（KpV 5:4）

　　如上文指出，以《實踐的理性批判》（連同《基礎》）為基礎，康
德建構了一個德性形而上學系統，此即《德性形而上學》一書。誠然，
此「德性形而上學」並不是牟先生所言「道德的形上學」。先生說：
「從『道德的進路』入，以由『道德性當身』所見的本源（心性）滲
透至宇宙之本源，此就是由道德而進至形上學了，但卻是由『道德的
進路』入，曰『道德的形上學』。」[184]在前面第二章之第五節「通儒
家與康德而彰顯『道樞』：普遍的形而上學」已論明，牟先生根據儒
家講出一個「道德的形上學」，其思路啟發自康德，先生本人表明：
「他（案：康德）由意志之自由自律來接近物自身（thing in itself），
並由美學判斷來溝通道德界與自然界（存在界）。吾人以為此一套規
劃即是一『道德的形上學』之內容。」[185]儘管不必諱言，牟先生並未

184　牟宗三：《心體與性體（一）》，《全集》，卷5，頁145。
185　牟宗三：《心體與性體（一）》，《全集》，卷5，頁11。

深入康德批判哲學之整體，故未見到康德奠基於「意志自由」而展示的一個「普遍的形而上學」的通貫體系。然先生無疑把握到康德根源的形上學洞見，即：將形上學之根基奠定於道德的主體（意志自由、本心仁體）。在形而上學的根源洞見上，牟先生與康德若合符節。今天，學者若有志於接續牟先生會通中西哲學之志業，實必須接上此形而上學的根源洞見，並致力於理清牟先生對康德批判哲學的種種詰難，而歸到康德經由三大批判而確立的形而上學，這個形而上學是全新的，它是亦道德亦宗教的一個「普遍的形而上學」體系。

拙著《物自身與智思物──康德的形而上學》正是以研究康德的形而上學之整全體系為課題。依該書所論，此整全體系的藍圖如下：一、純粹知性之分解：作為經驗可能根據的一切先驗原則之系統，只處理與對象一般有關的概念與原則的系統，而不考慮可能被給予的客體。二、自然形而上學：處理自然（即所予的客體的可能總和）之概念，及其一切先驗原則之系統。三、德性形而上學：處理自由概念及其一切先驗原則之系統。四、道德神學：作為道德學的一個附屬部份。五、與純粹的道德的宗教合而為一的道德的形而上學：意志自由為唯一真實本體而實現自然與自由結合的體系。[186]

牟先生把握到康德道德哲學的根源洞見，然對康德有不少批評與詰難。依愚見，翻譯上的問題阻礙了先生周全通貫地瞭解康德，或許這是先生對康德有誤解的一個原因。僅就康德的道德哲學方面來看，牟先生主要關注康德論「道德」（Moralität），而並不重視康德就德性、德行（在限制中表現道德）所作的論述；相應地，於康德所論高層的意欲機能，牟先生也是主要關注康德所論「意志自律」，而未注意其所論「抉意自律」。愚意以為，此與先生對康德論道德及意欲機能的專詞之翻譯問題有關。

186 盧雪崑：《物自身與智思物──康德的形而上學》，頁335-336。

　　牟先生的中譯裡並沒有嚴格區分»Moralität«、»Sitten«、»Tugend«，三詞混譯，運用上亦未見作出嚴格區分。如上文提及，先生中譯 *Grundlegung zur Metaphysik der Sitten*，並未區分»Moralität«與»Sitten«。康德在《德性形而上學》中說：「Sitten 與拉丁語中 Mores 的意思是一樣的，僅指規矩習慣（Manieren）和禮儀教養（Lebensart）。」（MS 6:216）他在《倫理學演講錄》[187]中又指出：

> 一般倫理學沒有恰切的字彙表達道德的本性，因而混淆了道德與習俗德性（Sittlichkeit）。德行（Tugend）理念很難充分表達道德的善的本性。Sitten 和 Sittlichkeit 慣常用以表達道德的理念，但是，Sitten 是理解為禮節，德性是意涵社會的善。如法國這樣的國家可以有 Sitten，一個禮儀的法典，而不關聯到德性。（Ethik 27:85）

　　康德區分「道德」與「德行」及「德性」之苦心孤詣，其意是要在習俗德性、禮儀規範之現象中發掘其形上根據。這根據歸結到道德。在康德的體系中，»Moralität«（道德或譯作「道德性」）與德行（Tugend）、德性（Sitten）三詞項之含義有別卻又指涉同一實踐活動，並非割截為三事。與之相應，道德實踐包括意志立道德法則與抉意依道德法則訂行為格準兩級立法。康德在《德性形而上學》之「導言」中就表明：實踐哲學把抉意之自由（Freiheit der Willkür）作為它的客體。（MS 6:216）

　　依康德所論，道德法則的責成性關涉到兩個因素：一、一個推行責成的主體，這就是道德行動者的意志，立道德法則的意志；二、一

187　Immanuel Kant, *Eine Vorlesung über Ethik* (1990).

個置自身於責成下的主體，這就是服從道德法則的抉意。康德就意志之立法性言意志自由，而就抉意服從道德法則之自決性言抉意自由。立法的主體是一個意志自由的人，而在責成之下的是同一人之被看成其抉意是自由的者。

　　由意志自律而行，就表示人有「一個通過自己的格準普遍地立法則的意志」，「他所服從的法則只是他自己訂立的，並且這立法是普遍的，（Gr 4:432）此即表示，主觀格準與普遍立法通貫一體，這就是本心立天理與「克己復禮」、「由仁義行」通貫一體。我們論孔孟言本心（人心之仁）之自律，不能把自我約束之義忽略掉，不能視「克己復禮」為立法與執法分屬兩個機能而製造對立二分，同樣，我們論康德意志自律亦不能把抉意自律抹掉，以此視抉意只為與意志立法對立二分的隨軀殼起念的習心。無論康德或孔孟，均無客觀性原則與主觀性原則二分的觀點，因為唯獨客觀性與主觀性通貫一體起作用才能夠有真正的道德行為可言。

　　康德在《實踐的理性批判》中對意志（立客觀原則）、抉意（訂主觀格準），以及意志對抉意之作用（作為其訂立格準的根據）作出了周全的研究。該書論及»Wille«有數十處，專論»Willkür«亦不下十處。»Wille«與»Willkür«兩詞項各自有其確定的意義，這兩詞項的使用也是確定的，一貫的，不可相互替換。[188]此後，康德在《德性形上學》一書對其一貫使用的»Wille«與»Willkür«兩詞項之區分給出總結說明。作為最高認識力的理性的真實作用是在意欲機能中立法，據之，康德揭示：純粹理性之實踐使用無非是理性與意欲機能結合；此言「意欲機能」包括立法則的意志和選取格準的抉意。此即康德說：「就理性能決定意欲機能一般而言，在意志下可包含抉意。」（MS

---

188 KpV 5:21，22，26，27，32，33，36，65，79，99-100.詳論見拙著《康德的自由學說》，頁241-242。

6:213）總說一個「意欲機能」，分說區分開「立法的意志」與「訂立格準的抉意」。關於意欲機能的通貫關連一體的活動，《德性形而上學》一書「導論」中有如下說明：

> 依據概念，就意欲機能對行為的決定根據是在它自身中而不是在客體中而言，稱之為依據願意（Belieben）而行動或不行動的機能。若它與由其行動而產生客體的機能的意識聯繫著，那麼，它又可稱為抉意（Willkür）；如果沒有與這種意識聯繫，它可稱為願望（Wunsch）；那意欲機能若其內在決定根據以及隨之本身的意向在主體的理性中發現，它稱為意志（Wille）。意志也就是一種意欲機能，它不像抉意那樣關聯於行動，而是關聯於行動抉意之決定根據，而且它本身在自己面前本來沒有任何根據，而就它能夠決定抉意而言，它就是實踐理性本身。就理性能決定意欲機能一般而言，在意志下可包含抉意，甚至也可包含純然的願望；能夠由純粹理性決定的抉意，稱為自由的抉意。（MS 6:213）

康德在《德性形而上學》一書中明示：「法則產生自意志，而格準產生自抉意。」（MS 6:226）康德論明：意志之立道德法則，即意志自由（Freiheit des Wille），而抉意選取道德法則為行為格準之根據，即抉意自由（Freiheit des Willkür）。總說是一個高層意欲機能，從其活動層序分說，自由意志立道德的最高原則，意志自律是為抉意而律；自由抉意立德行的最高原則，抉意自律是為行為而律。

依康德所論，「抉意自由是不依於由感性衝動而來的決定之獨立性，這是該詞的消極概念。」（MS 6:213）抉意自由的積極的概念是：「純粹理性自身成為實踐的那種機能。這只有當每個行為的格準

都遵循符合普遍法則的條件才是可能的。」（MS 6:213）「那個能夠由純粹理性決定的抉意，名之為『自由的抉意』（freie Willkür）。」（MS 6:213）依以上所論可見，意志之自律與抉意之自律統而為一實踐主體之立法活動，康德學界流行將抉意視為隨軀殼起念的習心，也就是略去康德所論「自由的抉意」及「抉意自律」。這種流行觀點反映在»Willkür«一詞的中譯上，中譯本有譯作「任意」、「自由選擇」，或譯作「意念」。[189]如此一來，»Willkür«作為立格準之能的根本義就消失了，尤為嚴重的是，它選取道德法則以為訂立格準之根據的超越義也抹殺掉了。

　　牟先生中譯»Willkür«一詞依各種英譯而有不同。如：《基礎》一

---

189 事實上，»Wille«、»Willkür«二詞的中譯很大程度上受到英譯的影響。關此，拙著《康德的自由學說》有詳論，茲作引錄如下：「在英語世界的康德研究中，長期以來對»Wille«、»Willkür«未能達至恰切理解，研究者對這兩個詞的詮譯總是帶主觀隨意性，這種隨意性帶入康德著作的英譯中，引致更嚴重的混淆、誤用及曲解。英文本身無法找到相應的詞翻譯康德哲學的這兩個專用語。阿利森認為無論是»Wille«，還是»Willkür«，在英文中都可譯為"will"，這是不對的。事實上，"will"既不對應»Wille«，也不對應»Willkür«。在通行的英譯本中，譯者為區分這兩個詞，一般將»Wille«譯作"will"、"rational will"，而»Willkür«則有多種譯法，甚至在同一譯本中也有一詞多譯的情況。如：阿保特（Abbott）譯作"freedom of action"、"involuntarily"及"elective will"；巴通（Paton）譯作"choice"；格林（M. Greene）與哈德遜（H. Hudson）合譯的《單在理性範圍內的宗教》第一版採用了四種英譯："choice"、"power of choice"、"will"、"volition"。這樣的英譯顯然產生誤導，讓人誤以為»Willkür«意指「任意」、「選擇」，事實上，依據英譯本轉譯的中譯本就譯作「任意」、「自由選擇」、「意念」。如此一來，»Willkür«作為立格準之能的根本義就消失了，更嚴重的是，它選取道德法則以為訂立格準之根據的超越義也抹殺掉了。貝克及斯爾伯注意到»Willkür«在英譯上的不規範的狀況。貝克在《評康德的〈實踐理性批判〉》中指出這個問題，並說他常常保留這兩個詞項為德文。在斯爾伯的提議下，格林和哈德遜的英譯本再版時以"will"譯»Willkür«，嚴格與原德文本一一對當。這都是學術研究應取的嚴謹態度。然而這種譯文上的改進並不能根本改變英美康德專家對»Willkür«一詞的錯解。（盧雪崑：《康德的自由學說》，頁572-574。）

書，康德說：「有理性者名曰『人格』，因為他們的本性把他們表示為目的自身，即是說，把他們表示為不可只用作工具，因此，就此而言，限制一切抉意（Willkür）。」（Gr 4:428）牟先生依阿保特（Abbott）英譯 "freedom of action" 而中譯為「行動底自由」。《實踐的理性批判》一書，康德說：「依據抉意自律之原則（dem Princip der Autonomie der Willkür）應當作何事，這對於最普通的知性也是一望而知的。」（KpV 5:36）Autonomie der Willkür（抉意自律）牟先生譯為「意志自律」，以此，將「抉意」與「意志」混而不分。又，康德說：「自由範疇涉及一個自由的抉意（einer freien Willkür）的決定（對於它誠然不能有任何與之符合一致的直觀，但是它先驗地就有一條純粹的實踐法則作為根據，這是在我們的認識機能的理論使用的任何概念那裡都不曾出現的）。」（KpV 5:65）這個地方，Willkür（抉意）牟先生譯為「選擇意志」。又，康德說：「不管從一個人的抉意（Willkür）所發生出的是什麼，皆有一自由的因果性為其基礎」，否則，道德判斷和譴責必不能發生。（KpV 5:100）該處，Willkür（抉意）牟先生譯為「選擇」。

事實上，假若人的抉意不是自律的，那麼，「道德判斷和譴責必不能發生。」康德把以全副良心作成之判斷和譴責之發生歸因於抉意之自由，而抉意自律即表示「道德的強制」。若只注目「意志自由」、「意志自律」，也就是僅僅論道德的純粹性、嚴整性；而忽略「抉意自由」、「抉意自律」，也就會取消道德的強制及道德咎責的問題。如此一來，道德哲學有所欠缺，不能完整。

究其實，康德論自由之概念來自道德的法則，不僅就意志之立法性論意志自由，並且論明抉意自由：抉意自由之概念「僅僅從我們的抉意能夠被作為一無條件的命令的道德法則所決定的可決定性所推斷出來。」（Rel 6:49）

結論
人類大憲章：上帝之國與大同世界

第一節　人類大憲章：耶穌宣示的「上帝之國」與孔子哲學傳統彰顯之「道樞」

　　耶穌宣示的「上帝之國」（kingdom of God）、「天國」（kingdom of heaven），依據康德所論純粹的理性宗教來理解，就是在一個共同的「天父」之下成就的一個人類倫理共同體。它不必被視為猶太教本身的上帝之國，並且，本質上不是舊約《但尼爾書》所言「聖者之國」。[1]儘管不必諱言，關於耶穌宣示的「上帝之國」在福音書的記載裡，人們確實會看到一些承接自舊傳統的意思。勒南在其著作《耶穌傳》提出：耶穌建設上帝之國之思想有幾種不同的意義：有時候，人們把它當成「只單純地企圖著實現窮人與被剝奪者之統治期」，[2]所謂「窮人之國」[3]。「有時候，上帝之國是啟示教派關於救主的幻象之不爽絲毫的應驗。最後，上帝之國又常常是靈魂之國，而即將到來的拯救是精神的拯救。」[4]

1　勒南說：「耶穌愛用『上帝之國』、『天國』等等字樣，來稱呼他帶給世界的這種革命。如其他關於救主的名詞一樣，這些術語，也來自《但以理書》。依照這奇書的作者之意思，在四個必會崩潰的世俗帝國之後，會有一個第五帝國崛起：這將是聖者的帝國，它的統治期是無限的。〔……〕。猶太神學卻常常認為上帝之國便是猶太教本身。」（勒南著，雷崧生譯：《耶穌傳》，頁43。）
2　勒南著，雷崧生譯：《耶穌傳》，頁146。
3　勒南著，雷崧生譯：《耶穌傳》，頁97。
4　勒南著，雷崧生譯：《耶穌傳》，頁146。

　　勒南依學術研究之軌道，列出對耶穌思想中「上帝之國」的三種意義不同的認識。誠然都是有文獻根據的。關於將上帝之國認識為「窮人與被剝奪者之統治期」，這一類「窮人之國」的說法，其實在舊約中就可以找到。[5] 在福音書中，也記載：「耶穌舉目看著門徒說：『你們貧窮的人有福了。因為神的國是你們的。你們飢餓的人有福了。因為你們將要飽足。你們哀哭的人有福了，因為你們將要喜笑。』」（Luk 6:20-21）《馬太福音》記載耶穌所做的事：「就是瞎子看見、瘸子行走、長大痲瘋的潔淨、聾子聽見、死人復活、窮人有福音傳給他們。」（Mat 11:5）又，《馬太福音》記載：耶穌打開先知以賽亞的書，唸：「主的靈在我身上，因為他用膏膏我，叫我傳福音給貧窮的人。差遣我報告被擄的得釋放，瞎眼的得看見，叫那受壓制的得自由，報告神悅納人的禧年。」（Luk 4:17-19）不過，若因此將耶穌思想中的「上帝之國」歸為窮人之國，那是錯解。如勒南說：「我們很容易窺見：這種對於貧窮的過分的趣味，不能長久地支持下去。⋯⋯。基督教被拋到人類社會之大環境以後，它必會總有一天很不在意地承認富者之投入自己的懷裡，⋯⋯。」[6] 或許，「駱駝穿過鍼的眼，比財主進神的國，還容易呢。」（耶穌語。Luk 18:25）這話說出了事實，但並不能歸結為「上帝之國」是由貧、富定義的。

　　現在，我們可以依據康德所論明的「純粹的理性宗教」來理解耶

5　如勒南指出：「在《舊約》各書的每一頁裡，我們都可以找到上帝是替窮者弱者向富者強者的報仇人這種思想。⋯⋯先知們——民眾的代言人，我們可以說是最勇敢的代言人，——曾不斷地斥罵在上者；他們一方面把『有錢、背信、凶暴、惡劣』等字，另一方面把『貧窮、溫和、謙卑、虔信』等字，很緊密地紐結在一起。」（勒南著，雷崧生譯：《耶穌傳》，頁98。）《舊約・詩篇》說：「他必為民中的困苦人伸冤、拯救窮乏之輩、壓碎那欺壓人的。」（Psm 72:4）

6　勒南著，雷崧生譯：《耶穌傳》，頁99。勒南所謂「對於貧窮的過分的趣味」，看來是可以在福音書找出大量證據的。

穌開始的宗教及其宣示的「上帝之國」。前面「耶穌是誰？」那一章已論明：耶穌的宗教心靈是創闢性的，他開始的宗教是全新的、史無前例的，區別於任何歷史性的信仰，不同任何對神靈的恐懼、迷信、崇拜而產生的啟示性的宗教。耶穌創闢性的宗教心靈，源自其自身「愛與公義的原則」，此即其宣講的道，亦即其名之為「天父」的上帝。耶穌宣講的「上帝」──最高的崇敬對象，不再是宰制人的、令人生畏的外在的神，而是在人裡面的「天父」，「我們在天上的父」（《馬太福音》Mat 6:9）。

耶穌說：「父在我裡面、我也在父裡面。」（《約翰福音》Jhn 10:38）又說：「若是認識我，也就認識我的父。」（Jhn 8:19）「上帝」是什麼？就是內在於耶穌心靈的愛與公義的原則，此即是「道」。一個人認識耶穌，就認識愛與公義的原則，即認識「上帝」。在那個神權的世代，耶穌的出現無疑是驚世駭俗的，他向世界顯明人的神聖性，也就是標舉每一個人成為「上帝喜悅的人」的榜樣。

耶穌宣導「天父」（上帝），就是要讓上帝在每一個人的道德心靈中，也就是作為「上帝的兒女」，成為「上帝喜悅的人」。此即耶穌說：「我就是道路、真理、生命。若不藉著我，沒有人能到父那裡去。」（《約翰福音》Jhn 14:6）耶穌發自其心靈而充滿全生命的「愛」，並非一般施捨、施惠於人的所謂「博愛」、「慈愛」，而是普世信仰天父的人團結在愛與公義的原則下，成就一個大家庭，此即耶穌宣導的「上帝之國」，在這個國度裡，一切人相感通如兄弟手足。這就是人與最高者以及人與人之間普遍傳通的「愛」。

耶穌奉上帝為「愛」。上帝愛他的兒女，人信上帝就在耶穌裡面，也就在上帝裡面。此「愛」即耶穌作為「德性圓滿的原型」彰顯的「普遍的愛」，「普遍的愛」作為上帝之本質，實質是一種於一切人之間普遍地傳通的情感。信仰上帝就是信奉「愛與公義」為最高原則，

並致力於「上帝的國」在世界上實現。

　　本書的宗旨就在通過康德宗教學說之研究，論明唯一真正的宗教。依康德根據理性的觀點而論，宗教決不建基於「神的啟示」，而是由道德不可避免地導致宗教，「它是理性的一種立法。」（SF 7:36）前面「康德的詮釋——耶穌為人的意志自由作證」那一節已論明，耶穌創立的宗教的根基在「意志自由」。康德顛覆傳統神學，建立純粹的理性宗教學說，實啟發自耶穌，其憑依源自耶穌開始的宗教。前面「神話中的耶穌與普世宗教之建立者的耶穌」那一節，亦已論明，耶穌創始的宗教，是一個翻轉舊世界，朝向人的「新生」以及新世界來臨的真正的宗教。他一心一意就是要成就「新人」及「上帝之國」，這是拯救世界的唯一道路。耶穌肇始的普世宗教顯明了蘊藏在「人的理性中的道德的宗教的稟賦」，它並不以神的知識及神的意志為基礎，而是以人自身的「愛與公義的原則」為基礎，以之為最高原則而認識上帝。此即康德所言「純粹的實踐理性自身的自律」（KpV 5:129）為基礎的宗教。這就是從宗教伸展至「圓善」（上帝之國）的超越的根據。康德說：唯有一個圓善（上帝之國〔des Reichs Gottes〕）的概念才能滿足實踐理性最嚴格的要求。（KpV 5:128）

　　耶穌直接以「上帝的兒女」（上帝所喜悅的人）表示「新生」的人；以「上帝之國」表示全新的道德世界。正是此「新生的人」與「新的道德世界」構成耶穌開始的宗教的本質。此「上帝之國」是一個「道德的（單憑理性便可以認識的）國」，根本不同「彌賽亞的國」。（Rel 6:136）它無非是：在其中「上帝」被標舉為「一個共同的立法者」的整體。「上帝之國」的公民就是：作為自由者的人。此即康德說：「每一個人必須考量為已經實存的自由者（als existierende freie Wesen）」，（Rel 6:142）「由『遵循自由法則』而成為上帝之國的公民。」（Rel 6:192）

　　康德的創闢性的宗教學說之根源智慧源自耶穌肇始的普世宗教，並且，可以說，三大批判的工作為此全新的宗教體系作說明。無疑，康德從第一個批判（《純粹的理性批判》）開始就表明，其批判工作是要經由對人類心靈的基本的機能之考察衡定，建立理性自身的法庭，這法庭「依據理性自身永恆的和不變的法則」來保證理性合法的要求，而駁回一切無根據的僭妄。（Axi）據此裁決傳統上舊的哲學體系的非法與虛妄，並建立全新的體系。康德提出「純粹的哲學」，「出自純粹的理性之認識」，以此區別於「出自經驗的原則之理性認識」的「經驗的哲學」。（A840/B868）「純粹的哲學」包括「批判」，也就是「從理性的一切純粹的先驗認識方面研究理性機能」；第二，包括「純粹的理性之體系」，「稱為形而上學」，「即是一種在其系統的聯繫上，顯示純粹的理性發生的（真的或虛妄的）哲學認識的整體的科學」。依此可見，依康德，「純粹的哲學」就是「形而上學」連同「批判」。此即康德明示：「形而上學這個名稱也可以指全部的純粹的哲學，包括批判在內」，（A841/B869）並說：「這樣它就包括對一切能夠先驗地認識的東西的研究，以及對構成這類純粹的哲學的各種認識模式的系統的東西的闡述，但與一切經驗的理性使用區別開，同樣也與數學的理性使用區別開。」（A841/B869）明乎此，即可知，康德的宗教哲學作為康德的純粹的哲學的一部份，同樣以「批判」作為其預備，並且包含在其經由通貫一體的批判工程而展示的「形而上學體系」中。

　　如前面相關章節已論明，康德所論宗教是從道德擴展至的，由之吾人可說，康德經由第二批判（《實踐的理性批判》）建立的奠基於意志自由的道德哲學，同時就因著意志自由產生圓善，並通過論明「上帝和不朽的理念是道德法則所決定的意志的必然客體的條件」（KpV 5:4），為純粹的理性宗教的超越的根據提供說明。據此，可以說，奠基於意志自由的普遍的形而上學包含純粹的理性宗教在內。

　　「意志自由」為普遍的形而上學奠基，而康德提出的實踐理性批判的首要課題就是：「純粹的理性如何能夠直接（僅僅通過它自己的格準作為法則的普遍有效性之思想）就是意志的決定根據。」（KpV 5:44）此課題是經由對實踐理性機能自身的剖解而解答的。經由此剖解工作揭明純粹的理性獨自「給予（人）一條我們名之為德性法則的普遍法則」。（KpV 5:31）也就是闡明「純粹的理性是現實地實踐的」。（KpV 5:3）憑藉純粹的實踐理性這種機能，「超越的自由也就被確立起來。」（KpV 5:3）經由批判闡明了「純粹的理性是實踐的」，這是通過「在德性原理中（in dem Grundsatze der Sittlichkeit）理性決定意志去行動的自律」（KpV5:42）這一事實做到的。意志自律也就是意志自由。這就是康德提出：道德法則證明自身，並且作為「意志自由」之機能的推證原則，他說：「道德法則不但證明了自由之可能性，而且證明了自由對於那些認識到道德法則對自己有強制作用的本質者（Wesen）身上具有現實性（Wirlichkeit）。」（KpV 5:47）一旦經由批判確證「意志自由」，康德就據之論明：「通過意志自由產生圓善，這是先驗地（在道德上）必然的。」（KpV 5:113）並且，上帝、心靈不朽也得以作為「把道德上被決定的意志運用到其先驗地被給予的客體（圓善）之條件」，（KpV 5:4）而得到安立和客觀的實在性。「意志自由」作為康德哲學體系的首腦概念，不僅為道德哲學奠基，並且因其產生「圓善」，而「圓善」作為道德向宗教伸展的關鍵，此即可說，「意志自由」乃是道德的宗教之超越根據。康德說：

　　　　有三個純粹的理性理念：上帝、自由與不朽。在這三個理念中，自由之理念是唯一的一個超感觸者之概念，它的客觀的實在性（憑藉在它之中被思想的因果性）通過它在自然中可能的結果而在自然身上得到證明。正因如此，那自由之理念使其他

兩個理念與自然相連繫為可能，並亦使此三個理念為了一個宗
教而相互連繫起來為可能。這樣說來，我們自身內就具有一原
則，它有能力把在我們之內的超感觸者之理念，而因之也把我
們之外的超感觸者之理念決定為一種認識，哪怕只在實踐的意
圖中才是可能的。（KU 5:474）

　　康德於三大批判的進程對形而上學的三個理念（自由，以及上
帝、心靈不朽）的探究，展開了一個由道德奠基並伸展至包含宗教的
真實的形而上學。這個形而上學奠基於意志自由，亦即以人的道德創
造主體為根源，展開一個將終極目的（圓善）實現於世界上的道德創
造之進程，並且，「上帝」、「心靈不朽」因著終極目的之實現的可能
性而必然被設定為圓善的條件，由之這個奠基於意志自由的形而上學
即包含宗教。[7]

　　實在說來，康德於《純粹的理性批判》通過對人的認識機能的批
判考量，回答了人對一個超感觸對象的思想如何可能的問題。據此得
出結論：自由，以及上帝、心靈不朽，作為智思物（也就是純然知性
所思之物）是可能的，它們在知性機能中有其根據，[8]並且，它們在

7　關此，詳論請參見拙著《康德的批判哲學——理性啟蒙與哲學重建》之〈導言〉、
　　第九章〈為道德尋根究極：從意志自由充極致一個道德的形而上學〉，及第十章〈最
　　後的大綜和：圓善在世間的實現及純粹理性宗教之確立〉。

8　康德論明：「人類的認識有兩根主幹（Stämme），也就是感性和知性，它們也許出自
　　一個共同的、但不為我們認知的根（Wurzel）。對象通過感性被給予我們，但通過知
　　性被思維。」（A15/B29）儘管只有從知性與感性互相結合才能產生認識，但是，依
　　康德的批判考察，感性和知性是在同一認識活動中協同一致地起作用的兩種完全不
　　同的機能，它們是兩種不能互換其功能的機能，「感取一點也沒有能力思想，知性一
　　點也沒有能力直觀。」（A51/B75）康德批判地提出：「知性在其自身內先驗地含有一
　　切源初的純粹的綜和概念」。（A80/B106）知性的這些純粹概念亦即範疇。於「範疇
　　的超越推證」中，康德揭明：範疇作為「思維一個對象」的功能，是不受直觀條件

理性的思辨使用作為軌約的理念，有其必然性。依此，「上帝」在歷史性的宗教中作為人所崇拜的「超絕的」對象被裁決為虛妄的，而另一方面又說明了在純粹的理性宗教中作為人所崇拜的「超感觸的對象」之可能性。康德論明：正是超感觸的東西（Übersinnliche）才「構成道德和宗教的基石。」（A466/B494）他明示：真正的批判哲學是工作（Arbeit），這區別於那些以超絕的東西（Transzendente）為前提的有如點金術（Alchimie）的神秘主義。（KGS 8:441）

　　《純粹的理性批判》通過對人類的認識機能（感性、知性、理性）作批判考察，說明「超感觸的東西」作為「智思物」如何可能，並論明：「智思物是一個無對象的概念。」（A290/B347）「不能夠在某個可能的經驗中被指出並變得可直觀的概念」。（A338/B396）純粹理性作為一種純然的智性機能，其概念（超越的理念）關涉到思辨理性自身引出的智思物，無非是思辨理性對於「一個條件系列之無條件綜體」的要求。據此裁決思辨理性不能確保形而上學（包含宗教）的三個理念（自由，以及上帝、心靈不朽）的客觀的實在性。據之，康德放棄那種傳統上通常把「形而上學」一詞只保留給思辨形而上學的做法，（A842/B870）而轉至實踐的領域去探求一門依照科學的確定程序而建立的形而上學，[9]從而創闢性地建立奠基於經由《實踐的理性批判》

限制的，它作為純然的思想形式允許有其純粹的使用；儘管只有通過和範疇相應的直觀我們才能認識所思想的對象。也就是說，知性作為對顯相之雜多施行綜和統一作用而決定對象的認識機能，它本身亦允許有離開一切直觀而從事的純然的思維活動，這種活動產生純然的知性對象，康德稱之為「智思物」，以區別於其對顯相之雜多施行綜和統一作用而決定的對象（現象）。知性的純然思想產生出一個智思物之概念。此即說明了「超感觸對象」（如自由，以及上帝、心靈不朽）作為智思物是可能的。

9　康德說：「超越的理性概念能夠使自然概念過渡到實踐概念成為可能，並使道德的理念本身以這樣的方式獲得支持，而且使道德的理念與理性之思辨的認識連繫起來。關於這一切，我們必須等到在後面再加以詳述。」（A391-392/B385-386）

給予證明的意志自由的普遍的形而上學及其包含的純粹理性的宗教。

前面相關章節已論明，康德的創闢性的宗教學說乃是根源自意志自由產生的圓善（終極目的）而必然擴展至的。而最後一個批判（《判斷力批判》）康德研究「在我們的認識機能的次序中構成知性與理性之間的一個中間項的判斷力」，（KU 5:168）他通過對美學判斷的批判考察而闡明判斷力的超越的原則，這個原則就是「自然的形式合目的性」。依康德所論，這樣一個原則「主要出現在人們名為美學的，關涉於自然的或者藝術的美和崇高的評判中。」（KU 5:169）「儘管這些評判單憑自身對於物之認識根本毫無貢獻，但它們畢竟只屬於認識機能，並且證明這種機能根據某一個先驗原則而與快樂和不快樂的情感有一種直接的聯繫。」（KU 5:169）吾人可依此見出，「自然的形式合目的性」作為判斷力的超越的原則，說明了「自然的合目的性」及「自由的合目的性」在人類的認識機能中的根源及情感之先驗根據，據此說明了「在客觀上賦予出自自由的合目的性，與我們根本不能缺乏的自然合目的性的結合以實踐的現實性」。（Rel 6:5）如何可能。此即說明了「對於道德而言，它為自己構成一個所有事物的終極目的的概念」（Rel 6:5）如何可能。在這個批判中，康德依據判斷力的超越的原則，建立了道德的目的論，為人自身是終極目的，以及「世界創造的終極目的同時能夠並且應該是人的終極目的」（Rel 6:6）提供了說明。

依以上簡述可見，康德的宗教學說於三大批判就人類心靈機能（認識機能、快樂與不快樂、意欲機能）作批判考量中提供說明。康德在《純粹的理性批判》第一版「序」中就說：「宗教想憑藉它的神聖性和立法性，想憑藉它的尊嚴，企圖避免批判，可是，這樣一來，它們恰恰就引起別人對它們正當的懷疑，而不能要求人家真誠的尊敬了。」（Axi）即便康德由耶穌宣示的宗教本身就洞見到純粹的理性宗

教，但他並未以之為自明的，而是首先通過三大批判工程探明其於人類心靈機能中的根源。他告誡說：「在哲學裡，我們必不可模仿數學而從定義開始。」（A730/B758）並明示：「論證的原理是完全與直觀的原理不同的東西，前者在任何時候都要求一種推證，而後者則完全可以不必推證，並因此是自明的，而這一點是哲學的原理無論如何確定都永遠不能自稱的，所以，純粹的和超越的理性的任何一個綜和的命題都遠遠不能像二乘二等於四的命題那樣顯而易見（像人們習慣地固執地表述的那樣）。（A733/B761）依康德，形而上學以及其包含的宗教，其哲學原理「必須聽憑縝密的推證來為其權限辯護」。（A733-734/B761-762）

總而言之，康德一生努力建立的哲學體系，乃奠基於以意志自由為創造實體的普遍的形而上學，其擴展至包含道德的宗教，即「實踐的智慧學說」。前面相關章節已論，康德贊同古人將「實踐的智慧學說」理解為哲學，「即作為一種圓善的學說。」（KpV 5:108）依康德，哲學（實踐的智慧學說），「就是關於一切認識與人類理性的本質的（wesentlichen）目的（人類理性的目的論）之聯繫的科學，而且哲學家不是一個理性藝人，而是人類理性的立法者。」（A839/B867）依以上所論，吾人可提出，哲學堪稱為「人類大憲章」。

前面相關章節已一再申論，孔子哲學宏規在「仁者人也」、「人能弘道」。而孔子哲學的終極關懷是：實現世界大同。人心之仁作為人之為人的實存定分，因著仁心之普遍立法與無限擴充至萬物為一體，人就有一必然的使命要致力在世界上實現大同的理想。此「大同的理想」用康德的詞語表達就是：圓善實現於世界上。亦即耶穌所宣導的「上帝之國」行走在地上。此理想根源自人類的理性，是人的道德稟賦所不容已地趨向之的。明乎此，則不會像坊間一些流行講法那樣，視之為空想的烏托邦。人要努力擺脫那種兩眼只盯著經驗中短期實效

的鼠目寸光，改換上一種開闊的理性視野，以見到人類的前景，那怕其實現需要經歷幾代、甚至幾十代、幾百代前仆後繼的努力。以此，吾人能領略，康德何以能、及憑什麼說：「有一類物種是具有理性的，並且作為有理性的生命類別，他們全部都會死亡，然而這個物種卻永不死亡而且終將達到他們的稟賦的充分發展。」（KGS 8:20）如果我們人只是作為一種動物性的被造物，這種被造物不過是偶然的，「在一段短促的時間（不知何故）被賦予了生命力之後，必定把它所由以生成的物質再還回到宇宙中的一粒微塵。」（KpV 5:162）唯獨：「通過我的人格無限地提升我作為睿智者的價值，在這個人格裡面，道德法則向我展現了一種獨立於動物性，甚至獨立於整個感觸界的生命。」（KpV 5:162）以此，人的此在連結到人類整體之終極目的的決定裡，「此決定不受此生條件和界限所限制，而向無限而趨。」（KpV 5:162）此所以可說，憑著「人格」（每一個人作為道德的實存），人類這個物種永不死亡。此即康德說：「這個物種卻永不死亡而且終將達到他們的稟賦的充分發展。」（KGS 8:20）

中華文明是基督教傳統之外另一種截然不同的模式。如我們前面一直論明，孔子哲學承接三代古文明而確立了一個傳統，這個傳統以「仁者人也」、「人能弘道」，成就人為道德者並實現世界大同之終極目的為「天命」。「天」並不是什麼歷史性地確立的「神」，不是由什麼先知宣論給大眾的外在的絕對威權。「天」是每一個人的本心之仁的普遍立法而指示的絕對的普遍必然性和擴充不已的無限性，據之可說，「畏天命」之信仰是根於每個人自身之本心之仁的，因而能夠由每個人自己憑著對自身本心之仁的普遍立法之自覺而自由地信仰，不必得到什麼外在的「神」之恩寵。「天命」對每一個人而言都是絕對有效的，其普遍必然的真實性由每個人遵循自身本心之仁的普遍立法而行，於不已的踐履進程中獲得證實。前面相關章節已論，孔子以

「仁者人也」、「人能弘道」、「大同」確立的模式是哲學的、並且包含道德的宗教的，它作為哲學，乃是由人之生命與社會生活的根本原則取得支撐的，而根本不必借用外在的本身的來源尚且可疑的任何東西來支持；它包含道德的宗教，亦即包含事奉的對象——天，是由「盡心、知性」而「知」，並通過「存心」、「養性」而事奉的。

　　孔子傳統之模式孕育於中華民族的血脈中，其普世性是無諍的，也不帶強迫性，從不也不會施用任何威迫或利誘的手段向全世界擴張。用康德論「道德的宗教」之根本義來察看「孔子人文教」，吾人見到「孔子人文教」與康德所論若合符節。「孔子人文教」不建立於任何奇蹟（超自然的啟示）；它沒有也不需要規章性的教會機構作為載體，每一個人的本心就是載體；不必有外在於人之本心的誡命，本心良知天理就是每一個人對自己發布的道德命令。此正如康德提出的「不可見的教會」，即「真正的教會」，它要求「普遍性的資格」，也就是「對所有人的有效性（無例外的普遍性或全體性〔*universitas vel omnitudo distributiva*〕），即普遍的一致性」。（Rel 6:157）他說：「為了在這種意義上將其傳播和維持為世界宗教，它當然需要僅僅是無形的教會的僕人〔……〕，但無需官員〔……〕，即需要教師，但無需首領。」（Rel 6:157）

　　「孔子人文教」堪稱康德提出的「世界宗教」，無需教會機構，不必神父、牧師，沒有「教權制」[10]，根本不存在規章性的誡命、教規、戒律，「它是一種可以告知每一個人使他確信的純然理性之信仰。」（Rel 6:103）在人的尊嚴中，即孟子所言「良貴」中，就蘊涵著心靈之昇華並導向「天」，即孟子言「存心養性事天」，此通康德

----

10 康德說：「教權制是這樣一個教會制度，在它裡面，占統治地位的是一種物神崇拜。凡在不是由道德的原則，而是由規章性的誡命、教規、戒律構成了教會的基礎和本質的地方，都可以發現這種物神崇拜。」（Rel 6:179）

說：「在人的尊嚴——人在自己的人格以及那種為了使人格決定性中
必須尊敬這種尊嚴——中，蘊藏著某種昇華心靈、並導向神性本身的
東西，這種神性只有憑藉其神聖性和作為德行的立法者，才是值得崇
拜的。」（Rel 6:183）

　　孔子言「我欲仁斯仁至矣」，（《論語・述而第七》）孟子言「由仁
義行」，（《孟子・離婁章句下》）人之道德踐履是「對人的事務」，而
不是對「天」的事務。孔子言「唯天為大，唯堯則之。」（《論語・泰
伯第八》）孟子言「事天」（《孟子・盡心章句上》），此中言「天」被
視為每一個人敬奉的「最高者」、最高道德原則之「立法者」，但絕無
意指一個外在的「天」以法則命令人，也絕非意指人事奉一個外在的
「天」；而毋寧說，每一個人通過自身之本心良知天理來認識「天」
之命令，此無非認「天命」為絕對的無條件的、具普遍必然性的、對
一切人有效的。用康德的話說，孔子哲學傳統中「天命」並非像歷史
性信仰中那樣，視「上帝的一種立法意志」為「並不能從自身出發就
被認作是有約束力的」的「上帝的規章性法則」；（Rel 6:104）而是
「通過純粹的道德的法則頒布命令的」，就此而言，「每一個人都能夠
從自身出發，憑藉他自己的理性來認識」它。[11]（Rel 6:104）用康德
的話說：在道德的宗教中，「我們把上帝看作對我們所有義務而言普
遍備受崇敬的立法者」，（Rel 6:103）取決於我們知道：我們視上帝
「是通過純粹的道德的法則頒布命令的」。（Rel 6:104）此同於在孔子
哲學傳統中，我們視「天」是通過每一個人自身之本心良知天理頒布
命令的。也就是康德說：「一種僅僅按照純粹道德的法則來決定的上

---

11 用康德的話解釋：「每一個人都能夠從自身出發，憑藉他自己的理性認識作為他的
　　宗教的基礎的上帝意志；因為神明之概念本來就只是出自對這些法則的意識和理性
　　要假定一種力量的需求，這種力量能夠為這些法則帶來在一個世界上可能的而又與
　　道德上的終極目的一致的全部效果。」（Rel 6:104）

帝的意志的概念，使我們如同只能設想一個神一樣，也只能設想一種宗教，這種宗教就是純粹道德的。」（Rel 6:104）

儒者言「慎獨」、「三省吾身」，也就是「對越在天」，用康德的話說就是：「與道德法則的嚴格命令加以對照，不斷地檢查自己，如同在一位法官面前被要求作出解釋，所有這些，都是理性、心靈和良心同時教導和推動的。要求更多的東西，乃是希望過分。」（Rel 6:144-145）

依以上所論，「孔子人文教」之傳統根本不同於基督教傳統。但如我們於前面章節所論明，若依康德所論「耶穌開始的宗教」而與作為歷史性信仰的基督教教會之宗教區別開，則可見到，孔子傳統包含之道德的宗教與耶穌教相通。「大同」世界與「上帝之國」皆是基於人的「意志自由」之上，乃是「意志自由」必然產生的終極目的，道德法則（天理）命令每一個人致力於將「上帝之國」（大同）實現在世界上。

孔子傳統之宗教可名為「大成教」。孔子大成教涵蘊著人類理性文明，它堪稱為全人類的大憲章。此人類大憲章對於人類全體而言作為根本大法。對於建立一個保護人的福祉和讓人有尊嚴地自由生活的社會以及實現世界永久和平，這是一種重要的準備，遠比寬容和愛更為必要。本書論明孔子傳統之宗旨與本質，即可掃除學界流行的種種矮化孔子的說法，我們就不會以「去人欲」、「血緣倫理」等名目來標籤孔子之成德之教，也不能只視《論語》為一部記錄嘉言善行的書，以致把孔子之學視為只是個人修身養性之「為己之學」，或者僅僅是一種精神人文主義。明乎此，我們也不會離開實現世界大同的終極目的，而以泛泛而論的經世致用、制度與秩序重建來談論孔子哲學傳統之「外王」。

孔子言「仁者，人也」，可說與康德所論「圓善」中的第一和主

要的部份（即道德的完整性）相通；而「仁者，人也」必然關連著「人能弘道」，孔子言「弘道」，就是要致力於實現「王道」。在孔子哲學中，「王道」即一個大同世界的理想。此與康德所論「圓善」中第二個要素（即與道德相配稱的幸福的可能性）有可相通處。「大同社會」也就是康德所言「人類倫理共同體」。致力於「上帝之國」行走在地上如同在天上，也就是致力於在世界上實現圓善（終極目的），確切地說，就是在世界上實現「倫理共同體」，亦即將「單個的人的自身不足的力量聯合起來，共同發揮作用」，（Rel 6:97-98）為了同一個終極目的（圓善）聯合成為一個整體，成為一個善的人們的系統（einem System wohlgesinnter Menschen）」。（Rel 6:97-98）康德恰切地提出：「最高的德性的善並不能僅僅通過單個的人追求他自己的道德的圓滿來實現。」（Rel 6:97）人們要聯合成一個倫理共同體，以避免「由於他們不一致而遠離善的共同目的，彼此為對方造成重新落入惡的統治手中的危險」。（Rel 6:97）

　　大同世界，或曰倫理共同體，也可以稱為道德世界，它是一切人遵循道德法則命令而聯合起來，於天造地設的世界中創造一個依道德目的和秩序而成立的世界。王道之大同世界，乃踐仁弘道之終極目標，此可以說就是康德所言「最好的世界」。本心之天理指導人成德不是為著修德以保天年，也不是為獲取通往極樂世界或彼岸天堂之保證，而是朝向大同社會的實現，在世界上創造出「一個作為由於我們的參與而可能的圓善的世界」。如《哥達學報》（*Gothaische Gelehrte Zeitungen*）第十二期（1784年2月）一篇簡訊中說：

　　　　康德教授先生所愛好的一個觀念是：人類終極目的乃是要達到
　　　最完美的國家制度，並且他希望哲學的歷史家能從這個觀點著
　　　手為我們寫出一部人類史，揭示人類在各個不同的時代裡曾經

接近這個終極目的或者脫離這個終極目的各到什麼地步，以及要達到這個終極目的還應該做些什麼。（KGS 8:16）[12]

三代理想的大同社會，可說就是最完美的制度。依《禮記・禮運》記載，孔子曰：

> 大道之行，天下為公。選賢與能，講信修睦，故人不獨親其親，不獨子其子，使老有所終，壯有所用，幼有所長，鰥寡孤獨廢疾者，皆有所養，男有分，女有歸。貨惡其棄於地也，不必藏於己；力惡其不出於身也，不必為己。是故，謀閉而不興，盜竊亂賊而不作，故外戶而不閉，是謂大同。

又，孔子提出「小康」：

> 今大道既隱，天下為家，各親其親，各子其子，貨力為己，大人世及以為禮。城郭溝池以為固，禮義以為紀；以正君臣，以篤父子，以睦兄弟，以和夫婦，以設制度，以立田里，以賢勇知，以功為己。故謀用是作，而兵由此起。禹、湯、文、武、成王、周公，由此其選也。此六君子者，未有不謹於禮者也。以著其義，以考其信，著有過，刑仁講讓，示民有常。如有不由此者，在勢者去，眾以為殃，是謂小康。

孔子提出「小康」，以示「大同」非一蹴即就，而毋寧說，「大同」是把現實上的限制擱置不論，以標舉一個人類不已地向之而趨的

---

12 該譯文見康德著，何兆武譯：《歷史理性批判文集》（北京：商務印書館，1990年），頁1。

範型，此範型與康德所論「人類倫理共同體」、「最完美的國家制度」相通。此即可以說，孔子哲學傳統會通康德批判哲學展示的普遍的形而上學所建立的實踐的智慧學體系，共同標舉一個全人類的大憲章。

我們將孔子哲學傳統從中國文化傳統中突顯出來，而標明孔子哲學之為全人類的大憲章，就是要講明，孔子哲學不應被只視作中國文化中種種流派中的一支流。孔子不僅為中國人，且為世界之人。並且，我們依循康德之道德宗教之明示，撥開歷史性信仰的迷霧，將耶穌從神之子的身份還其為一位真實的人，且為世界之人。孔子與耶穌，同為人類之神聖性以及人類盛德大業之神聖性立下典範，每一世代、每一個人，歷盡未來世，以此典範為理想，指導自己的言行及人生的道路；每一朝代、每一個社會以此為目標，校正航向。

今天，學者們還停留在上世紀三十年代，仍在討論「如何說明科學和民主為何沒有在傳統中國出現，以及它們如何與傳統中國文化相容」。[13]也有教授說：「中國文化過去一直以儒學主導，但儒學卻未能幫助中國走上文化的正軌，似乎難以推卸責任。新儒家希望透過儒學的哲學化、更新、創新、轉化、現代化，恢復儒學的主導地位。在我看來，這是一條錯誤的道路。」[14]並認為「儒學若要在中國的現代化中作出貢獻，便應該回到孔孟所開創的樸實傳統，重新發揮儒學的根本精神，而不應走理論詮釋和建構的路子。」[15]究其實，此等學者、教授正是犯了泛論「傳統中國文化」，而忽視孔子哲學傳統的弊病，或者他們將孔孟哲學只視為一種實用主義的「樸實傳統」，故根本看不到孔子哲學傳統之為全人類大憲章的深遠意義。

---

13 主辦單位傳來電郵（2022年9月3日），內容為第四次鵝湖會講「主題說明」，其中有這段話。

14 新亞研究所主辦「新亞學人」系列講座（2022年5月28日），講者冼景炬教授，「面對新紀元的儒學」演講綱要。見新亞文教頻道。

15 同前註。

　　我個人早已小心翼翼地避免「新儒家」這個詞，甚至避免「儒家」這個詞。孔子哲學傳統絕非這種學派，那種學派，正如康德哲學絕非這種主義，那種主義。它們是「理性本性」之學。用牟先生的詞語說，就是「道樞」。道樞「收攝一切，由此開發一切。」[16]我同意康德提出：人類的理性只有一種，那麼，哲學（理性本性之學）就只能有一種。（MS 6:207）此即可說，「道樞」是一，不能多。它萬古如一日，任何時候任何地方、對一切人有效。看不見人的「理性本性」，不承認「道樞」，則無「哲學」自身，只有不同的個人之思考的吉光片羽，以及由之堆積成的哲學史、思想史。

　　總括地說：哲學（道樞），依孔子哲學傳統就是：「仁者人也」，（語見《中庸》第二十章〈哀公問政〉）「本心仁體」，乃「人皆有之」、「我固有之」，由每一個人自身立普遍法則（天理）、自己遵循而顯；「本心仁體」之發用就是「人能弘道」，創造道德的世界。依康德所論就是：「意志自由」，是人的「真我」、「人格性」，自由作為意志的因果性可以通過純粹理性的實踐法則（道德法則）以及在現實行動中遵循這實踐法則而得到證實，因而也就是得到在經驗中的證實。（KU 5:468）意志自由就是使終極目的（圓善），亦即使道德世界「通過我們的行為之符合道德法則而在世界中成為現實的（wirklich gemacht werden）」。（KU 5:453）

　　本書致力論明孔子哲學傳統之為理性本性之學，正是承接牟師宗三先生對孔子傳統作哲學說明及建立一周全的義理系統的工作。「新儒家」之模糊性，乃至「儒家」之模糊性，有所謂：自孔子沒，儒分為八。何況在漫長的中國歷史中，官儒、闒儒，新潮學人就拿來談論儒家阻礙現代化，與科學和民主不相容。牟先生說：假若「時時在新

---

16 牟宗三：《心體與性體（一）》，《全集》，卷5，頁195。

中，究竟誰能代表正宗之儒家？究誰是儒家之本質？……如不能確
定，則必只是一團混雜」。[17]若「儒家」，乃至「新儒家」只是一團混
雜，如西方哲學史「只以分別地論各個人之思想為已足」，豈不是
「孤懸孔子于隔絕之境」？[18]孔子哲學生命之本質何在？就是「仁
者，人也」、「人能弘道」。孟子承繼孔子哲學而以本心良知之普遍立
法而道「性善」，提出「盡心知性知天」而立儒家道德的形而上學之
規模。用牟先生的話說，就是：自律道德、道德的形而上學。

　　今日，反省中國文化對於中國現代化、文明化之作用，首要認清
作為中華民族生命體之孔子哲學傳統。此傳統乃一個理性文明的傳
統，堪稱為「道樞」，它就在過往、現今，乃至未來顯示其作用。人
類歷史之進程有其內在規律，但理性之光明必然越過一切歷史的局
限，宣示著人類應當向之而趨的原型。

　　前面「孔子對於本統之再建及孔子傳統傳法之統系的確定」那一
節中，已論明牟宗三先生通過對孔子哲學傳統作出客觀瞭解，融通康
德理性本性之學之根源洞見，以其道德的形而上學之慧識確定孔子哲
學傳統，並會通儒家與康德而彰顯「道樞」。本人追隨牟先生講孔子
傳統、康德之「常道」、「道樞」，時常惹起有些教授不滿，以為只以
「常道」、「道樞」為哲學，別人講的都不算「哲學」，太狂妄自大；
或以為未免「自我設限」、「門戶之見」。其實，追隨牟師研習哲學廿
多年，為牟師彰顯人類理性之光，弘揚「道樞」之道德勇氣所激勵，
牟先生「照體獨立」，不沾絲毫學術界拉幫結派、趕風頭、標奇立異
之雜氣，一生顯其純粹哲學家之風範。何來「門戶」之有？

　　牟先生為弘揚「道樞」立下客觀的標準。先生默契康德道德哲學
以建立儒家的道德的形而上學而彰顯孔子傳統為道樞，「道樞」之為

---

17 牟宗三：《心體與性體（一）》，《全集》，卷5，頁12。
18 牟宗三：《心體與性體（一）》，《全集》，卷5，頁12。

道樞，是任何時任何地對一切人皆有效者，用陽明[19]、蕺山[20]的話說，就是「萬古一日」[21]者。宣講「孔子傳統」、宣講「道樞」，怎會是「自我設限」、「門戶之見」呢？牟先生彰顯「孔子傳統為道樞」，其功偉矣！牟先生關於「孔子傳統為道樞」之卓越洞見乃基於先生對文獻作理性的解釋及通貫瞭解，客觀地作出確定的，豈能斥之為「一己主觀的喜好」？

愚意以為，若有學者意圖推翻牟先生關於「道樞」之論說，他首先得對先生客觀地建立的儒家的道德的形而上學的系統有周全理解，並且認識先生的「理性視野」，然後他才談得上評論牟先生。若然學者們只以經驗的目光、歷史主義的態度，不准宣講「道樞」，如此守著一己喜好的學派之觀點，以「自我設限」，要談論牟先生的哲學，則注定牛頭不對馬嘴，任何有益的學術對話亦勢必被割斷。

有學者不喜歡牟先生提出的「孔子傳統」、「傳法統系」，以為只有「儒學傳統」或「儒家傳統」，而無所謂「孔子傳統」。本人曾於一個學術研討會上論及「牟宗三先生對孔子傳統之傳法統系的確定」[22]，會上，評講人黃兆強教授針對拙論多有批評。並於會後電郵一份七千多字的「會講報告」給我[23]，報告中就提出：「個人認為『儒學傳統』

---

19 王守仁（1472-1528），字伯安，世稱陽明先生。

20 劉宗周（1578-1645），字起東，學者稱蕺山先生。

21 陽明語見《傳習錄》中，〈答顧東橋書〉，第141條。蕺山語見《劉子全書》卷之七，〈原旨・原心〉。王有立主編：《劉子全書》（臺北：華文書局，影印清道光刊本）。為免行文累贅，只標卷數，不另標頁碼。標點參考戴璉璋、吳光主編：《劉宗周全集》（臺北：中央研究院中國文哲研究所，1996年）。

22 本人出席中國哲學研究中心（臺灣）「第四屆中國哲學研討會」，會上宣讀論文，題為〈牟宗三先生對孔子傳統之傳法統系的確定及其工作之善紹之我見〉（2021年12月17日）。修訂稿題為〈牟宗三先生對孔子傳統之傳法統系的確定〉（2022年1月20日）。

23 兆強兄與本人前後畢業於香港新亞研究所，他謙稱本人為「盧學姊」，實不敢當。於「會講報告」開頭，他說：「萬一我說的話，說得過重了，或講錯了，盧教授也

或『儒家傳統』一詞或較好。」（會講報告電子檔，頁3）又，他說「據悉」，「傳法統系」一語「相當於英文的 "orthodoxy"——正宗、正統」；「此語尤有宗教意識中獨斷、自以為是的傾向／味道。亦隱含排外的味道。」（會講報告電子檔，頁4）言下之義，他反對孔子傳統之「正統」地位，以為言「正統」、「傳法統系」就必定是「宗教意識中獨斷、自以為是」、「排外」。

黃教授在其會講報告中說：「『孔子傳統』一詞，似乎是盧教授個人的創見。今姑取用之（但個人認為「儒學傳統」或「儒家傳統」一詞或較好。今不細論）。個人認為，這個傳統至少含兩個面向：（A）成德之教：擬粗分為二：（A1）自律道德系統：盡心知性知天（牟先生所說的宋明儒的第一、第二系）；（A2）他律道德系統（伊川、朱子為代表，即第三系）；（B）知性之教：為求簡便，今姑以荀子、朱子為代表。」（會講報告電子檔，頁3）

黃教授說：「『孔子傳統』一詞，似乎是盧教授個人的創見。」又說：「『荀子不與焉』這句話，似乎也不是牟先生本人說出來的，所以不宜加『』號。」（會講報告電子檔，頁8）本人研討會當日宣讀論文，清楚引出牟先生提出「孔子傳統」及「荀子不與焉」的語句，[24]未知黃教授何以「看走了眼」。其實，「孔子傳統」、「傳法統系」、「荀子不與焉」等語乃是牟先生在確定孔子傳承之正宗及孔子傳統之傳法統系的工作中所用之關鍵語。

不會見怪。」沒錯，任何人，無論有沒有交情，交情深與淺，與本人論學，「說得過重了，或講錯了」，本人都不會見怪。倒是一向十分欣賞兆強兄快人快語的豪爽，何況學問切磋，有話直說，當該是學者風範。細心閱讀該「會講報告」，一口氣寫了數萬字的回應文，連同當日研討會上宣讀的論文，擲稿於相關學誌。收到編輯傳來電郵，告知篇幅超學誌所限。未能刊出。

24 牟先生語見：《心體與性體（一）》，《全集》，卷5，頁319、15。

　　牟先生之所以提出「孔子傳統」，而區別於一般就思想文化方面泛論的「儒學傳統」或「儒家傳統」，其旨在突出「儒家教義發展之本質」以講明「儒家傳承之正宗」的標準。此標準依牟先生所論就是：「道德的形而上學」。依牟先生所論儒家道德的形而上學，由孟子承孔子「踐仁知天」而以「盡心知性知天」奠定其宏規，並且，先生以此為準，確定宋明儒之大宗。

　　拙文亦已說明，牟先生之所以提出「孔子傳統」，實在是有見及孔子後二百多年，「孔子生命智慧之基本方向」未能確定，先生說：「在先秦，大家齊頭並列，吾人只知其皆宗孔氏，然並無一確定傳法之統系。」對先秦之龐雜集團，「究誰能代表正宗之儒家？究誰是儒家之本質？」未能確定。[25]

　　今黃教授提出要以「儒學傳統」或「儒家傳統」一詞取代牟先生所提出的「孔子傳統」，可見他未得牟先生提出「孔子傳統」之深義。牟先生提出「孔子對於本統之再建」以及「孔子傳統」之確立，旨在標舉孔子的地位，「以孔子生命智慧之基本方向為標準」來確立「孔子傳統」。以此結束一般混談「儒學」、「儒家」，而放失「孔子生命智慧之基本方向」之亂象。若黃教授有細讀拙文，應能知道，拙文於「默契康德道德哲學以建立儒家的道德形而上學而彰顯孔子傳統為道樞」那一節中已說明，牟先生確立孔子傳統為道樞，其根據在孔子傳統包含的「道德的形上學」。此傳統乃「實踐理性充其極而達至『道德的形上學』之完成」。[26]牟先生論明：「人生真理底最後立場是由實踐理性為中心而建立，〔……〕。中國儒家正是握住這『拱心石』的，而宋、明儒之大宗則是盛弘這拱心石而充其極而達圓熟之境

25　牟宗三：《心體與性體（一）》，《全集》，卷5，頁308。
26　牟宗三：《心體與性體（一）》，《全集》，卷5，頁193。

者。」[27]先生說：「這一個圓融的智慧義理本身是一個圓輪，亦是一個中心點，所謂『道樞』。」[28]

顯見，牟先生言「中國儒家」為「道樞」，是「『道德的形上學』之完成」，是以其確定的「孔子傳統」而言，而並非坊間及學界一般泛論的各家各派的「儒家」。故依愚見，以「孔子傳統」之名，與形形色色的「儒家」分別開，實屬必要。拙文不同意梁濤教授說：「從孔子經子思到孟子、荀子，實際是儒學內部份化的過程。」並非如黃教授以為的那樣不承認孔子之後儒學發生分化，而是反對梁濤教授以為孔子之後全是「儒學內部份化」。[29]事實上，牟先生正是正視孔子之後儒學發生分化的事實，牟先生引韓非子〈顯學〉篇：「自孔子之死也，有子張之儒，有子思之儒，有顏氏之儒，有孟氏之儒，有漆雕氏之儒，有仲良氏之儒，有孫氏之儒，有樂正氏之儒。」[30]但牟先生並沒有視此分化為「儒學內部份化」，而是針對此分化之事實而以其哲學家之慧識而提出問題：「是則自孔子沒，『儒分為八』，見仁見智，各有所得。此一龐大之集團究誰能代表儒家之真？」[31]此真是大哉問。

拙文之要旨正是要指出及說明，牟先生如何獨具慧眼，把握住「孔子生命智慧之基本方向」，據之為準，恰切地確立孔子哲學傳承之脈絡，以此對治學界長久以來將孔子哲學傳統濫化，令其道樞之性格埋沒不見之弊害。恐怕黃教授對牟先生以「道樞」標示孔子哲學傳

27 牟宗三：《心體與性體（一）》，《全集》，卷5，頁195。

28 牟宗三：《心體與性體（一）》，《全集》，卷5，頁193。

29 黃教授沒有細讀拙文，斷句取意，就表示說：「梁氏的描繪，個人認為是針對事實而作出的一個客觀的描繪。」愚意以為，如牟先生說：「自孔子沒，『儒分為八』。」（氏著《心體與性體（一）》，《全集》，卷5，頁14。）儒學分化固然是歷史事實，但梁氏視此分化為「內部份化」，且視荀子與孟子同為孔子之繼承者，而主張「新四書」（《論語》《禮記》《孟子》《荀子》），則只是他個人的主觀說法。

30 牟宗三：《心體與性體（一）》，《全集》，卷5，頁13-14。

31 牟宗三：《心體與性體（一）》，《全集》，卷5，頁14。

統並不知曉，或者根本持反對態度。故不能肯定牟先生確定「孔子傳統」之貢獻，反而以為牟先生確定的「孔子傳統」將「他律道德系統（伊川、朱子為代表，即第三系）」，以及「知性之教：為求簡便，今姑以荀子、朱子為代表。」排除在外。黃教授對「盧教授」種種批評，實質矛頭所指是牟先生。黃教授指責，說：

> 把朱子完全排除在彼所設定之「孔子傳統」之外，這是否一種自我設限呢？而設限的結果很可能會窄化了孔子這個傳統（即把孔子傳統窄化了！）。眾所周知，孔子之傳統乃係中國文化傳統之主流，則窄化的結果，個人深恐會進一步導致以下一惡果：弱化了中國整個文化傳統。蓋知性一面，便完全被拋諸腦後了！！（會講報告電子檔，頁3-4）

顯然，黃教授之憂慮與牟先生之關切根本不同，其所憂在所謂「窄化」、「弱化」，而完全不理會孔子傳統之濫化、矮化所帶來埋沒「道樞」之弊害。吾人實在不明白，何以牟先生以「道樞」標示孔子傳統會如黃教授所說弱化了「中國整個文化傳統」。究其實，牟先生把荀子、伊川、朱子等排除在彼所設定之「孔子傳統」之外，並不能如黃教授所理解那樣，就等同將荀子、伊川、朱子排除在中國文化傳統之外。牟先生也表明：「為學法荀卿。」對朱子於思想史、文化史的地位評價亦很高。吾人並不反對學者們立荀子之傳統、伊川、朱子之傳統，等等，此種種傳統皆可說，均為中國文化傳統之一支；但不能無分別，無定準，一概視為「孔子傳統」。否則，「孔子傳統」豈不成了大雜燴。然則，「孔子傳統」之本質何在？荀子、伊川、朱子何以不能列入「孔子傳統」？牟先生都講得清清楚楚，拙文亦有引述，只是黃教授不予理會而已。究其實，荀子、伊川、朱子之所以不能列

入「孔子傳統」，並非因為他們講「知性之教」，而在他們以講知識的態度與方法講「道德」，也就是以「意志他律」講「道德」，即把「道德」講壞了。孔孟「仁智雙彰」，豈有「孔子傳統」排除「知性之教」之理？未知黃教授所持什麼邏輯，竟然以為不將荀子、伊川、朱子歸入「孔子傳統」，就是將「知性一面」完全「拋諸腦後」。

　　黃教授不顧牟先生明文指出荀子、伊川、朱子有違「孔子傳統」之要害處，關此，拙文已作引述，並指明，依牟先生所論，「彼等喪失于孟子、《中庸》、《易傳》之言心體、道體性體之本義，根本之失亦在『本心』立法義之抹煞。」[32]但黃教授不知何故「看走了眼」，只憑他個人主觀看法，說：「依牟先生，朱子仍不可予以忽視者。換言之，即在成德之教中，仍有其一定之地位、重要性。」（會講報告電子檔，頁3）固然，牟先生並不忽視朱子，但此並不能據之推論到黃教授所言「即在成德之教中，仍有其一定之地位、重要性」，看來，黃教授的「換言之」大有問題，並非稱理而言。牟先生指明：朱子將「道德」講成修養問題，其所謂「性即理」，要害在以為「理」是客觀外在的，不是自本心立的。先生有見及朱子看似「道德意識很強」，但「不切于孔孟之道德意識。」[33]先生說：「朱夫子一絲不苟，不敢越軌，那是教養的問題。」[34]顯見，黃教授曲解牟先生的意思，將其根本義理抹去，卻將他個人的主觀意見加諸於牟先生。連帶著也把朱子「意志他律」加諸於孔子的「成德之教」。用黃教授警戒敝人的話說，這是在解讀文獻時「不慎而流於過當」（會講報告電子檔，頁5）。他說：「吾人作為一個研究者或文獻解讀者、詮釋者，最忌過（over，surpass）或不及（insufficient）。」（會講報告電子檔，頁5）

32　盧雪崑：〈牟宗三先生對孔子傳統之傳法統系的確定〉，頁11。

33　盧雪崑：〈牟宗三先生對孔子傳統之傳法統系的確定〉，頁11。

34　盧雪崑：〈牟宗三先生對孔子傳統之傳法統系的確定〉，頁11。

誠哉此言！願天下學者以此為戒。

　　同樣，牟先生固然並不忽視荀子，如黃教授說，就「知性之教來說」，「則朱子之地位就更重要顯赫了。牟先生數言荀子和朱子對這方面之貢獻，今不贅。」（會講報告電子檔，頁3）但黃教授接著說：「然則盧教授把朱子完全排除在彼所設定之『孔子傳統』之外，這是否一種自我設限呢？」（會講報告電子檔，頁3）這個地方「然則」一詞就大有問題了。先不說黃教授以為「孔子傳統」乃「盧教授」所設定，實屬誤判，就黃教授只以「知性之教」為判準定「孔子傳統」，也有違牟先生之旨。然則，黃教授意圖援引牟先生數言荀子和朱子於「知性之教」方面的貢獻，就主觀判定牟先生並沒有把彼等完全排除在「孔子傳統」之外，此看來只是他將個人主觀見解加諸予牟先生。牟先生明文說：

> 宋、明儒是把《論》、《孟》、《中庸》、《易傳》與《大學》劃為孔子傳統中內聖之學之代表。〔……〕。據吾看，《論》、《孟》、《中庸》、《易傳》是孔子成德之教（仁教）中其獨特的生命智慧方向之一根而發，此中實見出其師弟相承之生命智慧之存在地相呼應。至于《大學》，則是開端別起，只判出一個綜括性的，外部的（形式的）主客觀實踐之綱領，所謂只說出其當然，而未說出其所以然。[35]

　　依以上引文可見，牟先生不將《荀子》劃為孔子傳統中內聖之學之代表，不視之為「孔子成德之教（仁教）中其獨特的生命智慧方向之一根而發」者。現在，問題很清楚，黃教授實在是於為「孔子傳

---

[35] 牟宗三：《心體與性體（一）》，《全集》，卷5，頁21。

統」定位之判準問題上不同於牟先生。牟先生主張「孔子傳統」仁、
智雙彰，而道德（本心、人心之仁，心即理）為大根大本，離開「道
德」談「孔子傳統」，是對「孔子傳統」之貶損。而黃教授則認為，
只要講「知性之教」，哪怕將「道德」講成意志他律，也必須列入
「孔子傳統」，否則就是「把孔子傳統窄化了！」（會講報告電子檔，
頁3）黃教授明文表示：

> 依個人愚見，也許可以說，荀子非正宗、非正統儒家。但似不
> 能把他排除在孔子傳統（含所謂傳法統系）之外。同理，伊
> 川、朱子亦當視為係孔子傳統中「傳法統系」（姑假定有此統
> 系）之一支也，儘管也許是歧出（「歧出」是牟先生本人的用
> 語）的一支。（會講報告電子檔，頁8）

　　黃教授認為荀子雖然「非正宗、非正統儒家」，伊川、朱子「儘
管也許是歧出」，亦當視為係孔子傳統中「傳法統系」之一支。顯
見，他對何謂孔子傳統中的「傳法統系」的理解與牟先生本孔子精誠
惻怛之仁者生命而彰顯其為「道樞」之本質的慧識不能相應。牟先生
以其哲學家精闢的辨解力、通貫力、概念的闡釋力，以及對康德理性
本性之學之洞識的契會，明確建立孔子傳統弘揚「道樞」（即傳法）
統系，以此，孔子傳統之為中國文化傳統之核心得以確立。「核心」
者，眾支流所歸也。此即牟先生所論「道樞」。牟先生所論孔子傳統
之傳法統系，也就是孔子傳統弘揚「道樞」之統系。黃教授以為「傳
法統系」一語「尤有宗教意識中獨斷、自以為是的傾向／味道。亦隱
含排外的味道。」（會講報告電子檔，頁4）實在是未能暸解牟先生使
用該詞之義。

　　其實，牟先生標舉孔子傳統為「道樞」，先生提出，中國儒家的

形態在：「實踐理性充其極而達至『道德的形上學』之完成」，並說：
「這一個圓融的智慧義理本身是一個圓輪，亦是一個中心點，所謂
『道樞』。」[36]又說：「說它是一個中心點，是說由此收攝一切，由此
開發一切。」牟先生標舉孔子傳統為「道樞」，就表示由它「收攝一
切」、「開發一切」，中國文化傳統中可包含種種傳統，牟先生論明孔
子傳統不能被視為種種傳統中的一種，而必須貞定其「收攝一切」、
「開發一切」的核心地位。未知此核心地位之貞定怎會如黃教授所擔
憂：「弱化了中國整個文化傳統。」（會講報告電子檔，頁4）黃教授
說：「凡有所貞定，即必有不在所貞定之範圍內者（即一定有被排除
在外者）。此則必造成『立門設戶』之局限，並由於這個自我設限而
陷孔子於不義，且又把其傳統封閉於一隅了。此恐絕非牟先生所願意
看到的。」（會講報告電子檔，頁4-5）此語尤令人訝異！「道樞」之
貞定何以會「造成『立門設戶』之局限」呢？彰顯孔子傳統之為「道
樞」，如何就是「把其傳統封閉於一隅」呢？難道黃教授心中的「道
樞」是無定準的、混雜多變的？抑或其心中的孔子傳統只是中國文化
傳統中主要的一支（其所謂「主流」），其餘種種傳統通統無分別地一
概由這「主流」流出？若如是，孔子傳統不能貞定，「道樞」不復為
道樞矣！中華文明之為理性文明而區別於人類歷史出現的諸種文明也
隱而不彰了。此豈是孔子之本願？又豈是牟先生所願意看到的？黃教
授對牟先生關於孔子傳統之弘揚「道樞」之統系所論不相契，而提出
與之相反的諸多說法，其說豈能與孔子之傳統相符，又豈能符合中國
文化傳統的實況？![37]

---

36 牟宗三：《心體與性體（一）》，《全集》，卷5，頁193。

37 黃教授說：「知性一面，尤其邏輯、數理系統方面，在中國來說，固然沒有顯赫的發
　展或成就。蓋中國人素不重視（至少不太重視）這方面；但吾人絕不能說，中國人
　在這方面沒有（任何）表現。今盧教授把這方面（或這方的代表人物，如朱子）排

　　實在說來，依愚見，黃教授主觀說法與牟先生所論孔子傳統為「道樞」不能相應，要在其未能把握「道德」之為道德之義何在，因而亦未能注意牟先生就孔子傳統而言「成德之教」（仁教）之義。依其說法，孔子傳統「成德之教」應包括「自律道德系統」與「他律道德系統」。（會講報告電子檔，頁3）顯然，他關於「成德之教」所論根本不同牟先生。其實拙文已論明，依牟先生所論，孔子對於「道之本統」之再建立，要在「創闢性地立仁教」。先生指出，「在三代王者之開物成務之盡制中」，「其為原始的不自覺的」，「其道德總規尚只在作用中，關聯著祈天永命中，即只在他律中。」[38]孔子立「仁教」始「從他律中轉為自律」[39]。「自律」是「仁教」之為「仁教」的判準，亦即是否孔子傳統的「成德之教」之判準。今黃教授既知道伊川、朱子為「他律道德系統」，豈可將「他律道德系統」視為「孔子傳統」中「成德之教」的一個面向？！要不然，難道黃教授對「道德」另有定義？或許在他看來，「道德」無非是「察識涵養」、遵從社會行為規範、學做「善人」？

　　如拙文所論明，牟先生通過康德達至中西哲學於理性本性之學之最高哲學智慧上融通為一，並確定「道德的形而上學」為孔子哲學傳統的宗旨，使孔子傳統獲得「有一今語學術上更為清楚而確定之定位」。據此，孔子傳統之傳法統系得以客觀確定，依照此客觀的判準，荀子、伊川、朱子不列入孔子傳統，有理有據，豈是學者們一廂

除在外，則既與孔子之傳統不符，且又不符合中國文化傳統的實況。換言之，即不符合歷史實況。〔……〕。難道說，孔子之傳必得把它／它們排除在外？然則何其自我設限至此也？」（會講報告電子檔，頁4）拙文申論「牟宗三先生對孔子傳統之傳法統系的確定」，黃教授理解為將中國人在「知性一面」排除在孔子之傳統之外，真是推論太過。

38 牟宗三：《心體與性體（一）》，《全集》，卷5，頁287。

39 牟宗三：《心體與性體（一）》，《全集》，卷5，頁287。

情願可隨意推翻?! 拙文亦已論明，牟先生指明：孔子立「仁教」是「創闢性」的，孔子立「仁教」始「從他律中轉為自律」[40]。牟先生契接康德意志自律之洞見，彰著道德之本性，以標明孔子仁教及建基於其上之內聖之學之為真道德。

牟先生說：「自宋明儒觀之，就道德論道德，其中心問題首在討論道德實踐所以可能之先驗根據（或超越的根據），此即心性問題是也。」[41]依孔子傳統，首出的亦是根本的義理（心性學說）在：本心（人心之仁）乃道德實踐所以可能之超越的根據，也就是：天理自本心（人心之仁）立，即「心即理」也。「道德」之為道德，「成德之教」之為孔子傳統之成德之教，端在此根本義理之貞定。「心即理」乃孔子「仁教」言「仁」之大旨所在，亦即孔子傳統一脈相承之根。[42]牟先生以此為孔子傳統之傳法統系的判準，正中肯綮，實見先生慧識過人之真知灼見。違離此大根大旨，不得混入孔子傳統之傳法統系之中，正當合理；今黃教授主張「傳法」（弘揚道樞）不需要貞定客觀的判準，「歧出」、「庶出」皆可列入其中，否則就要背上「把孔子窄化」之污名。讓人莫名所以。

牟先生對學術界輕視《論語》之情況深感不安，課堂上對此也有所批評。先生在講「先秦儒學」時就說：「一個西方人說：《論語》為什麼在你們中國的地位那麼高呢？這裡面也沒有定義，也沒有系統，東一句，西一句，亂七八糟的。」[43]甚至中國人中也有持這種說法。先生說：「中國人就不當該說這種話嘛。在臺灣大家最稱讚的方東美先

---

40 牟宗三：《心體與性體（一）》，《全集》，卷5，頁287。

41 牟宗三：《心體與性體（一）》，《全集》，卷5，頁10。

42 詳論可參見拙著《孔子哲學傳統──理性文明與基礎哲學》，第三節「從孔子言『仁』包含『心即理』義論孔子哲學傳統之意志自律義」。

43 牟宗三主講，盧雪崑記錄整理：〈原始的型範第三部份　先秦儒學大義（二）〉，《鵝湖月刊》32卷12期（總384期）（2007年6月），頁3。

生，最有學問，大哲學家，但他就最看不起《論語》。他說《論語》是孔子早年的言行錄，沒有什麼中心觀念，只是生活上的一些好格言。」[44]牟先生指出：「《論語》代表孔子的生命」，那麼，「當然有一個共識」。[45]先生說：「大家共認的《論語》的中心觀念是哪一個呢？是『仁』。大家共認是『仁』。你怎麼說沒有中心觀念呢？」[46]又說：「『仁』是孔子的創闢的概念，仁這個概念的提出是孔子這個聖人的creative mind 所湧現出來的。凡是講這種道理的，都要靠這個人有creative mind。孔子講『仁』，孟子講『性善』、『仁義內在』，這都是creative mind。」[47]

　　牟先生以其哲學家之洞悉力，彰顯孔子講「仁」，孟子講「性善」、「仁義內在」，乃「道德」之本義所在。並會通康德道德哲學，論明孔子傳統論「仁」、「仁義內在」，其義通康德的意志自律學說。先生說：「我告訴你們，孟子所言『仁義內在』，就是康德所講自律道德。」[48]又解釋說：「康德講自律靠自由意志，中國人不用這個名詞，中國人用的什麼名詞呢？康德說意志自律，因為自律，這個意志才是自由。自己決定，不是旁人給你決定。那麼，在儒家，決定仁義內在的能力是什麼呢？就是心性、良知。所用名詞不同，但意思一樣。」[49]

44　牟宗三主講，盧雪崑記錄整理：〈原始的型範第三部份　先秦儒學大義（二）〉，《鵝湖月刊》32卷12期（總384期）（2007年6月），頁3。

45　牟宗三主講，盧雪崑記錄整理：〈原始的型範第三部份　先秦儒學大義（一）〉，《鵝湖月刊》32卷第11期（總383期）（2007年5月），頁2。

46　牟宗三主講，盧雪崑記錄整理：〈原始的型範第三部份　先秦儒學大義（二）〉，《鵝湖月刊》32卷12期（總384期）（2007年6月），頁4。

47　牟宗三主講，盧雪崑記錄整理：〈原始的型範第三部份　先秦儒學大義（二）〉，《鵝湖月刊》32卷12期（總384期）（2007年6月），頁5。

48　牟宗三主講，盧雪崑記錄整理：〈原始的型範第三部份　先秦儒學大義（二）〉，《鵝湖月刊》32卷12期（總384期）（2007年6月），頁1。

49　牟宗三主講，盧雪崑記錄整理：〈原始的型範第三部份　先秦儒學大義（一）〉，《鵝湖月刊》32卷第11期（總383期）（2007年5月），頁7。

　　牟先生以康德所論「意志自律」說明孔子之仁教之實義，先生說：「康德說法中的自由意志必須看成是本心仁體底心能。」[50]又說：「在自由意志處，則見人的創造性與無限性。」[51]先生洞見到「自由自主自律的意志是本心仁體之本質的功能」，[52]以此奠定了孔子哲學傳統的基石。牟先生有見及「意志自律」之為「道德」的根本，也就是一切道德行為的超越的根據。先生說：「就道德論道德，其中心問題首在討論道德實踐所以可能之先驗根據（或超越的根據），此即心性問題是也。」[53]又說：「當本心仁體或視為本心仁體之本質作用（功能良能；essential function）的自由意志發布無條件的定言命令時，即它自給其自己一道德法則時，乃是它自身之不容已，此即為『心即理』義。」[54]

　　康德說：「道德就是行為之關聯於意志自律，也就是說，關聯於藉意志之格準而成為可能的普遍立法。」（Gr 4:439）此即是從人的「普遍立法」的能力言「道德」。無疑，康德的意志自律學說顛覆了西方的他律道德傳統。[55]此即牟先生說：「康德出來講自律道德，這是一個哥白尼式的革命。康德出來講意志自律，這是空前絕後的大事。到康德出來才指出實踐之所以為實踐的意義，只有道德才叫作實踐

50 牟宗三：《智的直覺與中國哲學》，頁200。

51 牟宗三：《智的直覺與中國哲學》，頁458。

52 牟宗三：《智的直覺與中國哲學》，頁251。

53 牟宗三：《心體與性體（一）》，《全集》，卷5，頁10。

54 牟宗三：《智的直覺與中國哲學》，頁194-195。

55 牟先生說：「到基督教出來的時候，甚麼是善呢？上帝的規定就是善。誰來規定善惡呢？上帝規定。不管是上帝規定，或是理性主義拿存有論的圓滿來規定，或者功利主義拿快樂來規定。這些都是意志的他律。『他律』是甚麼呢？就是依照一個外在的客觀的東西來規定甚麼是善，甚麼是不善，甚麼是你應當作的，甚麼是你不應當作的。依據外在的東西來決定我們的意志，這就是他律。」（牟宗三主講，盧雪崑記錄整理：〈原始的型範第三部份　先秦儒學大義（一）〉，《鵝湖月刊》32卷第11期〔總383期〕〔2007年5月〕，頁6。）

的。」[56]牟先生把握到「自由意志是真正的主體」，道德的超越的根據在此主體；從知識講道德，或「知識與道德混在一起」，都不能講真正的道德。此即先生說：「一定要講自由意志（free will）。自由意志是真正的主體，講實踐要靠這個。你自己不自立，怎麼能實踐呢？柏拉圖講實踐是走的知識的路，就是知識與道德混在一起。知識的路不是真正的實踐。這個到康德出來分得很清楚。」[57]

　　毫無疑問，牟先生會通康德所論自由自主自律的意志與孔子傳統言「本心仁體之本質的功能」，以及論明「心即理」意即：「它自給其自己一道德法則」，亦即意志自律義。據此論明「本心仁體」為真正的道德主體，孔子傳統作為理性本性之學的傳統始得以確立與貞定。牟先生的工作是艱鉅的，其成果是客觀地確定。並非如某些學者以為只是牟先生個人的私見。

　　黃教授依其主觀的看法，視「他律道德系統」與「自律道德系統」為「成德之教」的兩個面向。此實屬其「個人創見」。若非他執意反對牟先生提出的判準，則或許他並未把握牟先生依據康德道德哲學而論「意志自律」之義，只是人云亦云地這樣說說而已。究其實，黃教授的專業是歷史，未必亦不必對康德及牟先生的哲學有所研究。此即牟先生感慨，曰：「吾一生無他務，今已八十四矣。如吾對中華民族甚至對人類稍有貢獻，即在吾能依中國智慧傳統會通康德並消化康德。此非淺嘗者所能知也，亦非浮光掠影者所可輕議也。」[58]固然並非每一位學者都必須熟習康德哲學及牟宗三哲學，但此二哲學彰顯

---

56 牟宗三主講，盧雪崑記錄整理：〈原始的型範第三部份　先秦儒學大義（一）〉，《鵝湖月刊》32卷第11期（總383期）（2007年5月），頁7。

57 牟宗三主講，盧雪崑記錄整理：〈原始的型範第三部份　先秦儒學大義（一）〉，《鵝湖月刊》32卷第11期（總383期）（2007年5月），頁6。

58 康德著，牟宗三譯註：《判斷力之批判（上）》，〈譯者之言〉，《全集》，卷16，頁8。

之理性本性，所揭示之「道樞」，則應當是每一位注視其自己之本心（人稟具的理性本性）的人所能首肯的。[59]

　　第一步論明「本心仁體」為真正的道德主體，用牟先的話說，此步工作就是：「對於道德的決定作一超越的分解，同時，亦即是存在的分解，就是要顯露一『道德的實體』以使此道德的決定為可能。」[60]進一步，以道德主體奠基，確立一個形而上學。此即牟先生說：「通過『仁』你才能瞭解形而上學，那個形而上學叫作 moral metaphysics，那不是根據物理學講的。那個形而上學是根據《論語》的『仁』建立起來的。」[61]牟先生以「本心仁體」為道德的實體建立儒家的道德的形而上學，[62]並據之確立孔子傳統的「道樞」地位。先生說：「孔子的智慧總起來一句話，『踐仁知天』。大家都這樣瞭解，講了兩千多年，都有共識。這不是我的私見，這樣瞭解以後，這個生命的學問、實踐的智慧學到最後關涉到一個什麼學問，一步一步迫出來，儒家嚮往的

59　牟先生說：「這個時代的這種知識份子沒有良心。他們只做考據，以為我們講的那些都是閒談、空話。現在唸史學的都是如此，中央研究院也是如此呀。他們說這些我不懂，我不是這個為專家。這些你怎麼不懂呢？這個你當該懂嘛。」（牟宗三主講，盧雪崑記錄整理：〈原始的型範第三部份　先秦儒學大義（一）〉，《鵝湖月刊》32卷第11期〔總383期〕〔2007年5月〕，頁6。）牟先生講這番話是針對學界中流行藉口自己不是哲學專家，就貶斥講「道樞」、「道德哲學」是「閒談、空話」的風氣。學者們專業不同，各有自身的本務。如黃教授所言，「純理或純科學方面的認知（知識）」，「歷史學、文獻考訂、聲韻訓詁（即古代所說之「小學」）」，都是「中國傳統文化上之表現或成就」（會講報告電子檔，頁3）。然豈可因與牟先生的哲學專業不同，就否認牟先生弘揚「道樞」方面的成果與貢獻呢?!

60　牟宗三：《現象與物自身》，《全集》卷21，頁65。

61　牟宗三主講，盧雪崑記錄整理：〈原始的型範第三部份　先秦儒學大義（二）〉，《鵝湖月刊》32卷12期（總384期）（2007年6月），頁4。

62　關此，詳論見拙著《牟宗三哲學：二十一世紀啟蒙哲學之先河》，第一章〈儒家道德的形而上學之奠定〉，頁31-96。

最後的那個學問就是 moral metaphysics。」[63]

　　「道樞」之為道樞，就表示「萬古一日」，恆常不變。牟先生論明儒家的道德的形而上學，據之貞定孔子傳統的「道樞」之地位。哪有「道樞」是多變的、無所貞定的呢？黃教授對「貞定」有所懷疑，他說：「凡有所貞定，即必有不在所貞定之範圍內者（即一定有被排除在外者）。此則必造成「立門設戶」之局限，並由於這個自我設限而陷孔子於不義，且又把其傳統封閉於一隅了。此恐絕非牟先生所願意看到的。」（會講報告電子檔，頁4-5）黃教授「看走了眼」，以為牟先生所言「傳法統系」是「盧教授」的用語。其實，仔細讀黃教授文，則可見，其不滿「傳法統系」一詞，或「看走了眼」皆是借題發揮。究其實，他對「貞定」孔子傳統的「道樞」地位深存疑慮，甚至認為牟先生的說法只是「一套哲學，或某一套思想」。他說：「沒有永恆不變的一套哲學／一個說法：據閱灠所及，古今中外，似乎沒有任何一套哲學，或某一套思想，是亙古不變的。牟先生依仁教（成德之教－盡心知性知天、踐仁知天的一套說法；或簡言之，即道德實踐，並依此而來的一套學理）為主軸，為道樞而認定的『傳法統系』（此依盧學姊大文中所說者；牟先生本人似從未用過此語，其意識中恐亦無此）恐亦難為例外，而不被修正，甚至不被推翻的。」（會講報告電子檔，頁5）依黃教授的個人見解，牟先生依仁教為主軸，為道樞建立的「一套學理」早晚都要「修正」，甚至「被推翻」。黃教授提及霍韜晦先生曾經跟他說過，「唐先生的哲學，是『動態式』（動觀的）的，而牟先生是『靜態式』（定觀的）的。」（會講報告電子檔，頁1）並批評說：「定觀也不免有其缺點／毛病：行文時，容易流於太滿、太斬截、太絕對，不留有餘地，並進而容易產生一偏之見，甚至可能

---

63 牟宗三主講，盧雪崑記錄整理：〈原始的型範第三部份　先秦儒學大義（一）〉，《鵝湖月刊》32卷第11期（總383期）（2007年5月），頁8。

會排外。」（會講報告電子檔，頁2）儘管黃教授為賢者諱，行文相當客氣，也說及定觀有其優點。[64]不像某些學者，批評前賢時任由自己的主觀情緒發揮，對其批評對象不求甚解，只固執自己的立場。[65]

　　但是，從黃教授文看來，他實在對牟先生哲學之「定觀」深感疑慮。愚意以為，此與其只取經驗的視角，以及只持歷史的觀點有關。他引霍韜晦先生語，說「牟先生是『靜態式』（定觀的）的。」所謂「靜態式」就是不變的，「定觀的」就是「一定永定」。此等表面來看的描述詞，容易被理解為「不變通」、「不包容」，「設門立戶」、「排斥異見」，等等負面意思。也就是黃教授所言「太滿、太斬截、太絕對」，「排外」。其實，令黃教授憂慮的正是牟先生哲學之「定觀」可產生的此等負面意思。但愚意以為，他只是從表面來看產生所謂牟先生哲學之「定觀」之此種種印象，實在並未深究牟先生哲學之特質與宗旨，若從牟先生哲學之為理性本性之學，其確立的儒家的道德的形而上學為「道樞」來看，其必定是「一定永定」的。此並非意謂牟先

---

64 黃教授說及定觀的優點：「以一種很斬截的態度，很明確的、乾脆的，不拖泥帶水，不假借，不迂迴，更不模糊儱侗、模棱兩可的態度來著書立說。冀求『左右逢源』、『討好邊就』，那就更不可能是牟先生寫書撰文的動機、本意（這是定觀的優點。）」（會講報告電子檔，頁2）並說：「幸好，牟先生天賦高，且學力湛深、識見卓越，對問題的關鍵肯綮處拿捏得穩而準，所以便不太會犯這種毛病。」（會講報告電子檔，頁2）但他也表明：「然而，事情沒有絕對的。」（會講報告電子檔，頁2）

65 黃教授於其大作〈牟宗三先生對唐君毅先生學術上之「批評」述論〉中提及李杜先生對牟先生的「批評」。李杜先生在其大文〈唐君毅先生與臺灣儒學〉中說：「依我的瞭解，牟先生一再公開低貶唐先生，除了引起所說尊重唐先生的一些人的不滿外，並沒有引起中國和國際學術界其他人士的注意，社會上更少有人去注意牟先生的低貶說。之所以如此，從學術的觀點去說，牟先生的低貶說既不是依客觀的事實而有的說法，亦不是本為學術界、哲學界所接受的理論去說，而只是順任其個人的見解而在作自我演唱。」黃教授評曰：「李先生的意見，筆者不敢置喙。但其中若干用語，如『低貶』、『自我演唱』等詞，雖不能說全然乖違事實，但用語上似乎太尖銳了一點；而後一用語更欠厚道。」（黃兆強：《性情與愛情：新儒家三大師相關論說闡微》〔臺北：臺灣學生書局，2021年〕，頁413。）

生本人的說法、觀點完全無可商榷之處，而是依牟先生哲學之為弘揚「道樞」、彰顯人類理性本性的體系而言，乃是「一定永定」的。

　　但是，黃教授執持「沒有永恆不變的一套哲學／一個說法」的觀點。在其大作〈牟宗三先生對唐君毅先生學術上之「批評」述論〉（以下簡稱〈述論〉[66]）中就說：「環顧古今中外，從思想史或哲學史的視角來看，迄今似乎沒有一套哲學是永遠屹立不搖或不被修正的。」[67]他認為「任一學說早晚被推翻或被修正」，牟先生的學說也不會例外。[68]固然，如黃教授所說，「牟先生甚具創意的宋明儒三系說、良知自我坎陷說而言，在其有生之年，已有學者持不同意見了。」[69]但愚意以為，黃教授看來有混淆視聽之嫌，牟先生諸種說法固然其中或可有值得商榷處，然豈可據之推翻牟先生的學說（作為一個完整的哲學系統）？尤為重要者，牟先生論明儒家的道德的形而上學為孔子傳統，並據之貞定孔子傳統之「道樞」之性格。弘揚「道樞」，就是一定永定的，「道樞」乃永恆不變者也。豈有言「道樞」而無所貞定之理？！

　　牟先生之以弘揚「道樞」為其哲學之本務，其哲學體系是契應於康德所論哲學乃理性本性之學之慧識，並會通孔子哲學傳統之宗旨而

66　二〇一九年五月收到臺灣《鵝湖學誌》寄來黃教授〈述論〉一文，請本人評審。但因本人已知悉該文作者，不合匿名評審的規定，故向《鵝湖學誌》編輯表明本人不宜作評審人。後來得黃教授告知，此文並沒有在雜誌上刊登，而收入其著《性情與愛情：新儒家三大師相關論說闡微》作為附錄。茲引該文所標明的是該書頁碼。以下同，不再加說明。

67　黃兆強：《性情與愛情：新儒家三大師相關論說闡微》，頁418-419。

68　黃教授說：「短者3、5年（或更短），中者3、50年，長者3、500年而已；換言之，您的學說早晚是要被推翻或至少被修正的，只爭來早與來遲而已。〔……〕。任一學說早晚被推翻或被修正，這是歷史發展的一個客觀事實；雖然很殘酷，但這個歷史發展的鐵則，不是隨人之主觀意志而轉移的。」（黃兆強：《性情與愛情：新儒家三大師相關論說闡微》，頁419。）

69　黃兆強：《性情與愛情：新儒家三大師相關論說闡微》，頁419。

建立的。就哲學之為理性本性之學而論，亦即就人類「尋根究極」的活動而言者。依此義，哲學乃「人同此心，心同此理」之學，豈有多種多樣之理？！然當今世界流行多元主義，故人們多排斥純粹的哲學之唯一性，誤以為言哲學之唯一性必定有違「包容」、「多元」之現代精神。其實，哲學之唯一性是依據人類理性本性以及終極目的的共同性而論；並不排斥理性在經驗中、歷史中表現與運用的多樣性。[70]用牟先生的話說：「這一個圓融的智慧義理本身是一個圓輪，亦是一個中心點，所謂『道樞』」。[71]「是以這圓輪子在其圓轉底過程中可容納一切開合。」[72]

　　哲學之本務為「尋根究極」。孔子哲學傳統中所言「仁」、「本心」、「良知」與康德所言「自由意志」，指表同一的人之創造力─創造人自身為道德的存有，及創造世界為道德的世界。此即哲學之「根」。人所共同的道德創造實體充其極創造自由與自然結合的道德世界──儒家言「天地萬物為一體」、「大同」，即康德言「目的王國」、「人類倫理共同體」。此即哲學探究之「極」。

　　牟先生的哲學體系以其確立的儒家的道德的形而上學（道樞）為根本，此即表示，這個體系是依據人的道德創造能力而展開的、客觀地確定的。此乃依人類共同的理性本性所必然而致的貞定。依此義，吾人可說，牟先生哲學之性格是「定觀」（一定永定）的。事實上，豈有無所貞定者，能稱得上弘揚「道樞」之學的呢？孟子說：「孔子曰：『道二：仁與不仁而已矣。』」（《孟子·離婁章句上》）此即「道」

---

70 關此，詳論見拙著《牟宗三哲學：二十一世紀啟蒙哲學之先河》，第二章第二節「從『道樞』見哲學之唯一性」，及第三節「衡定理性本性之學為『道樞』與諸不同的哲學流派不衝突」，頁110-122。

71 牟宗三：《心體與性體（一）》，《全集》，卷5，頁193。

72 牟宗三：《心體與性體（一）》，《全集》，卷5，頁195。

之貞定。又，象山說：「千萬世之前，有聖人出焉，同此心，同此理也。千萬世之後，有聖人出焉，同此心，同此理也。東南西北海，有聖人出焉，同此心，同此理也。」（《象山全集》卷二二，〈雜說〉）用康德的說：「客觀地看只有一種人類的理性。」（MS 6:207）「理性在一切時及一切情況下皆在人之一切行為中，而且它總是這同一者，但理性其自身卻並不在時間中。」（A556/B584）陽明說：「蓋良知之在人心，亙萬古，塞宇宙，而無不同」。（《傳習錄》中，〈答歐陽崇一〉，第169條）「良知之在人心，無間於聖愚，天下古今之所同也。」（《傳習錄》中，〈答聶文蔚〉，第171條）「天理在人心，亙古互今，無有終始。」（《傳習錄》下，第262條）又說：「此聖人之學所以至易至簡，易知易從，學易能而才易成者，正以大端惟在復心體之同然，而知識技能非所與論也。」（《傳習錄》中，〈答顧東橋書〉，第141條）用康德的話表達，聖人之學乃「理性本性之學」，「對每一個有理性者皆有效」。（Gr 4:412）明乎此，即可知，黃教授所謂「古今中外，似乎沒有任何一套哲學，或某一套思想，是亙古不變的。」（會講報告電子檔，頁5）豈不是說得「太斬截，太絕對，不留有餘地」[73]？！究其實，黃教授與李杜教授一樣，以為「對儒學或中國文化的瞭解，不可以有客觀的必然性的瞭解。」[74]儘管他並未如李教授那樣，視牟先生所論為「自我演唱」[75]，並且，他懷有「希企牟先生的學說是亙古不

73　「太斬截，太絕對，不留有餘地」是黃教授批評「定觀」之缺點時的用語（會講報告電子檔，頁2）。然吾人見到，他反對哲學表達永恆不變的真理時的態度也是「太斬截」的。黃教授說：「作為牟先生的學生，個人在主觀上當然認同，至少非常希企牟先生的學說是亙古不變的。」（會講報告電子檔，頁5）此言差矣！牟先生的學說是否「亙古不變」並非以其學生或所謂「追隨者」之主觀上認同所決定。而是「理性決定」、客觀地肯定的。

74　李杜：《中國古代天道思想論》（臺中：藍燈文化事業公司，1992年），頁263。

75　語見李杜：〈唐君毅先生與臺灣儒學〉，《哲學與文化》24卷8期（1997年8月），頁722。

變」的願望。但是，他畢竟以為牟先生依仁教而論「道樞」也難免「不被修正，甚至不被推翻的。」[76]（會講報告電子檔，頁5）

誠然，現實上，因時代精神要求「多元化」、「包容兼蓄」，影響及哲學界，不少學者以為提出理性本性之學（純粹的哲學）的唯一性，對哲學觀點之多樣性有損害。李杜教授就認為牟先生的「道德的形而上學」，「只是一派之學」。[77]在其大作〈由牟宗三先生的「客觀的了解與中國文化之再造」而評及道德的形而上學〉（以下簡稱〈由牟宗三先生……〉）一文中，他說：「對儒學或中國文化的瞭解，不可以有客觀的必然性的瞭解。」[78]他批評牟先生在演講上使用「客觀的瞭解」一語，以為那「只是就其所建立的瞭解系統而說的客觀必然」。[79]究其實，李教授不承認哲學作為理性本性之學必然有客觀判準，故而主觀地認為，不同的系統只不過「表示了個人的意見」[80]。他說：「牟先生的說法只是一種說法，而不要只以其說去說儒學、中國文化或哲學。」[81]

黃教授於其〈牟宗三先生對唐君毅先生學術上之「批評」述論〉[82]

---

76 黃教授說：「沒有永恆不變的一套哲學／一個說法：據閱瀏所及，古今中外，似乎沒有任何一套哲學，或某一套思想，是亙古不變的。牟先生依仁教（成德之教－盡心知性知天、踐仁知天的一套說法；或簡言之，即道德實踐，並依此而來的一套學理）為主軸，為道樞而認定的『傳法統系』（此依盧學姊大文中所說者；牟先生本人似從未用過此語，其意識中恐亦無此）恐亦難為例外，而不被修正，甚至不被推翻的。」（會講報告電子檔，頁5）

77 李杜：《中國古代天道思想論》，頁264。〈由牟宗三先生的「客觀的了解與中國文化之再造」而評及道德的形而上學〉為該書附篇。以下引李杜〈由牟宗三先生……〉一文，所標明的是該書頁碼。不再加說明。

78 李杜：《中國古代天道思想論》，頁263。

79 李杜：《中國古代天道思想論》，頁263。

80 李杜：《中國古代天道思想論》，頁263。

81 李杜：《中國古代天道思想論》，頁263。

82 黃教授因不克細檢李教授文所引《現象與物自身》一書牟先生語的出處，致函本人請求幫忙。本人函覆（2018年2月25日）的內容如下：「其實，李杜從牟先生所著的《現象與物自身》摘取片言隻語，然後以一己成見改頭換面。《現象與物自身》一

一文中，論及李杜教授〈由牟宗三先生……〉一文，他對李教授所說「哲學只是多種不同說法中的其中『一種說法』」，「牟先生的說法雖成一家之言，但也只不過是一家之言或一派之學而已」等說法並無批評。儘管他指出李教授在其大文中說：「牟先生在其所著的《現象與物自身》一書中，不是說其說為『圓教』，為『人極之極則』、『哲學思考至此而止』、『只有一個哲學原理』、『不覺則則已，一覺就是這一套，不能有其他的更替』嗎？是的，牟先生是如此說。」[83]有指牟先生「自誇其說」之嫌，並加批評說：「反而誣衊牟先生了。」[84]但黃教授看來畢竟認同李杜教授以為「牟先生的說法只是一種說法」的觀點。他亦認為牟先生的學說「早晚是要被推翻或至少被修正的，只爭來早與來遲而已。」[85]

　　牟先生個人的說法容或有可商榷處，然牟先生的哲學體系確立的「道德的形而上學」之為「道樞」是客觀地確定的。即便與牟先生的說法作商榷，也必須與客觀地確定的「道樞」為準。吾人知道，牟先生客觀地確立儒家的「道德的形而上學」為「道樞」，有其客觀依據。此依據就是康德經由三大批判而確立的「哲學的原型」。若學者們拒絕承認，哲學能夠像其他科學一樣得到普遍的持久的承認，而只承認「哲學」只不過是一堆人各自演說的流水帳。那麼，他們就與康德及牟先生的哲學視野根本不同，他們所謂的「康德批判哲學之批

書（頁467）說：『不覺則已，一覺就是這一套，不能有其他的更替』，依上文下理，是指康德哲學及儒家圓教之為『哲學原型』而言。李杜先生卻偷換為牟先生自誇『其說』。所謂『「圓教」，為「人極之極則」、「哲學思考至此而止」』（未查出處）也是指『哲學原型』而言，絕不會是如李杜先生所指牟先生自誇『其說』。『如是，我們只有一個哲學原型』（頁468）也絕不能曲解為牟先生自誇『其說』。我所用的是學生書局，民國七十九年版。」此函黃教授加入其〈述論〉一文之註中。

83　李杜：《中國古代天道思想論》，頁250-251。

84　黃兆強：《性情與愛情：新儒家三大師相關論說闡微》，頁419。

85　黃兆強：《性情與愛情：新儒家三大師相關論說闡微》，頁419。

判」、「牟宗三哲學之批判」就根本是無的放矢。[86]如李杜教授以為哲學只是「一家之言」而已，嘗言康德哲學「過時」、是「廢學」，[87]其對康德之為「理性本性之學」無瞭解，可知矣！其輕視牟先生的「道德的形而上學」亦不足為奇矣！

究其實，康德的重要貢獻就在其通過三大批判周全、通貫地考察了人類心靈機能及其通貫一體的活動，據此揭明人類理性之稟賦，並將「哲學」恰當地定義為「理性本性之學」。康德經由批判建立的純粹的哲學其基礎是一種宇宙概念（Weltbegriff: conceptus cosmicus），「宇宙概念」根本不同西方傳統哲學的學院概念。[88]康德在《邏輯學》[89]中指出：「依照宇宙概念，它（哲學）是關於人類的理性的最後的目的的科學。這個崇高的概念給哲學以尊嚴，即絕對的價值。」（Logik 9:23-24）正因此，康德能夠說：「唯有哲學才具有內在的價值，並且給予一切其他認識以價值。」（Logik 9:24）又說：「關涉到依照宇宙概念（in sensu cosmico）的哲學，人們可以名之為一門關於使用我們的理性的最高的格準的科學，〔……〕。這種意義上的哲學確實是一切認識和理性使用與人類的理性之終極目的之關聯的科學，此終極目的作為至上的目的，一切其他的目的是從屬的，並且必須在它裡面結合成一體。」（Logik 9:24）

---

86 以李杜教授的話奉還給他本人：「主張一系統說的人，實不可以據此而批評主張不同系統的人。若要以此去批評別人，其客觀性即無效。」（李杜：《中國古代天道思想論》，頁263。）

87 李杜教授此等帶個人成見之貶抑語，見於李教授對拙著《意志與自由》的評審報名中。本人由當時的新亞研究所所長陳佐舜先生轉告而得知。記憶中在李教授的論文中也曾有指康德哲學「過時」、是「廢學」。

88 康德說：「迄今為止哲學的概念只不過是學院概念，也就是說，是關於僅僅被當作科學來尋求的一種認識體系的概念，所當作目的的無非是這種知識的系統的統一性，從而只是認識在邏輯上的完善性。但還有一種宇宙概念，〔……〕。」（A838/B866）

89 *Logik. Ein Handbuch zu Vorlesung*, ed. Gottlob Benjamin Jäsche, 1800.

　　儘管如所周知，從西方哲學史來看，確實如黃教授、李教授所說的那樣，形形色色的哲學學說都不過是哲學家本人的主張，一種哲學體系或早或晚終究為另一種哲學體系所取代。如康德指出，在他的批判哲學出現之前，「長期以來大言不慚的人們的紙糊體系先後倒塌，而這些體系的追隨者們一哄而散。」（MS 6:208）原因在：哲學領域裡還缺乏「可靠的衡量標準用以區別什麼是真知灼見，什麼是無稽之談。」（Proleg 4:256）如果哲學不能像其他科學一樣得到普遍的持久的承認，那麼，除了不學無術的人，有誰願意加入令人厭倦的永無休止的空爭吵呢？除了那些以個人的主張為滿足的專家學者，有誰願意以哲學為正當的職業呢？正是哲學領域一直成為「空爭吵」的戰場之境況，令嚴肅的哲學家康德耿耿於懷，為此決意以重建哲學為己任。早在一七七三年底致馬庫斯・赫茨（Marcus Herz）的信中，康德就表明他希望「以一種長久不變的方式使哲學發生一種轉變」，（KGS 10:144）而且他心中清楚，這種轉變必將使「哲學」成為有價值的科學。他說：「同時還要使哲學獲得一個新的形象，這個形象將能夠吸引住矜持的數學家，使他們也認為哲學是可以研究的，而且也是值得研究的。」（KGS 10:144）

　　康德的重建工作並非首先以一套哲學體系取代舊哲學，而是通過對純粹理性的全部能力作批判考量，摧毀舊哲學由獨斷的思維模式產生的種種虛幻，同時消解懷疑論對於哲學的毀壞。康德經由批判而恰當地裁定：經驗主義的進路不能讓哲學走上一條確當的道路，因為單純的經驗的認識並不能對於我們的主張給以真正的普遍性和嚴格的必然性，（A2）「經驗永遠不賦予自己的判斷以真正的或者嚴格的普遍性。」（B3）也就是說，若學者們依於經驗而建立其個人的學說，而以此為「哲學」，那麼，他們的說法必定不能得到普遍的持久的承認。以之相反，獨斷唯理論的進路離開一切經驗，靠獨斷的宣稱來主

張其學說的普遍性和必然性，但這種獨斷地宣稱的普遍性和必然性是非法的，康德經由批判指明其毛病在：「對他們自己一點也不理解的事物，對他們在其中及至世界上任何人在其中都一無所見的東西隨意玄想，甚至企圖去捏造新的理念和意見。」（Bxxxi）康德洞見到，哲學要成為一門得到普遍的持久的承認的科學，就必須建基於人類的認識（理論的認識和實踐的認識）所包含著的「真正的普遍性和嚴格的必然性」上。（A2）康德說：「當嚴格的普遍性在本質上屬於一個判斷的時候，這種嚴格的普遍性就表示認識的一種特別的來源，即先驗認識的機能。因此必然性和嚴格的普遍性是一種先驗認識的可靠記號，而且兩者是彼此不能分開的。」（B4）吾人見到，康德經由對人類心靈機能的批判考察揭明這種先驗認識（包括理論的認識之領域與實踐認識之領域），並將哲學確立在人類認識的「真正的普遍性和嚴格的必然性」上，因此，其建立的哲學體系也就具有普遍性和嚴格的必然性之性格。據之，我們可以說，通過對人類心靈機能的批判考察以及一種「純粹的理性自身之批判」，（Bxxxvi）康德讓純粹的哲學達到科學的尊嚴地位。

依據理性自己永恆不變的法則，康德建立起「理性的法庭」，對「那獨立不依於經驗而追求一切認識的理性機能一般」進行批判。據之康德就能夠依照原則而裁決哲學的各種來源、範圍與限制。確保哲學體系根據普遍性和嚴格的必然性而進行。誠然，不必諱言，康德之後，哲學舞臺上，形形色色的哲學學說與體系仍舊如走馬燈般輪番上場，先後倒塌。就像康德的批判哲學從未出現過似的。不少人仍然以為任何一種哲學都不過是哲學家本人的主張，早晚要被推翻。直至今日，不乏哲學工作者一如既往，「把工作變為兒戲，正確性變為意見，哲學變為個人的偏見。」（康德語見：Bxxxvii）

康德哲學問世以來，一直遭受各種詰難，諸多誤解和曲解藉著長

久的堅持成為「真理」，康德學界一直以來都被如此形成的諸多權威
定見所主宰。如雅斯培說：「現代的批評性嘗試企圖靠指出特定的錯
誤來消滅康德哲學這一思想體系。」[90]又說：「對康德有敵意的批評者
在暗地裡懷有一個動機：如果他們不想消滅自己的話，就得消滅康
德。這就是說：有一些力量、生活方式、獲得基本知識的方式是不能
夠吸收康德的哲學思想的。在這方面就會有一些缺乏見解的反對意
見。」[91]

　　無疑，康德對於傳統哲學的徹底變革冒犯了固守舊思維模式的學
者，觸怒了學術界的權威教授們。其實，康德本人就料到他的批判哲
學會冒犯那些以各種舊有的理論為自己的寶庫的人。「他們的全部財富
也許就建築在這種自以為的寶貝上。」「他們為他們的古老的財富而驕
傲自滿，認為他們的財富是由於古老才是合法的。」（Proleg 4:256）
他早已預料到「一切革新對人們來說都是不適宜的」，（Bxliv）人們
的「習慣思維模式」根本與批判哲學的新思維不能相應。在致蘭貝特
（Johann Heinrich Lambert）的一封信（1765年12月31日）中，他說：
「錯誤的哲學是要在呆笨的百音盒發聲器中緩緩地死去的。假如它以
深刻卻又是錯誤的沉思，以嚴格的方法為裝飾品進入墳墓，情況只能
更糟糕。在真正的世界智慧重新興起之前，舊的世界智慧自行毀滅是
十分必要的。」（KGS 10:57）

　　我們可以說，康德之前，哲學一直不能像其他科學一樣得到普遍
的持久的承認，禍根在理性本性未明，哲學家們未能找到衡量什麼是
真知灼見的標準。康德論明哲學為理性本性之學之後，學者們仍舊不
能在任何一個哲學問題上達至共識，病源在學者們拒絕承認人類有共
同的理性。究其實，康德通過三大批判已論明，「理性能夠超出感性所

90　Karl Jaspers, *Die Grossen Philosophen*, p. 594.

91　Karl Jaspers, *Die Grossen Philosophen*, p. 584.

提供者及知性之概念，它是一種自身產生概念的機能。」（A299/B355）
「自身包含著不是從感取或從知性假借而來的某些概念和原理的根
源。」（A299/B355）據此，康德也就在感取的認識之外提出了另類認
識，那就是一種作為最高認識力的理性所必然產生的一種「來自概念
的綜和的認識」。（A301/B358）以此，康德區分開知性與理性：「知性
是藉賴規則使顯相統一的一種機能」，（A302/B359）也就是說，知性立
法使經驗可能，就知性立法的經驗範圍而言，並沒有普遍性和嚴格的
必然性。據之，康德論明，哲學要成為具普遍性和嚴格的必然性的科
學，不能基於經驗，也就是不屬於知性立法的範圍。而是必定要基於
理性，「理性是使知性規則統一在原則下的一種機能。」（A302/B359）
「為知性的有條件的認識找到無條件者，以此完成知性的統一」，
（A308/B364）「並以此把最高可能的理性統一性帶入到我們的認識
中。」（A309/B365）理論的哲學的普遍必然性正是以此最高可能的理
性統一性為根據的。[92]儘管在理論哲學的領域，理性的使用只是軌約
的，也就是沒有真實的對象。但尤為重要者，康德進一步於實踐的領
域論明理性的真實的使用，《實踐的理性批判》從與純粹意志及其因
果性的關係中來考察理性，（KpV 5:16）理性作為一個在意志上有影
響力的實踐機能而賦予我們，理性的真正使命是必須產生一本身就是
善的意志。（Gr 4:396）理性先驗地制定「道德圓滿性之理念」，「並且
不可分地與一個自由意志之概念聯結在一起。」（Gr 4:409）康德結合
「理性作為原則之能」與「意志創造對象之自由因果性」而論「純粹

---

92 康德說：「超越的理性概念總只指向於條件之綜和中的絕對的綜體，而除非在那是
　絕對地無條件者中，即，在一切聯繫上是無條件者中，它決不終止。〔……〕。理性
　其自身則專有關於知性概念之使用中的絕對綜體，並且它把在範疇中被思想到的這
　種絕對統一努力帶至『絕對－無條件者』。我們可以把這種統一稱之為顯相之理性
　的統一，而那為範疇所表示的統一，我們稱之為知性的統一。」（A326/B382-383）

的實踐的理性」，據此論明：道德法則乃至一切德性的概念「皆完全先驗地在理性中有其位據和根源」。（Gr 4:411）實踐的哲學的普遍必然性正是以此為根據的。

在〈世界公民觀點之下的普遍歷史理念〉一文中，康德提出：「一個被造物的全部自然稟賦都注定了終究是要充分地並且合目的地發展出來的。」（命題一）（KGS 8:18）命題二說：「這些自然稟賦的宗旨就在於使用人的理性，它們將在人——作為大地上唯一有理性的被造物——的身上充分地發展出來，但卻只能是在全物種身上而不是在各個人的身上。」（KGS 8:18）「理性是一種要把它的全部力量的使用規律和目標都遠遠突出到自然本能之外的能力，並且它不知道自己的規劃有任何的界限。」（KGS 8:18-19）既然自然「把理性和以理性為基礎的意志自由賦給了人類，這就已經是對她所布置的目標的最明顯不過的宣示了。」（KGS 8:19）這就是命題三所說：「自然要使人類完完全全由其自己本身就創造出來超乎其動物生存的機械安排之上的一切東西，而且除了其自己本身不假手於本能並僅憑自己的理性所獲得的幸福或美滿而外，就不再分享任何其他的幸福美滿。」（KGS 8:19）人類僅憑以理性為基礎的意志自由，完全由其自身創造僅憑理性而獲得的幸福，這就是僅憑意志自由（純粹的實踐理性）人類能開創一個為實現終極目的而不斷努力的歷史。

吾人見到，以理性為基礎的意志自由乃人的稟賦，此即宣示人類的目標是在世界上實現自由合目的性與自然合目的性結合，即實現終極目的（圓善）。在〈永久和平論：一項哲學的規劃〉中，康德說：「理性已經處處都使我們充分清楚地瞭解，為了（按照智慧的規則）保持在義務的軌道上，我們必須做什麼，因而給我們照亮了通向終極目的的道路。」（KGS 8:370）無疑，康德根據以理性為基礎的意志自由提出了人類預告性的歷史。他說：「如果要問：人類（整體）是否

不斷地朝著改善前進；那麼它這裡所涉及的就不是人類的自然史（未來是否會出現什麼新的人種），而是道德史了；而且還確乎並非根據種屬概念，而是根據在大地上以社會相結合並劃分為各個民族的人類的全體。」（KGS 7:79）又說：「在原則上它必須是某種道德的東西，而這種東西被理性表現為某種純粹的，但同時又由於巨大的和劃時代的影響而被表現為某種公認是人類心靈的義務的東西；這種東西涉及人類結合的全體。」（KGS 7:87）

　　依以上簡述，吾人可說，康德重建「哲學」的工作是成功的。只要承認純粹的哲學無非是理性本性之學，就不會固執著哲學不過是個人觀點之混雜的偏見。只要人們能夠認同康德經由三大批判所展示的哲學體系乃是一個以意志自由（純粹的實踐的理性）為奠基的形而上學，此形而上學即包含人類結合的全體朝向終極目的（圓善）的一個實踐的智慧學。那麼，人們就會承認哲學是一門有普遍持久性的學問，就不會視哲學是自以為是的所謂「哲學家」的個人的說法。

　　並且，牟先生契合康德之哲學洞見，確立儒家的道德的形而上學，據此，吾人亦可承認，牟先生的哲學體系同樣是理性本性之學，是一門有普遍持久性的學問。明乎此，學者們就不會貶低牟先生的哲學為「只是一種說法」。[93]然不必諱言，康德之後的西方哲學界依然只以「知性」來理解康德揭明的「理性」，因此，直至今日，不乏哲學工作者一如既往，「把工作變為兒戲，正確性變為意見，哲學變為個人的偏見。」（康德語見：Bxxxvii）

---

93 李杜教授說：「我絕無意低看牟先生的哲學，只是就瞭解所及而不能已於言而分辨牟先生的說法只是一種說法，而不要只以其說去說儒學、中國文化或哲學、及低貶唐先生之說而已。」（李杜：《中國古代天道思想論》，頁263。）李教授視牟先生的哲學為「只是一種說法」，愚意以為，李教授無疑是低看牟先生的哲學了。而他以為牟先生低貶唐先生，則是莫須有之誣詆之辭。

　　李杜教授抱持哲學「只是一種說法」的偏見。他說：「從現代的
學術瞭解上說，唐先生的哲學亦只是一家之言，牟先生的說法亦只是
一派之學。」[94]不過，他又下判斷：「依我的瞭解，唐先生此一系統不
遜讓於牟先生的『道德的形而上學』的系統。唐先生的系統的包容涵
攝的精神則超過牟先生的系統。」言下之意，他認為牟先生的系統包
容涵攝的精神不夠。事實上，李教授抱持康德哲學「過時」、是「廢
學」的說法，其低看牟先生的哲學就不足為奇了。如所周知，牟先生
的哲學系統之建立與其對康德哲學之為理性本性之學之契應相關，故
牟先生與康德均視哲學為一門具普遍的持久性的實踐的智慧學。康德
論明「純粹的哲學」是一個唯一的哲學系統（A840/B868），它「出自
純粹的理性之認識」，以區別於「出自經驗的原則之理性認識」的經
驗的哲學。（A840/B868）毋寧說，純粹的哲學作為「判斷一切哲學思
維嘗試的原型」，它「判斷每一種其體系往往如此多種多樣並且如此
多變的主觀的哲學」。（A838/B866）牟先生與康德之哲學慧識相契，
以康德哲學及儒家圓教之為「哲學原型」，先生說：「如是，我們只有
一個哲學原型。」[95]吾人可說，牟先生與康德都是以論明及弘揚「哲
學原型」為其哲學事業的本務。牟先生指明：「依聖人底盈教所決定
的『哲學原型』正合乎康德所說『哲學是把一切知識關聯到人類理性
底本質目的之學』，也就是展露『人類理性底兩層立法』之學。此就
是說『哲學是一切哲學知識之系統』。」[96]牟先生說：

　　　　如是，我們只有一個哲學原型，並無主觀的哲學可言。一切主
　　觀哲學而千差萬別者皆是由於自己頹墮於私智穿鑿中而然。如

94 李杜：《中國古代天道思想論》，頁264。
95 牟宗三：《現象與物自身》，《全集》，卷20，頁485。
96 牟宗三：《現象與物自身》，《全集》，卷20，頁482。

果它們尚是哲學的，而不自我否定的魔道，則客觀地觀之，它
們或只是一孔之見，或只是全部歷程中之一動相，而皆可被消
化。由各種專題之研究而成的各種哲學當然是被許可的。然這
一些不同的哲學並無礙於哲學原型之為定然，皆可被融攝於哲
學原型中而通化之。因為「哲學就是一切哲學知識之系統」。[97]

牟先生依孔子哲學傳統之道德的形而上學而展示的「道樞」，因
著據康德所論「哲學原型」之說明而得到貞定。此即先生說：「各種
專題哲學必須有，千差萬變的主觀哲學亦不可免，而哲學原型亦必須
不斷地予以昭明而不使之沈晦：此亦是法輪常轉也。」[98]

然不必諱言，牟先生標舉「哲學原型」，在今日盛行多元化的社
會風氣下不乏學者以為有違多元主義的原則。先生受到各種誤解、詰
難，甚至貶視、抹黑。難怪嘗聞先生慨嘆：「知我者為我心憂，不知
我者謂我何求。」讓人禁不住要問：弘揚道樞，倡導哲學之為理性本
性之學就真有那麼難嗎？

依愚見，黃教授所以擔憂「凡有所貞定，即必有不在所貞定之範
圍內者（即一定有被排除在外者）。」實在因為未能把握到牟先生所
「貞定」的是「哲學原型」、「道樞」，而誤以為「定觀」是牟先生
「看問題的一種態度」。他說：「牟先生寫文／寫書這種情況，大概很
可以反映其看問題的一種態度：大概是一定便永定了。」並下評語，
說：「然而，事情沒有絕對的。」（會講報告電子檔，頁2）看來，由
於他將牟先生的哲學視為在「看問題」上是「定觀的」，而並未瞭解
到牟先生的哲學系統是建基於「哲學原型」、「道樞」之貞定，故肯認

---

97 牟宗三：《現象與物自身》，《全集》，卷20，頁485。
98 牟宗三：《現象與物自身》，《全集》，卷20，頁486。

李杜教授所說「唐先生的系統的包容涵攝的精神則超過牟先生的系統。」[99]在其撰〈述論〉一文中，他引用李教授一段文，[100]然後評曰：「以深具包容涵攝性的精神來說，則李先生的說法無疑是值得吾人多予重視的。」[101]然愚意以為，如上文一再論明，牟先生哲學系統基於對「道樞」之貞定，吾人無理由以為「道樞」之貞定與「包容涵攝性的精神」不相容。

　　不必諱言，唐先生的系統與牟先生的系統有不同，但不能浮淺地以「包容涵攝性」的精神」論之。唐先生之貢獻不僅在其「包容涵攝性的精神」。牟先生亦不會因標舉「哲學原型」、弘揚道樞而「包容涵攝性」不足，「道樞」本就「收攝一切」，「開發一切」。依愚見，世稱「唐、牟」，唐先生的系統與牟先生的系統各具特質，然以「道德心」為根、孔子傳統「成德之教」為本，則是共同的。吾人應視「唐、牟」為互補，相得益彰的兩個系統。坊間時有揚此抑彼之論，實不足效法。

　　李杜教授有見及唐先生《生命存在與心靈境界》一書建立「心通九境論」的系統，「容攝中西印他派哲學於其中」。[102]但卻見不到牟先生建立的圓善系統之融通精神。牟先生《現象與物自身》一書建立一種通儒釋道三家而言的形而上學，先生名之為「實踐的形上學」。先生說：「形上學，經過西方傳統的紆曲探索以及康德的批判檢定，就

99　李杜：《中國古代天道思想論》，頁263-264。

100　李杜教授說：「《生命存在與心靈境界》一書中所建立的『心通九境論』的系統。此系統以展示儒學的義理為主，而容攝中西印他派哲學於其中，亦展現了其一生的學術瞭解、精神生命。〔……〕依我的瞭解，唐先生此一系統不遜讓於牟先生的『道德的形而上學』的系統。唐先生的系統的包容涵攝的精神則超過牟先生的系統。」（李杜：《中國古代天道思想論》，頁263-264。）

101　黃兆強：《性情與愛情：新儒家三大師相關論說闡微》，頁420。

102　李杜：《中國古代天道思想論》，頁263-264。

只剩下這實踐的形上學，而此卻一直為中國的哲學傳統所表現。」[103]
用牟先生自己的話說，這個會通儒釋道三家的工作是要「異而知其
通，睽而知其類，立一共同之模型，而見其不相為礙耳。」[104]吾人可
說，牟先生依據此會通而建立的「無限心」說大系統，亦即「圓善」
大系統，經由「成聖，成佛，成真人」之踐履而論「圓教」，依圓教
建立「圓善」大系統。要旨在「個人內在生命之純潔化」。可謂「生
命純潔化之踐履之學」。吾人可以牟先生此「生命純潔化之踐履之
學」與唐先生的「心通九境」系統相比觀。儘管不必諱言，唐、牟二
先生的系統有各自的進路，然同具融通之旨。

　　究其實，李杜教授只依其個人的見解去批評牟先生，他批評牟先
生的「道德的形而上學」、「無限心論」，但如他本人主張：「批評主張
不同系統的人」，「其客觀性即無效。」[105]而他對牟先生的哲學無客觀
瞭解，視之為「只是一種說法」，他對牟先生的種種批評就只表示了
他個人的意見。尤為令人訝異的是，他指牟先生「一再公開低貶唐先
生」。黃教授在其〈述論〉一文中，論及李杜教授對牟先生的種種批
評，說：「李先生的意見，筆者不敢置喙。但其中若干用語，如『低
貶』、『自我演唱』等詞，雖不能說全然乖違事實，但用語上似乎太尖
銳了一點；而後一用語更欠厚道。」[106]然則，黃教授對李杜教授詆詬
牟先生之言論「不敢置喙」，但又認為其言論「不能說全然乖違事

103 牟宗三：《智的直覺與中國哲學》，《全集》，卷20，頁447-448。

104 牟宗三《現象與物自身》，《全集》，卷21，〈序〉頁20。

105 李杜：《中國古代天道思想論》，頁263。

106 黃兆強：《性情與愛情：新儒家三大師相關論說闡微》，頁413。黃教授引李杜教授
　　所說：「從學術的觀點去說，牟先生的低貶說既不是依客觀的事實而有的說法，亦
　　不是本為學術界、哲學界所接受的理論去說，而只是順任其個人的見解而在作自
　　我演唱。」一大段文，見李杜：〈唐君毅先生與臺灣儒學〉，《哲學與文化》24卷8
　　期（1997年8月），頁722。

實」，只是「用語上似乎太尖銳了一點」，僅是態度上「欠厚道」而已。但依本人看來，唐、牟二先生為摯友，學問上有不同見解極之正常。李杜教授之「低貶」說實有必要辯明其是否成立。事實上，二先生學問體系皆基於「道德心」（道德理性）而發皇，依愚見，唐先生的體系基於「道德心」而落實到人的生命存在之三面向與心靈之九境界以成生命存在與心靈境界之大系統，生命存在與心靈境界從橫向、順向、縱向而觀，層層轉進，人類文化發展中出現的各家各派於這個大系統中即依次得到安置，最後仍歸到依「道德心」而論的「天德流行境」。而牟先生以「道德心」（道德理性）為大根大本，進一步契會康德所言「意志自由」以確立儒家的道德的形而上學，並以此彰顯「哲學的原型」（即「道樞」）。最後同樣歸到依「道德心」而論的「天德流行境」。

　　李杜教授認為哲學「只是一種說法」，在他眼中，「唐先生的哲學亦只是一家之言，牟先生的說法亦只是一派之學。」[107]故不僅低貶牟先生的哲學，也低看了唐先生的哲學。亦因此，他無法客觀地肯定二先生之不可替代之貢獻何在。結果就成了外在地表面地議論牟先生之評唐先生，甚至指責牟先生低貶唐先生。

　　李杜教授作為唐先生早期大弟子，他對推動唐學的努力無人能抹煞。但吾人仍要提及他對唐先生哲學之低看，以及曲解。如上文已指出，李教授以為「唐先生的哲學亦只是一家之言」，可見他不認為唐先生哲學是一門普遍持久的學問，也就是不承認其普遍性。此所以可說，實質上，低看唐先生哲學的人是李杜教授。此外更為重要者，李杜教授認為「唐先生的思想」的「進一步的開拓與深入發展」主要表現在：「唐先生在寫《中國（哲學）原論》諸書時已不再只由人的『道

107　李杜：《中國古代天道思想論》，頁264。

德心』或『道德自我』去瞭解人生的問題，而是對人生的問題另有新的瞭解，亦即由整個人的生命去瞭解人生，瞭解人的心性，而不僅以『道德心』、『道德理性』去限制人的真實生命。」[108]恐怕是李教授以為「道德心」、「道德理性」會「限制人的真實生命」，卻主觀地將自己的觀點加諸唐先生。依吾人對唐先生哲學之理解，唐先生任何時候都未曾貶低「道德心」、「道德理性」為「限制人的真實生命」者，更遑論說以此為自己的學問「開拓與深入發展」之主要表現所在。

　　黃教授對於李杜教授批評牟先生低貶唐先生的說法有詳細討論。但並未見及李教授根本上對「哲學」持有一己的看法，有不合唐、牟二先生哲學之共同宗旨處。恐怕他相當程度上認同李杜教授所主張「哲學」只是個人的說法，並無可認可的普遍持久性。此所以他誇讚說：「其時牟先生尚健在，〔……〕。李先生敢批『逆鱗』，先不論其批評是否的當，但足以反映其頗具膽色。」[109]又說：「李先生為唐先生申辯，其志固可嘉」[110]云云。然黃教授「批『逆鱗』」、「具膽色」之說，未知從何說起。固然如黃教授說：「其時牟先生尚健在」，但如所周知，牟先生當時早已退休，學界中不乏牟先生的批評者在，未見對牟先生的「聲譽已如日中天」有所顧忌，且牟先生從來就不是令人生畏的學霸；[111]反而李杜教授當時在體制大學中有權勢，掌握論文評審、人事行政等等大權。依本人看來，李教授為申一己之見之快，也未仔細多想想，牟先生與唐先生為志同道合的摯友，何以竟會如他所說那樣「低貶唐先生」呢？

108　李杜：《中國古代天道思想論》，頁201。

109　黃兆強：《性情與愛情：新儒家三大師相關論說闡微》，頁417。

110　黃兆強：《性情與愛情：新儒家三大師相關論說闡微》，頁419。

111　據本人所知，牟先生對李杜教授的冒犯並沒有回應，也沒有予以責備。當時牟先生是知道李教授相關言論的。本人見牟先生將李杜著的《中國古代天道思想論》一書擱一邊，只說了一句：「這人完全外行。」

　　無疑，牟先生說：「唐先生對中國文化的瞭解是停留在他二三十歲時的程度，〔……〕後來雖寫很多書，〔……〕對開拓與深入沒多大改進。」[112]若對唐、牟的哲學無瞭解，對二先生之情深義重的摯友關係無所知，僅從字面上看，實難免作牟先生低貶唐先生之聯想，以致在二先生之間講是講非。然李杜教授為唐先生大弟子，則令人百思不解。黃教授於〈述論〉一文致力於為牟先生「辯解」，但另一方面又說：「對唐先生的學問，牟先生嘗作出負面評價。」[113]既說「負面評價」，然則，他基本上同意李杜教授的「低貶」說了。他還認為，此等負面評價「恐不免失諸欠縝密、缺周延；此蓋緣自牟先生性格中純真、率性、浪漫的一面而有以致之者。」[114]本人看來，黃教授自以為在為牟先生「開脫」，然實在是為「低貶」說提供一個說明。又，黃教授〈述論〉一文有一小標題「牟先生緣自恨鐵不成鋼而對唐先生作出的所謂批評」[115]，未知何故有「恨鐵不成鋼」之說，而憑什麼以此加諸牟先生。總而言之，黃教授原則上同意李杜教授的「低貶」說。只不過，他認為不必「認真看待」。他說：「吾人不必從嚴謹的學術立場去認真看待或刻意看待牟先生對唐先生的批評。」[116]又加按說：「牟先生只是寬泛的、大而化之的在演講中說一說，其失諸欠周延、缺全面，是可以想像、理解的。在這個地方，吾人實在是認真不得；否則便有可能陷牟先生於不義了。」[117]

---

112 牟宗三主講，王財貴整理：〈客觀的了解與中國文化之再造〉（第一屆「當代新儒學國際研討會」主題講演，1990年12月底，臺北市中央圖書館），《鵝湖月刊》16卷11期（總191期）（1991年5月），《當代新儒學論文集‧總論篇》（臺北：文津出版社，1991年），頁15。

113 黃兆強：《性情與愛情：新儒家三大師相關論說闡微》，頁411。

114 黃兆強：《性情與愛情：新儒家三大師相關論說闡微》，頁412。

115 黃兆強：《性情與愛情：新儒家三大師相關論說闡微》，頁424。

116 黃兆強：《性情與愛情：新儒家三大師相關論說闡微》，頁416。

117 黃兆強：《性情與愛情：新儒家三大師相關論說闡微》，頁416。

　　但既然如黃教授說：「既有學者特別強調牟先生嘗刻意批評唐先生」，則要「作點說明或所謂澄清」，[118]豈可以「認真不得」？問題既重提出來，又蒙混過去，豈不陷牟先生於不義？! 該問題茲事體大，不得以進言，以就教於黃教授。

　　首先，必須講明，牟先生說：「唐先生對中國文化的瞭解是停留在他二三十歲時的程度」，此並非如李杜教授所認為的「低貶」語。因為吾人不能以一般人的「二三十歲時的程度」來理解牟先生此語。依牟先生的理解，唐先生的思想在三十歲以前就成熟了。牟先生說：「唐先生的理解力高得很。他的思想在三十歲以前就成熟了。他寫《道德自我之建立》，寫得很好，那時他的思想就已經定了。」[119]又說：「他講文化問題的那些文章都很好。這樣一直發展到五十歲。所以唐先生從三十歲到五十歲這二十年間，講道德自我之建立、講人生之體驗，乃至講文化問題的那些文章，都很不錯，也到達了最高峰。」[120]

　　由以上引文可見，牟先生肯定唐先生的思想在三十歲以前就成熟了，講文化問題到五十歲就「到達了最高峰」。此即牟先生稱唐先生為「文化意識宇宙的巨人」。在〈哀悼唐君毅先生〉[121]一文中，牟先生特別指明：「吾這裡所謂『文化意識宇宙』與普通所謂『文化界』不同，文化意識不同于文化。」並說：「唐先生之繼承而弘揚，此文化意識之內蘊是以其全幅生命之真性情頂上去，而存在地繼承而弘揚之。」先生說：

---

118 黃兆強：《性情與愛情：新儒家三大師相關論說闡微》，頁412。

119 牟宗三：《中國哲學十九講》（臺北：臺灣學生書局，1983年10月初版，1989年2月三刷），頁407。

120 牟宗三：《中國哲學十九講》，頁408。

121 牟宗三：〈悼念唐君毅先生〉，《明報月刊》一九七八年三月號（第十三卷第三期）。

　　這一個文化意識宇宙是中國文化傳統之所獨闢與獨顯。它是由
　　夏商周之文質損益，經過孔孟內聖外王成德之教，而開闢出。
　　此後中國歷史之發展，儘管有許多曲折，無能外此範宇，宋明
　　儒是此宇宙中之巨人，顧、黃、王亦是此宇宙中之巨人。唐先
　　生是我們這個時代此宇宙中之巨人。[122]

　　牟先生所言「文化意識宇宙」乃是依中國文化傳統、經孔孟成德
之教而開闢出的。依先生所言，唐先生與宋明儒及顧、黃、王並列而
為此宇宙中之巨人。牟先生對唐先生此評價是最高的且最恰切的。
牟先生所言唐先生到五十歲「到達了最高峰」，也必須從這個評價作
理解。明乎此則可知，李杜教授只注目於牟先生說「唐先生對中國文
化的瞭解是停留在他二三十歲時的程度，〔……〕後來雖寫很多書，
〔……〕對開拓與深入沒多大改進。」就以為「牟先生低貶唐先
生」，其說不成立。

　　又，嘗聞淺薄鄙陋之徒竊竊私議，誣衊牟先生只從「文化」層面
肯定唐先生，是刻意「低貶唐先生」。諸如此類的坊間議論，實在是
因為私議者無「文化意識」，故輕視了「文化意識宇宙中之巨人」一
語之份量。

　　再者，關於李杜教授針對牟先生所言「後來雖寫很多書，
〔……〕對開拓與深入沒多大改進。」批評牟先生這說法有問題。[123]
黃教授在其〈述論〉一文中也有引牟先生說：「所以唐先生在五十歲
以後的二十年間，在學問並沒有多大進步。」[124]「唐先生對中國文化

---

122 牟宗三：〈悼念唐君毅先生〉，《明報月刊》一九七八年三月號（第十三卷第三
　　期）。

123 李杜：《中國古代天道思想論》，頁201。

124 黃兆強：《性情與愛情：新儒家三大師相關論說闡微》，頁426。

的瞭解是停在他二、三十歲的程度，他那時就成熟了，後來雖寫很多書，大體是量的增加，對開拓與深入沒有多大改進。」[125]並在註中表示：「『停在二、三十歲時的程度』一語，大概是演講時一時間不經意說過了頭的大話。〔……〕。吾人不妨大膽的說，對牟先生的若干話語，吾人不必太認真看待。演講時，一時說過了頭的『大話』，吾人也不宜大做文章而逕予反駁或斥責。」[126]誠然，黃教授較之於李杜教授說話沒有那麼「尖銳」，且黃文關於牟先生對唐先生的「高度稱許」多有論及。然本人認為，仍須就牟先生所言「後來雖寫很多書，〔……〕對開拓與深入沒多大改進。」作一說明。

　　須知，唯獨牟先生能說這話，亦唯獨瞭解牟先生與唐先生青年時期即建立的於文化理想與哲學追求兩方面皆相識相知的摯友關係，始能恰當理解牟先生關於唐先生所說的那些話。吾人需要探明牟先生說及「對開拓與深入沒多大改進」這話其實義是指那些領域而言。若如李杜教授，甚至包括黃教授那樣，以為牟先生一般泛指唐先生的「思想」沒有「開拓與深入」，那的確是令人費解的。唐先生在五十歲以後的二十年間寫了很多書，思想豐富得很，這是牟先生知道並有所肯定的。然則，牟先生真如黃教授所猜測「演講時，一時說過了頭的『大話』」？不然。依本人的理解，究其實，牟先生此語乃意指唐先生的學問沒有從「文化意識宇宙」之高峰進而深入至「哲學原型」，以開拓中國文化由孔子傳統展示之「道樞」。此即牟先生五十歲以後所致力者。也是牟先生嘗言「我五十歲以前所寫的那些書，你們不要看。」[127]此語並非牟先生以為自己五十歲以前的著作沒有價值，而毋

---

125 黃兆強：《性情與愛情：新儒家三大師相關論說闡微》，頁428-429。

126 黃兆強：《性情與愛情：新儒家三大師相關論說闡微》，頁428。

127 語見牟宗三：《中國哲學十九講》，〈第十八講〉。此為牟先生在臺灣講學的講演錄。本人在香港新亞研究所也嘗聽到牟先生在課堂上及課餘與同學聊天時說這話，不下三、四次。

寧表示，先生確認自己五十歲以後已進至一個與此前不同的全新領域。依本人所理解，牟先生五十歲以前的學問由「文化意識」之推動為主，而五十歲以後進至以康德道德哲學接通孔子傳統而宣講「道樞」，並契接康德「兩層立法」而標舉「哲學原型」。吾人可說，牟先生是以五十歲以後進至的領域為學問應有的發展，並且也期望自己的摯友於這個領域共同發展，一如往昔，相識相知。因此，有以上評唐先生沒有「開拓與深入」等語。

　　要對牟先生評唐先生語有恰切相應之理解，首先要明白，牟先生那些話皆是正當的學術評論，學術之進步端賴此而可得，恐怕不能視之為「負面評價」，更無批評別人是否厚道的問題。[128]而尤為重要者，須對唐、牟二先生之生命特質與學問志向有恰切瞭解，且對二先生之慧命相通有肯定。否則，流於為俗世之門派爭名位鬥高低而在二先生間講是講非，相信必不為唐、牟二先生所願見。所謂「維護、彰顯其師說」[129]、「非得為唐先生討回公道」[130]，或許會反而讓人覺有枉作小人之嫌罷。

---

128 黃教授在其〈述論〉一文的註中，說：「多年前筆者為吾人應否批評別人而感到困擾。按儒家忠厚之道，則吾人不應批評別人。但真的不應對別人施予批評嗎？後來從唐先生某一文章中得到『答案』如下：如批評別人是出於善意的，期望別人能從你的批評中獲得遷善改過的機會，則『批評』便站得住腳；換言之，原則上，吾人應肯定『批評』的價值。」（黃兆強：《性情與愛情：新儒家三大師相關論說闡微》，頁411。）愚意以為，學術評論應該與「批評別人」區分開。並且，通過品評人物彰顯其本人的一些根本思想、哲學原則或人格理念，此亦不必視為「批評別人」而有違儒家忠厚之道。牟先生的種種學術評論及品評人物可歸於此兩方面。

129 黃教授在其〈述論〉一文中，說：「李先生本乎愛師之深而努力於維護、彰顯其師說（這方面值得吾人肯定、敬佩）；〔……〕。」（黃兆強：《性情與愛情：新儒家三大師相關論說闡微》，頁419。）

130 黃教授在其〈述論〉一文中，說：「李杜先生之所以挺身而出，非得為唐先生『討回公道』不可，〔……〕似乎也是可以理解的。」（黃兆強：《性情與愛情：新儒家三大師相關論說闡微》，頁443。）

　　須知，牟先生與唐先生五十歲以後的學問方向有不同，但二者學問的根基與大本是共同的。在《五十自述》牟先生說：「吾當時有云：『生我者父母，教我者熊師，知我者君毅。』」[131]真心讀牟先生著《五十自述》者，有誰能對熊、唐、牟師弟慧命相通相接成一文化與學問之生命體的奇蹟無動於衷？此奇蹟，於人類文化史、學術史上還有別例可見嚜？若於此有瞭解，豈會拆分什麼熊派、唐派、牟派？

　　牟先生本人嘗表示，熊先生開其「生命之源」，「實體會了慧命之相續」。[132]而唐先生則於「精神發展的事」和「生命表現的事」上予以提示。在《五十自述》中，牟先生說：「熊師所給我的是向上開闢的文化生命之源。」先生回憶與熊先生初次會面，說：「我當時好像直從熊先生的獅子吼裡得到一個當頭棒喝。」[133]又說：「由熊先生的霹靂一聲，直復活了中國的學脈。」[134]牟先生就是由此接上「中國的學脈」的。此即牟先生說：「熊師那原始生命之光輝與風姿，家國天下族類之感之強烈，實開吾生命之源而永有所嚮往而不至退墮之重大緣由。吾於此實體會了慧命之相續。」[135]而在與唐先生請益與論學中，於「精神發展的事」和「生命表現的事」上得到啟發最多。先生說：「吾對於精神哲學的契入，君毅兄啟我最多，因為他自始即是黑

---

131 牟宗三：《五十自述》，《全集》，卷32，頁90。

132 牟宗三：《五十自述》，《全集》，卷32，頁92。

133 牟宗三：《五十自述》，《全集》，卷32，頁76-77。

134 牟宗三：《五十自述》，《全集》，卷32，頁78。

135 牟宗三：《五十自述》，《全集》，卷32，頁92。牟先生說：「熊師之生命即一有光輝之慧命。當今之世，唯彼一人能直通黃帝堯舜以來之大生命而不隔。此大生命是民族生命與文化生命之合一。他是直頂著華族文化生命之觀念方向所開闢的人生宇宙之本源而抒發其義理與情感。他的學問直下是人生的，同時也是宇宙的。」（牟宗三：《五十自述》，《全集》，卷32，頁92。）又說：「惟大開大合者，能通華族慧命而不隔。在以往孔孟能之，王船山能之，在今日，則熊師能之。」（牟宗三：《五十自述》，《全集》，卷32，頁93。）

氏的。」[136]「黑氏學直下是精神發展的事，直下是生命表現的事。」[137]

　　每次讀牟先生著《五十自述》，總感受到牟先生對唐先生那份發自肺腑的感念之情，那些記敘不僅散發著牟先生與唐先生相識相知的深厚情誼，且令人感覺到牟先生將自己學術道路之走上正軌歸功於唐先生的那份感念之情。牟先生說：「還有一個最大的緣會，便是遇見了唐君毅先生。他是談學問與性情最相契的一位朋友。」[138]先生表示，在抗戰前就見過唐先生的幾篇文章，當時並不喜歡那些文章的文學性的體裁。[139]但跟唐先生請教辯證法之後，馬上改觀。先生說：「我馬上知道他是一個哲學家的氣質，有玄思的心力。這是我從來所未遇到的。」[140]「我從此馬上覺得他所發表的文字並不能代表他。他確有理論的思辨力。」[141]牟先生憶及因著請教唐先生哲學問題，「思想發展上有飛躍性的開闢」。[142]先生自道：「我在北平所接觸的那些師友，談到哲學都是廣度的、外在的、不費力的、隨便說說的，從未像他這樣有思辨上的認真的。」[143]此可見，牟先生與唐先生相識後，從原來在北平所接觸的師友談哲學是「廣度的、外在的、不費力的、隨

136　牟宗三：《五十自述》，《全集》，卷32，頁101。

137　牟宗三：《五十自述》，《全集》，卷32，頁101。牟先生說：「環觀海內，無有真能瞭解黑氏學者，唯有君毅兄能之。此其對於中國學術文化之所以有大功也。」

138　牟宗三：《五十自述》，《全集》，卷32，頁98。

139　牟宗三：《五十自述》，《全集》，卷32，頁98。牟先生說：「抗戰前，我並不認識他（唐君毅）。但也曾見過他幾篇文章。我不喜歡他那文學性的體裁。他是中大出身，受宗白樺、方東美諸先生的影響，他們都富有文學的情味。我是北大出身，認為哲學必以理論思辨為主。」

140　牟宗三：《五十自述》，《全集》，卷32，頁98。

141　牟宗三：《五十自述》，《全集》，卷32，頁98-99。

142　牟宗三：《五十自述》，《全集》，卷32，頁99。牟先生說：「我並且因著他（唐君毅），始懂得了辯證法的真實意義以及其使用的層面。這在我的思想發展上有飛躍性的開闢。」

143　牟宗三：《五十自述》，《全集》，卷32，頁98。

便說說的」，轉到「思辨上的認真的」。此「思辨上的認真的」，依本人理解，即是接通「精神發展」、與「生命表現」的，而非只是外在的抽象的「思辨」而已。此即牟先生謂「飛躍性的開闢」。

　　牟先生每次對同學們述及學思之進程，總念及唐先生。記得牟先生對我們說：道德形上學之建立，其運思之原初，實得自唐先生的啟發。牟先生還說，他走康德的路，幾十年孤軍奮鬥，只有唐先生一個人支持他。在《心體與性體》一書中，先生就提出，中國儒家傳統「是以儒聖的具體清澈精誠惻怛的圓而神之境為根據」，[144]「這是一個絕大的原始智慧，不是概念分解的事。」[145]並表示：「關於這一點，我請讀者參看唐君毅先生《人生之體驗》中〈自我生長之途程〉一文以及《人文精神之重建》中〈孔子與人格世界〉一文。我即從此兩文悟到孔子的精誠惻怛的渾全表現所代表的那原始的智慧，並見到儒家何以一下子即能使實踐理性充其極而徹底完成了那『道德的形上學』，〔……〕。」[146]

　　事實上，牟先生五十歲之後由「文化意識」之推動為主，進至以康德道德哲學接通孔子傳統而宣講「道樞」，並標舉「哲學原型」。此即牟先生在《五十自述》中說：「只有德性義理的學問才有深度的發展。」[147]此言「德性義理的學問」也就是牟先生所表明由唐君毅先生諸文論明的孔子所代表的那原始的智慧所啟悟者。牟先生說：「我由此得知學問是有其深度的發展的，我有了一個未企及或不能企及須待努力向上企及的前途。我以前沒有這感覺，〔……〕。我只是在平面的廣度的涉獵追逐中。我現在有了一個超越而永待向上企及的前途。」[148]

---

144 牟宗三：《心體與性體（一）》，《全集》，卷5，頁195。
145 牟宗三：《心體與性體（一）》，《全集》，卷5，頁195。
146 牟宗三：《心體與性體（一）》，《全集》，卷5，頁195-196。
147 牟宗三：《五十自述》，《全集》，卷32，頁78。
148 牟宗三：《五十自述》，《全集》，卷32，頁77。

明乎此，則可知，牟先生所論「開拓與深入」是何所指。

在《五十自述》中，牟先生就批評那些「沒有深度發展的感覺」的人，他說：「一般人只是停在平面的廣度的涉獵追逐的層面上。」[149]先生指出：「因為他們始終未感覺到有深度發展的問題，他們只是廣度的增加或減少。只有德性義理的學問才有深度的發展。他們不承認這種學問，所以他們沒有深度發展的感覺。」[150]吾人可指出，黃教授大體上同意李杜教授所謂「唐先生的哲學亦只是一家之言，牟先生的說法亦只是一派之學」[151]的說法，認為沒有「永恆真理的唯一的一個說法」、「唯一的一套哲學」。[152]然則，他們是否承認唐、牟二先生的哲學乃是「德性義理的學問」亦成問題。[153]若如是，恐怕只是依個人的說法去議論牟先生之評唐先生，其議論有多少客觀意義就不得不存疑了。

依據以上所述，吾人可根據三點來看牟先生之評唐先生：一、牟先生與唐先生相識相知、慧命相通之摯友關係。二、熊、唐、牟師弟慧命相通相接成一「德性義理的學問」之生命體，即必定有「深度的發展」，以及「永待向上企及的前途」。三、牟先生認定唐先生「是一個哲學家的氣質，有玄思的心力。這是我從來所未遇到的。」[154]故牟先生有理由期願唐先生與他一道向通康德而論的儒家的道德的形而上學發展，亦即向「哲學原型」、「道樞」發展。據此三點，吾人既不同

---

149 牟宗三：《五十自述》，《全集》，卷32，頁77。

150 牟宗三：《五十自述》，《全集》，卷32，頁77-78。牟先生說：「他們的有所謂只是炫博鬥富。〔……〕但他們所知的，只是某人有多少考據知識，學問有多博，這和某人有錢，某人有權有位，是一樣，都是外在的、量的、平面的。」

151 李杜：《中國古代天道思想論》，頁264。

152 黃兆強：《性情與愛情：新儒家三大師相關論說闡微》，頁417。

153 因凡「德性義理的學問」皆不能視為「一家之言」、「一派之學」故也。

154 牟宗三：《五十自述》，《全集》，卷32，頁98。

意所謂「牟先生低貶唐先生」的說法。也不接納黃教授的「恨鐵不成
鋼」的說法。而毋寧說，從牟先生評唐先生的那些話，吾人可領會到
牟先生獨有的對唐先生的一種期望。這種期望乃是相識相知、慧命相
通之摯友間獨有的。

　　唐先生的學問乃是「德性義理的學問」，從其「文化意識宇宙」
之充沛，必定向著牟先生所「深度的發展」的方向而伸展。此乃牟先
生客觀地理性上的一個肯定，而非只是主觀喜好的期望。吾人欲理解
牟先生說唐先生三十歲以後，「並沒有多大的進步」，「對開拓與深入
沒多大改進」，必須理解牟先生的這樣一個期願為底子。

　　吾人知道，牟先生已論明，儒家「能使實踐理性充其極而徹底完
成了那『道德的形上學』」[155]，乃是「德性義理的學問」當該充其極
而臻至的。先生提出以儒家言本心仁體通康德所論意志自由而確立普
遍的形而上學，並據之建立「哲學原型」，以標舉「道樞」。此乃是依
人類的本性而論，並且緊緊著人類理性之最高目的：「大同」世界，
用康德的詞語說，就是「目的王國」、「人類倫理共同體」。此所以，
牟先生念茲在茲，一再強調通過康德會通中西文化。亦即唐先生說：
「此番與牟先生在臺相聚，忽有所感：讀他文章時，是肉身成道；見
到他本人時，又是道成肉身。」[156]此見唐先生之知牟先生者，亦見二
先生之學問乃是一體而發的。豈有將二先生之學問分割看待，以為皆
是「一家之言」、「一派之學」而遲早要被「推翻」之理？！

　　牟先生通康德論自由意志而彰顯「德性義理的學問」，並且據此
提出康德哲學是會通中西文化的最佳橋樑。此並非某些學者以為只是
「一家之言」、「一派之學」。而是通著「道樞」的。牟先生提出：「西
方哲學之高峰是康德。消化西方哲學必須從消化康德入手。在西方，

155　牟宗三：《心體與性體（一）》，《全集》，卷5，頁195-196。
156　見蔡仁厚：《牟宗三先生學思年譜》，《全集》，卷32，頁22。

亦實只有康德方是通中西文化之郵的最佳橋樑，而且是唯一的正途。」[157]先生提出中西文化之會通，是作為普遍的文化的及至哲學的任務而提出者。此所以先生說：「此非一人之事，亦非一時可了，願天下有志者共相勉勵。」[158]此可見，牟先生視「德性義理的學問」必定要充其極而致中西哲學與文化之會通而顯的「哲學原型」（道樞）為「天下有志者」之共同任務。明乎牟先生此心願，即可知其期願於唐先生者，亦即期願於天下有志於弘揚人類理性、爭取人類永續向上之前途者。

　　不必諱言，唐先生之學問未及伸展至牟先生所期願者。此即牟先生說：「我常常替他惋惜。」[159]所以「惋惜」，表示牟先生深知唐先生「是一個哲學家的氣質，有玄思的心力。」[160]有「永待向上企及的前途」並且肯定唐先生之學問之為「德性義理的學問」亦必定會有「永待向上企及」的伸展，而並未伸展，只是人生際遇的限制，也就是牟先生說：「五十歲以後，他出來辦新亞書院參與校政，事業心一重，精神就散了。〔……〕。在這二十年間他的心思分散了。〔……〕。他白天要辦行政，和別人鬥爭，晚上回家還要看書、寫書。」[161]但此不表示牟先生就「低貶唐先生」。牟先生乃真知唐先生者。他於〈悼念唐君毅先生〉文中說：「唐先生一生忠於哲學，忠於文化理想，當世無與倫匹，非性情深厚，慧解秀出者，不能至此。」又說：「他在痛苦的奮鬥中耗損了其有限的生命，然而其文化意識宇宙中的巨人身分卻永垂於不朽。」[162]毫無疑問，牟先生對於唐先生的評價是最高的。人

---

157 蔡仁厚：《牟宗三先生學思年譜》，《全集》，卷32，頁45。

158 蔡仁厚：《牟宗三先生學思年譜》，《全集》，卷32，頁45。

159 牟宗三：《中國哲學十九講》，《全集》，卷29，頁409。

160 牟宗三：《五十自述》，《全集》，卷32，頁98。

161 牟宗三：《中國哲學十九講》，《全集》，卷29，頁409。

162 牟宗三：〈悼念唐君毅先生〉，《明報月刊》一九七八年三月號（第十三卷第三期）。

的生命總有限制，此所以說「聖人臨終亦不免嘆口氣。」此限制並不影響唐先生之永垂不朽。唐先生的生命是結合於熊、唐、牟慧命相通相接之生命體，就個人弘道之事業不可避免要有限制而言，說唐先生有限制，熊先生、牟先生亦不免有限制，然三先生一脈相連的生命體必有「永待向上企及」的發展，先師前賢之生命皆是不朽的，其學問所弘揚的真理也是永恆的。

　　無疑，若學者們抱持唐、牟二先生的哲學皆只是「一家之言」、「一派之學」之觀點，看不到熊、唐、牟慧命相通相接之生命體必有「永待向上企及」的發展。則難免會對牟先生評唐先生語有各種各樣的主觀說法。事實上，學界中一直以來就流行各種對牟先生哲學的不滿，不乏人反對牟先生通儒家與康德而論道德的形上學，對牟先生標舉「哲學原型」、「道樞」，以之為準以統一一切哲學學說之分合更有諸多反對聲音。拙文〈牟宗三先生對孔子傳統之傳法統系的確定〉乃依據牟先生此所論「哲學原型」、「道樞」而論牟先生提出「孔子對於道之本統之再建」的貢獻，要點在「道之本統之再建」，而與傳統上所言「道統」有區別。故亦會遭受本來就誤解、反對牟先生哲學者所反對，此是意料中事。

　　黃教授在其「會講報告」中對敝人提出質疑：「學姊又說『依吾人之見，在宋儒興起之初，恐怕未自覺到孔子傳承之統系問題。』學姊這個定見，似乎跟歷史事實稍有落差。在這個問題上，韓愈（768-864）〈原道〉一文不是早已反映出彼有充分的自覺嗎？」（會講報告電子檔，頁6）此問可見黃教授並沒有看到拙文所論牟先生的貢獻在論明「孔子對於道之本統之再建」，據此而確立「孔子傳承之統系」，牟先生無疑是第一人。拙文已論明，牟先生提出「孔子對於道之本統之再建」固然是貫通「堯、舜、三代之政規」之道統的，但並不停在

韓愈等前賢所言「道統」。[163]

　　總而言之，黃教授看不到，或根本不同意拙文所論牟先生所論「哲學原型」、「道樞」，也看不到，或根本不同意拙文所論牟先生提出「孔子對於道之本統之再建」並據之確立孔子傳承之統系。但依本人所理解，牟先生所論「哲學原型」、「道樞」乃是「為人類價值之標準與文化之方向而奮鬥以申展理性」[164]者，其志在「把中外學術主流講明，融和起來。」[165]

　　民國七十六年（1987）元月，牟先生於其著《認識心之批判》之「重印誌言」中說：「三十餘年來，吾於中國各期哲學有詳細之解釋，如《才性與玄理》乃解釋魏晉期者，《佛性與般若》乃解釋隋唐佛教者，《心體與性體》以及《從陸象山與劉蕺山》乃解釋宋明儒學者，此足使我於中國哲學有較明確之瞭解。此外，吾於康德哲學亦有較透徹之瞭解。吾將其《純粹理性之批判》，以及《道德底形上學之基本原則》與《實踐理性底批判》，皆譯成中文。〔……〕。學力不及，解悟程度不足者，鮮能有相應而諦當之理解。」[166]此見牟先生貫通中西哲學而以「哲學原型」、「道樞」為根據確立其哲學體系，並非依一己主觀說法而定，而是通過對相關文獻的周詳瞭解而對中國各期哲學有詳細之解釋，以及通過研究、譯述與講習康德哲學而契入其根本洞見。此即牟先生所言「客觀瞭解」。基於此「客觀瞭解」，然後論中西哲學之會通。

---

163 比如說，拙文已指出，牟先生不僅上承宋、明儒，把《論》、《孟》、《中庸》、《易傳》與《大學》劃為孔子傳統中內聖之學之代表，而且論明「《大學》，則是開端別起，〔……〕在內聖之學之義理方向上為不確定者」。（牟宗三：《心體與性體（一）》，《全集》，卷5，頁21、14。）此為一般言「道統」者未及。

164 牟先生語見：蔡仁厚：《牟宗三先生學思年譜》，《全集》，卷32，頁62。

165 牟師病危中筆示諸弟子語：「你們必須努力，把中外學術主流講明，融和起來。」見蔡仁厚：《牟宗三先生學思年譜》，《全集》，卷32，頁92。

166 牟宗三：《認識心之批判（上）》，《全集》，卷18，頁5。

　　吾人可以肯定，牟先生一生致力於中西哲學之會通，此工作是以深刻的「文化意識」為底蘊的，若無強烈與深刻的「文化意識」，無法接上「哲學原型」，也無法言「道樞」。此「文化意識」通著熊、唐二先生之慧命；此言「哲學原型」、「道樞」是「與人類的理性的最後的目的」相關的科學，根本不同西方傳統上的學院概念。[167]牟先生會通中西哲學，而依於「哲學原型」、「道樞」而建立其哲學體系，乃是對中華民族甚至對人類的貢獻。用牟先生的話說：「吾一生無他務，今已八十四矣。如吾對中華民族甚至對人類稍有貢獻，即在吾能依中國智慧傳統會通康德並消化康德。此非淺嘗者所能知也，亦非浮光掠影者所可輕議也。」[168]此乃先生於民國八十一年初夏撰《判斷力之批判》（上冊）〈譯者之言〉中所言。此言不虛也。牟先生指出：「中國儒家傳統無神學，但有一『踐仁知天』或盡心知性知天」之道德的形上學。康德的『道德的目的論』中之所說，儒家皆可贊同之。關於終極目的（最高目的即最高善或圓善）之所說，儒家尤其贊同。因此，康德依據西方傳統，他以道德的目的論來完成道德的神學，而我們則依據中國傳統，以道德的目的論來完成道德的形上學。」[169]由此可見，牟先生的哲學與人類的「終極目的」（圓善）相關。學者們若對人類整體的前途無關心，僅視哲學為「愛意見」，他們誠然可以主張種種個人的說法，形形色色的哲學流派亦大可有各自不同的旨趣，然此等學者既然只抱持個人說法而不承認有普遍持久的哲學，他們憑什

---

167 康德說：「迄今為止哲學的概念只不過是學院概念，也就是說，是關於僅僅被當作科學來尋求的一種認識體系的概念，所當作目的的無非是這種知識的系統的統一性，從而只是認識在邏輯上的完善性。但還有一種宇宙概念，〔……〕。」（A838/B866）

168 康德著，牟宗三譯註：《判斷力之批判（上）》，〈譯者之言〉，《全集》，卷16，頁8。

169 康德著，牟宗三譯註：《判斷力之批判（上）》，〈譯者之言〉，《全集》，卷16，頁4-5。

麼能夠對牟先生哲學說三道四呢，此實在令人困惑不解。

　　牟先生提出「客觀瞭解」，固然是指「學力」而言，不僅要接上康德哲學需要學力，[170]要對儒、釋、道三家的文獻作哲學的理解與說明，亦需要學力。牟先生於第一屆「當代新儒學國際研討會」上，發表了一個主題講演，題為〈客觀的了解與中國文化之再造〉，就「客觀瞭解」問題評及「老先生」們的「學養」。本人認為，吾人須看重牟先生該講演旨在「強調『學』的重要」，並提醒學界注意這個「整個時代的毛病」。[171]事實上，牟先生極為重視「學問現代化」。牟先生提出：「學問的現代化就是在道的傳統以外補充上學的傳統。」[172]先生說：「中國人只有道的傳統，而沒有希臘式的學的傳統，中國人所謂學就是道。中國人也有學，但現代意義的學是從希臘開，分門別類地研究，這才開出科學。」[173]

　　牟先生所論「儒家的共識」是依據對經典作出客觀瞭解而確立

170　牟先生在《五十自述》說：「康德的哲學〔……〕一般人並沒有他那器識，也沒有他那學力。一個學哲學的，在初學階段，是很難接得上的〔……〕學力不及，你不知道那些領域與領域中的問題；器識不及，你達不到那種義理的程度。器識與學力都夠了，還有他那架構思辯的工巧方式，即由『為何』而『如何』的方式，也是須要長期學習的，穎悟不夠，根器塵下，終生接不上。」（牟宗三：《五十自述》，《全集》，卷32，頁65。）

171　牟宗三主講，王財貴整理：〈客觀的了解與中國文化之再造〉（第一屆「當代新儒學國際研討會」主題講演，1990年12月底，臺北市中央圖書館），《鵝湖月刊》16卷11期（總191期）（1991年5月），《當代新儒學論文集·總論篇》，頁2-10。在該講演中，牟先生說：「『學養』之足不足遂成為一個非常嚴肅的問題。『學養』，實在的說，也就是對問題要做「客觀的了解」，要有正確的知識，不誤解，也不籠統。……。我只是要強調『學』的重要，無『學』以實之，終究是浪費了生命，辜負了時代，這大體也是整個時代的毛病。」

172　牟宗三主講，盧雪崑記錄整理：〈《孟子》演講錄（一）〉，《鵝湖月刊》第29卷11期（總347期）（2004年5月），頁11。

173　牟宗三主講，盧雪崑記錄整理：〈《孟子》演講錄（一）〉，《鵝湖月刊》第29卷11期（總347期）（2004年5月），頁11。

的，先生「對孔子傳統之傳法統系的確定」即建基於此共識。此即先生致力於扎根於中國的「道的傳統」，而發展出「學的傳統」所作出的貢獻。吾人可說，牟先生依據中國哲學而創立了「實踐的認識學」，其貢獻無人能出其右。固然，並非每一個人都需要對牟宗三哲學作專家式的研究，但對於先生之貢獻的客觀肯認，並非可有可無之事。孟子曰：「賢者以其昭昭，使人昭昭；今以其昏昏，使人昭昭。」（《孟子・盡心章句下》）學者若自命以哲學為本務，則為「道的傳統」補充上「學的傳統」，實在責無旁貸。

　　吾人不必反對學界中形形色色的學說，然吾人以孔子哲學傳統為道樞，堅持以儒家通康德而確立的普遍的形而上學為哲學原型，因其繫著人類理性之最高目的：「大同」、「目的王國」、「人類倫理共同體」。牟先生會通中西哲學之志業亦在此。此點堅持亦是必要而不可排斥的，不可隨意詆訴的。

　　無疑，牟先生契接康德，以「哲學」為一門具普遍的持久性的實踐的智慧學，它是「把一切知識關聯到人類理性底本質目的之學」。據此，先生期望與「天下有志者共相勉勵」，[174]期待後來者通過「客觀瞭解」發展出「學的傳統」。記得，第二屆儒學國際會議（一九九二年十二月）前夕，受臺灣「鵝湖」朋友所託訪問牟師，牟師特別談及「中國文化發展中的大綜和與中西傳統的融會」[175]。這個大綜和是針對前輩碩儒「啟發性有餘，客觀的了解不足」，以及「宋明儒偏枯的一面」，而要求推進一步以適應現時代。先生提到他所寫的幾部

---

174 牟宗三主講，盧雪崑記錄整理：〈《孟子》演講錄（一）〉，《鵝湖月刊》第29卷11期（總347期）（2004年5月），頁11。

175 是次訪問記錄即以此為題發表於十二月二十日、二十一日臺北聯合報副刊。並作為牟師的主題演講，題為〈中國文化發展中的大綜和與中西傳統的融會〉，收入楊祖漢主編：《第二屆當代新儒學國際學術會議論文集之二》（臺北：文津出版社，1994年12月初版）。

書：《歷史哲學》、《政道與治道》這兩部書瞭解歷史發展中孔孟生命
的格範，把握先秦時期孔孟的生命智慧。《才性與玄理》展現魏晉玄
學系統。《佛性與般若》徹底瞭解佛教。《心體與性體》疏導宋明理
學。隨後，先生說：

> 通過長時期的工作，寫出這幾部書，契入中華民族文化生命命
> 脈的內部，然後把這個生命表現出來。這樣表現出來，「文化
> 生命命脈」就不只是一句空洞的大話，這樣才能夠講往外開的
> 問題。我們講往外開，開什麼東西呢？當年黃梨洲、王船山要
> 求從內聖開外王，那是十七、十八世紀。到現代，我們就是要
> 求跟西方的文化傳統相結合，要求一個大綜和。[176]

　　牟先生一生著述，是通著「中華民族文化生命命脈」的。目的在
「護持生命之源，價值之本，以期端正文化生命之方向，而納民族生
命於正軌。」[177]先生一邊寫書，一邊從事康德三大批判之翻譯。[178]

176　牟宗三：〈中國文化發展中的大綜和與中西傳統的融會〉，楊祖漢主編：《第二屆當
　　代新儒學國際學術會議論文集之二》。

177　牟先生在《從陸象山到劉蕺山》之〈自序〉中說：「吾雖費如許之篇幅，耗如許之
　　精力，表彰以往各階段之學術，然目的唯在護持生命之源，價值之本，以期端正
　　文化生命之方向，而納民族生命於正軌。至於邪僻卑陋而不解義理為何物者之胡
　　思亂想，吾亦不欲博純學術研究之名而浪費筆墨於其中也。」

178　一九七〇年，牟先生開始撰寫《佛性與般若》，並同時從事康德《純粹理性之批判》
　　（上、下冊）之翻譯。又，一九五五年至一九五九年間開始翻譯康德《道德底形
　　上學之基本原則》，一九六四年完稿；接著譯《實踐理性之批判》，一九七〇年中完
　　成此譯本初稿。於一九八二年，結集成《康德的道德哲學》一書出版。一九八〇年
　　中開始翻譯《判斷力之批判》（上、下冊），一九九一年完稿。牟先生極為注重康
　　德著作的譯註工作。在《康德的道德哲學》「譯者之言」結尾，牟先生說：「康德
　　書行世至今已二百餘年，而中國迄今尚無一嚴整而較為可讀之譯文，是即等於康
　　德學尚未吸收到中國來。吾人如不能依獨立之中文讀康德，吾人即不能言吸收康

「志在吸收西方文化以重鑄中國哲學，把中國的義理撐起來」[179]，並明示：「以哲學系統講，我們最好用康德哲學做橋樑。」[180]此即先生提出：「中國文化生命的命脈能夠開出一個大的綜和系統。」[181]牟先生洞見到康德所論「哲學原型」依據在「兩層立法」[182]，「兩層立法皆建體立極之學也。立此骨幹導人類精神於正途，莫急於此世。」[183]並且洞見到：「依聖人底盈教所決定的哲學原型」，「正合乎康德所說『哲學是把一切知識關聯到人類理性底本質目的之學』，也就是展露『人類理性底兩層立法』之學。」[184]牟先生提出「吸收西方文化以重鑄中國哲學」以「開出一個大的綜和系統」，其根據即在此兩個根源洞見。

　　毫無疑問，牟先生通過持久而艱鉅的「客觀瞭解」，以其創闢性的哲學心靈，接通「中國文化生命的命脈」與康德的「哲學原型」，客觀地肯定二者皆是「真理」，「是智慧，是理性決定」。牟先生在其譯註《純粹理性之批判（上）》的「譯者之言」中說：「實理總是如

德，而中國人亦將始終無福分參與於康德學。〔……〕。吾之所作者只是初步，期來者繼續發展，繼續直接由德文譯出，繼續依中文來理解，來消化。」（牟宗三譯註：《康德的道德哲學》，《全集》，卷15，〈譯者之言〉，頁15。）

179 牟宗三：〈中國文化發展中的大綜和與中西傳統的融會〉，楊祖漢主編：《第二屆當代新儒學國際學術會議論文集之二》。

180 牟宗三：〈中國文化發展中的大綜和與中西傳統的融會〉，楊祖漢主編：《第二屆當代新儒學國際學術會議論文集之二》。

181 牟宗三：〈中國文化發展中的大綜和與中西傳統的融會〉，楊祖漢主編：《第二屆當代新儒學國際學術會議論文集之二》。

182 康德說：「人類理性之立法（Gesetzgebung）（即哲學）有兩個對象，即自然與自由，因而它不但包含著自然法則，而且包含著德性法則。一開始是區分開兩個彼此不同的體系的，但最後它們終究包含在一個唯一的哲學系統中。」（A840/B868）牟先生引此康德語，接著說：「這就是較為更準確地決定了哲學所規定者。展露『人類理性底立法』之學就是哲學，此已幾近于那哲學原型矣。」（牟宗三：《現象與物自身》，《全集》，卷21，頁480-481。）

183 康德著，牟宗三譯註：《判斷力之批判（上）》，〈譯者之言〉，《全集》，卷16，頁6。

184 牟宗三：《現象與物自身》，《全集》，卷21，頁482。

此，智慧總是如此。若康德學是真理，是智慧，是理性決定，而非氣質決定，是造道之言，而非興會之文，總歸於與中國傳統所昭顯之格範相融洽，亦宜矣，〔……〕。」[185]「造道之言」者，用牟先生論康德之詞語說，那絕非「個人主觀的、一時的靈感」，「而乃是代表著一個客觀的、最高的而且是最根源的問題。」[186]此即先生一生致力於會通孔子哲學傳統與康德哲學而彰顯「道樞」之本懷。

依以上一再論明，「道樞」之宣講與弘揚與人類發展的方向和前途密切相關。明乎此即可知，「道樞」與人類文化之豐富性並行，相得益彰。

第二節　哲學何為？

前面相關章節已論明，牟先生會通中西哲學，而依於「哲學原型」、「道樞」而建立其哲學體系。並周詳論述孔子哲學傳統為道樞，以儒家通康德而確立的普遍的形而上學為哲學原型。但如所周知，自三十年代西學東來，不乏學者反對將中國學問提到其本有的哲學高度。陳來教授在其大作〈現代新儒家的「哲學」觀念〉[187]中詳細述介了這種狀況。當年熊十力先生開創以「本體—宇宙論」講中國哲學之先河，其「哲學」活動就遭遇來自多位大儒的批評。梁漱溟先生就嚴厲批評熊十力先生「癖好哲學這把戲」。陳來教授引梁漱溟先生致熊十力先生書中云：「哲學為西洋產物，對於宇宙根本問題揣測卜度。」[188]又

---

185 康德著，牟宗三譯註：《純粹理性之批判（上）》，〈譯者之言〉，《全集》，卷13，頁19。

186 牟宗三：《現象與物自身》，〈序〉，《全集》，卷21，頁3。

187 陳來：〈現代新儒家的「哲學」觀念〉，《希言堂國學》443期（2022年10月11日）。

188 陳來：〈現代新儒家的「哲學」觀念〉，《希言堂國學》443期（2022年10月11日）。

論及林宰平、張東蓀、歐陽竟無諸位先生皆不同意「中國的學問為哲學」。[189]究其實，學者們只以為「哲學」就是西方傳統的思辨形而上學、知識論，而無知於康德批判哲學已裁定：西方傳統哲學陷入空想妄作之禍根在「以知識求本體」，並且提出及論明：「哲學」作為「理性本性之學」，其真實的領域在實踐的領域。關此，前面相關章節已詳論。

　　儘管熊十力先生並未及於康德哲學，然先生已見及中國哲學之不可廢。於一九五〇年與梁漱溟書中，熊先生提出：「哲學之義非是愛智，後來還有許多家。」並說：「兄如將中國哲學也勾銷，中國當有何物事，無乃自毀大甚乎？自棄大甚乎？」熊先生把握住宋明儒者「宇宙本體即吾心本體」、「體用一源，顯微無間」[190]之根源智慧，提出：「東方學術歸本躬行，孟子『踐形盡性』之言，斯為極則。」（《十力語要》）「要其歸極，在體真理而與之為一。」（《十力語要》）實在已契接康德哲學之真旨實義。至牟宗三先生，接續熊師之志業，進而會通康德哲學與孔子哲學傳統，為中國哲學成為一學術體系奠定基礎，並指明其發展之道路與方向。

　　然不必諱言，當今之世，漢學界仍深受西方漢學主流之影響。時有學者斥牟先生將儒家傳統智慧「知識化」，忽略「實踐的篤實」。依此等學者看來，「聖學」就只是「工夫」，只是學做聖人，故而空談

---

189 陳來說：「據林宰平的看法，西洋的哲學包括其形上學，都是知識形態的，無關乎人的身心修養；中國的學問強調修養，主張知識與修養一致，這與西洋單純強調知識的哲學傳統不同；從西洋哲學的角度來看，不易承認中國的學問為哲學，故不必以「哲學」來稱指中國或東方思想。張東蓀則主張，在宗教和哲學之外，有一種非哲學非宗教的學術，而兼有哲學和宗教的性質，中國學術似有當於此。」又指出：「如熊十力所提及的，馬一浮也不贊成他的建立本體論宇宙論的努力方向。〔……〕。主張為學的目的全在於成德。」（見氏著：〈現代新儒家的「哲學」觀念〉。）

190 程頤語，見程顥、程頤撰，王孝魚點校：《二程集》（北京：中華書局，2004年），頁1200。

「工夫」。杜維明先生作為一位著名的「波士頓儒學專家」、美國的公眾知識份子，於西方世界宣講儒家的人文精神，功不可沒。他提出：「其核心是己，其工夫是學，其頭腦是仁。」並且稱之為「精神人文主義」。[191]杜維明先生爭取到第二十四屆世界哲學大會在北京召開，此無疑是讓中國哲學進入世界視野的一項重要舉措。然吾人仍不得不深感遺憾。[192]愚意以為，作為中華文明主幹的孔子哲學傳統的大旨並未能藉此機會彰顯於世界哲學之林，難免令人唏噓不已。誠然，杜先生的關注在文化，而並不在哲學。若杜先生僅從交化的維度看，吾人實在不必反對他視儒家為「精神人文主義」，然漢學界流行以思想，文化之視野論中國學術為一種「哲學」，又據之以為此乃是東方式的「哲學」。而忽略中國哲學以其本為「理性本性之學」而堪稱為真正的哲學。則不能不引起商榷。

固然，如所周知，西方漢學界長久以來一直就只視中國哲學僅僅屬於思想，文化範圍，從來就沒有正視漢學在哲學領域中的正當地位，漢學家們喜歡以西方近代文明史中出現的「人文主義」成果作標準來評價孔孟哲學就不足為奇了。但今天吾人提出：中國哲學，尤其是孔子傳統哲學要正當地站立於世界哲學之林，就必須打破西方漢學界固若金湯的窠臼，而對之採取全新的哲學之本義作標準來研究和評價。

杜先生提出，「學做人是一個大問題」，[193]吾人不必反對，但吾人

---

191 杜先生說：「按照這個傳統和信念就能夠建構一個儒家的人文精神，其核心是己，其工夫是學，其頭腦是仁，其目的是成為一個以仁涵攝四個維度即己、群、地、天的人。我自己將這個理論框架稱之為『精神人文主義』。」（杜維明：〈8000人報名參加的世界哲學大會討論的竟是這麼兩個字：做人〉。）

192 第二十四屆世界哲學大會於八月十三日至二十日在北京舉行。杜維明先生最早提出「學做人」作為此屆大會的主題，後經學者們商議，正式以「學以成人」為主題。然依愚見，無論「學做人」，抑或「學以成人」皆充其量只能作為社會學或倫理學之主題故也。「哲學」之為哲學，其為理性本性之學，本務在「尋根究極」。

193 杜維明：〈8000人報名參加的世界哲學大會討論的竟是這麼兩個字：做人〉。

不得不懷疑，此問題如何單獨就能稱得上是一個哲學問題，更遑論要充當哲學的主題。杜先生強調儒家的入世精神，他說：「這種入世精神已經成為當今人文發展的主流。」吾人熟知，所謂「儒家入世精神」乃西方漢學界歷史悠久、人所熟知的說法，在為數眾多的學者中，這種說法是在與西方文明肯定一個超離的世界之精神相對照的思路中提出的，在這種思路中，儒家入世精神就是世俗的，缺乏超越性的。杜先生就說：「很多學者認為，中國文明對超越的突破和永恆未來的超越世界好像理解得不夠，或者沒有那麼大的興趣。」[194]事實上，持此觀點的學者所謂「超越的」，依照康德批判哲學達至的成果，恰當來說只能是「超離的」（transzendent），或曰「超絕的」，依此而言，說中國文明之主流不具有「超絕性」，是恰切的，但斷言中國文明缺乏超越的維度，則是錯誤的。而杜先生提出儒家的「精神人文主義」，意在於為他以為的「世俗的」儒家加上一種「超絕性」，而謂之「精神人文主義」。如此一來，他就將已經康德批判哲學否定的西方傳統中的「超絕者」誤植於儒家。

　　經由康德的澄清，任何概念的超離使用都被裁定為不合法的。據之，西方哲學傳統上神學的所謂「超越者」被判決為欺騙的手段，只不過是：「人們在完全缺乏認識的東西上用理性之誤推來填補所缺的一種後果，人們把自己的思想當作事物並把它們實體化的結果。」（A395）種種的「超離的一元神」無論採用何等精緻的手續，都一概不能在理性中再像經院哲學時期那樣獲得合法的地位，並且無一倖免地暴露其虛構妄作的真面目。依康德批判哲學之成果考察儒家哲學，它絕不包含依據外在的「超離者」的意志與啟示的任何學理和教義。此是毫無疑義的。

---

194 杜維明：〈8000人報名參加的世界哲學大會討論的竟是這麼兩個字：做人〉。

　　並且，吾人依據康德給予»transzendental«（超越的）一詞的全新
意義，那麼，吾人不難見出儒家哲學言「天」的超越性。前面相關章
節已論明，吾人有理由正當地將「尋根究極」的學問稱為「哲學」，
以區別於一切擱置根源及終極問題不論，只研究時間空間中物事的科
學。從這個意義來看，我們就能指出：唯獨孔子傳統和康德真正地如
理如實地解答了這個本質的哲學問題。概括地說，人類一切學問的根
源歸於人本身的心靈機能，而且這個根源不是在心靈機能之經驗的性
格，而是在其超越的性格。用康德的詞語講，就是自由意志。用孔子
傳統的詞語講，就是孔子所言「仁」，即孟子所言「本心」。

　　孔子所言「仁」，即孟子所言「本心」，孟子承孔子言「仁」之大
旨而提出「仁，人心也。」（《孟子・盡心章句下》）及至後儒言「良
知天理」，與康德所言「自由意志」。同樣的，並不是由經驗歸納得
來，而是先於經驗而有諸於每一個人之內能力，作為道德之根源。此
即王陽明說：「良知不由見聞而有，而見聞莫非良知之用，故良知不
滯於見聞，而亦不離於見聞。」（王陽明《傳習錄》中，〈答歐陽崇
一〉，第166條）據此，吾人可言「仁」、「本心」、「良知」的超越的性
格。依照康德，也就是意志的超越的性格。我們的意欲機能固然有其
經驗的性格，亦即受制於自然因果律，但同時也具有超越的性格，即
獨立不依於外來的決定原因而起作用。

　　純粹的實踐的理性（自由意志）獨立不依於自然因果性而頒布
法則，即自由的法則，亦即道德法則。依照孔子哲學傳統來說，就是
本心（仁）頒布天理。依此，我們可以說，純粹的實踐的理性（自由
意志），也就是本心（仁）作為人的實存之本質，此即孔子言「仁者人
也。」（見《中庸》第二十章），孟子亦言「仁也者，人也。」（《孟子・
盡心章句下》）用康德的詞語表達，就是人的超感觸之本性（übersinn-
liche Natur）（KpV 5:43）。康德指出：這超感觸之本性是我們的本性

的道德的稟賦（moralischen Anlagen unserer Natur）（KpV 5:163），是我們的本性的道德分定（moralischen Bestimmung unserer Natur）（KpV 5:122），是我們的意志自由自律和不依於整個自然的機械性之獨立性及心靈偉大（KpV 5:152）。

「仁」、「本心」、「良知」與康德所言「自由意志」，指表同一的人之創造力——創造人自身為道德的存有，及創造世界為道德的世界。「道德的世界」，用儒家哲學傳統的詞語表達，就是「大同」，用康德哲學的話來說，就是人類倫理共同體。此乃人類及宇宙之終極目的（圓善）。哲學所究問之「極」即在此。人之創造道德的世界的能力，用孔子的話來說，就是：「人能弘道，非道弘人也。」（《論語‧衛靈公第十五》孟子說：「仁也者，人也。合而言之，道也。」（《孟子‧盡心章句下》）依照康德哲學，圓善是道德法則所決定的意志之必然的客體。（KpV 5:4）「經由意志自由產生圓善」（KpV 5:113）人根於其意志自由，必然產生圓善，圓善作為終極目的乃每一個人朝向之目的。道德的人必定以在世界上實現圓善為己任，哪怕此終極目的是多麼遙遠。

依據以上的概論，吾人可指出，若恰當地以孔子哲學傳統作為儒家之為儒家的標準，那麼，吾人可提出，儒家之大旨就在孔子言「仁者人也」、「人能弘道」。孔子所言「仁」，即孟子所言「本心」，（孟子承孔子言「仁」之大旨而提出「仁，人心也。」（《孟子‧盡心章句下》））及至後儒言「良知天理」，與康德所言「自由意志」同樣的，並不是由經驗歸納得來，而是先於經驗而有諸於每一個人之內能力，作為道德之根源。此即王陽明說：「良知不由見聞而有，而見聞莫非良知之用，故良知不滯於見聞，而亦不離於見聞。」（王陽明《傳習錄》中，〈答歐陽崇一〉，第166條）據此，吾人可言「仁」、「本心」、「良知」的超越的性格。依照康德，也就是意志的超越的性格。我們

的意欲機能固然有其經驗的性格，亦即受制於自然因果律，但同時也具有超越的性格，即獨立不依於外來的決定原因而起作用。

純粹的實踐的理性（自由意志）獨立不依於自然因果性而頒布法則，即自由的法則，亦即道德法則。依照孔子哲學傳統來說，就是本心（仁）頒布天理。依此，我們可以說，純粹的實踐的理性（自由意志），也就是本心（仁）作為人的實存之本質，此即孔子言「仁者人也。」（見《中庸》第二十章），孟子亦言「仁也者，人也。」（《孟子·盡心章句下》）用康德的詞語表達，就是人的超感觸之本性（übersinnliche Natur）。（KpV 5:43）康德指出：這超感觸之本性是我們的本性的道德的稟賦（moralischen Anlagen unserer Natur）（KpV 5:163），是我們的本性的道德分定（moralischen Bestimmung unserer Natur）（KpV 5:122），是我們的意志自由自律和不依於整個自然的機械性之獨立性及心靈偉大（KpV 5:152）。

「仁」、「本心」、「良知」與康德所言「自由意志」，指表同一的人之創造力——創造人自身為道德的存有，及創造世界為道德的世界。「道德的世界」，用儒家哲學傳統的詞語表達，就是「大同」，用康德哲學的話來說，就是人類倫理共同體。此乃人類及宇宙之終極目的（圓善）。哲學所究問之「極」即在此。人之創造道德的世界的能力，用孔子的話來說，就是：「人能弘道，非道弘人也。」（《論語·衛靈公第十五》孟子說：「仁也者，人也。合而言之，道也。」（《孟子·盡心章句下》）依照康德哲學，圓善是道德法則所決定的意志之必然的客體。（KpV 5:4）「經由意志自由產生圓善」（KpV 5:113）人根於其意志自由，必然產生圓善，圓善作為終極目的乃每一個人朝向之目的。道德的人必定以在世界上實現圓善為己任，哪怕此終極目的是多麼遙遠。

依據以上的概論，吾人可指出，若恰當地以孔子哲學傳統為儒家

之為儒家的標準，那麼，吾人可提出，儒家堪稱為「哲學」，其之大旨就在孔子言「仁者人也」、「人能弘道」。今杜先生提出「學做人」作為哲學大會的主題，令人關注的是，他把這種說法歸之於孔子。他說：「孔子在很早以前就強調，『學做人』是為己之學，〔……〕」。[195]吾人未知杜先生有何文獻上的根據提出孔子強調「『學做人』是為己之學」，依本人所見，「學做人」只是杜先生個人的提法，而「為己之學」恐怕也是朱熹所倡導，朱子也是將自己的說法歸於孔子。吾人熟知孔子曰：「古之學者為己，今之學者為人。」（《論語・憲問第十四》）然並不能據此語而肯斷孔子提出一種「為己之學」。孔子提出：「己欲立而立人」，豈有將「為己」與「為人」對立二分之理？[196]我們在此不打算對這樣的說法作詳細討論，僅想要指出，以這樣的說法充當孔子之大旨，無疑取消了孔子哲學的本質義，將孔子學貶為僅僅是精神學、品性修養學。此舉與將儒家只視為人際關係之學、只重視社會效應的做法相比，[197]實在是五十步笑一百步，其對於孔子哲學之損害都是無法彌補的。

　　杜先生提出：「儒家的心靈哲學裡有其非常內在的、向我自己追問的強烈意識，正如曾子所說『吾日三省吾身』，這個省就是反省並覺悟到我是靠我來塑造的。『為己之學』就是儒家的『身心性命之學』，這恰恰是儒家傳統資源中在我看來最有精神價值，也最能夠普

195　杜維明：〈8000人報名參加的世界哲學大會討論的竟是這麼兩個字：做人〉。杜先生說：「孔子在很早以前就強調，『學做人』是為己之學，不是為了父母和社會，也不是為了國家，就是為了自己，但是『自己』有非常深刻的意思，是個人的一種關懷。」

196　歷代學人對所謂「為己之學」的說法有很多討論，因篇幅所限，未能一一縷述。但顯而易見的是，將「為己之學」歸之孔子，乃學者主觀之誤推。

197　杜維明：〈8000人報名參加的世界哲學大會討論的竟是這麼兩個字：做人〉。杜先生說：「因為我們太注重人際關係，太注重儒家的社會效應、政治作用，沒想到在儒家的心靈哲學裡有其非常內在的、向我自己追問的強烈意識，〔……〕」

及的思想。」[198]杜先生喜歡講「儒家的心靈哲學」，他說：「為己之學」就是儒家的「身心性命之學」，並且以為這「最有精神價值」，「也最能夠普及」。這些說法早已耳熟能詳，乍看似在弘揚儒學，然深一層考量，吾人難免要問：如果吾人所論儒家是依孔子哲學傳統為根本而言，而非泛論形形色色所謂「儒家」，[199]那麼，能將儒家視為諸種「心靈哲學」，「身心性命之學」，「為己之學」其中的一種嗎？

吾人並不反對有學者個人喜歡討論儒家中的思想，樂於談論其「心靈哲學」、「為己之學」、「身心性命之學」的一面，然不能接受以此一面作為儒家「最有精神價值，也最能夠普及」的一面。此乃「以紫亂朱」故也。孔子曰：「惡紫之奪朱也。」（《論語‧陽貨第十七》）吾人首先要標明孔子哲學之根本義何在，以區別於其他文明中所含心靈學，精神學，性情修養學。

杜先生以為提倡儒家之「為己之學」乃「求同」之舉，他提出：「今天的世界多元多樣」，他說：「在今天文化多元的背景下，我們強調的是如何在異中求同，如何通過對話減少一些不必要的衝突，如何在差異性之中尋找一種共識。在可能的共識中，『學做人』幾乎被世界各地的哲學家所接受，不僅包括西歐、美國，還包括非洲、拉丁美洲、印度，或者是其他地方的哲學家。大家都覺得，這是一個值得思考而且現在又特別嚴峻的重大問題。」[200]在杜先生看來，「學做人」是一種共識。但他並沒有考慮到：若人們沒有追求在「人是什麼」這一根本哲學問題上達成共識，那麼，「學做人」也只能各自表達而已，所謂「共識」只是浮面的一團和氣，而不能達到任何有實質意義

---

198 杜維明：〈8000人報名參加的世界哲學大會討論的竟是這麼兩個字：做人〉。

199 杜維明：〈8000人報名參加的世界哲學大會討論的竟是這麼兩個字：做人〉。杜先生提出：「儒家傳統也是多元多樣的，發展到日本越南朝鮮還有海外更是多元多樣的。」

200 杜維明：〈8000人報名參加的世界哲學大會討論的竟是這麼兩個字：做人〉。

之「同」。孟子提出：「心之所同然者何也？謂理也，義也。聖人先得我心之所同然耳。」(《孟子·告子章句上》) 據此可見，人之「共識」在理、義。不講明理、義，而求所謂「共識」，無異於緣木求魚矣。

又，杜先生說：「你學新東西，得到知識，這是外在的；你學做人，就是內在的。」[201] 可見，他把「成人」理解為只是「內在的」。將孔子哲學的超越義掉棄了。不瞭解孔子哲學的超越義，也就是忽視孔子學作為理性本性之學的根本義。本人數十年研究孔子傳統哲學和康德哲學，發見二者的共同特質，就是作為理性本性之學，即人類的尋根究極的學問。本人研究結果寫成兩部書：《孔子哲學傳統 —— 理性文明與基礎哲學》、《康德的批判哲學 —— 理性啟蒙與哲學重建》，其要旨就在依據康德批判哲學提出的理性本性以論明孔子學作為理性本性之學的根本義。總括地說就是八個字：「仁者人也」、「人能弘道」。

依以上所論，我們能正當地指出，人類真正的共識只能基於作為理性本性之學的哲學，而真正基礎性的哲學必以「尋根究極」為本務，而哲學維度而言的「根」與「極」已然由孔子和康德揭明。如今，吾人要尋求真正對每一民族，每一個人皆有效，皆有真實意義的共識，就必須歸到孔子和康德為我們揭明的「根」與「極」。離開此「根」此「極」而論人類共識，只能是氾濫無歸之徒託空言。衷心期盼，總有一天，吾人不僅爭取到世界哲學大會到中國來舉辦，不但讓漢語作為大會語言，而且讓孔子所言「仁者人也」、「人能弘道」成為大會主題。那一天到來了，吾人才能真正自豪地說：「中國哲學已站立於世界哲學之林！」

如前面相關章節一再論明，哲學作為「理性本性之學」，以「尋

---

201 杜維明：〈8000人報名參加的世界哲學大會討論的竟是這麼兩個字：做人〉。

根究極」為本務，講明人之為真實的道德實存，就必定要創造自身為道德者，並致力創造世界為道德的世界。此即可說，「哲學」乃人類大憲章，永恆指示著人類發展之方向。此「根」與「極」之探明，關聯著「道德」及由道德必然伸展至的宗教。誠然，如所周知，當今之世，潮流輕視「道德」。有學者詰問：「人為何需要道德？！」在這個世代，人們大多以為講道德是太高的要求。其實，他們瞭解的所謂「道德」無非是社會加諸人的行為規範，或是傳統中表揚的美德，如此言「道德」固然可以代之以「法律」、「刑政」。因此之故，人們會以為單靠「法律」、「刑政」遏止犯罪、維護社會安全就足夠了，「道德」是多餘之物，甚至有人以為講「道德」干犯「人權」。但如我們一再論明，「道德」是每個人的理性在意欲機能中立普遍法則，自我立法，自我遵循。自我立法、自我服從，乃人格尊嚴。此即康德已論明：「道德（Moralität）是行為與意志自律的關係，亦即通過意志的格準與可能的普遍立法的關係。」（Gr 4:439）亦即：道德就是人遵從自身的意志之普遍立法。他說：「人發現（findet）自己作為道德的本質者（moralisches Wesen）」，（MS 6:379）「當他客觀地考量他自己，他通過他的純粹的實踐的理性被決定成為道德的本質者，（根據在他自己的人格中的人）神聖得不樂意違背內在的法則。」（MS 6:379）又說：「人們只見到人由於其義務而被法則所約束，但沒有想到：他所服從的法則只是他自己訂立的，並且這立法是普遍的，而且他僅僅被責成依據就其自然的目的就是普遍立法的他自己的意志而行動。」（Gr 4:432）「每一個人的意志就是在其一切格準中制定普遍法則的意志」，這是康德的著名的自律原則。（Gr 4:432）康德解釋：「正是由於普遍立法的理念，它不以任何興趣為根據，並因此在一切可能的律令中，唯有它能夠是無條件的。」（Gr 4:432）

並且，依康德所論明，「道德」與每個人在其自身即是目的相關，

他說：「每個有理性者由於在其自身即是目的，就他所服從的任何法則而言，他必須能夠同時視他自己為普遍地立法的，因為正是他的格準之適合於普遍的立法彰顯他為在其自身即是目的。此外，他這種超乎一切純然的自然物的尊嚴（特權）使他必須總是認他自己的，但同時也是其他每個作為立法者的有理性者（他們因此稱為人格）的觀點來採用他的格準。」（Gr 4:438）此即是說，人作為「道德的本質者」是通過「他的格準之適合於普遍的立法」而顯明的，亦正因此，人自身即是目的並據之稱為「人格」，而獲得「尊嚴」。康德解釋：唯獨在意志自律的條件下，亦即：唯獨人作為道德的本質者，人不僅僅具有相對的價值，也就是不作為一種價格，「而是具有一種內在的價值，即尊嚴（Würde）。」（Gr 4:435）

人作為有理性者，由於他自己在其自身即是一目的之本性，「已經注定具有參與立普遍法則之特權。」（Gr 4:435）康德解釋說：「正因為他在其自身即是一目的，他是目的王國中的立法者，在一切自然法則方面是自由的。他只服從他為自己所立的法則，這些法則使他的格準能夠屬於一種普遍立法（他同時也使自己服從這種普遍立法）。」（Gr 4:435）據此，康德論明，有理性者憑著「對普遍立法的參與權」，適合成為一個可能的目的王國的成員。他說：「究竟是什麼使德性的善的存心或者德行有資格提出那麼高的要求呢？無非是這種存心為有理性者爭得的對普遍立法的參與權，這種存心還通過這種參與權使有理性者適合成為一個可能的目的王國的成員。」（Gr 4:435）並指明：「道德是唯一能使一個有理性者自身就是一目的之條件。因為僅經由道德他才可能是目的王國中的一個立法的成員。因此，德性與就其有德性能力而言的人（Menschheit）是唯一有尊嚴者。」（Gr 4:435）

依康德所論明，「人」作為道德的本質者，「道德」使人自身就是一目的。人自身即是目的並由之有其「人格」，亦即保有「尊嚴」。此

即孟子所言「良貴」。此即可說，「道德」乃是人保有自身尊嚴的根。康德提出：「我們認為那些盡到自己一切義務的人有崇高和尊嚴，他之所以崇高，並非就他服從道德法則而言，而是由於他自身同時是這法則的立法者，並且只因他立這法則他才服從這法則。」（Gr 4:440）此即明示：人之尊嚴（Würde der Menschheit）在於人有普遍立法的能力。

康德說：「人以及每一個有理性的自然一般（jeder vernünftigen Natur überhaupt），作為目的自身（這是每一個人的行為之自由的至上的限制條件）。」（Gr 4:430-431）保障「人之權利」而免於遭受惡勢力侵犯，除了使用「法律」手段，根本在承認每一個人作為「道德的本質者」而自身就是一目的。康德指明：「因為很明顯，人之權利之侵犯者有意將他人的人格僅僅作為一種手段來利用，而不考慮人作為理性的本質者（vernünftige Wesen），他們自身也總是應當同時作為目的，〔……〕而受到尊重。」（Gr 4:430）

總而言之，唯賴肯認「人」作為道德的本質者，自身作為目的的「人」始能夠適合成為一個可能的目的王國的成員。康德說：「道德在一切行為對於立法的聯繫中，唯有通過這種聯繫，一個目的王國始為可能。而這種立法必須在每一個有理性者自身中被見到，而且能由其意志產生出來。」（Gr 4:434）他提出：「有理性者必須總是在一個經由意志自由而為可能的目的王國中視其自己為立法者，不管他身為成員，抑或是元首。」（Gr 4:434）人作為道德的本質者結合為成一個目的王國，此即康德於《宗教》一書所論「倫理的共同體」，又名之為「倫理的——公民的社會」。依康德所論明，建立這種共同體也就是：「建立一個持久存在的、日益擴展的、純粹為了維護道德的、以聯合起來的力量抵制惡的社會。」（Rel 6:94）他說：「因為只有這樣，才能期望善的原則對惡的原則的勝利。在道德上立法的理性，除了它為每一個個人規定法則之外，還樹立起一面德行旗幟，作為所有

熱愛善的人的集合地，以便他們都聚集在這面旗幟下，並且這樣才對不間斷地侵襲他們的惡獲得優勢。」（Rel 6:94）康德指明，如果找不到任何手段來建立這樣一個聯合體，「那麼，無論單個人想要如何致力於擺脫惡的統治，惡都要不停地把他滯留在返回到這種統治的危險之中。」（Rel 6:94）

人類社會至今為止，所有「政體」甚或「政治共同體」，建基於種種利害關係上，而缺乏道德為其根基，故只處於「倫理的自然狀態」之中。於《宗教》一書第三篇「論善的原則與惡的原則的勝利與上帝的國在地上的建立」第一章一開首，康德就指出：「一種法律的──公民的（政治的）狀態，就是人們之間的關係，只要他們共同地遵守公共的法權法則（這些法則總的來說是強制法則）。」（Rel 6:95）事實上，「法律的──公民的（政治的）狀態」正是人類進入文明化以來所處於的狀態。用康德的話說，在這種狀態中，「所有政治公民本身都處於倫理的自然狀態中」，（Rel 6:95）並且，正如康德指出：律法的自然狀態是一種每個人對每個人的戰爭狀態一樣，倫理的自然狀態也是一種存在於每個人心中的善的原則不斷受到惡的侵襲的狀態。」（Rel 6:96-97）每個人都能深深體會到：「即使每一個個別人的意志是善的，但由於缺乏一種把他們聯合起來的原則，他們就好像是惡的工具似的，由於他們不一致而遠離善的共同目的，彼此為對方造成重新落入惡的統治手中的危險。」（Rel 6:97）

事實上，即便現今人類社會已進入高度文明化階段，但仍然處於倫理的自然狀態，也就是缺乏善的原則把全部人結合起來，社會仍處於無道德的狀態。人們面對這樣的實情：「人們相互之間彼此敗壞了道德稟賦。」（Rel 6:97）「每個人對每個人的戰爭狀態。」（Rel 6:97）正如康德指明：「每個道德的良善存心的（moralisch wohlgesinnte）人在這一生中都必須在善的原則的指導下與惡之攻擊進行鬥爭」，（Rel

6:93）那怕，「事實上，他是自由的，他『擺脫了罪的奴役，從而按照公義生活』，這是他能獲得的最大收穫。儘管如此，他受到惡的原則的攻擊絲毫沒有減少。為了維護他那不斷受到攻擊的自由，他必須隨時做好戰鬥爭的準備。」（Rel 6:93）

毫無疑問，康德二百多年前提出的警告至今仍有振衰起蔽的作用，他說：「倫理的自然狀態是對德行法則的一種公共的、相互的損害，是一種內在的無道德的狀態；自然的人應該勉勵自己盡可能快地走出這種狀態。」（Rel 6:97）又說：「最高的德性的善（höchste sittliche Gut）並不能僅僅通過單個的人追求他自己的道德的圓滿來實現，而是要求單個的人，為了這同一個目的聯合成為一個整體，成為一個良善存心的人們的系統（einem System wohlgesinnter Menschen）。」（Rel 6:97-98）這同一個目的也就是終極目的（圓善）。據此可以說，「倫理的共同體」之理想也就是在世界上實現「圓善」之理想。

康德呼籲：「人應當走出倫理的自然狀態，以便成為倫理的共同體的一員。」（Rel 6:96）他指明：「一種倫理的─公民的狀態是這樣一種狀態，在這種狀態下，人們在不受強迫，即純然在德行法則下結合起來。」（Rel 6:95）並提出：「這是人的種類（menschlichen Geschlechts）對自己的義務。」（Rel 6:97）尤為重要的是，康德指出：倫理的共同體作為為了「圓善」這同一個目的而聯合的一個整體，「它作為一個根據德行法則建立的普遍的共和國的理念」，（Rel 6:98）「是一個與所有道德的法則（道德的法則涉及我們所知道在我們的能力範圍內的東西）完全不同的理念。」（Rel 6:98）並明示：「關於這樣一個整體，我們無法知道它本身是否也在我們的能力範圍內。」（Rel 6:98）據此，康德提出：「因此，造就一種道德的上帝子民（moralisches Volk Gottes）是一項不能期望由人類來完成的工作，而只能期望由上帝自身來完成。」（Rel 6:100）值得提請注意，不能以此斷章取義，認為

康德主張在世界上實現「圓善」是上帝的事。康德本人緊接著提醒：「然而，也不能由於這個原因，就允許人在這件工作上不採取行動並讓天意占上風，就好像每個人僅僅追求他個人的道德的私人事務，卻把整個人的種類之事務之整體（根據其道德的分定）交給一個更高的智慧似的。」（Rel 6:100）他指出：「由於德行義務關涉人的整個族類，所以，一個倫理共同體的概念總是關涉到一個所有人的整體的理想。」（Rel 6:96）

康德這裡提出的「倫理的共同體」作為「人們在不受強迫，即純然在德行法則下結合起來」的系統，也就是他此前所論人由其自身所立道德法則命令在世界上實現「圓善」的道德世界。他又名之為「目的王國」、「上帝之國」。這樣一個「倫理的共同體」（或名曰「目的王國」、「上帝之國」）是一個理念，需要預設「一個更高的道德的本質者」之理念為前提條件，康德說：「憑藉這種本質者的普遍的活動，單個的人的自身不足的力量才聯合起來，共同發揮作用。」（Rel 6:98）康德名此本質者為「上帝」，據此說：「一個倫理共同體的概念是一個在倫理的法則下的上帝子民的概念。」（Rel 6:98）

其實，康德此前於一系列著作中已一再論明，道德本身並不需要設定「上帝」，但人由其自身所立道德法則命令在世界上實現「圓善」之理想，人自身的力量不足，由此，我們人自身的理性產生「上帝」之概念。「上帝」之設定之所以對人類致力於在世界上實現「圓善」之理想起作用，完全因為我們人自己通過以自立的道德法則與「上帝」的聯繫來想「上帝」。我們人自己根本無能力知道一個外在的自存潛存的「上帝」自身的任何事，重要的是，依康德所論明，人在實踐中也完全不需要知道「上帝」自身的任何事，因為我們依據我們人自己的理性及理性在意欲機能中立普遍法則（道德法則）來決定「上帝」之意指與作用，並唯獨以此認識「上帝」，此外不能也沒有要求對「上

帝」本身是什麼置一辭。

　　歸根究柢，人的理性產生「上帝」之概念，根本就在道德法則命令人致力於在世界上實現「圓善」，也就是要致力於實現一個「倫理的共同體」。唯獨這樣一個「倫理的共同體」，「使每一個人得到他的行為所配享的東西。」（Rel 6:99）康德於《實踐的理性批判》一書中提出：道德法則必引致我們去肯定「無私地經由公正無偏的無私的理性導致的圓善中第二個成分，即比例於德性的幸福之可能」。（KpV 5:124）據此提出：「必須設定上帝之存在為必然地繫屬於圓善之可能者」。（KpV 5:124）有學者就僅僅抓住該段文，肯定康德「論德福一致」就是主張個人關注於自己若有德是否就能夠分享到幸福，如此一來，人是因為期望分享到幸福才願意成為有德者，此豈不根本牴觸康德的道德哲學之宗旨（意志自律）?! 學者們以此振振有辭地指責康德自相矛盾，卻從未想到要回到康德通貫整全的「圓善學說」體系，以周全地把握康德論「上帝」之真旨實義。

　　依據前面相關章節所論明，康德首先經由對實踐的理性作批判考察而論明：依據人經由理性在意欲機能中立普遍法則這一事實，人就是道德的實存（道德的本質者）。[202]道德法則的根據在每一個人稟具的（即生而有的）理性在意欲機能中立普遍法則的機能中。此所以康德指明：「道德的法則涉及我們所知道在我們的能力範圍內的東西。」（Rel 6:98）但是，「一個倫理共同體的概念總是關涉到一個所有人的整體的理想。」（Rel 6:96）依此，康德明示：關於這樣一個「所有人的整體的理想」，我們人事實上無法知道它本身是否也在我們的能力範圍內。（Rel 6:98）但此事實並不意謂我們人就有藉口放棄這個理想，把它推之為上帝的事。理由在：依康德所論明，此理想乃是人的道德

---

202 依此可指出：若有人詰問「人為何需要道德?!」那只能說：他本身喪失了道德意識，故有此問。

的本性（意志自由）必然產生的，人若沒有這個理想，根本就不會產生一個道德的最高者（上帝）之信仰，也不需要設定它。故此，一切都取決於人類自己依照道德法則的命令致力於在世界上實現「圓善」，即實現一個「倫理共同體」，無論人是否清楚此理想如何實現、何時實現，嚮往此理想的信念決不動搖；只有在這個前提下，人才可以期望上帝為人的力有不逮提供補助。並且，此所論期望上帝「提供補助」僅僅作為一種期盼，康德明文提醒：沒有人知道上帝存在或不存在，他說：「我們感興趣的並不是知道上帝就其自身而言（就其本性而言）是什麼，而是知道他對於作為有理性者的我們而言是什麼。」（Rel 6:139）

　　康德已論明：人因著自立的道德法則產生「圓善理念」，「圓善理念」並非由「上帝」產生；道德法則並非出自上帝，「圓善」在世界上的實現根本不是上帝的命令。此即表明：「圓善」在世界上的實現不是上帝的事，而根本上是人自己的事。[203] 前面相關章節已論明，吾人不能將康德圓善學說之整全體系縮小為「德福一致」論，從而又將「上帝分配幸福」的「酬報論」諸康德。[204] 並且已依據康德三大批判及相關諸著作闡述其圓善學說之整全體系。於《宗教》一書，康德就明示：「人不能自己實現與純粹的道德的存心密不可分地結合在一起

---

203 明乎此，即可知康德專家貝克（Lewis White Beck）提出：如果圓善的成就是上帝的旨意，我們的職責就不能包括追求它。他將人比喻作「道德葡萄園的工人」，認為分配幸福是宇宙道德統治者的任務，而不是勞動者的任務。（Lewis White Beck, *Kant's Critique of Practical Reason: Commentary*, pp. 244-245.）那是以他自己的見解來扭曲康德的圓善學說。

204 不少康德專家持這種「上帝分配幸福」的「酬報論」。伍德在其《康德和宗教》一書中批駁這種說法。他指出這種論點與腐敗賄賂沒有根本不同。（Allen W. Wood, *Kant and Religion*, p.41.）這裡涉及一種不誠實的偽裝，而且我完全有理由看穿。（p.42）如果人明白他不知道上帝存在，卻相信上帝對有德的人分配幸福，並因著期望幸福而使自己的行為看來合乎德性。豈不是自欺欺人？

的圓善的之理念」，（Rel 6:139）並指出：「這不單獨是就隸屬於它的幸福而言，而且是就人們為了整個目的而必然的結合而言。」（Rel 6:139）

　　毫無疑問，將康德圓善學說貶斥為「上帝分配幸福」的「酬報論」根本違背康德本人的宗旨。儘管這種論調長久以來為權威的康德專家津津樂道。其實，康德於三大批判及諸相關著作漸次展示出其圓善學說之整體，並於《宗教》一書多處作總結式說明。他指出：圓善之理念是與人的「純粹的道德的存心密不可分地結合在一起的」。就此而論，「人在自身中發現必須朝著這個目標努力的義務。」（Rel 6:139）但現實上，於朝向「圓善」（終極目的）之不懈奮鬥中，人力有不逮，故理性自身產生「一個道德的世界統治者的理念（Idee eines moralischen Weltherrschers）」，（Rel 6:139）即產生「上帝」之理念。此即康德說：「人發現自己被引向一個道德的世界統治者的參與（Mitwirkung）或安排的信仰，只有透過這種信仰，這個目的才可能實現。」（Rel 6:139）值得提請注意，康德緊接著明示：關於上帝在這方面會做什麼事情，那是一個奧秘。他說：「關於上帝在這方面會做什麼事情，他是否有什麼可以利用的，以及什麼是特別歸於祂（上帝）的，一個奧秘的深淵就在人面前出現。」（Rel 6:139）並指明：所言上帝之「襄助」，那是「不為他所知道、至少是對於他為不可理解的。」（Rel 6:139）他說：「人在每項義務中所認識的無非是他自己為了能夠配享那不為他所知道、至少是對於他為不可理解的襄助，他自己應當作的事情。」（Rel 6:139）

　　依以上所論明，只要周全把握康德提出上帝之「襄助」的真旨實義，則可知，某些學者以為康德主張：如果人的道德行為不會得到回報，他就沒有動力履行義務。這是對康德的曲解。阿利森就認為：依照康德的觀點，幸福將得到與其應得的相稱的回報，這是提供道德鼓

勵的重要來源，除此之外，道德努力不會持續。[205]伍德在其《康德和宗教》一書中表明反對阿利森的觀點，這種觀點主張：當我們缺乏為義務而履行義務的德行時，「信仰上帝」就會受到推動。伍德恰切地指出：這絕不是康德的論點。[206]並提出：「Adams（1987, pp. 144-164; 1999, pp. 384-391）和 Chignell（2018）用對上帝的信仰來補充我們薄弱的道德動力」，這種對康德的詮釋與康德的論點根本不同。[207]並指出：這種詮釋「為做一些對自己腐敗和自欺的事情提供了一個工具性的理由，這會導致非理性的同意」。[208]不過，伍德還是批評康德主張道德信仰給我們「更多的動力」或「更強的動力來履行我們的義務（VpR 28:1002-1003）」，認為這種主張與康德在其道德哲學中確立的「道德法則本身是動力」不一致。究其實，伍德將道德哲學的問題與宗教問題混為一談。康德首先於道德領域經由對實踐理性作批判考察，論明道德法則是理性在意欲機能中立法的事實，此立法是無條件的定言律令，它就是意志之自由的因果性，此即證明自身就是唯一的動力。用孟子的話說就是：「先立其大者，則其小者不能奪也。」（《孟子・告子章句上》）從道德法則要求「圓善」而伸展至宗教，「圓善」之在世界上實現需要源自理性信仰之「輔助動力」，此「輔助動力」歸根究柢根於「道德法則」，並非離道德法則而另有動力。且依康德所論明，道德法則自身作為自由意志之因果性法則，它就是真實的動力因，而理性信仰之作為「輔助動力」，因其與由道德法則產生的終極目的相關連而僅僅作為理想的目的因而起作用。

---

205 H. E. Allison, *Kant's Groundwork for the Metaphysics of Morals: A Commentary* (Oxford: Oxford University Press, 2011), p. 55.

206 Allen W. Wood, *Kant and Religion*, p. 41.

207 Allen W. Wood, *Kant and Religion*, p. 41.

208 Allen W. Wood, *Kant and Religion*, p. 41.

　　依康德所論明，我們只是為了上帝「對於作為有理性者的我們」
之道德聯繫而必須依據「上帝與人類的道德關聯」而「思考和設定上
帝的本然屬性」。（Rel 6:139）據此，形成「普遍的真正的宗教信
仰」，也就是根據實踐理性的需求「信仰上帝」：一、信仰上帝作為
「天地的全能的創造者，即道德上作為神聖的立法者」；二、信仰上
帝作為「人類的維護者，是人類的慈善的統治者和道德上的照料
者」；三、信仰上帝作為「他自己的神聖法則的主管者，即公正的法
官」。（Rel 6:139）如康德所明示：「這種信仰本來不包含任何奧秘，
因為它僅僅表示了上帝與人類的道德關聯。」（Rel 6:140）

　　學者們熟知，康德提出著名的意志自律學說，其核心在肯定：人
服從他自己固有的依其本性就是普遍立法的意志所立的道德法則，這
並非恐懼，亦非對感性本性的箝制，而是人自身的尊嚴。他說：「人
的尊嚴正在於他具有這種普遍立法的能力」，並且，「同時以他本身服
從這種立法為條件。」（Gr 4:440）假若把原則建立在「上帝的許諾和
威脅」之上，只能產生假言的律令，而不能產生定言的律令（即道德
的律令）。有學者認為，康德於其宗教學說中提出上帝作為「神聖的
立法者」，也就是提出一種「外在的強制」，並據此批評康德提出了兩
種相牴觸的說法。究其實，學者們之所以對康德產生這種曲解，歸咎
於他們既對康德的意志自律學說缺乏真切理解；同時對康德所論「上
帝」心存偏見。

　　其實，關於我們思考和設定上帝「道德上作為神聖的立法者」，
康德於《宗教》一書有明確說明，理由如下：「對於一個倫理的共同
體來說，能夠被稱得上是公共的（öffentlich）立法者的，必定是不同
於人民的另一個人物。」（Rel 6:99）這個公共的立法者，「正是關於
作為一個道德的世界統治者的上帝之概念。」（Rel 6:99）他說：「因
此，只有這樣一個人物，才能被設想為一個倫理的共同體的至上的立

法者，對他來說，所有真正的義務，因而也包括倫理的義務，必須同時表象為他的命令；因此，他也必須是一位知人心者，以便也能夠透視每一個人存心中最內在的東西；並且就像在任何共同體中必須那樣，使每一個人得到他的行為所配享的東西。」（Rel 6:99）但重要的是，康德明示：「倫理的法則不能被設想為源初地純然從這個至上者（Obern）的意志出發。」（Rel 6:99）否則，「它們就會不是倫理的法則，與它們相符合的義務也就會不是自由的德行，而是強制性的律法義務。」（Rel 6:99）

康德提出我們將「上帝」設想為一個倫理的共同體的至上的立法者，他並不違言「公共的立法」，他說：「如果要形成一個倫理的共同體，那麼，所有個人都必須接受到一個公共的立法，而所有連結他們的法律都必須能夠被視為一個公共的立法者的命令。」（Rel 6:98）。重要的是，康德一再強調：上帝的立法也無非是每一個人自身所立道德法則，不能以為倫理的法則源初地從上帝的意志而發。不能設想為若不是上帝「事先發布命令就會沒有約束力的法規」。（Rel 6:99）

當康德首先建立道德的最高原則──意志自律，那是就每一個人自身作為自我立法自我服從的道德主體而考論；當進至宗教而論「要形成一個倫理的共同體」，也就是所有個人要聯合成為一個整體，成為一個「善的人們的系統（einem System wohlgesinnter Menschen）」，（Rel 6:97-98）就必須考慮到人的限制。其實，當康德於《基礎》一書論道德的最高原則（意志自律）時，他已提出：就人作為有理性者而考論，其純粹意志（亦即純粹實踐理性）作為一種普遍立法的能力；但不能忽略，在人這裡，「意志並非就自身而言完全合乎理性。」（Gr 4:413）事實上，人既有能力立道德法則，並且也有能力依據道德法則訂立行為格準，前者稱為意志立法則之能，後者稱為抉意訂格準之能；但人也可以放棄這些能力，可以不依據道德法則訂立行為格

準，這的確是人的實情。因此，道德哲學首先要揭明道德的能力，隨後還要就這種能力於「其意志在本性上並不必然服從客觀法則」的人類身上的使用作出研究。正是依據人類意志的這種本性，康德提出：「按照客觀的法則對這樣一個意志的決定就是強制。」（Gr 4:413）並由之論「律令」：「一個客觀的原則之表象，就該原則對於一個意志是強制性的而言，就稱為一個（理性的）命令，這個命令的程式就稱為律令（Imperativ）。」（Gr 4:413）重要的是，康德一再論明，道德法則作為「定言律令」，其包含的「強制」是道德的強制，也就是「自我強制」。於宗教學說中所論「上帝的命令」，無非是以道德法則命令，其對人的約束也是「道德的強制」，不能視為外在的強制。

康德既標舉「意志自律自由」，並強調「道德的強制」。於《實踐的理性批判》，康德經由對實踐的理性之批判考察論明，純粹實踐理性之法則指示「立法的普遍性」，「它不顧意志的各種主觀差異而使德性原則成為意志的形式的至上的決定根據。」（KpV 5:32）不過，在人類這裡，這個法則具有一個律令的形式，因為我們誠然能說明人類具有純粹的意志，但無法預設人類具有「不可能有任何與道德法則相牴觸的格準」這樣一種意志（即神聖的意志）。（KpV 5:32）道德法則在人類這裡是律令，它以定言的方式發布命令。（KpV 5:32）康德說：「抉意帶有一種願望（Wunch），這願望產生自主觀原因，因而也可能經常與純粹的客觀決定根據相悖，從而需要實踐理性的某種抵抗來作為道德的強制。」（KpV 5:32）義務之所以名為義務，也正是因為這種「通過理性及其客觀的法則而來的強制」。康德指出：「義務概念本身就已經含有自由的抉意（freie Willkür）受法則強制（約束）的含義。」（MS 6:379）他說：「人畢竟是自由的（道德的）本質者（Wesen），那麼當考慮內在的意志決定（動力）時，義務概念就只能包含自我約束（僅通過法則之表象）。」（MS 6:379）

　　依康德所論「道德的強制」，我們可恰切地理解「一個倫理的共同體的至上的立法者」，即「上帝」，據此而論「公共的立法」對每一個人的約束力，其應有之「強制」之義本來就包含於「意志自律」作為道德律令而有的「道德的強制」之義中。故此，康德提出我們將「上帝」設想為一個倫理的共同體的至上的立法者，他並不諱言「公共的立法」。明乎此，即可知，康德所論「上帝」必須被設定為「倫理的共同體的至上的立法者」，此論與其意志自律學說並無牴觸。看來實情是學者們看不到「上帝」的「公共的立法」對每一個人的約束根源自人自身的「道德的強制」；並且，他們將道德論題與宗教論題混為一談，既沒有依康德批判哲學的通貫脈絡恰切地將道德問題與宗教論問題區分開，更完全忽略康德論「宗教從道德發展至」所包含的洞見。

　　依康德所論明，宗教之根源在道德。明乎此，即吾人不會追隨康德學界的權威定見，視康德的「上帝」論說為「理神論」，又或視之為「智神論」。學者們當知道，康德於《純粹的理性批判》已論明，「理神論」（Deist）只承認「我們只能通過純然理性來認識一個原初本質者（Urwesens）的存在」。（A631/B659）關於此原初本質者（神）之概念「是純然超越的」，也就是：「僅僅作為一個有所有實在性，但我們無法更詳細地確定的本質者。」（A631/B659）「理神論」的「上帝」只是思辨的理性所思的無條件綜體，故對於人的實踐和宗教都沒有什麼意義。至於西方傳統神學中的「智神論」（Theist），它不像「理神論」那樣只表象「上帝」純然是一個世界原因（Welturrsache），而是表明及肯斷「一位世界創作者（Welturheber）」。（A632/B660）智神論主張「上帝」作為「一個通過知性和自由在其自身內包含所有其他事物的元初根據的本質者（Wesen）」。（A632/B660）康德經由批判論明，歸根於「智神論」的西方傳統神學製造了神人同形同性論，將宗教建立於妄作之上。

　　早在《純粹的理性批判》康德就經由批判推翻西方傳統上以上帝為前提的「神學的道德學」，並提出「這最高者本身以德性的法則為根據」的道德神學。（A633/B661）他說：「道德神學是對一個最高者之存在的確信，而此確信是把其自己基於道德法則上的。」（A632/B660）他以這種全新的神學推翻傳統的「神學的道德學」（theologische Moral），「神學的道德學包含的德性的法則以一個最高的世界統治者的存在為前提。」（A632/B660）

　　康德表明不滿意理神論之「上帝」概念只是超越的，對於「上帝」並無任何決定，故不能作為道德的宗教中起輔助作用的「上帝」之根據。他提出，為著圓善，至上的自然之原因（上帝）必須被預設（vorausgesetzt werden muß），而且必須預設它是「通過知性和意志成為自然之原因（因而是自然之創作者）」。（KpV 5:125）但吾人不能誤解康德於此主張「智神論」，因康德本人表明：此「至上的自然之原因」只是「為了圓善而被假設」。（KpV 5:125）他明示：「這種道德必然性是主觀的，即需求。」（KpV 5:125）康德絕無肯斷一個「有生命的上帝」，「祂憑藉祂的神智與神意」創造「自然」。而毋寧說：「人們按照一種類比，也就是按照我們作為感性生物而言實踐上所使用的那種純粹理性關係來假定和預設超感觸的東西（如上帝）。」（KpV 5:57）也就是說，我們依照我們自己的知性及意志之超感觸性格思考「上帝」，從而假定和預設「上帝」的知性及意志。

　　康德提出：真正的道德是意志自律。此根源洞悉實屬創闢性的，它顛覆了西方意志他律的傳統。而如前面相關章節所論明，較康德早兩千多年，孔子出來宣明：「我欲仁，斯仁至矣。」（《論語・述而第七》）「仁者人也」；孟子上承孔子言「仁」之真旨實義而倡「仁義內在」，（《孟子・告子章句上》）孟子說：「仁義禮智，非由外鑠我也，我固有之也。」（《孟子・告子章句上》）「仁義禮智根於心。」（《孟

子・盡心章句上》）「仁義禮智」根於心、我固有之，因而是內在的，而非外鑠，透過康德的話來理解，就是本心為我們的一切行為格準立普遍法則。宋明儒學（陸象山、王陽明）倡言「心即理」，根據來自孟子。「理」（天理）由每個人本心而發，非外加的法規，此義即通康德言「意志自律」。「天理」即康德言「道德的最高原則」，就是「每一個人的意志就是在一切它的格準中制定普遍法則」這原則。（Gr 4:432）康德稱之為「自律原則」：「你應當總是這樣做選擇以致於同一意願所給我們的選擇的諸格準皆為普遍法則。」（Gr 4:440）用孔子的話表示，就是：「夫仁者，己欲立而立人，己欲達而達人。」（《論語・雍也第六》）「自律就是人的以及任何有理性的本性（vernünftigen Natur）之尊嚴之根據。」（Gr 4:436）用孟子的話說，就是：「欲貴者，人之同心也。人人有貴於己者，弗思耳。」（《孟子・告子上》）

　　何謂「道德」？孔子哲學傳統與康德相通之根源洞見在：道德（Moralität）與習俗德性（Sittlichkeit）區別開，[209]道德根源的超越說明同時也就是「人是什麼」，亦即人的分定的說明。依孔子哲學傳統來理解，道德建立在「仁者人也」的根據上，就是人以「仁者人也」視其自身之實存（理性的真正的分定），也就是依照天理的實存。而依康德所論，就是人作為「意志自由」之實存，亦即：「人依照獨立於一切經驗條件因而屬於純粹理性的自律法則之實存。」（KpV 5:43）。用耶穌的宣教，就是以「上帝的兒女」（上帝所喜悅的人）表示「新生」的人。

---

209 康德在《德性形而上學》中說：「Sitten與拉丁語中Mores的意思是一樣的，僅指規矩習慣（Manieren）和禮儀教養（Lebensart）。」（MS 6:216）並告誡人們切勿混淆了道德（Moralität）與習俗德性（Sittlichkeit）。在《倫理學演講錄》中指出：「»Sitten«是理解為禮節，德性是意涵社會的善。如法國這樣的國家可以有»Sitten«，一個禮儀的法典，而不關聯到德性。」（Ethik:85）

　　一個人作為道德實存，即自覺到應當並有能力致力於在世界上實現公義的永久和平的社會。用康德的話說：「道德就是行為之關聯於意志之自律，即是說，關聯於藉意志之格準而來的可能的普遍立法。」（Gr 4:439）有理性者其自身即是一目的。（Gr 4:429）一個人作為道德者就不僅關心他自己個人的行為如何能成為德性的，也就是說不僅關心他自己個人的德行，還要關注他會在實踐理性的指導下為自己創造一個怎麼樣的世界，而他自己作為一個成員置於這一世界中。（Rel 6:5）用孔子哲學傳統的話說，就是「為萬世開太平」（張載語），也就是致力於在世界上實現「大同」。

　　孔孟哲學所言本心仁體會通康德所論「自由意志」，據此言「德」會通於康德所論「道德」之義。康德首先確立人的道德主體（意志自律自由），依孔子哲學傳統，就是首先確立「仁者人也」，此即「先立其大」也。「仁者人也」即包含著說「人能弘道」，並必然從道德引至宗教；此即孟子從「盡心知性知天」必然進至言「存心養性事天」。

　　孟子提出「盡心知性知天」，此言「天」總括來說含三義：一、表徵「至上原因」，孟子言「萬物皆備於我矣」，（《孟子‧盡心章句上》）「上下與天地同流。」（同上）就展示出本心普遍立法本是統天地萬物而言。二、「天」表徵「最高的原則」，即孟子引「詩曰，天生烝民，有物有則」，（《孟子‧告子章句上》）孔子說：「唯天為大，唯堯則之。」（《論語‧泰伯第八》）三、孟子此言「天」由於心之充盡（盡心）而「知」，故表徵「道德的最高者」。即孟子引「詩」曰：「民之秉彝，好是懿德。」（《孟子‧告子章句上》）依以上三義可知，孟子言「天」與康德論「上帝」被設定為「最高的本質者的原始者之概念」，（KpV 5:140）（「至上原因」、「最高者」、共同的「立法者」）以及「道德的本質者」相通。康德說：「一個道德的本質者作為世界的創作者（Urhebers），亦即一個上帝。」（KU 5:455）吾人亦可

說，依孟子，由人的「本心」之充盡以「達之以天下」，「天」就表徵「一個道德的本質者作為世界的創作者」。據此可說，孟子言「盡心知性知天」實展示一奠基於「本心」（仁）的「形而上學」，此通康德奠基於「意志自由（純粹的實踐理性）而展示的普遍的形而上學。而牟宗三先生名之為「道德的形上學」。

孟子進至言「存心養性事天」。經由「存心養性」言「事天」，「天」作為人通過道德踐履而「事奉」的對象，此義通康德所論人對上帝的道德事奉。此即康德所論：「道德不可避免地要導致宗教。」（Rel 6:6）也就是說，孟子確立的「道德的形上學」從道德伸展至包含宗教在內。依康德所論明，人作為在限制中表現其道德實存的有理性者，必定要有宗教，而且必定會產生出道德的宗教。此即孟子言「事天」之義。「事天」包含的宗教義概括而言有三：

一、「天」表徵為頒發最高的道德原則者，以每一個人本心之天理表徵為「天命」約束每一個人。此即：「天」作為一切人崇敬的對象。用康德的話說，就是「從德性之統一的觀點需要一個對每一個人有約束力的原因」。（A815/B843）「道德的法則通過圓善之概念作為純粹的實踐的理性之客體和終極目的，導致了宗教，即導致了一切義務作為神的命令（als göttlicher Gebote）之認識。」（KpV 5:129）並且，正如康德提醒：「這些命令不是作為強迫命令，即不是一個外來意志的任意的、自身偶然的指令，而是作為每一個自由的意志為自己的本質的法則，儘管如此卻必須被看作為最高的者之命令。」（KpV 5:129）也就是說，「天理」作為對每一個人的定言律令，此命令是作為每一個人的本心所立之「理義」。

二、人需要設定「天」作為自身道德存心之持存的公正無偏私的監察者、判官。人以純粹的道德存心對越在天，此即孔子言「畏天命。」（《論語‧季氏第十六》）此義通於康德所論人設定一位全知者

（上帝），我們人需要完全公允的判斷，他需要感到自己的判斷是公允的，「如同由一個局外人作出，但同時又會感到理性強迫他承認這一判斷是他自己的判斷。」（Rel 6:6）此義通儒者言「慎獨」。

　　三、孔子「祖述堯舜，憲章文武」，以三代「內聖外王」為道德世界的原型。也就是以「大同」為「人能弘道」之目標。然於「人能弘道」之歷史進程中，道之行或廢並不在人力的掌握中。此即孔子嘆曰：「道之將行也與，命也；道之將廢也與，命也。」（《論語・憲問第十四》）天下有道、無道，「斯二者天也」，（《孟子・離婁章句上》）此所以孟子說：「莫之為而為者，天也。」（《孟子・萬章章句上》）於此可見，孟子言「事天」，意涵歷史發展之軌跡有其不為人所左右的規律，孔子言「畏天命」亦含此意。此中「命運」之意通康德所論「天意」。康德論「天意」關連於「考慮到自然在世界進程之中的合目的性」，而指「作為一種更高級的，以人類客觀的終極目的為方向並且預先就決定了這一世界進程的原因的深沉智慧而言」。（KGS 8:361）並據此義提出宗教上的道德信仰的「輔助動力」。同樣，孔子言「畏天命」，「事天」，關連於「仁者以天地萬物為一體」的合目的性，而預先決定一個盛德大業之進程的原因的奧秘而言；其中就包含對「天」的道德信仰，從信仰中取得「輔助動力」。命運之窮通期於「天」，據此言「信仰」，然並不意謂將實現「大同」事業的工作推卸給「天」，更並非自以為知道「天」能夠為我們做什麼。此所以孔子說「造次必於是，顛沛必於是。」（《論語・里仁第四》）孟子言「立命」說：「殀壽不貳，修身以俟之，所以立命也。」（《孟子・盡心章句上》）「君子行法，以俟命而已矣。」（《孟子・盡心章句下》）又言「俟命」說：「君子行法，以俟命而已矣。」（《孟子・盡心章句下》）又言「正命」說：「莫非命也，順受其正；是故知命者，不立乎巖牆之下。盡其道而死者，正命也；桎梏死者，非正命也。」（《孟子・盡心章句上》）

　　最後，必須提請注意，吾人一再強調：「道德」以理性在意欲機能中普遍立法為「根」，亦即以「意志自由」為「根」，依孔子哲學傳統而言，就是「本心良知天理」；然不能忽視「情感」於孔子哲學傳統及康德哲學中的位置。究其實，當康德經由對人類心靈機能作批判考察而展示出人類心靈機能（知、情、意）通貫一體的活動，[210]並揭明純粹實踐理性就是「理性在意欲機能中普遍立法」，亦即是「純粹的意志」，此即揭明：理性與意志通貫一體的活動；理性立法活動既與意欲機能關連一體，而因著意欲機能必定與目的相關，也就必定與「情感」關連一體。

　　康德學界流行一種講法，就是誤以為康德「賤情」。[211]自從席勒誤以為康德視愛與義務對立，隨後，黑格爾把康德所論「道德」曲解為「冷酷無情的人格」[212]，「重理賤情」成了一個黏貼在康德道德哲學上的權威標籤。[213]康德學界對康德的種種誤解皆因望文生意，斷章

---

210 關此，詳論見拙著《康德的批判哲學——理性啟蒙與哲學重建》。

211 關此，詳論見拙著《康德的批判哲學——理性啟蒙與哲學重建》，第十二章〈通過人類心靈機能通貫一體的活動說明情感在康德哲學中的位置〉。

212 G. W. F. Hegel, *Grundlinien der Philosophie des Rechts*, Werke 7 (Frankfurt am Main: Schrkamp Verlag, 1970), p.91. 中譯見黑格爾（G. W. F. Hegel）著，范揚、張企泰譯：《法哲學原理》（北京：商務印書館，1995年），頁43。

213 關此，詳論見拙著《康德的自由學說》，第三編「析疑與辯難」第三章〈關於後康德哲學針對康德而發的『假問題』〉第三節「關於席勒的批評」之「四、康德是『重理賤情』嗎？」，頁479-480。如該段文所論明：「究其實，康德與他的攻擊者之間的根本分歧在：在道德之事中，道德立法的機能是純粹實踐理性，還是情感，換句話說，就是理性直接決定意志，還是情感決定意志，而並非理性與情感孰貴孰賤的問題。事實上，康德的道德哲並不輕忽情感的要素，他只是如理論明：情感（無論自然情感還是道德情感）決不能作為道德法則的根據，相反，單單直接通過理性的意志決定才是道德情感的根據。情感主義倫理學家指責康德『重理賤情』，其要害在他們拒不承認康德提出的『理性自身就能是實踐的』，他們所理解的『理性』只能是技術理性，只能為實現目的提供有效的手段，而不能決定目的；因之，他們提出的道德原則是以目的為首出，而目的的決定在『心靈結構中的道德感』。」

取義，以偏概全，主觀臆斷等諸種毛病所致。如今，唯獨回到康德批判哲學的通貫整體始有望恰切把握情感在康德哲學中的位置，而概括而言其要點在：德性的情感之為道德的，必定有道德法則為其根據，而道德法則是獨立不依於一切經驗，不基於先行的情感，而只基於純粹的理性的原則。因道德法則對一切人（甚至一切理性存有）皆有效故。此乃是康德徹底扭轉情感主義倫理學的根本點。明乎此則可知，康德並非主張「道德」排除情感，而是揭明道德法則不能基於情感。事實上，道德活動是理性立法與意欲機能因而就必定與「情感」關連一體的。早在〈美與崇高的情感之觀察〉（1764）一文，康德就提出：「真正的德行只能依據於原理之上，原理越普遍，就越崇高和高貴。這些原理不是思辨主義的規則，而是一種存在於每個人心中的情感之意識，它遠遠不止擴展到同情（Mitleidens）和取悅（Gefälligkeit）的特定的根據。」（KGS 2:217）此即是說：真正的德行以「原理」為首出，（KGS 2:219）而「原理」之普遍性就包含先驗的「情感之意識」（崇高和高貴的意識）。康德接著說：「我相信，如果我說它是人的本性之美和尊嚴的情感，我也就概括了一切東西。第一個是整體福祉（Wohlgewogenheit）的根據，第二個是普遍的尊敬的根據；而當這種情感在任何人的心中達到最大的完滿，那麼那個人也會愛和重視自己，但僅僅就他是那博大而高貴的情感所擴充到的所有人中的一個人而言。」（KGS 2:217）

　　〈美與崇高的情感之觀察〉（以下簡稱〈觀察〉）一文中，康德所論「原理之普遍性」與崇高和高貴的「情感之意識」之一體，即是日後其正式確立的創闢性的道德哲學之核心。依康德道德哲學，道德法則必須具有絕對的必然性，對一切人（乃至一切理性存有）皆有效，最高的道德原則之普遍性本身產生對法則之尊敬的情感。此即道德原則與先驗的情感之一體作為真正的德行的根據；亦即「道德」之所以

作為人的「尊嚴」（人格性）之故。儘管依照對於人類心靈機能作批判考察之次序，要至《判斷力批判》才著手探究先驗的情感，發見其於反思判斷力中的根源。但早在〈觀察〉一文見到，康德已提出「人的本性之美和尊嚴的情感」，乃是「普遍的福祉的根據」，及「普遍的尊敬的根據」，並明示：這種博大而高貴的情感擴充到所有人。

於〈觀察〉一文之第一章，康德表明：該文並不論及那種「人們能夠按照自己的方式去享受愉悅」的情感，也不想去考察「依賴於高深的知性洞悉的愛好」的情感，而只涉及「崇高感和美感」。（KGS 2:208）在第二章「論人一般的崇高和美之特性」（Von den Eigenschaften des Erhabenen und Schönen am Menschen überhaupt），他考察了「人的本性之美和尊嚴的一種密切的（innigliches）情感」，以及人的心靈「將自己的一切行為都與之作為一種普遍的根據聯繫起來」。（KGS 2:219）據此提出「真正的德行」（ächte Tugend）與「嗣養的德行」（adoptirte Tugenden）的區分。

康德將「同情」（Mitleiden）和「取悅」（Gefälligkeit）名之為「嗣養的德行」（adoptirte Tugenden），（KGS 2:217）與「建立在原理上的」，因而名之為「真實的德行」（ächte Tugend）（KGS 2:218）區分開來。他指出：「同情和取悅是美的行為，〔……〕。但它們不是德行的直接根據，〔……〕我可以把它們名之為嗣養的德行，而把那些建立在原理上的名之為真實的德行。」（KGS 2:217-218）並說：「前者是美而動人的，唯獨後者才是崇高而可敬的。人們稱第一種感受所支配的心為善良的心（gutes Herz），而稱這種人為善心的（gutherzig）；反之，人們可以把一高尚的心（edles Herz）歸諸心懷原理的有德者，而稱他本人為一正直的人。」（KGS 2:218）

人們通常視同情和取悅為美德，而康德不同於這種通俗的見解，他提出真實的德行是「崇高而可敬的」。同情和取悅之情感是無常和

可變的，「各種性好的一切特殊根據，如果不是從一個至上的根據導出，就都要屈從許多例外和變化。」（KGS 2:220）而於真實的德行中，「人使自己的感受服從原理。這些感受所服從的這種原理越是普遍，控制著低級情感的高層的情感（hohe Gefühl）越是廣泛，它們就越是不屈從於無常和變化。」（KGS 2:220）這裡所言「服從原理」的「感受」，一種「不屈從於無常和變化」的「高級的情感」，它從「一個至上的根據」導出，可以說，這就是日後在《實踐的理性批判》中所論對道德法則的「尊敬」。

依照康德提出的「感受服從最高原理」的「真實的德行」，吾人即可理解孔孟言「德」正是感受服從「天理」的真實的德行。康德說：「有原則的人與偶爾受到慈善的（gutherzige）和魅力的（liebreiche）活動影響的人相對反。」（KGS 2:221）有原則的人內心的秘密語言是這樣的：「我必須幫助那個人，因為他正在受苦；並不是說他是我的朋友或同伴，也不是說我認為他有一天能夠給予回報。〔……〕。他是一個人，人們所遭遇的，我也會踫到。」（KGS 2:221）他指出：「那麼他的行為是基於人的本性中仁慈（Wohlwollens）的最高的根據，無論是在其不變性還是在其應用的普遍性方面都是極其崇高的。」（KGS 2:221）此義同孟子說：「所以謂人皆有不忍人之心者，今人乍見孺子將入於井，皆有怵惕惻隱之心。非所以內交於孺子之父母也，非所以要譽於鄉黨朋友也，非惡其聲而然也。」（《孟子‧公孫丑章句上》）

依孟子，「今人乍見孺子將入於井，皆有怵惕惻隱之心」並非一經驗的特例，乃是作為普遍的全稱命題而提出：本心（仁）之著見。用牟先生的話說：「由其『不為任何別的目的而單只是心之不容已，義理之當然』之純淨性而知。」[214]孟子所說「非所以內交於孺子之父

---

214 牟宗三：《從陸象山到劉蕺山》，《全集》，卷8，頁104。

母也，非所以要譽於鄉黨朋友也，非惡其聲而然也」，就是康德說「並不是說他是我的朋友或同伴，也不是說我認為他有一天能夠給予回報」，而是「基於人的本性中仁慈的最高的根據」。此即基於「心之不容已，義理之當然」。此即孟子言「怵惕惻隱之心」根本區別於婦人之仁、通常所言「同情」、「憐憫」。明乎此即可知，孟子言「德」與康德論「道德」若合乎節。學界流行視孟子為「情感主義倫理」，而視康德為「形式主義倫理」，究其實，歸咎於學者們既誤解孟子，亦曲解康德。

又，有學者簡單地視孔孟言「仁」為情感，甚至曲解為血緣的、差等的「愛」，遂將「情感」與「最高道德原則」（天理）一體之「仁」視為只是「愛」、「情」。並且，學界流行視基督教言「博愛」為只是一種泛愛一切人的「情感」，而忽略耶穌宣導「愛與公義」乃是歸根於最高道德原則的；如此一來，耶穌宣導「愛與公義」與孔子哲學傳統的「仁與義」之相通就變成不可能。

依據康德對「真正的德行」與「嗣養的德行」之區分，吾人可對於通俗見解中所謂「博愛」、「兼愛」的說法與耶穌「愛」與孔子言「仁者愛人」作出區分。康德於〈觀察〉一文中就提出：「如果對人類的普遍的福祉（allgemeine Wohlgewogenheit）已成為你的行為始終服從的原理，那麼對那些需要幫助的人的愛仍然存在，但現在它是從更高的角度被置於與你的全部的義務的真正的聯繫中。普遍的福祉是投入他人的不幸的一個根據，但同時也是正義的根據。」（KGS 2:216）「愛人」是從「對人類的普遍的福祉」的原理的角度因而與義務相聯繫的，以此與「私人的」、每一個人「按照自己的方式去享愛愉悅」（KGS 2:208）的情感區別開。同樣，耶穌言「愛」也不會是一種私人的情感。

於《德性形而上學》一書，康德提出：「有這樣的道德的性狀，如

果人沒有具有它們，就沒有義務使自己去擁有它們。——它們是道德的情感、良心（Gewissen）、對鄰人的愛和對自己的尊敬（自重）。」（MS 6:399）該處言「對鄰人的愛」，於專節的小標題中名「人類愛」（Menschenliebe），該節一開首，康德就明示：「愛是一種感覺（Empfindung）之事，不是意願（Wollens）之事，並且我不能因為想要愛而去愛，更不能因為應當（被強制而去愛）；因此，一種愛的義務是荒謬的。」（MS 6:401）於該節開首，康德說明此四種道德的性狀是「作為義務概念的感受性（Empfänglichkeit）的主觀條件，而不是作為為道德置立根據的客觀的條件」。（MS 6:399）並明示：「它們是受義務概念激發的自然的人心稟賦（Gemüthsanlagen）（praedispositio）；擁有這些稟賦不能被視為義務，但它們是每個人都擁有的，並且憑藉它們能夠使每個人有力承擔義務。——對它們的意識不是因經驗的起源而起，而只能作為道德法則對心的作用，而對道德法則的意識而起。」（MS 6:399）依康德所論，「人類愛」作為這樣的道德的性狀，是每個人都擁有的，「是受義務概念激發的自然的人心稟賦」，「作為道德法則對心的作用」；明乎此即可知，康德的道德哲學並不忽視「情感」，儘管他恰切指出：情感不能作為道德法則之根源。

　　《聖經》（新約）命令我們要愛鄰人，甚至愛我們的仇敵。康德於《基礎》一書指出：《聖經》此言「愛」必須理解為「實踐的愛，而不是情緒的愛（ist praktische und nicht pathologische Liebe）」。（Gr 4:399）他說：「不是出自性好。而是出自義務而促進他人的幸福，在這時，他的所作所為（Verhalten）才具有真正的道德價值。」（Gr 4:399）他解釋說：「因為愛作為一種性好（Neigung）是不能被命令的，但出於義務本身而行善，即使根本沒有性好驅使，甚至有自然的和無法抑止的反感來抗拒，卻是實踐的而不是病態的愛。」（Gr 4:399）並明示「實踐的愛」是在意志中。他說：「這種愛存在於意志之中，而不是

在感覺之傾向之中，在行動之原理之中，不是在溫柔的同情之中；唯有這種愛是可以被命令的。」（Gr 4:399）

　　毫無疑問，唯獨「實踐的人類愛」能作為定言命令包含在依據道德法則的行為格準中，但是，若離開你自己的理性自立的道德法則，只是把「愛你的仇人」作為神的誡律來遵守，那麼，你的行為並非出自以道德法則為意志決定根據的格準，你的行為就沒有道德價值，甚至可以說，這樣的一個人還沒有道德的思維模式。又或者，有一些富同情心的人，看到別人因他的施惠而感到快慰（通常所謂「施比受更有福」），但正如康德指出：「在這種情況下，這樣的行為，無論多麼合乎義務和可愛，仍然沒有真正的道德價值，而是與其他性好屬於同一類。」（Gr 4:398）

　　在《實踐的理性批判》一書，康德又對「愛上帝高於一切和愛你的鄰人如愛你自己」這條誡命作考察，他提出：「它畢竟作為一條誡命，而要求對一條指示人去愛的法則的尊敬，而不是把這愛作為自身的原則這事交由隨意的選擇。」（KpV 5:83）他明示：「上帝不是感官的對象」，因此，「對上帝的愛作為一種性好（情緒的愛）是不可能的。」（KpV 5:83）並解釋說：「愛不能被命令」，「因為沒有人有機能純然照著指令去愛某個人。」（KpV 5:83）據此，康德提出：這條誡命純然是：「在一切法則的那個核心中被理解的實踐的愛。」（KpV 5:83）他說：「從這個意義上說，愛上帝就稱之為樂意遵守上帝的誡命；愛鄰人就稱之為樂意履行對鄰人的一切義務。」（KpV 5:83）他表明：「將福音書的誡律用明確的概念表達，以避免在上帝的愛（Liebe Gottes）方面的宗教狂熱（Religionsschwärmerei）。」（KpV 5:84）

　　耶穌宣道立教，以根於「善的原則」之愛與義教誨眾人。信仰上帝就是信奉「愛與公義」為最高原則，以致力於「上帝的國行於地上如同行於天上」。「上帝」之本質無非是愛與公義，每一個人都能夠由

內在於耶穌心靈的愛與公義的原則認識「上帝」。因為只有這樣，才能期望善的原則對惡的原則的勝利。

但現實中，人們時常將福音書「愛人如己」的誡律視為「幸福原則」。康德在一個註腳中指出，有些人想使福音書「愛人如己」的誡律成為「自己的幸福之原則」（Princip der eigenen Glückseligkeit），並視作為德性之最高的原理。他們作如此表述：「愛自己勝過一切，但為愛自己的緣故而愛上帝和鄰人。」（KpV 5:83）人們流行將「愛人」（無論以「博愛」或「兼愛」之名）純然視為「施惠於他人」，將「泛愛眾」、「兼愛相利」只建基於「幸福原則」，甚至建基於「自利主義」。如此一來，「愛與公義」自身作為耶穌宣導的最高原則就時常與出於軟心腸、施惠於他人的滿足感的行善混為一類。[215]

康德指出：有一種價值較諸善良氣質（如在慈善家身上可發見的）所可能具有的價值高得多的價值，此即：施惠是出自義務，而並非出自性好。「這種價值在道德上無可比擬地是最高的價值。」（Gr 4:398-399）他說：「出於對人的愛和同情的好意而去對人作善事，或出於愛秩序而處事公正，是十分好的，但這還不是我們的行為的真正的、切合於我們在作為人的有理性者中間的地位的道德格準。」（KpV 5:82）此即康德一再論明：

> 儘管義務概念意指一種對法則的服從，而我們同時還是認那些盡到了自己一切義務的人有某種崇高和尊嚴。他之所以崇高，並非就他服從道德法則而言，而是由於他同時是這法則的立法

---

215 康德指出：有些生性富同情心的人，只要別人的滿足是由他自己促成的，他即能從中感到愉快，只因為如此他施惠於他人。在這種情形中，這類行動無論多麼合乎義務，多麼可喜，都仍無真正的道德價值（moralischen Wert），而是與其他性好同屬一類。（Gr 4:398）因為這種行為缺少了「須是由義務而行」的道德意義。

者，並且只因為這樣他才服從這法則。（Gr 4:439-440）

　　依康德所論明，「單單直接通過理性而作成的意志決定」是道德
的愉悅之情的根據，「這種決定一向是意欲機能的一種純粹實踐的決
定，而不是感性的（ästhetische）決定」，（KpV 5:116）他就將道德情
感從根源上與感性決定的、情緒的（pathologisch）情感，以及先行於
道德法則的情感（諸如同情、好心腸的關心）區別開。康德通過批判
考察提出「純粹意志」、「道德情感」，從傳統上囿於心理學意義的層
次提升至與理性立法關連一體的維度而考論人類心靈機能的意欲與情
感活動。他通過《實踐的理性批判》提供給我們的是：以理性在意欲
機能中立法而發動的理性、意欲機能（包括立法則的意志和訂立格準
的抉意）、情感（包括對道德法則的尊敬、興趣，以及由對道德法則
的感受性）的通貫一體的活動。此可會通我們依孟子所揭明：本心立
理義，即悅理義，理義對我們人類有效，它引起興趣，因為它來自本
心之立法。本心的活動是理、意、情通貫一體的綜和活動。孟子言
「理義」（天理）是無條件的命令，用康德的話說：它成為定言律
令，正是由於普遍立法，「它不以任何興趣為根據。」（Gr 4:432）倒
是理義（天理）是意志的一個「充分的決定根據」，「理義悅我心」的
純粹的直接的興趣才得以產生。儘管這純粹的興趣能夠成為一種決定
意志的原因，但要注意，因為這興趣根於理義（天理），因而不能誤
以為它是離開理義而獨自作為原因，而毋寧說，理義本身是意志的充
分的決定根據。

　　究其實，當康德提出理性在意欲機能中立法，他就揭明了在實踐
使用中的「理性」，它就不只是傳統上僅作為思辨、推理之用的「理
性」，而是一種高層的意欲機能，並因而包含目的之能，以及因著與
目的之關聯而同時包含情感。不過，要進至最後一個批判，康德才著

手探究先前於第一、二兩個批判先行論明的知性在認識機能中立法建構的「理論的哲學」及理性在意欲機能中立法建構的「道德的哲學」兩大領域之深層地基。據之探明人何以對兩層立法感興趣，藉此說明人對「普遍法則」（包括自然法則與自由法則）感興趣之內在於人自身心靈機能中的根源。此即於《判斷力批判》經由對於反思判斷力之考察，揭明一種人自身心靈機能中的「共通感」（Gemeinsinn）。

概略地說，於《判斷力批判》，康德揭示，審美判斷作為共通感判斷的一個實例，（KU 5:239）通過審美判斷作為實例而從中揭示出一種純然的情感，這情感乃是人類一切心力的最深層的和諧所伴隨的一種普遍傳通的愉悅，「這種情感不是私人的情感，而是作為共同的情感而置於基礎的位置上。」（KU 5:239）

康德通過考察審美判斷，揭明一切美學的判斷的決定根據是「主體的情感」，他說：「不能有通過概念來決定什麼是美的客觀的審美規則。因為所有來自這個源泉的判斷都是美學的（ästhetisch）；即它的決定根據是主體的情感，而不是一個客體的概念。」（KU 5:231）又說：「感覺（愉悅或不愉悅）的普遍的可傳通性，即一種在無須概念的情況下發生的普遍的可傳通性。」（KU 5:231）審美判斷的這些例子是「來自所有人共同的形式判斷中深深隱藏的一致性之根據，而又是一切人共同的」。（KU 5:232）

於《純粹的理性批判》康德已論明，認識判斷有一決定的客觀的原則，據此，無論是誰根據這原則做出判斷，他的判斷都會具有無條件的必然性；而在《判斷力批判》，康德表明，審美判斷並不像認識判斷那樣有一決定的客觀的原則，不過他同時指出，審美判斷並不像那些純然的感取審美（Sinnengeschmacks）一樣沒有任何原則，因此提出，「審美判斷必須有一個主觀的原則，這原則僅通過情感而不通過概念，但畢竟普遍有效地決定什麼是令人愉快或不愉快的。」（KU

5:238）並說：「一個這樣的原則只能被視為共通感。」（KU 5:238）他本人提醒：「它與人們有時也名為共感（sensus communis）的普通的知性有本質的區別。」[216]康德所論「共通感」並不意謂外部的感覺，不是所謂的常識感，也不是道德感學派所謂「共同福利的感覺」[217]、「對他人幸福的同感原則」[218]。

依康德所論明，共通感只意謂「由我們的諸認識力之自由的遊戲（dem freier Spiel）」而發生的效果。（KU 5:238）他說：「我是說，只有在這種共通感的前提下，才能做出審美判斷。」（KU 5:238）他指出：「審美判斷（Geschmacksurteile）需要每一個人的贊同；無論誰宣稱某物是美的，都希望每個人都應該讚許面前這個對象，並同樣宣稱它是美的。」（KU 5:237）因此，「人們追求每一個人的贊同，因為人們對此有一個對每個人都共有的根據。」（KU 5:237）藉此人們能作出審美判斷的共有的根據，康德提出「共通感」。

值得提請注意，康德本人表明：「我在這裡把我所論審美判斷視作為共通感判斷的一個實例。」（KU 5:239）此即意謂「共通感」並非只就審美判斷而言，恰切地理解，康德是通過審美判斷作為實例而從中揭示出一種純然的情感，乃是人類一切心力的最深層的和諧所伴隨的一種普遍傳通的愉悅。康德指出，「知識和判斷必須能夠伴隨著它們的

---

216 該處康德使用»Gemeinsinn«一詞，不同一般所謂「共感」、「共識」，故本人譯為「共通感」，以資區別。

217 沙夫茨伯里（Shaftesbury）採用「共感」這一概念，按照他的看法，人文主義者把共感理解為對共同福利的感覺，但也是一種對共同體或社會的自然情感、人性、友善品質的愛。

218 康德在《判斷力批判》中指出，「對意欲機能而言，理性不藉助於任何不管是什麼起源的愉快而本身就是實踐的，並且給作為高層能力的意欲機能決定了終極目的，這終極目的同時也就伴隨著對客體的純粹的理智之愉悅（reine intellektuelle Wohlge-fallen）。」（KU 5:197）赫其遜的「對他人幸福的同感原則」是經驗的原則。（Gr 4:442）

確信（Überzeugung）而普遍地傳通；否則，它們就與客體沒有協調一致的關聯。」（KU 5:238）並據之提出：「但如果認識要被傳達，就需要人心狀態（Gemütszustand），即認識力（Erkenntnißkräfte）與一種認識一般之諧調（Stimmung），確切地說，對於一個表象（一個對象由以被給予我們的表象）而言適合於從中產生出認識的比例（Proportion），必須可以普遍地傳通；因為如果沒有這個作為認識之主觀的條件的比例，認識作為效果就不可能產生。」（KU 5:238）

其實，康德通過審美判斷作為共通感判斷的一個實例，「因而賦予它以示範性的有效性。」（KU 5:239）他是意指審美判斷提供了這樣一個原則之運用的實例，（KU 5:240）這個原則就是：「仍然被看作主觀普遍的（一個對每個人都必然的理念），在涉及不同的判斷者之間的一致時，就能夠像一個客觀的原則那樣要求普遍的贊同」的原則。（KU 5:239）康德本人表明：「我們實際上已經預設了一種共通感的這種未決定的規範（unbestimmte Norm）：我們做出審美判斷的假設就證明了這點。」（KU 5:239-240）不過，他馬上用設問的方式表示：「至於是否事實上有一種作為經驗之可能性之構造的原則的共通感，或者是否有一個更高的理性之原則使它對於我們僅僅成為軌約的原則，為了更高的目的而在我們中產生一種共通感？」（KU 5:240）關此，他表明：「在這裡，我們不想也不能作出研究。」（KU 5:240）其實，康德於《判斷力批判》之「導論」中已論明：「每一意圖的達成都與快樂情感聯結在一起。」（KU 5:187）並通過判斷力之「合目的性原則」說明人為什麼對自然法則感興趣，以及人為什麼對道德法則感興趣。他提出：「雖然我們不能從我們的知覺與依照諸範疇而成的法則相一致中找到快樂之情感上的結果，但是，兩個或多個經驗的異質的自然法則在一個包括它們兩者的同一原則之下而被聯合起來，這一發現卻是一十分可欣慰的愉快之根基。」（KU 5:187）在知性為

自然立法方面，儘管我們不再察覺任何確定的愉快，但這愉快在相應過程中出現過，這是真實的，因為若無此愉快，即使最通常的經驗亦不可能。（KU 5:187）同樣，在理性立法的道德領域，「對意欲機能而言，理性不藉助於任何不管是什麼起源的愉快而本身就是實踐的，並且給作為高層能力的意欲機能決定了終極目的」，（KU 5:197）不過，「這終極目的同時也就伴隨著對客體的純粹的理智之愉悅（reine intellektuelle Wohlgefallen）。」（KU 5:197）

康德論明了「愉悅或不悅的感覺」，一種「無須概念就發生的普遍可傳通性」。（KU 5:231）這種「共通感」儘管是通過審美判斷視作為共通感判斷的一個實例而作證明的，不過，如康德所說明，它作為知性於認識力中立法以及理性在意欲機能中立法的兩大領域的一個隱藏很深的根基。「共通感要授權人們作出包含著一個應該的判斷：它所說的不是每個人都將與我們的判斷一致，而是每個人都應該與我們的判斷一致。」（KU 5:239）那種「應該」，也就是：「每個人的情感與每個他人的特殊情感相滙合的客觀必然性。」（KU 5:240）康德說：「一個審美判斷對一種普遍的贊同的要求事實上只是一種理性要求，即要產生出性情（Sinnesart）的這樣一種一致性。」（KU 5:240）

通過對一個審美判斷的考察，康德揭明一種「普遍贊同的必然性」，儘管是一種「主觀的必然性」，但是，「它在一種共通感的前提條件下被表象為客觀的。」（KU 5:239）並揭明：「正是被給予的表象中心靈狀態的普遍可傳通性，作為審美判斷的主觀條件必須是這個判斷的根據，並以對該對象的快樂為後果。」（KU 5:217）據此指出：這種「主觀的普遍可傳通性」純然是「呈現於想像力與知性的自由遊戲中的心靈狀態。」（KU 5:218）它被假定為「我們的認識的普遍可傳通性的必要條件」，「在任何邏輯和任何非懷疑論的認識原則中都必須被當作前提條件。」（KU 5:239）

　　毋寧說，唯獨基於這種共通感的基礎上，我們始得有一種真正普遍可傳通的情感，堪稱為「真情」。儘管「共通感」是在審美判斷中作為一個實例而首先被揭示，（KU 5:239）但我們有理由指出，康德經由判斷力之批判將「共通感」概念提升為「一個對每個人都必然的理念」的原則。（KU 5:239）經由對於反思判斷力之考察，康德揭示出一種「主體的生命情感（Lebensgefühl）」，（KU 5:204）它作為一種「主觀的內心諧調」，（KU 5:231）源自於人心深層諸心力的和諧及主體與客體的源初的諧調（它無確定的法則可依，卻又是自身供給規則的；是自由無約束的，而又是普遍的必然的，它有著「植根很深的一切人共通的根據（dem tief verborgenen allen Menschen gemeinschaftlichen Grunde）」。（KU 5:232）

　　美與崇高之情感使生命的大地富饒，缺乏美與崇高，生命的大地就只是一片貧瘠的沙漠，沙漠裡長不出植根於自然與自由的兩棵巨大喬木。我們也因此可以說，主體的生命情感乃是使理性從認識力轉變為實現能力的不可或缺的活力原理。絕對的基礎機能作為「真相」、「真實」、「真情」三者融貫的基體，它把我們的力量都用於終極目的之實現，據此，「就有了一種根據來假定這種終極目的的可能性亦即可實現性。」（KU 5:455）

　　總而言之，依康德三大批判工程展示的哲學體系，基於人類心靈的基礎機能，通貫知、情、意而為一個整全系統。「哲學」作為理性本性之學，就是展示人的真實存在，以及指示人類依照其理性之稟賦必然向著轉變成一個「道德的整體」之方向。此即康德表明純粹的哲學即形而上學，「它是人類理性的一切培育（Kultur）的完美無缺。」（A850/B878）它考察理性時，「必須形成某些科學的可能性以及一切科學的使用之根據的那些要素和至上的格準」。（A851/B879）此即康德說：「數學、自然科學，以至我們的經驗認知（Kenntnis），雖然大

部份是為了偶然的目的，但其最後的結果，卻是為了人類的必然而本質的目的（wesentlichen Zwecken）而作為手段的，因此具有很高的價值。但是，這些部門能執行這後一種任務，只是在它們借助於從純粹概念得來的理性認識，而不管我們願意把這種知識叫作什麼，其實它不過是形而上學而已。」（A850/B878）

第三節　呼籲一個理性啟蒙之時代的到來

　　前面相關章節已論明，康德依據理性本性和人的真實性對人類心靈機能作出通貫整全的解剖，並據之如理如實地回答了「人是什麼」。康德於《純粹的理性批判》第二版，摘引了培根的《偉大的復興》之〈序言〉中一段話作為題詞。其中表明其工作是：「要奠定人類的利益及其力量的基礎。〔……〕。再次，要有希望，不要想像到我的這一復興是無限超過人的力量的事情，其實它是無窮錯誤的真正結束與終止。」（Bii）

　　今天，我們呼籲：這個世代需要現代文明的再啟蒙！也就是要有繼那場歐洲啟蒙運動之後，接續人的自然權利之覺醒，發起一場深入每一個人心靈的理性啟蒙，啟發每一個人自覺自身作為道德的存在。依此，吾人亦可說，這場現代文明的再啟蒙必須通過開啟人的道德意識，展開社會「道德教化」而完成，通過理性啟蒙，使人類文明從僅限於經驗倫理、美德教養上升至「道德」，亦即通過人的道德意識之開啟，讓每一個人自覺自己作為一個「人」，自身稟具的理性機能就是內在地自立普遍法則之能。如前面相關章節所論明，用康德的話說，人作為有理性者，其意志具有一種自由機能，「道德首先向我們揭示自由的概念。」（KpV 5:30）我們能夠意識到道德的法則，「這是因為我們注意到理性憑之給我們頒布純粹的實踐法則的必然性，而且

注意到理性指示我們排除一切經驗的條件。」（KpV 5:30）每一個人自身的理性在意欲機能中的立法是對一切人有效的。此即孔子立「仁教」是通常道、天則（普遍法則）的，孔子說：「己欲立而立人，己欲達而達人。」用孟子的話說，就是「親親」、「敬長」之為天倫、天序，發自本心之理義，「達之天下」也，此即孟子說：「人之所不學而能者，其良能也；所不慮而知者，其良知也。孩提之童，無不知愛其親者；及其長也，無不知敬其兄也。親親，仁也；敬長，義也。無他，達之天下也。」（《孟子・盡心章句上》）用孔子的話說，就是：「夫仁者，己欲立而立人，己欲達而達人。能近取譬，可謂仁之方也已！」（《論語・雍也第六》）

康德在〈答覆「什麼是啟蒙？」的問題〉一文中說：「啟蒙是人脫離自己加之於自己的不成熟狀態。」（KGS 8:35）「啟蒙所需要的不外乎是自由。」（KGS 8:36）須知，理性與道德是每一個人的自由與他人的自由共存的根源。啟蒙，「亦即在一切事物中公開地使用自己的理性的自由。」（KGS 8:36）「對其理性的公開使用必須在任何時候都是自由的，而且唯有這種使用能夠在人們中間實現啟蒙。」（KGS 8:37）

現代文明的高度發展無疑高揚了「個人主義」，人們在法律和社會規範的監護下取得個人行為的「自由」，不必懷疑，這是人類發展進程的重大進步；然而，人類是否就能夠安然地停在「文明化」這一步呢？奠基於「放於利而行」的錯誤原則之上的現代文明，時至今日顯見已百孔千瘡。因為奉行自利原則、功利原則，故敗壞人的道德。當今文明社會以行為規範、社會法規取代「道德」。只講公民教育，而摒棄道德教化。僅教人如何適應社會，不問社會是否正當、公義。人們說：「每一個人為自己，上帝為大家。」然每一個人可自問：「一個每一個人為自己的社會，憑什麼能期望得到上帝祝福呢？糊塗油蒙

了心肝的上帝還能算得上受人崇拜的上帝嗎？」

當今之世，現代文明已然陷入困境。我們有理由呼籲：這個世代需要現代文明的再啟蒙！現代文明在世界上行走了幾個世紀，已然顯出疲憊無力。如今，有識之士要問的看來不再是「科學和民主如何與傳統中國文化相容」、「儒學如何能幫助中國走上文化的正軌」，如此之類的陳芝麻爛穀子問題。倒是要思考，我們如何通過孔子哲學傳統於全社會之宣講發起一個現代文明的再啟蒙。

現代文明發源於歐洲，從工業革命以及那場爭取「人權」的偉大的啟蒙運動開始，向君主專制與殖民制度宣戰，人類步入人權，科學和民主的新世紀。但有目共睹，人們不得不承認，這場現代文明的偉大運動遠未全面地成功。當今之世流行藐視「道德」之風氣，以自由主義、個人自利的原則侵蝕人類近代文明創立的民主制，以個人權益腐蝕神聖的人權。現代文明崇尚科技，獨尊知性，但並未張開理性之眼。伴隨著高度知性文明，物質文明和消費主義，以及科技至上主義，顯示出無可替代的作用力，儘管人們越來越感受到包藏在無目的之失序中的危機四伏：金融風暴、核能威脅、環境污染、資源爭奪、恐怖活動、戰事頻仍。人權和自由原本基於人的尊嚴，即基於每一個人的意志之自由（即作為道德的實存）而尊重「人」，每一個人將自身的自由按照道德法則（天理）而同其他每一個人的自由共存。[219]而當今世界主流卻盛行無法則的自由，損害人的尊嚴而只求個人權益，摧毀應當作為公義社會之基石的「道德」，而美其名曰自由選擇的權利。

讓每一個人捫心自問，若摧毀公義社會之基石——「道德」，人權、自由、民主將如何保障？皮之不存，毛將焉附？外在的體制只是形式，人們可以建立它，也可以腐蝕它，使其敗壞。唯獨人成就自身

---

219 康德說：「把每一個人的自由限制在這樣一個條件下，遵照這個條件，每一個人的自由都能同其他每一個人的自由按照一個普遍的法則共存。」（Rel 6:98）

為道德者，每一個人自身配得人權、自由、民主，始可望現代文明之真正成功，而向一切反文明反公義的殘留極權專制勢力宣示其正義性與正當性。讓我們反省人類歷史，不難看到，自然行程自行引起的諸如此類的所謂「革命」，不過是為了更大的壓迫，[220]惡根何在？難道不該歸咎於人類仍未通過理性啟蒙進至道德化嗎？在〈答覆「什麼是啟蒙？」的問題〉一文中，康德就指出：有很大一部份人，在成為自然方面的成年人之後，「仍然樂意終生停留在受監護狀態。」（KGS 8:35）「其原因是懶惰和怯懦。」（KGS 8:35）以致暴虐者那麼輕而易舉地「自命為他們的監護人」。（KGS 8:35）形形色色的「監護人」使在其監護下的一切人成為自己的愚蠢牲畜，並提防這些溫馴的牲畜膽敢跨出牢籠一步。因此，迄今為止，人仍舊處於受監護狀態，仍然如康德二百多年前說：「每個人都很難擺脫幾乎已經成為本性的受監護狀態。」（KGS 8:36）

公眾被置於「監護人」設置的桎梏中。康德語重深長地告誡：「通過一場革命或許很可能推翻個人專制以及唯利是圖或霸道壓迫，但從來都不能實現思維模式的真正變革；而新的偏見正如舊的偏見一樣，都成為駕馭缺少思想的廣大群眾的圈套。」（KGS 8:36）形形色色的「監護人」害怕啟蒙，千方百計阻礙啟蒙，「侵犯和踐踏人之神聖的權利」（KGS 8:39）的惡行全都稼接於其上。二百多年前康德說：「現在我聽到各方呼喚：不要理性思考！」（KGS 8:36）「軍官說：不許理性思考，只許操練！稅務官說：不許理性思考，只許納稅！神職人員說：不許理性思考，只許信仰！（舉世只有一位君主說：理性思考吧，隨便思考多少，隨便思考什麼；但要服從！）到處都有對自由

220 如康德指出：「人類並沒有依照理性之目的而有有計劃的歷史。」（KGS 8:17）在龐大的世界舞臺上，「一切歸根到底都是由愚蠢、幼稚的虛榮、甚至還往往是由幼稚的罪惡和毀滅欲所交織成的；那麼，我們就無法抑制某種怨恨。」（KGS 8:17）

的限制。」（KGS 8:37）而時至今日，這種狀況依舊。

　　明乎此，即可知，何以說要走出現代文明面臨的危機，需要一場理性啟蒙，也就是一場深入每一個人心靈的道德教育。唯獨每一個人自覺其自身即是一目的，任何人、甚至上帝也不能視其為工具；此即每一個人自覺其「尊嚴」（孟子曰「良貴」）。每一個人守護自身的尊嚴如同守護自己的生命，每一個人愛護他人的尊嚴如同愛護自己的尊嚴。每一個人為人權被侵犯感到恥辱，為侵犯他人人權感到可恥。就像人類社會曾為奴隸制辯護，就連著名的哲學家都撰文論說奴隸制的合理性，而通過自然權利之啟蒙運動，連奴隸主都自願放棄擁有奴隸（如著名的文學家托爾斯泰）那樣。

　　康德在〈論教育〉一文恰切地指出：「人是唯一需要教育的生物（Geschöpf）。」（KGS 9:441）康德指出這樣一個事實：「自然稟賦的發展在人這裡不是自行發生的，因此，一切教育都是一門藝術。——自然沒有為此給人置入任何本能。」（KGS 9:447）他說：「動物一旦擁有力量，不管是什麼樣的力量，就合乎規則地，亦即以不致損害自己的方式使用自己的力量。」（KGS 9:441）但人不同，「人類應當自己努力，把全部的人之自然稟賦逐漸地從自身中發揮出來。一個世代教育另一個世代。」（KGS 9:441）「人僅僅通過教育才能夠成為人。除了教育使他成為人，他什麼也不是。」（KGS 9:443）

　　但是，如康德指出：本來應該承擔教育之責的大人物們「多半總是只關心自己」。（KGS 9:444）「人們甚至對人的本性（menschliche Natur）能夠達到的完滿性根本沒有一個概念。」（KGS 9:445）「他對自己的分定連一個概念也沒有。」（KGS 9:445）康德於其道德哲學中一再論明真正的道德在「意志自律」，並揭明，整個西方傳統中「意志他律」長久以來占著統治地位，也就是「經驗倫理」、「美德修養」取代了「道德」。而在中華民族的傳統中，儘管如前面相關章節所論

明，孔子哲學傳統包含的道德哲學就是以「仁者人也」為人的分定，以本心之充盡體現為人的本性之完滿性；但不必諱言，在曲折的歷史進程中，孔子哲學傳統時常被扭曲，「父慈子孝」之天倫被扭曲為禁錮人性的「父權至上」，「君賢臣忠」之天序被扭曲為「君權至上」，「道德」之真義被閹割，「仁義禮智」、「禮義廉恥」變成枷鎖，淪為「以理殺人」的工具。

今日吾人宣講以「道德教化」實現二十一世紀「理性啟蒙」，於中華民族，就是首先要回到孔子哲學傳統之本旨。於西方，就是依照康德早在《宗教》一書提出：回到道德的宗教，也就是回到耶穌。

孔子傳統重視社會教化，就是要啟發每一個人依自身本心天理而行，通過「仁義禮智」的生活，以達到「天下平」之社會秩序。通過教化，啟發每一個人自覺依自身之人心之仁而成就自己為仁者，以建立一個和諧的人類倫理社會，向著實現一個保障全人類永久和平與福祉的倫理共同體，及臻至統天地萬物而言的道德世界之共同理性目標而前進。此堪稱真正的政治理念、人類政治社會的原型。此所以孟子說：「善政，不如善教之得民也。善政民畏之，善教民愛之；善政得民財，善教得民心。」（《孟子・盡心章句上》）所言「善教」，就是通過社會教化，讓每一個人保住自身之尊嚴而自覺遵天理而行，「天理」發自每一個人的本心，無非是依照自身所立通於一切人的「普遍法則」。也就是說，組成真正的民主社會者，乃「天民」，並非只是一般所謂「公民」即足矣。此即孟子說：「有天民者，達可行於天下而後行之者也。」（《孟子・盡心章句上》）又說：「無敵於天下者，天吏也。」（《孟子・公孫丑章句上》）

康德提出：回到道德的宗教，回到耶穌。其義與回到孔子傳統相通。本書「導論」中已論，康德將「啟示信仰」與「純粹的理性宗教」比喻作「兩個同心圓」，並通過深入的研究論明：「啟示作為歷史

的體系」何以及如何能把人們引回到「純粹的宗教之理性體系」。
（Rel 6:12）

　　依康德所論明，「要建立一種道德的宗教（這不是建立在法規
〔Satzungen〕和紀念活動〔Observanzen〕中，而是應當建立在將所
有人類義務作為上帝的命令的內在存心中），那麼，歷史與其引入相
關的所有奇蹟，最終都必須對奇蹟一般的信仰成為多餘。」（Rel
6:84）儘管從基督教教會的歷史來看，正如康德說：「歷史上畢竟是
由奇蹟伴隨著，甚至可以說是由奇蹟點綴的。」（Rel 6:84）不過他接
著指出：「為的是宣布前一種沒有奇蹟就根本不會有權威的宗教的結
束。」（Rel 6:84）他明示：「一種純粹的崇拜和儀式（Observanzen）
的宗教壽終正寢，而應該引入一種建立在精神和真理（道德的存心）
之中的宗教取代它。」（Rel 6:84）

　　不必諱言，康德於《宗教》一書中對於基督教教會的歷史之研究
並非一種純然的歷史研究，他明白表示：基督教早期的歷史是模糊不
清的。（Rel 6:130）甚至說：「於是，我們也就始終不知道，基督教的
學說對它的教徒的道德造成了什麼樣的影響。」（Rel 6:130）至於，
早期基督宗教，也就是耶穌死後，使徒開始傳播其教義，形成初代基
督教會，其信仰的性質尚屬未知。我們也始終不知道，「最初的基督
徒是否確實是道德上改善了的人（moralischgebesserte Menschen），還
是依然為普普通通的人。」[221]（Rel 6:130）論到基督教經過幾次大公
會議成為國教之後，康德更斷言：「就人們有理由期待一種道德宗教
可以發揮的行善的（wohltätige）作用而言，基督教的歷史對公眾來
說決沒有什麼好印象。」（Rel 6:130）

　　依康德所研究，可以肯定的是：耶穌講道宣講的原始基督教是道

---

221 初代基督教會一般又稱為使徒時代，文獻記載使徒時代的基督徒特徵為全心靈虔
　　誠地愛神，相信幸福不會在世上獲得，而全心全意嚮往天堂永福。

德的。此即康德標舉耶穌為「道德上的圓滿性的理想」，亦即：「具有其全部純潔性（Lauterkeit）的德性的存心的原型」。（Rel 6:61）他說：「我們將那個具有神的存心的人表象為我們的原型」，「我們只能在這樣一個人的理念（Idee eines Menschen）下思想上帝所喜悅的人類之理想（從而還思想一種道德的圓滿性，就像在一個依賴於需求和性好的世間生物（Weltwesen）身上是可能的那樣）。」（Rel 6:61）究其實，康德《宗教》一書的重要任務是研究基督教如何回到「純粹的理性宗教」，也就是回到「兩個同心圓」的核心，此「核心」當該是指耶穌宣講的原始基督教而言。康德說：「他通過在人類種族（Menschengeschlechte）中發動一場革命，而在世界上產生了不可估量的偉大的道德的善。」（Rel 6:63）依康德所論明，耶穌宣講的宗教是道德的宗教，區別於國教化的基督教教會信仰，甚至也不等同於初代基督教會信仰。

康德提出：「道德稟賦既是所有宗教的基礎，又是它們的詮釋者。」（Rel 6:121）並據此說：「一個必然的結果是，宗教最終將逐漸地擺脫所有經驗性的決定根據，擺脫所有以歷史為基礎的、借助於一種教會信仰暫時地為促進善而把人們聯合起來的規章。這樣，純粹的宗教信仰最終將統治所有的人。」（Rel 6:121）他呼籲：「必須脫去那層當初胚胎藉以形成為人的外殼。聖潔的傳說及其附屬物、規章和誡律的引導紐帶，在當時曾作出過傑出貢獻，但逐漸地成為多餘，最終，當人進入青年時代時，它就成了桎梏。」（Rel 6:121）

並且，康德提醒：要使這樣一種歷史性的教會信仰向普遍的純粹的道德的宗教過渡，要「藉助於逐步向前的改革工作付諸實現，即在它是人的工作的範圍內實現」，「並不能期待由一場外部的革命來實現」。（Rel 6:122）康德如一切歐洲啟蒙運動的思想家一樣，當法國大革命爆發之初，熱烈地為「革命」歡呼，旋即為那場革命帶來的對

「自由」的暴力摧毀而深刻反思。他認識到：外部的革命「從來都不能實現思維模式的真正變革。」（KGS 8:36）他說：「以急遽和暴力的方式，這種方式很大程度上取決於幸運的結果。在這種情況下，曾經在建立新制度時被忽略的東西，都遺憾地保留下來達幾個世紀，因為它無法再改變，至少除了通過一場新的（總是充滿危險的）革命之外，無法改變。」（Rel 6:122）並指出：「因為就革命而言，雖然它可以縮短進程，但仍然是由天意決定的，並且不可能在不損害自由的情況下按計劃地進行。」（Rel 6:122）

康德無疑意識到，人要贏得真正的自由，除非通過一場理性的啟蒙，每一個人自覺自身的道德稟賦，從人類整體來說，也就是善的原則最終戰勝惡的原則。此即康德提出「存心的革命」，他明示，要成為一個道德上善的人，「必須通過人的存心中的一場革命（一種向存心之神聖性格準的轉變）來促成。」（Rel 6:47）「以及通過人心轉變（Änderung des Herzens）來成為一個新人。」（Rel 6:47）這就是康德呼籲：「不斷向前的工作就是：把人類作為一個遵循德性法則的共同體，在它裡面建立一種力量和一個國度，它將宣布對惡的原則的勝利，並且在它的統治下保證一種永恆的和平。」（Rel 6:124）

理性的啟蒙就是要爭取善的原則對惡的原則的勝利。此即孟子引孔子語，說：「孔子曰：『道二：仁與不仁而已矣。』」（《孟子・離婁章句上》）孟子說：「楊墨之道不息，孔子之道不著，是邪說誣民，充塞仁義也。仁義充塞，則率獸食人，人將相食。吾為此懼。」（《孟子・滕文公章句下》）

誠然，「楊墨之道不息，孔子之道不著」，於今為烈。要說「理性的啟蒙」，恐怕是遙遠的事。但如孟子引伊尹語，說：「天之生此民也，使先知覺後知，使先覺覺後覺也。」（《孟子・萬章章句上》）用康德的話說，儘管「每個人都很難擺脫幾乎已經成為本性的受監護狀

態」，（KGS 8:36）但是，「總是會有一些自己思想的人，他們擺脫了受監護狀態的桎梏之後，就會在自己周圍四處傳播一種理性地尊重每個人自身價值和自己思想的天職的精神。」（KGS 8:36）甚至可期望，理性的啟蒙從那些身居「監護人」要職的人開始。

不必諱言，當今之世，意識形態之災害肆虐。學術界主流意見遠未對孔子哲學傳統及康德批判哲學關於「道德作為人的真實存有性」之真知灼見達至共識。學者們大多將之誤解為一種「主體主義」，並據此斥之為「排他」的、「人類中心主義」的。[222] 其實，依據前面相關章節所論明，康德批判哲學經由對人類心靈機能之批判考察而論明人的主體之兩層立法（知性於認識機能中立法及理性在意欲機能中立法）旨在探究人自身的心靈機能之活動，以說明何以關聯於客體而有對一切人而言有效的認識，以及解釋何以關聯於意欲及其對象有對一切作為有理性者的人皆有效的原則（道德的最高原則）。通過主體之立法作用而說明客觀性，並非近代哲學流行的主客二分的「主體主義」，吾人可指出，康德所研究「主體」機能活動，並不離開「客體」（世界），而是「主、客」先驗綜和的活動。知性通過其立法，並非對世界自身產生認識，而僅僅是對向我們每一個人顯現的世界之為現象之總集有共同的能達至共識的認識，此顯見不能與「人類中心主義」混為

222 二十世紀以來，歐陸哲學的主流，例如海德格爾、福柯、拉康、德里達，都對「主體性」進行不斷的攻擊。此等攻擊都是基於「主、客二分」之舊思維模式理解「主體性」。近代哲學以後，學界倡行主體性原則。一種主觀主義將人的信念、知識、決策和行動歸因於「人心」，由社會、環境、文化、語言、風俗習慣等產生。另有一種主觀主義，心理分析結合語言學，如弗洛伊德的「自我」、「本我」和「超我」。馬克思唯物主義主張人對世界（包括對自身）的實踐改造原則，也屬於一種主體性原則〔……〕等等。二十世紀的西方哲學興起攻擊「主體性」。總而言之，諸如此類「主體主義」通統基於主體與客體分離的思維模式。而康德創建的主體之立法下的先驗綜和的「主、客合一」的思維模式是創闢性的，不能與諸如此類「主體主義」混為一談。

一談。通過理性在意欲機能立法，說明每一個人自身立普遍法則之活動，此立法活動是主觀的，同時具客觀性，據此解釋了何以有對一切人（甚至一切有理性者）皆有效的道德的法則。不必諱言，康德提出：「道德是行為與意志自律的關係，亦即通過意志的格準與可能的普遍立法的關係。」（Gr 4:439）但學界一直以來對「意志自律」流行諸種曲解，其中一種就是誤以為「意志自律」是主張同一化和總體化的自由，這種自由把他者還原為同一的自我。其實，康德提出：「自律的原則是：不要以其他方式作選擇，除非其選擇的格準同時作為普遍法則被一起包含在同一個意願中。」（Gr 4:440）「格準同時作為普遍法則」就含著說：個人行為採納的格準是通一切人而有效的，也就是說包含「他者」在內。用孟子的話說，人依其本心（大體）立普遍法則（天理），「由仁義行」，乃是基於「普遍法則」，「達之天下也。」（《孟子‧盡心章句上》）根據在：「心之所同然者何也，謂理也義也。」（《孟子‧告子章句上》）「求在我者也。」（《孟子‧盡心章句上》）

　　依愚見，人們至今仍罕有相契於康德所揭明「道德」之真義，理解孔子哲學傳統言「道德」亦鮮見「先立其大」，以「本心良知天理」為首出為本根，僅視為血緣倫理、美德修養。豈知，若不知「本心」立天理，只知守社會規範，儘管滿口仁義，看來是個有「品德」的人，但也落個「行仁義」，孟子斥之為「鄉愿」，而用康德的詞語就是「意志他律」，「意志他律」是假道德、敗壞道德。

　　康德學界長久以來流行對康德所論「意志自律」的曲解，應歸咎於學者們看不到或根本否認人作為「有理性者」而稟具在意欲機能中立普遍法則的機能。有學者將「自律」理解為將一切人視作「同一的自我」，是「對他者的消滅或占有。」而將「他律」理解為「他人的在場」，故有「他律為自由授權」一說。法國哲學家伊曼努爾‧列維納斯（Emmanuel Levinas）持有這種觀點。繼胡塞爾的現象學與海德

格的存有哲學之後，他提出要思索「存有」如何到「存有者」，並且堅稱存有者須將優先性交還給「他者」。這條歐陸哲學的思路其要點在否定康德經由對人類心靈批判考察而論明的「人有兩觀點（zwei Standpunkte）由之以考量其自己，並由之以認知其力量運用之法則，從而能認識一切他的行為。」（Gr 4:452）前面相關章節已論明，依康德，「首先，只要人屬於感觸界，他服從自然法則（他律）；其次，就人屬於智性界而言，他又服從這樣一些法則，這些法則獨立不依於自然，並非經驗的，而只是建基於理性。」（Gr 4:452）歐陸哲學所流行標舉「具體的現實的自我」、「個體的生存經驗」的觀點，要害在將康德論明的立法主體貶斥為「抽象而普遍的自我」。究其實，康德論明主體的立法，其旨在研究：人作為屬於感觸界的存在，同時作為超感觸界的存有如何和諧一致，亦即二者之先驗綜和如何可能。明乎此即可知，對於康德學界長久以來流行的所謂「批判哲學的批判」需要有認真深入的反思。

此外，人們對於「宗教」的理解亦仍處於舊傳統的窠臼中。即便學者們也罕見有對「道德的宗教」（純粹的理性的宗教」）之洞悉有所契應。如所周知，歐洲啟蒙運動以來，一五一七年，路德發表的《九十五條論綱》引發了宗教改革的開始，有所謂「改革宗」。直至「政教分離」，基督教教會信仰無疑遭受到巨大衝擊，尤為重要的是，衝擊來自基督教內部。基督新教已經不是統一於羅馬教廷，而是不同的教派群體不斷產生。形形色色的教會挑戰傳統的教會禮儀和建基於歷史信仰的教規。及至於近來於教會內興起的「去宗教化」呼聲。表面看來，此似乎呼應康德的呼籲：「宗教最終將逐漸地擺脫所有經驗性的決定根據，擺脫所有以歷史為基礎的、借助於一種教會信仰暫時地為促進善而把人們聯合起來的規章。」（Rel 6:121）「必須脫去那層當初胚胎藉以形成為人的外殼。聖潔的傳說及其附屬物、規章和誡律的

引導紐帶，在當時曾作出過傑出貢獻，但逐漸地成為多餘。」（Rel 6:121）但是，事實上，諸如此類「改革」為適應科技時代而應運而生，根本未有回應康德所提出：「回到純粹的理性的宗教。」

　　著名的基督教神學家保羅・約拿・田立克（Paul Johannes Tillich）於其《文化神學》一書中也提出「宗教教義和宗教儀式都不可能是終極的」，宗教之本質在其「終極關懷」。而田立克將基督教的「終極關懷」定於「天國信仰」，也就是基督教布道的「永生」與「永福」，因著信神，人死後上天堂得「永生」，享「永福」。其所言基督教的「終極關懷」是基督教教會信仰之核心，無論宗教教義和宗教儀式可以因應時代而改變，「終極關懷」不能變。較之於自發的「去宗教化」之風的泛濫，持守住「終極關懷」之信仰，畢竟與基督教教會信仰維持根本上的聯繫，而「去宗教化」則不過是教會淪為社交組織、社會團體之風的大張旗鼓而已，其實，此風氣早已盛行於歐陸。然至今為止出現的無論哪一種宗教變革，實在說來都不過是人類文明化的副產品，仍未有出現「回到純粹的理性的宗教」之跡象。

　　康德提出「回到純粹的理性的宗教」，呼籲：「當一種純粹的崇拜和儀式的宗教壽終正寢」，「應該引入一種建立在精神和真理（道德的存心）之中的宗教取代它。」（Rel 6:84）依康德所論明，真正的宗教中，對「上帝」之信仰產生自每一個人的理性，真正構成真宗教自身的東西是：每一個人自身的「純粹道德的立法」。（Rel 6:104）而並非像基督教宗教傳統那樣「使啟示信仰先行於宗教」，人因虔信「上帝」而屬「靈」，得「永生」，享「永福」。[223]純粹的理性宗教「它是一種可

---

223 耶穌死後，使徒開始傳播其教義，形成初代基督教會，使徒時代，全心虔敬上帝，全意相信「信上帝得永生」。依歷史資料來看，在使徒時代這種信仰是經受嚴苛的磨難與慘烈的犧牲而證明其虔信的。但在現代社會，若基督教的「終極關懷」一如教會信仰所宣稱在「信上帝得永生」，看來就輕而易舉了，對不可理解的事純然相信和人云亦云，每個人都可以做到這一點。

以告知每一個人使他確信的純然理性之信仰。」（Rel 6:103）「是純粹道德的。」（Rel 6:104）一種道德的宗教，「必須建立在將所有人類義務視為上帝的命令的內心存心（Herzensgesinnung）中。」（Rel 6:84）康德所論耶穌（基督教的導師）建立的「新的信仰」是純粹的理性的信仰，他關心的是：「用最適當的方式引入一種純粹的道德的宗教，取代一種人們已經習以為常的舊的強大的崇拜。」（Rel 6:127）「新的信仰不受舊的信仰的規章約束，甚至不受任何規章約束，它是一種對全世界都有效的，不應該僅僅對單一的民族有效的宗教。」（Rel 6:127）「在任何時候都對所有世界是實踐上有效的和具有約束力的，因為它對每個人來說是親近的，足以使每個人都認識到自己這方面的義務。」（Rel 6:83）

　　康德呼籲「回到純粹的理性的宗教」，也就是回到對耶穌的信仰。此信仰作為一個「完全的純粹性的德性善之理念」，（Rel 6:83）「這個理念現實地屬於我們的根源的稟賦。」（Rel 6:83）真正的唯一的宗教，其終極關懷是「圓善」，也就是說，無論耶穌教或孔子大成教，作為道德的宗教，就是信奉一位「最高的道德者」，一切人結合在其下，標舉善的原則：「仁與義」，即「愛與公義」，以致力於讓「上帝之國」行走在地上，即在世界上實現「大同」為終極目的。這樣，純粹的宗教信仰最終將統治所有的人。（Rel 6:121）

　　本書之宗旨，亦即撰寫本書的用心，那就是藉著康德建立的宗教學說，論明唯一的道德的宗教，必定是孔子之徒與耶穌之徒之會通。依據康德確立的宗教學說來考察，我們也可以說，每一位孔子之徒，遵循孔子「仁者人也」、「人能弘道」之旨，其志業與「耶穌之徒」相通。因理性本性之事業只有一種，道德的宗教也只有一種。我們依照康德經由批判哲學論明的唯一的道德的宗教，則可認明，孔子哲學傳統「踐仁知天」、「盡心知性知天」之道德形上學包含一個道德的宗

教，我們可稱之為孔子大成教，它孕育於華夏文明的理性光明中，這個大成教從一開始就是道德的宗教，它不借助歷史信仰，沒有歷史性教會的規章和誡律，也沒有教士制和重重的教會結構。大成教堪稱為道德的宗教，就是信奉孔子「仁者人也」、「人能弘道」之旨的一切人凝聚起來，以促進「仁與義」、在世界上實現「大同」為終極目的。現在，我們依照康德所論，讓基督宗教擺脫所有以歷史為基礎的、借助於一種教會信仰的桎梏，歸到耶穌開始的「愛與公義」原則，讓「上帝之國」行走在地上的宗教，它必定是一種不必借助歷史信仰，不必拘限於歷史性教會，而將一切「上帝喜悅的人」（即聯合在善的原則下的人）凝聚起來，以促進「目的王國」。依康德所論，「上帝之國」無非是一切人作為道德者的體系，它是一個自然合目的性與自由合目的性結合的「目的王國」。至此，顯而易見，孔子大成教與耶穌基督教若合符節，必可通而為一。

　　我們可以毫無疑義地指出，耶穌與孔子一樣，各自在自己身處的時代裡開始了唯一的純粹的道德的宗教。儘管孔子上承著華夏文明的理性命脈，一開始就沒有歷史性宗教的元素。而耶穌則身處於猶太教的傳統，他並無宣稱反叛猶太教，也沒有主張廢除《摩西法典》，他也不是要推翻猶太神權政治的革命者，但他所作所為及其事業之宗旨都顯示出：他是猶太教的徹底顛覆者。他將猶太民族的神（耶和華）改變為每一個人的在天之父——天父。他宣稱「上帝之國」在每個人心中。「上帝之國」就是「愛與公義」之國。以此，他堪稱純粹的道德的，因而是普世的宗教的肇始者，而根本不同於他那個時代的諸多傳道、治病、行神蹟的先知。

　　在孔子哲學傳統中，「天」作為最高者，其意義在每一個人「踐仁」、「盡心」中見，並無一個僅屬某群體、某種族的超絕的「神」，因之，孔子哲學傳統中包含的宗教一開始就擺脫人類蒙昧狀態中的迷

信性，而顯其為普遍的純粹的，也就是理性的道德的宗教。而在猶太教的傳統裡，神（耶和華）作為凌駕於人之上的超絕的「民族神」，直至耶穌出來說：「你們禱告，要這樣說：『我們在天上的父、願人都尊你的名為聖。』」（《馬太福音》Mat 6:9）又說：「願你的國降臨。願你的旨意行在地上、如同行在天上。」（《馬太福音》Mat 6:10）他宣告了神是「我們在天上的父」，並且向每一個人宣示了將神的旨意（即神的國）實現於大地的終極目的。依此，我們可見，耶穌與孔子不約如同地開始了唯一的道德的宗教，同樣是普遍的純粹的宗教。

康德經由其「人類心靈機能」之批判考察工程，論明人因其意志自由（理性在意欲機能中立普遍法則），創造自身為道德的實存者，並由意志自由連同其道德法則產生圓善（終極目的），人就依其道德的分定而必然以創造道德世界為己任。另方面，康德通過對人作為自然界一分子，因其作為感觸的存在而必然有的限制和局限性，論明人在致力於以創造道德世界為己任之進程中必定遭遇不可避免的險阻，並且需要將一切人聚集於善的原則下，以爭取對抗惡的原則之勝利。據此論明：從道德必然引致道德的宗教（即純粹的理性的宗教）。

本書要務之一就是嘗試依據康德之批判哲學檢察孔子哲學傳統，看其是否也是一個「理性本性之學」，以及是否也包含一個道德的宗教。首先論明孔子直透本源，彰顯「仁者人也」，（見《中庸》第二十章〈哀公問政〉）孟子承繼孔子言「仁」之本旨而提出：「仁，人心也。」（《孟子・告子章句上》）依孔子言「仁」包含的普遍法則義、萬物一體義、創生不已義，揭明本心之普遍立法之能，此義見《孟子・告子章句上》：「心之所同然者何也，謂理也義也。」及《孟子・盡心章句上》：「仁義禮智根於心。」依此揭明：本心之能就是具立普遍法則（天理所從出）的機能，孟子以「心」釋孔子言「仁」並顯其包含的高層意欲機能（即立法機能）之涵意。以此言人的分定之性，

亦即人之道德實存之性。由本心（仁）之為成就人自身為道德者進一步上承孔子言「人能弘道，非道弘人也」。（《論語・衛靈公第十五》）而言「仁也者人也，合而言之道也。」（《孟子・盡心章句下》）確立人自身為道德者而必然成為道德世界的創造者之大義。據此可見，孔孟哲學言仁（本心）同於康德論「意志自由」作為成就人自身為道德實存及創造世界為道德世界的機能（故堪稱為一個道德創造的實體），並以之為奠基展開一個孟子依孔子「踐仁知天」之義而言「盡心知性知天」之形而上學的宏規。最後，孟子上承孔子的宗教意識，言「存心養性事天」，即包含一個由道德伸展至的宗教。

以此，吾人祈願，一切人成就自身為道德者，聚集於善的原則下，聯結成唯一的普世的宗教，也就是：人類結合為「一個遵循德行法則的共同體，在它裡面建立一種力量和一個國度，它將宣布對惡的原則的勝利，並且在它對世界的統治下保證一種永恆的和平」。（Rel 6:124）

不必諱言，人類歷史的行程乃是自然與自由二者的合力，人就必定要在張力中曲折前行。人的理性把自己「僅僅支在其通過不可動搖的道德法則而表現為可靠基礎的內在的自由理念上，以便即使有整個自然的阻抗也通過其原理來推動人的意志」。（KGS 8:403）現實上，「自由概念就自然的理論認識而言不決定任何東西，自然概念就自由的實踐法則而言同樣不決定任何東西。」（KU 5:195）但是，出自自由概念畢竟要對自然產生結果，並且，「應當按照自由之形式法則在世界中產生結果。」（KU 5:195）也就是說，人類是在其不成熟狀態造成的艱難困頓中行進。

人們要有信心，一切關懷世界福祉的有識之士要首先有勇氣掙脫受監護的狀態，勇於實現自我啟蒙，自由地使用自己的理性，竭力光明人的理性。就像人類曾經發起現代文明的初次啟蒙，逐步地深入人

類社會每一角落，教育每一個人懂得「1+1＝2」，懂得讀書寫字那樣，啟發每一個人自覺自身的理性。通過現代文明的再啟蒙，結束那種只認人的知性（理智計量之能）而忽略人的理性（人自身稟具的作為道德實存之能）的錯誤，以終止由之而來的現代文明之失序與危機。

有人問：在不講「道德」的當今之世，宣講孔子與耶穌能起到實際作用嗎？不必置疑，無人能誇口致力於呼籲一個理性啟蒙時代的到來，就能夠對時代風氣的轉變起到什麼作用，甚至可能幾個世代，幾十、幾百個世代之後，道德化之前景仍然迷茫，但是，孔子與耶穌不是為我們立下了榜樣嚜?! 兩千多年來，聖人彰顯的道樞不是一直標舉在人類前行的道路上嚜?! 孟子與康德承繼於後而竭力不已，前聖後賢，所為何事，夫復何求?! 若非對人類全心全意的博大的愛，誰能有「仁者人也」、「天下人皆為上帝的兒女」的肯定呢？若無此肯定，又誰能對人類道德化之前景抱有百折不撓的信心？

無人能預期現代文明之前路如何。但一切有識之士理應回到孔子哲學傳統，同樣地，回到經康德所批判地論明的區別於歷史性信仰的耶穌教，標舉全人類的大憲章，以開啟人類從文明化進至道德化的方向。要堅信：既然人類是具有理性的物種，「這個物種就永不死亡而且終將達到他們的稟賦之圓滿發展。」（KGS 8:20）儘管無人能估計，這條道路將如何漫長。

初稿完成於 2022年9月8日
第一次修訂於 2023年10月
2024年1月7日完成第一次修訂

附錄

本書引用康德著作，為方便讀者查對，特作以下附錄。

附錄一
康德著作引文來源及縮略語說明

KGS：Kants gesammelte Schriften (Berlin: Königlich Preussischen Akadä-
　　　mie der Wissenschaften,1922). 隨後之阿拉伯數字分別為卷數
　　　及頁數。例：Gr 4:387。

A/B：Kritik der reinen Vernunft (KGS 3, 4). （A 即第一版，B 即第二版。
　　　不標卷數。）

Proleg：Prolegomena zu einer jeden Künftigen Metaphysik, die als
　　　Wissenschaft wird auftreten können (KGS 4).

Gr：Grundlegung zur Metaphysik der Sitten (KGS 4).

MAN：Metaphysische Anfangsgründe der Naturwissenschaft (KGS 4).

KpV：Kritik der praktischen Vernunft (KGS 5).

KU：Kritik der Urteilskraft (KGS 5).

MS：Die Metaphysik der Sitten (KGS 6).

SF：Der Streit der Fakultäten (KGS 7).

Rel：Die Religion innerhalb der Grenzen der bloßen Vernunft (KGS 6).

Anthro：Anthropologie in pragmatischer Hinsicht (KGS 7).

Logik：Logik. Ein Handbuch zu Vorlesungen (KGS 9).

Briefwechsel (KGS 10-13).

R：Reflexionen (KGS 17-19).

O.p.：Opus postumum (KGS 21, 22).

Mr M：Moral Mrongovious II (KGS 29).

MV：Vorlesungen über Metaphysik (KGS 28).

Metaphysik Mrongovius (KGS 29).

Ethik：Eine Vorlesung über Ethik (Frankfurt am Main: Fischer Taschenbuch Verlag, 1990). (KGS 27)

附錄二
康德著作書名及論文篇名漢德對照

《純粹的理性批判》（Kritik der reinen Vernunft, A:1781;B:1787）

《任何一種能夠作為科學出現的未來形而上學導論》（簡稱《導論》）
（*Prolegomena zu einer jeden Künftigen Metaphysik die als Wissenschaft wird auftreten können*, 1783）

《德性形而上學的基礎》（簡稱《基礎》）（*Grundlegung zur Metaphysik der Sitten*, 1785）

《自然科學的形而上學始初根據》（*Metaphysische Anfangsgründe der Naturwissenschaft*, 1786）

《實踐的理性批判》（*Kritik der praktischen Vernunft*, 1788）

《判斷力批判》（*Kritik der Urteilskraft*, 1790）

《單在理性界限內的宗教》（簡稱《宗教》）（*Die Religion innerhalb der Grenzen der bloßen Vernunft*, 1793）

《德性形而上學》（*Metaphysik der Sitten*, 1797）

《學科之爭》（*Der Streit der Fakultäten*, 1798）

《實用觀點下的人類學》（*Anthropologie in pragmatischer Hinsicht*, 1798）

《邏輯學》（*Logik: Ein Handbuch zu Vorlesungen*）

《教育學》（*Pädagogik*）

《形而上學課程筆記》（*Metaphysik Mrongovius*, 1821）

《倫理學演講錄》（*Eine Vorlesung über Ethik*, 1924）

《反思錄》（殘篇輯錄）（*Reflexionen*）

《遺著》（*Opus postumum*）

〈將負量概念引入世俗智慧的嘗試〉（Versuch den Begriff der negative Größen in die Weltweisheit einzuführen, 1763）

〈美與崇高的情感之觀察〉（Beobachtungen über das Gefühl des Schönen und Erhabenen, 1764）

〈美與崇高的情感之觀察的註記〉（Bemerkungen zu den Beobachtungen über das Gefühl des Schönen und Erhaben, 1764-1765）

〈關於自然神學與道德學的原理之明晰性的研究〉（Untersuchung über die Deutlichkeit der Grundsätze der natürlichen Theologie und der Moral, 1764）

〈1765-1766年冬季學期課程安排的通告〉（Nachricht von der Einrichtung seiner Vorlesungen in dem Winterhalbenjahre von 1765-1766, 1765）

〈以形上學之夢來闡釋通靈者之夢〉（Träume eines Geistersehers, erläutert durch Träume der Metaphysik, 1766）

〈論感觸界和智性界的形式和原則〉（教授就職論文）（De Mundi sensibilis atque intelligibilis forma et principiis / Von der Form der Sinnen — und Verstandeswelt und ihren Gründen, 1770）

〈世界公民觀點之下的普遍歷史理念〉（Idee zu einer allgemeinen Geschichte in weltbürgerlicher Absicht, 1784）

〈答覆「什麼是啟蒙？」的問題〉（Beantwortung der Frage: Was ist Aufklärung?, 1784）

〈約・戈・赫爾德的《人類歷史哲學的理念》第一部、第二部書評〉（Recensionen von I.G. Herders Ideen zur Philosophie der Geschichte der Menschheit, Theil 1.2., 1785）

〈人類歷史起源揣測〉（Mutmaßlicher Anfang der Menschengeschichte, 1786）

〈什麼叫做在思想中定向？〉（Was heißt: Sich im Denken orientieren?, 1786）

〈論目的論原則在哲學中的使用〉（Über den Gebrauch teleologischer Principien in der Philosophie, 1788）

〈論一種新發現，據此一切新的純粹理性批判通過一種陳舊的批判而變得多餘〉（Über eine Entdeckung, nach der alle neue Kritik der reinen Vernunft durch eine ältere entbehrlich gemacht warden soll, 1790）

〈論通常的說法：這在理論上可能是正確的，但在實踐上是行不通的〉（Über den Gemeinspruch: Das mag in der Theorie richtig sein, taugt aber nicht für die Praxis, 1793）

〈重提這個問題：人類是在不斷朝著改善前進嗎？〉（Erneuerte Frage: Ob das menschliche Geschlecht im beständigen Fortschreiten zum Besseren sei, 1794）

〈萬物的終結〉（Das Ende aller Dinge, 1794）

〈永久和平論——一項哲學的規劃〉（Zum ewigen Frieden－Ein Philosophischer Entwurf, 1795）

〈論哲學中一種新近升高的口吻〉（Von einem neuerdings erhobenen vornehmen Ton in der Philosophie, 1796）

〈一項哲學中的永久和平條約臨近締結的宣告〉（Verkündigung des nahen Abschlusses eines Traktats zum ewigen Frieden in der Philosophie, 1796）

〈萊因霍爾德的《康德宗教哲學檢驗》前言〉（Vorrede zu Reinhold Bernard Jachmann, Prüfung der Kantischen Religionsphilosophie, 1800）

〈論萊布尼茲及吳爾夫時代的形而上學在德國之現實發展〉（Über die
　　von der Königlichen Akademie der Wissenschaften zu Berlin für
　　das Jahr 1791 ausgesetzte Preisfrage: Welches sind die wirklichen
　　Fortschritte, die die Metaphysik seit Leibnizens und Wolfs
　　Zeiten in Deutschland gemacht hat?）

附錄三
本書引用康德語採用或參考之中譯本

牟宗三譯註：《純粹理性之批判》，上、下冊，臺北：臺灣學生書局，
　　　　1983年。

牟宗三譯註：《康德的道德哲學》（包括《道德底形上學之基本原則》
　　　　及《實踐理性底批判》），臺北：臺灣學生書局，1982年9月
　　　　初版。

牟宗三譯註：《判斷力之批判》，上、下冊，臺北：臺灣學生書局，
　　　　1982年。

李秋零譯：《道德形而上學》，北京：中國人民大學出版社，2007年。

李秋零譯：《單純理性界限內的宗教》，香港：漢語基督教文化研究
　　　　所，1997年。

李秋零譯：《康德書信百封》，上海：上海人民出版社，1992年。

李秋零譯：《康德著作全集》（第1卷至第9卷），北京：中國人民大學
　　　　出版社，2004-2010年。

李明輝譯：《道德底形上學之基礎》，臺北：聯經出版事業公司，1980
　　　　年。

李明輝譯：《康德歷史哲學論文集》，臺北：聯經出版事業公司，2002
　　　　年。

沈叔平譯：《法的形而上學原理》，北京：商務印書館，1991年。

何兆武譯：《歷史理性批判文集》，北京：商務印書館，1990年。

韋卓民譯：《純粹理性批判》，武漢：華中師範大學出版社，1991年。

許景行譯：《邏輯學講義》，北京：商務印書館，1991年。

鄧曉芒譯：《純粹理性批判》，北京：人民出版社，2002年。

鄧曉芒譯：《實踐理性批判》，北京：人民出版社，2002年。

鄧曉芒譯：《判斷力批判》，北京：人民出版社，2002年。

鄧曉芒譯：《實用人類學》，上海：上海人民出版社，2002年。

韓水法譯：《實踐理性批判》，北京：商務印書館，1999年。

龐景仁譯：《任何一種能夠作為科學出現的未來形而上學導論》，北
　　　京：商務印書館，1978年。

參考文獻

一 中文

（一）古籍

王夫之：《船山全書》，長沙：岳麓書社，1996年。

王守仁：《王文成公全書》，上海：商務印書館，1929年影印明隆慶六年謝廷傑刻本，《四部叢刊》，初編，集部。

王守仁撰，吳光、錢明、董平、姚延福編校：《王陽明全集》，上海：上海古籍出版社，1992年。

王守仁撰，葉鈞點註：《傳習錄》，臺北：臺灣商務印書館，1967年。

鄧艾民：《傳習錄注疏》，臺北：法嚴出版社，2000年。

王守仁：《陽明全書》，臺北：中華書局，1985年四版，《四部備要》，子部。

王　弼：《老子注》。

王畿著，吳震編校整理：《王畿集》，南京：鳳凰出版社，2007年。

朱　熹：《朱子全書》，上海：上海古籍出版社、合肥：安徽教育出版社，2002年。

朱　熹：《朱子語類》，北京：中華書局，1986年。

朱熹著，黎靖德編：《朱子語類》（百衲本），臺北：中華書局。

朱熹著，蘇勇校注：《周易本義》，北京：北京大學出版社，1992年。

朱熹著：《四書集注》，臺北：藝文印書館，1956年。

朱熹著：《詩經集註》，臺北：萬卷樓圖書公司，1996年。

阮元校刻：《十三經注疏》，臺北：中華書局，1980年影印版。

周敦頤：《周子全書》，臺北：臺灣商務印書館，1974年。

屈萬里註譯：《尚書今註今譯》，臺北：臺灣商務印書館，1969年。

胡　宏：《胡宏集》，北京：中華書局，1987年。

張　載：《張子全書》，臺北：臺灣商務印書館。

張載撰，章錫琛點校：《張載集》，北京：中華書局，1978年。

許嘯天編著：《老子》，成都：成都古籍書店，1990年三刷。

郭象注，成玄英疏，陸德明釋文，郭慶藩集釋：《莊子集釋》，臺北：
　　　世界書局，1958年，《四部刊要》本。

陸九淵：《陸象山全集》，北京：中國書店，1992年。

陸九淵撰，鐘哲點校：《陸九淵集》，北京：中華書局，1980年。

程顥、程頤：《二程全書》，臺北：中華書局，《四部備要》，子部。

程顥、程頤撰，王孝魚點校：《二程集》，北京：中華書局，2004年。

程顥、程頤撰，朱熹編：《河南程氏遺書》，臺北：臺灣商務印書館，
　　　1978年。

黃宗羲撰，全祖望補：《宋元學案》，臺北：臺灣商務印書館。

黃宗羲撰：《明儒學案》，臺北：中華書局，1984年四版，《四部備
　　　要》，子部。

劉宗周著，王有立主編：《劉子全書》，臺北：華文書局，影印清道光
　　　刊本。

劉宗周著，戴璉璋、吳光主編：《劉宗周全集》，臺北：中央研究院中
　　　國文哲研究所，1996年。

劉　璣：《正蒙會稿》，臺北：臺灣商務印書館。

（二）現代書籍、期刊論文

文德爾班（Wilhelm Windelband）著，羅達仁譯：《哲學史教程》（上、
　　　下卷），北京：商務印書館，1996年。

包姆嘉特納（Hans Michael Baumgartner）著，李明輝譯：《康德〔純粹理性批判〕導讀》，臺北：聯經出版事業公司，1988年。

史克魯坦（Roger Scruton）著，蔡英文譯：《康德》，臺北：聯經出版事業公司，1984年。

牟宗三：〈悼念唐君毅先生〉，《明報月刊》一九七八年三月號（第十三卷第三期）。

牟宗三：《才性與玄理》，香港：人生出版社，1963年。

牟宗三：《中西哲學之會通十四講》，臺北：臺灣學生書局，1980年。

牟宗三：《中國哲學十九講》，臺北：臺灣學生書局，1983年10月初版，1989年2月三刷。

牟宗三：《中國哲學的特質》，臺北：臺灣學生書局，1963年。

牟宗三：《五十自述》，臺北：鵝湖月刊社，1989年。

牟宗三：《心體與性體》（三冊），臺北：正中書局，1968年。

牟宗三：《牟宗三先生全集》，臺北：聯經出版事業公司，2003年。

牟宗三：《宋明儒學的問題與發展》，臺北：聯經出版事業公司，2003年。

牟宗三：《政道與治道》，臺北：臺灣學生書局，1983年。

牟宗三：《從陸象山到劉蕺山》，臺北：臺灣學生書局，1979年。

牟宗三：《現象與物自身》，臺北：臺灣學生書局，1990年。

牟宗三：《智的直覺與中國哲學》，臺北：臺灣商務印書館，1971年。

牟宗三：《圓善論》，臺北：臺灣學生書局，1985年。

牟宗三：《認識心之批判》（上、下冊），香港：友聯出版社，1956、1957年，收入《牟宗三先生全集》，臺北：聯經出版事業公司，2003年，卷18、19。

牟宗三：《邏輯典範》，香港：商務印書館，1941年，收入《牟宗三先生全集》，臺北：聯經出版事業公司，2003年，卷11。

牟宗三主講，王財貴整理：〈客觀的了解與中國文化之再造〉（第一屆
　　「當代新儒學國際研討會」主題講演，1990年12月底，臺北
　　市中央圖書館），載《鵝湖月刊》16卷11期（總191期）（1991
　　年5月），收入《當代新儒學論文集‧總論篇》，臺北：文津出
　　版社，1991年。

牟宗三演講，盧雪崑記錄整理：〈《孟子》演講錄〉，《鵝湖月刊》29卷
　　11期（總347期）（2004年5月）-30卷10期（總358期）（2005
　　年4月）。

牟宗三演講，盧雪崑記錄整理：〈《原始的型範》第二部份《周易》大
　　義──「先秦哲學」演講錄〉，《鵝湖月刊》32卷7期（總379
　　期）-32卷9期（總381期）（2007年1-3月）。

牟宗三演講，盧雪崑記錄整理：〈「實踐的智慧學」演講錄〉，《鵝湖月
　　刊》33卷9期（總393期）-34卷7期（總403期）（2008年3月
　　2009年1月）。

牟宗三演講，盧雪崑記錄整理：〈宋明理學演講錄〉，《鵝湖月刊》13
　　卷12期（總156期）-14卷3期（總159期）（1988年6-9月）。

牟宗三演講，盧雪崑記錄整理：〈原始的型範第三部份　先秦儒學大
　　義〉，《鵝湖月刊》32卷11期（總383期）-33卷5期（總389
　　期）（2007年5月11月）。

牟宗三演講，盧雪崑記錄整理：〈康德美學演講錄〉，《鵝湖月刊》34
　　卷11期（總407期）-35卷8期（總415期）（2009年5月2010年
　　1月）。

牟宗三演講，盧雪崑記錄整理：〈康德第三批判講演錄〉，《鵝湖月
　　刊》26卷3期（總303期）-27卷6期（總318期）（2000年9月
　　2001年12月）。

牟宗三演講，盧雪崑記錄整理：〈康德道德哲學〉，《鵝湖月刊》31卷2

期（總362期）-31卷8期（總368期）（2005年8月2006年2月）。

牟宗三演講，盧雪崑記錄整理：〈莊子齊物論講演錄〉，《鵝湖月刊》27卷7期（總319期）-28卷8期（總332期）（2002年1月2003年2月）。

牟宗三演講，盧雪崑記錄整理：《四因說演講錄》，臺北：鵝湖月刊社，1997年。

牟宗三演講，盧雪崑記錄整理：《周易哲學演講錄》，上海：華東師範大學出版社，2004年。

牟宗三演講，盧雪崑記錄整理：《周易哲學演講錄》，收入《牟宗三先生全集》，臺北：聯經出版事業公司，2003年，第31冊。

亨利・西季威克（Henry Sidgwick）著，廖申白譯：《倫理學方法》，北京：中國社會科學出版社，1993年。

亨利・柏格森（Henri Bergson）著，王作虹、成窮譯：《道德與宗教的兩個來源》，貴陽：貴州人民出版社，2000年。

余英時：《現代儒學的問題與展望》，北京：生活・讀書・新知三聯書店，2004年。

佛樂蘇特・賽德爾（Horst Seidl）著，周春生譯：《實在主義的形而上學》，鄭州：大象出版社，2009年。

克隆納（Richard Korner）著，關子尹譯：《論康德與黑格爾》，臺北：聯經出版事業公司，1985年。

利瑪竇、金尼閣著，何高濟、王遵仲、李申譯：《利瑪竇中國札記》，北京：中華書局，1983年。

吳　銳：〈由思想回溯歷史的方法和局限——以「二帝三王之心」為例〉，《中國哲學》第26輯，北京：中國社會科學出版社，2013年。

吳　震：《傳習錄精讀》，上海：復旦大學出版社，2011年。

李　杜：〈唐君毅先生與臺灣儒學〉，《哲學與文化》24卷8期（總279
　　　期）（1997年8月）。

李　杜：《中國古代天道思想論》，臺中：藍燈文化事業公司，1992年。

李明輝：〈孟子的四端之心與康德的道德情感〉，《鵝湖學誌》3期
　　　（1989年9月）。

李明輝：〈孟子與康德的自律倫理學〉，《哲學與文化》15卷6期（總
　　　169期）（1988年6月）。

李明輝：〈康德「道德情感」學說之起源——「康德哲學中道德情感
　　　問題之研究」（2）〉，（《鵝湖月刊》7卷5期（總77期）（1981
　　　年11月）。

李明輝：〈康德「道德情感」學說之演變——「康德哲學中道德情感
　　　問題之研究」（3）〉，（《鵝湖月刊》7卷6期（總78期）（1981
　　　年12月）。

李明輝：〈康德哲學中情感與理性之對揚與消融——「康德哲學中道
　　　德情感問題之研究」（5）〉，《鵝湖月刊》7卷9期（總81期）
　　　（1982年2月）。

李明輝：〈康德哲學中道德情感之確定意義與作用——「康德哲學中
　　　道德情感問題之研究」（4）〉，《鵝湖月刊》7卷7期（總79
　　　期）（1982年1月）。

李明輝：〈康德道德哲學之出發點——「康德哲學中道德情感問題之
　　　研究」（1）〉，《鵝湖月刊》7卷4期（總76期）（1981年10
　　　月）。

李明輝：〈從道德本心看道德情感—「康德哲學中道德情感問題之研
　　　究」（7）〉，《鵝湖月刊》7卷12期（總84期）（1982年6月）。

李明輝：《四端與七情——關於道德情感的比較哲學探討》，臺北：臺
　　　大出版中心，2005年。

李明輝：《康德倫理學與孟子道德思考之重建》，臺北：中央研究院中國文哲研究所，1994年。

李明輝：《當代儒學的自我轉化》，北京：中國社會科學出版社，2001年。

李明輝：《儒家與康德》，臺北：聯經出版事業公司，1980年。

李思敬：《恩怨情仇論舊約》，香港：更新資源公司，1997年6月。

李榮添：〈從黑格爾看康德之道德哲學〉，《鵝湖學誌》5期（1990年12月）。

李證綱：《證人之境──劉宗周哲學的宗旨》，北京：人民出版社，2000年。

叔本華（A. Schopenhauer）著，任立、孟慶時譯：《倫理學的兩個基本問題》，北京：商務印書館，1996年。

叔本華（A. Schopenhauer）著，陳曉希譯：《充足理由律的四重根》，北京：商務印書館，1996年。

居友（M. Guyau）著，余涌譯：《無義務無制裁的道德概論》，北京：中國社會科學出版社，1994年。

東方朔：《劉蕺山哲學研究》，南京：南京大學出版社，1997年。

芭芭拉・赫爾曼（Barbara Herman）著，陳虎平譯：《道德判斷的實踐》，北京：東方出版社，2006年。

阿利森（Henry E. Allison）著，陳虎平譯：《康德的自由理論》，瀋陽：遼寧教育出版社，2001年。

阿爾森・古留加（Arsenij Gulyga）著，賈澤林、侯鴻勛、王炳文譯：《康德傳》，北京：商務印書館，1981年7月初版。

苗力田主編：《古希臘哲學》，北京：中國人民大學出版社，1990年。

迪特・亨利希（Dieter Henrich）著，大衛・帕西尼（David Pacini）編，彭文本譯：《康德與黑格爾之間──德國觀念論講演錄》，臺北：商周出版，2006年。

唐文明：《隱秘的顛覆——牟宗三、康德與原始儒家》，北京：生活‧
　　　讀書‧新知三聯書店，2012年。

唐君毅：《人生之體驗》，臺北：臺灣學生書局，1982年。

唐君毅：《中國哲學原論（原性篇）》，香港：新亞研究所，1966年。

唐君毅：《中國哲學原論（原教篇）》，香港：新亞研究所，1975年。

唐君毅：《中國哲學原論（原道篇）》，臺北：臺灣學生書局，1986年。

唐君毅：《中國哲學原論（導論篇）》，臺北：東方人文學術研究基金
　　　會，1966年。

孫國棟：《慕稼軒文存》，第二集，香港：科華圖書出版公司，2008年。

席　勒（Friedrich Schiller）著，張玉能譯：《秀美與尊嚴》，北京：文
　　　化藝術出版社，1996年。

席　勒（Friedrich Schiller）著，馮至、范大燦譯：《審美教育書簡》，
　　　上海：上海人民出版社，2003年。

徐復觀：〈向孔子的思想性格回歸〉，《中國思想史論集續編》，臺北：
　　　時報文化出版企業公司，1982年。

徐復觀：《中國人性論史‧先秦篇》，臺北：臺灣商務印書館，1969年。

桑木嚴翼著，余又蓀譯：《康德與現代哲學》，臺北：臺灣商務印書
　　　館，1964年。

海德格爾（Martin Heidegger）著，王慶節譯：《康德與形而上學疑
　　　難》，上海：上海譯文出版社，2011年。

海德格爾（Martin Heidegger）著，孫興周選編：《海德格爾選集》，上
　　　海：上海三聯書店，1996年。

秦家懿、孔漢思合著，吳華譯：《中國宗教與基督教》，香港：香港三
　　　聯書店，1989年。

荊門市博物館編：《郭店楚墓竹簡》，北京：文物出版社，1998年。

袁保新：〈一九一二年——兼序《從海德格、老子、孟子到當代新儒
　　　家》〉，《鵝湖月刊》33卷12期（總396期）（2008年6月）。

馬克思・韋伯（Max Weber）著，王容芬譯：《儒教與道教》，北京：
　　商務印書館，1995年。

勒　南（Ernest Renan）著，雷崧生譯：《耶穌傳》，臺北：臺灣商務
　　印書館，1969年。

康浦・斯密（Norman Kemp Smith）著，韋卓民譯：《康德〈純粹理性
　　批判〉解義》，上海：華中師範大學出版社，2000年。

張志揚、陳家琪：《形而上學的巴比倫塔──論語言的空間與自我的
　　限度》，武漢：華中科技大學出版社，1994年。

曼弗烈・孔恩（Manfred Kuehn）著，黃添盛譯：《康德：一個哲學家
　　的傳記》，臺北：商周出版，2005年。

曼弗雷德・庫恩（Manfred Kuehn）著，黃添盛譯：《康德傳》，上
　　海：上海人民出版社，2007年。

梁　濤：〈荀子人性論辨正──論荀子的性惡、心善說〉，《哲學研
　　究》2015年第5期。

梁濤主編：《中國哲學新思叢書》，北京：中國人民大學出版社，2018
　　年。

陳佳銘：〈劉蕺山的易學中之「以心著性」型態〉，《鵝湖月刊》35卷4
　　期（總412期）（2009年10月）。

陳　來：〈現代新儒家的「哲學」觀念〉，《希言堂國學》443期（2022
　　年10月11日）。

陳　康：《論希臘哲學》，北京：商務印書館，1990年。

陳嘉明：《建構與範導──康德哲學的方法論》，北京：社會科學文獻
　　出版社，1992年。

陳嘉映主編：《普遍性種種》，北京：華夏出版社，2013年。

陳榮捷編著，楊儒賓、吳有能、朱榮貴、萬先法譯：《中國哲學文獻
　　選編》，臺北：巨流圖書公司，1993年。

陳曉林：《學術巨人與理性困境——韋伯、巴柏、哈伯瑪斯》，臺北：
　　　時報文化出版企業公司。

麥金太爾著，龔群等譯：《德性之後》，北京：中國社會科學出版社，
　　　1995年。

傅佩榮：《儒家哲學新論》，臺北：業強出版社，1993年。

傅佩榮：《儒道天論發微》，北京：中華書局，2010年。

勞思光：《新編中國哲學史》，臺北：三民書局，1991年。

勞思光：《中國哲學史》，第一冊，臺北：三民書局，1981年。

勞思光：《中國哲學史》，第二冊，香港：崇基書局，1971年。

勞思光：《中國哲學史》，第三冊上卷，香港：友聯出版社，1980年。

勞思光：《中國哲學史》，第三冊下卷，臺北：三民書局，1981年。

湯姆・洛克摩爾（Tom Rockmore）著，徐向東譯：《在康德的喚醒
　　　下——二十世紀西方哲學》，北京：北京大學出版社，2010
　　　年。

費希特（J. G. Fichte）著，梁志學、李理譯：《倫理學體系》，北京：
　　　中國社會科學出版社，1995年。

費希特（J. G. Fichte）著、王玖興譯：《全部知識學的基礎》，北京：
　　　商務印書館，1995年。

雅斯培（Karl Jaspers）著，李雪濤主譯：《大哲學家》，北京：社會科
　　　學文獻出版社，2005年。

雅斯培（Karl Jaspers）著，柯錦華等譯：《智慧之路》，北京：中國國
　　　際廣播出版社，1988年。

雅斯培（Karl Jaspers）著，賴顯邦譯：《康德》，臺北：久大文化公
　　　司，1992年。

馮友蘭：《中國哲學史》，上海：商務印書館，1946年。

馮友蘭：《中國哲學史新編》，臺中：藍燈文化事業公司，1991年。

馮友蘭：《中國哲學簡史》，香港：香港三聯書店，2005年。

黃兆強：《性情與愛情：新儒家三大師相關論說闡微》，臺北：臺灣學生書局，2021年。

黃振華著，李明輝編：《論康德哲學》，臺北：時英出版社，2005年。

黃進興著：〈所謂「道德自主性」：以西方觀念解釋中國思想之限制的例證〉，《食貨月刊》14卷7/8期（1984年11月）。

黃燎宇、奧特弗里德・赫費（Otfried Höffe）編：《以啟蒙的名義》，北京：北京大學出版社，2010年。

黑格爾（G. W. F. Hegel）著，王造時譯：《歷史哲學》，上海：上海書店出版社，1999年。

黑格爾（G. W. F. Hegel）著，宋祖良、程志民譯：《費希特與謝林哲學體系的差別》，北京：商務印書館，1994年。

黑格爾（G. W. F. Hegel）著，范揚、張企泰譯：《法哲學原理》，北京：商務印書館，1995年。

黑格爾（G. W. F. Hegel）著，賀麟、王玖興譯：《精神現象學》（上、下卷），北京：商務印書館，1997年。

黑格爾（G. W. F. Hegel）著，賀麟等譯：《哲學史演講錄》（1-4卷），北京：商務印書館，1959、1960、1969、1978年。

黑格爾（G. W. F. Hegel）著，賀麟譯：《小邏輯》，北京：商務印書館，1981年。

黑格爾（G. W. F. Hegel）著，楊一之譯：《邏輯學》（上、下卷），北京：商務印書館，1991年。

黑格爾（G. W. F. Hegel）著，魏慶徵譯：《宗教哲學》（上、下卷），北京：中國社會科學出版社，1999年。

奧特弗里德・赫費（Otfried Höffe）著，鄭伊倩譯：《康德：生平、著作與影響》，北京：人民出版社，2007年。

楊祖漢：〈牟宗三先生對孔子的理解〉，《鵝湖月刊》28卷10期（總334
　　　期）（2003年4月）。

楊祖漢：《當代儒學思辨錄》，臺北：鵝湖月刊社，1998年。

楊祖漢主編：《第二屆當代新儒學國際學術會議論文集之二》，臺北：
　　　文津出版社，1994年12月初版。

楊澤波：《牟宗三三系論論衡》，上海：復旦大學出版社，2006年。

鄔昆如：〈從儒家與基督宗教的「悅樂」精神，看康德哲學〉，《哲學
　　　與文化》31卷2期（總357期）（2004年2月）。

廖名春：〈帛書釋〈要〉〉，《中國文化》1994年第10期。

熊十力：《讀經示要（一）》，臺北：廣文書局，1960年。

劉易斯・貝克（Lewis White Beck）著，黃濤譯：《《實踐理性批判》
　　　通釋》，上海：華東師範大學出版社，2011年。

劉若韶：〈自律與他律──第二屆利氏學社研討會報導〉，《哲學與文
　　　化》15卷6期（總169期）（1988年6月）。

劉述先：《黃宗羲心學的定位》，臺北：允晨文化實業公司，1986年。

劉述先著，東方朔編：《儒家哲學研究──問題、方法及未來發展》，
　　　上海：上海古籍出版社，2010年。

劉創馥：〈康德超驗哲學的自我認知問題〉，《國立臺灣大學哲學論
　　　評》35期（2008年3月）。

德勒茲（Gilles Deleuze）著，張宇凌、關群德譯：《康德與柏格森解
　　　讀》，北京：社會科學文獻出版社，2002年。

摩　爾（G. E. Moore）著，蔡坤鴻譯：《倫理學原理》，臺北：聯經出
　　　版事業公司，1978年。

蔡仁厚：《牟宗三先生學思年譜》，臺北：臺灣學生書局，1996年2月。

鄧小軍：《儒家思想與民主思想的邏輯結合》，成都：四川人民出版社，
　　　1995年。

鄧曉芒：〈康德自由概念的三個層次〉，《復旦學報（社會科學版）》2004年第3期。

鄭　君：《康德學述》，臺北：先知出版社，1974年。

鄭家棟：《當代新儒學論衡》，臺北：桂冠圖書公司，1995年。

鄭　涌：《批判哲學與解釋哲學》，北京：中國社會科學出版社，1993年。

盧雪崑：〈「牟宗三與當代新儒學國際學術會議」閉幕演講詞〉，《新亞研究所通訊》第3期（1998年9月）。

盧雪崑：〈牟宗三先生對於康德哲學有一涵蓄的反向嗎？〉，於「牟宗三與當代新儒學國際學術會議」宣讀，1998年9月，載《新亞論叢》第2期（2000年5月）及第3期（2001年9月）。

盧雪崑：〈我在美因茲大學的日子裡〉，《鵝湖月刊》28卷7期（總331期）（2003年1月）。

盧雪崑：〈唐先生與牟先生——紀念唐君毅先生逝世二十周年而作〉，《新亞研究所通訊》第2期（1998年5月）。

盧雪崑：〈康德的形而上學新論〉，《新亞學報》25卷（2007年1月）。

盧雪崑：〈康德哲學與儒家哲學會通之問題〉，《中國哲學》第二十六輯，北京：中國社會科學出版社，2013年。

盧雪崑：〈從牟宗三先生思想談新儒家的時代使命〉，《鵝湖月刊》8卷11期（總95期）（1983年5月）。

盧雪崑：〈從牟宗三先生提出「中西文化系統的大綜和」引發的哲學思考〉，《鵝湖月刊》35卷7期（總415期）（2010年1月）。

盧雪崑：〈從康德所論物自身不可知及超越的自由之宇宙論意義看道家言道及道心之自由義〉，《新亞學報》27卷（2009年2月）。

盧雪崑：〈從赫爾德《論語言的起源》論及孟子的人禽之辨〉，提交香港新亞研究所主辦「傳統儒學、現代儒學與中國現代化國際研討會」，2001年11月。

盧雪崑：〈現代化之迷茫與儒家使命〉，於國際中國哲學會與臺灣鵝湖月刊社合辦「當代新儒學國際研討會」宣讀，1990年，收入《當代新儒學論文集・外王篇》，臺北：文津出版社，1991年5月。

盧雪崑：〈理智的直觀與智的直覺〉，《新亞學報》28卷（2010年3月）。

盧雪崑：〈就牟宗三先生對康德自由學說之批評提出商榷〉，《新亞學報》24期（2006年1月號）。

盧雪崑：〈評黑格爾對康德自由學說的批評〉，《新亞學報》26卷（2008年1月）。

盧雪崑：〈論»transzendental«一詞在康德哲學裡重新獲得上昇的維度和哲學概念的明晰性〉，《新亞學報》32卷（2015年5月）。

盧雪崑：〈論孔子哲學傳統包含的圓善學說〉，《鵝湖月刊》43卷1期（總505期）（2017年7月）。

盧雪崑：〈論意志〉，《新亞學報》18期（1997年7月）。

盧雪崑：《孔子哲學傳統——理性文明與基礎哲學》，臺北：里仁書局，2014年。

盧雪崑：《孟子哲學：孔子哲學之傳承與道德的形上學之奠定》，桂林：廣西師範大學出版社，2022年。

盧雪崑：《物自身與智思物——康德的形而上學》，臺北：里仁書局，2010年。

盧雪崑：《常道：回到孔子》，桂林：廣西師範大學出版社，2016年。

盧雪崑：《康德的自由學說》，臺北：里仁書局，2009年。

盧雪崑：《康德的批判哲學——理性啟蒙與哲學重建》，臺北：里仁書局，2014年。

盧雪崑：《通書太極圖說義理疏解》，臺北：文史哲出版社，1997年。

盧雪崑：《意志與自由》，臺北：文史哲出版社，1997年。

盧雪崑:《實踐主體與道德法則——康德實踐哲學研究》,香港:志蓮出版社,2000年。

盧雪崑:《儒家的心性學與道德形上學》,臺北:文津出版社,1991年。

盧雪崑:《牟宗三哲學:二十一世紀啟蒙哲學之先河》,臺北:萬卷樓圖書公司,2021年。

錢　穆:《中國學術思想史論叢》(三),臺北:東大圖書公司,1980年。

戴文麟主編:《現代西方本體論研究》,浙江:浙江人民出版社,1993年。

謝林(Friedrich Wilhelm Joseph Schelling)著,梁志學等譯:《先驗唯心論體系》,北京:商務印書館,1981年。

酈芷人:《康德倫理學原理》,臺北:文津出版社,1992年。

羅伯特・皮平(Robert B. Pippin)著,陳虎平譯,《黑格爾的觀念論——自我意識的滿足》,北京:華夏出版社,2006年。

羅　素(Bertrand Russell)著,馬元德譯:《西方哲學史》,北京:商務印書館,1976年。

羅爾斯(John Rawls)著,何懷宏等譯:《正義論》,北京:中國社會科學出版社,1988年。

羅爾斯(John Rawls)著,張國清譯:《道德哲學史講演錄》,臺北:左岸文化事業公司,2004年。

顧史考:《郭店楚簡先秦儒書宏微觀》,上海:上海古籍出版社,2012年。

顧頡剛編:《古史辨》,修訂版第一冊,海口:海南出版社,2005年。

二　外文

A. J. Ayer, *Philosophy in the Twentieth Century*, New York: Random House, 1984.

Alasdair Mac-Intyre, *After Virtue*, Notre Dame, IN: University of Notre Dame Press, 1984.

Allen W. Wood, "The Emptiness of the Moral Will," *The Monist* 72.3, Kant's Practical Philosophy (July 1989).

Allen W. Wood, *Kant and Religion*, Cambridge: Cambridge University Press, 2020.

Allen W. Wood, *Kant's Ethical Thought*, Cambridge: Cambridge University Press, 1999.

Andrew Brook, "Kant's View of the Mind and Consciousness of Self," *The Stanford Encyclopedia of Philosophy* (Winter 2004 Edition).

Andrew Brook, *Kant and the Mind*, Cambridge: Cambridge University Press, 1994.

Andrews Reath, "Two Conceptions of the Highest Good in Kant," *Journal of the History of Philosophy* 26.4 (Oct. 1988), pp. 593-619.

Arthur Schopenhauer, "Über die Freiheit des menschlichen Willens," Königlich Norwegische Sozietät der Wissenschaften, 1839.

Arthur Schopenhauer, "Über die vierfache Wurzel des Satzes vom zureichenden Grunde," 1813, Stuttgart/Frankfurt am Main, 1962.

Arthur Schopenhauer, *Die beiden Grundprobleme der Ethik*, Zürich: Diogenes Verlag AG, 1977.

Barbara Herman, "On the Value of Acting from the Motive of Duty," *The Philosophical Review* 90.3 (Jul. 1981).

Bernard Williams, *Ethics and the Limits of Philosophy*, Cambridge, MA: Harvard University Press, 1985.

Bernard Williams, *Moral Luck*, Cambridge: Cambridge University Press, 1981.

Chan Wing-tsit, *A Source Book in Chinese Philosophy*, Princeton, NJ: Princeton University Press, 1963.

Christian Garve, *Philosophisch Anmerkungen und Abhandlungen zu Cicero's Büchern von den Pflichten*, Garves Gesammelte Werke, Neudruck, Hildeshein: Georg Olms Verlag, 1986.

Christian Garve, *Versuche über verschiedene Gegenstände aus der Moral, der Litteratur und dem gesellschaftlichen Leben*, Breslau, 1792.

David Hume, *An Enquiry Concerning Human Understanding*, ed. David Millican, Oxford: Oxford University Press, 2007.

David N. Keightley, *Sources of Shang History*, Berkeley, CA: The University California Press, 1978.

Dieter Henrich, "Die Deduktion des Sittengesetzes," in *Denken im Schatten des Nihilismus*, ed. Alexander Schwan, Darmstadt: Wissenschaftliche Buchgesellschaft, 1975.

Dieter Henrich, *Between Kant and Hegel: Lectures on German Idealism*, ed. David S. Pacini, Cambridge, MA: Harvard University Press, 2003.

Eckart Förster, *Kant's Final Synthesis*, Cambridge, MA: Harvard University Press, 2000.

Erich Adickes, *Kant und das Ding an sich*, Berlin: Pan-Verlag Rolf Heise, 1924.

Erich Adickes, *Kant und die Als-ob-philosophie*, Stuttgart: Fr. Frommanns Verlag (H. Kurtz), 1927.

F. Schiller, "Über Anmut und Würde, "1793.

F. Schiller, "Über die Ästhetische Erziehung des Menschen in einer Reihe von Briefen," 1795.

F. Schiller, *Schiller, Schriften zu Philosophie und Kunst*, München: Wilhelm Goldmann Verlag, 1959.

F. W. J. Schelling, *System des transzendentalen Idealismus*, 1800.

Friedrich Heinrich Jacobi, "Über die Lehre des Spinoza in Briefen an den Herrn Moses Mendelssohn"(1785), new ed., 1789.

Friedrich Heinrich Jacobi, *David Hume über den Glauben, oder Idealismus und Realismus*, 1787.

Friedrich Heinrich Jacobi, *Jacobi Werke II*.

Friedrich Nietzsche, *Die fröhliche Wissenschaft*.

Friedrich Nietzsche, *Vom Nutzen und Nachtheil der Historie für das Leben*.

G. W. F. Hegel, "Differenz des Fichteschen und Schellingschen Systems der Philosophie," Werke 4, Frankfurt am Main: Suhrkamp Verlag, 1970.

G. W. F. Hegel, *Der Geist des Christentums und sein Schicksal*, Werke 1, Frühe Schriften, Frankfurt am Main: Suhrkamp Verlag, 1970.

G. W. F. Hegel, *Enzyklopädie der philosophischen Wissenschaften I, Die Wissenschaft der Logik*, Werke 8, Frankfurt am Main: Suhrkamp Verlag, 1970.

G. W. F. Hegel, *Grundlinien der Philosophie des Rechts*, Werke 7, Frankfurt am Main: Schrkamp Verlag, 1970.

G. W. F. Hegel, *Phänomenologie des Geistes*, Werke 3, Frankfurt am Main: Schrkamp Verlag, 1970.

G. W. F. Hegel, *Vorlesungen über die Geschichte der Philosophie*, Stuttgart: Hermann Glockner, Fr. Frommanns Verlag (H. Kurtz), 1928.

G. W. F. Hegel, *Vorlesungen über die Philosophie der Geschichte*, Werke 12, Frankfurt am Main: Suhrkamp Verlag, 1970.

G. W. F. Hegel, *Wissenschaft der Logik*, Hamburg: Felix Meiner Verlag, 1975.

Gerold Prauss, *Kant über Freiheit als Autonomie*, Frankfurt am Main: Verlag Vittorio Klostermann, 1983.

Gerold Prauss, *Kant und das Problem der Dinge an sich*, Bonn: Bouvier Verlag Herbert Grundmann, 1974.

Gilles Deleuze, *La philosophie critique de Kant*, Paris: Presses Universitaires de France, 1997.

Gottlob Ernst Schulze, "Aenesidemus oder über die Fundamente der von Herrn Professor Reinhold in Jena gelieferten Elementar-Philosophie," 1792.

Günther Patzig, "Der kategorischer Imperativ in der Ethik - Diskussion der Gegenwart," in *Konstruktionen versus Positionen*, ed. Kuno Lorenz, Berlin: De Gruyter, 1978.

H.Cohen, *Kants Begründung der Ethik*, Berlin, 1877.

H.Cohen, *Kants Theorie der Erfahrung*, Berlin, 1871.

H.D.Aiken, *The Age of Ideology*, New York: New American Library, 1956.

H. E. Allison, *Kant's Groundwork for the Metaphysics of Morals: A Commentary*, Oxford: Oxford University Press, 2011.

H. E. Allison, *Kant's theory of freedom*, Cambridge: Cambridge University Press, 1990.

H. J. Paton, The Categorical Imperative: A Study in Kant's Moral Philosophy, 3rd ed., London: Hutchinson, 1958.

Hans Vaihinger: *Die Philosophie des als ob*, Leipzig: Felix Meiner Verlag, 1927.

Hans-Georg Gadamer, *Truth and Method*, trans. R. M. Rilke, London: Sheed and Ward, 1975.

Hariolf Oberer and Gerhard Seel eds., *Kant Analysen-Probleme-Kritik*, Würzburg: Königshausen & Neumann, 1988.

Henry Sidgnick, *The Methods of Ethics*, London: Macmillan, 1907.

Herman-J. de Vleeschauwer: *The Development of Kantian Thought: The History of a Doctrine,* trans. A. R. C. Duncan, London: Thomas Nelson and Sons, 1962.

J. G. Fichte, *Das System der Sittenlehre nach den Prinzipien der Wissenschaftslehre*, 1798, Fichtes Werke IV, ed. Immanuel Hermann Fichte, Berlin. Walter de Gruyter & Co., 1971.

J. G. Fichte, *Grundlage der gesammten Wissenschaftslehre*, Fichtes Werke I, ed. Immanuel Hermann Fichte, Berlin: Walter de Gruyter & Co., 1971.

John H. Zammito, *The Genesis of Kant's Critique of Judgment*, Chicago, IL: The University of Chicago Press, 1992.

John Rawls, *A Theory of Justice*, Cambridge, MA: The Belknap Press of Harvard University Press, 1971.

John Rawls, *Lectures on The History of Moral Philosophy*, Cambridge, MA: Harvard University Press, 2000.

John Silber, "The Ethical Significance of Kant's Religion," in the introduction to the English translation of *Religion within the Limits of Reason Alone*, trans. T. M. Greene and H. H. Hudson, New York: Harper & Row, 1960.

Jonathan Bennett, *Kant's Dialectic*, Cambridge: Cambridge University Press, 1974.

Julia Ching, *Confucianism and Christianity*, Tokyo: Kodansha International, 1977.

Karl Jaspers, *Die Grossen Philosophen*, München: R. Piper & Co Verlag München, 1957.

Karl Jaspers, *Way to Wisdom: An Introduction to philosophy*, New Haven, CT and London: Yale University Press, 1954.

L. W. Beck, "Five Concepts of Freedom in Kant," in *Philosophical Analysis and Reconstruction, a Festschrift to Stephan Körner*, ed. J. T. J. Srzednick, Dordrecht: Martinus Nijoff, 1987.

L. W. Beck, *A Commentary on Kant's Critique of Practical Reason*, Chicago, IL: The University of Chicago Press, 1960.

L. W. Beck, *The Actor and the Spectator*, New Haven, CT: Yale University Press, 1975.

Lawrence R. Pasternack, *Routledge Philosophy Guidebook to Kant on Religion within the Boundaries of Mere Reason*, New York: Routledge, 2014.

Manfred Kühn, *Kant: A Biography*, Cambridge: Cambridge University Press, 2001.

Martin Heidegger, *Die Frage nach dem Ding: zu Kants Lehre von den transzendentalen Grundsätzen*, 3rd ed., Tübingen: Max Niemeyer Verlag, 1987, 1st ed., 1962.

Martin Heidegger, *Kant und das Problem der Metaphysik,* Frankfurt am Main: Verlag Vittorio Klostermann, 1951.

Max Scheler, *Der Formalismus in der Ethik und die materiale Wertethik*, 1913.

Norman Kemp Smith, *A Commentary to Kant's 'Critique of Pure Reason'*, London: Macmillan, 1918.

Onora O'Neill, *Acting on Principle: An Essay on Kantian Ethics*, New York and London: Columbia University Press, 1975.

Peter Frederick Strawson, *The Bounds of Sense: An Essay on Kant's Critique of Pure Reason*, Oxford: Routledge, 1966.

R. C. S. Walker ed., *Kant on Pure Reason*, Oxford: Oxford University Press, 1982.

Reinhard Brandt, "Der Zirkel im dritten Abschnitt von Kants Grundlegung zur Metaphysik der Sitten," in *Kant Analysen-Probleme-Kritik*, eds. Hariolf Oberer and Gerhard Seel, Würzburg: Königshausen & Neumann, 1988.

Robert B. Pippin, "Kant on the Spontaneity of Mind," *Canadian Journal of Philosophy* 17.2 (Jun. 1987).

Robert B. Pippin, *Hegel's Idealism: The Satisfactions of Self-Consciousness*, Cambridge: Cambridge University Press, 1989.

Robert Solomon and Kathleen Higgins, *Short History of Philosophy*, Oxford: Oxford University Press, 1996.

Salomon Maimon, *Versuch über die Transzendentalphilosophie*, 1790.

Saul Kripke, *Naming and Necessity*, Cambridge, MA: Harvard University Press, 1980.

T. H. Green, *Collected Works*, Vol.2.

Thomas Hill, "Kant's Argument for the Rationality of Moral Conduct," *Pacific Philosophical Quarterly* 66.1-2 (Jan. / Apr. 1985).

Wilhelm Windelband, *Lehrbuch der Geschichte der Philosophie*, 15th ed., revised by Heinz Heimsoeth, Tübingen: Mohr Seibeck, 1957.

William Henry Walsh, "Self-Knowledge," in *Kant on Pure Reason*, ed. R. C. S. Walker, Oxford: Oxford University Press, 1982.

William Kingdon Clifford, *The Ethics of Belief and Other Essays*, ed. Tim Madigan, Amherst, NY: Prometheus Books, 1999.

哲學研究叢書 · 學術思想叢刊 0701030

人類大憲章：孔子哲學傳統與康德哲學

作　　者	盧雪崑
責任編輯	林婉菁
特約校稿	林秋芬

發 行 人	林慶彰
總 經 理	梁錦興
總 編 輯	張晏瑞
編 輯 所	萬卷樓圖書股份有限公司
排　　版	林曉敏
印　　刷	維中科技有限公司
封面設計	陳薈茗

發　　行　萬卷樓圖書股份有限公司

臺北市羅斯福路二段 41 號 6 樓之 3

電話 (02)23216565

傳真 (02)23218698

電郵 SERVICE@WANJUAN.COM.TW

香港經銷　香港聯合書刊物流有限公司

電話 (852)21502100

傳真 (852)23560735

ISBN 978-626-386-089-6

2024 年 7 月初版

定價：新臺幣 1800 元（全二冊不分售）

如何購買本書：

1. **劃撥購書**，請透過以下郵政劃撥帳號：

　帳號：15624015

　戶名：萬卷樓圖書股份有限公司

2. **轉帳購書**，請透過以下帳戶

　合作金庫銀行 古亭分行

　戶名：萬卷樓圖書股份有限公司

　帳號：0877717092596

3. **網路購書**，請透過萬卷樓網站

　網址 WWW.WANJUAN.COM.TW

大量購書，請直接聯繫我們，將有專人為您

服務。客服：(02)23216565 分機 610

如有缺頁、破損或裝訂錯誤，請寄回更換

版權所有 · 翻印必究

Copyright©2024 by WanJuanLou Books CO., Ltd.

All Rights Reserved　　　　**Printed in Taiwan**

國家圖書館出版品預行編目資料

人類大憲章：孔子哲學傳統與康德哲學 / 盧
雪崑著. -- 初版. -- 臺北市：萬卷樓圖書股份
有限公司, 2024.07

　冊；　　公分. -- (哲學研究叢書. 學術思想叢
刊；0701030)

ISBN 978-626-386-089-6(全套：平裝)

1.CST: 康德哲學 2.CST: 宗教哲學 3.CST: 儒學

147.45　　　　　　　　　　　　　113005016